# Diarios

Rafael Chirbes

# Diarios

## A ratos perdidos 1 y 2

Prólogos de Marta Sanz y Fernando Valls

EDITORIAL ANAGRAMA
BARCELONA

*Ilustración:* foto © INTERFOTO / Alamy / Cordon Press

*Primera edición: octubre 2021*
*Segunda edición: noviembre 2021*
*Tercera edición: diciembre 2021*

Diseño de la colección: Julio Vivas y Estudio A

© De «Ser valiente y tener miedo», Marta Sanz, 2021

© De «Vida, opiniones y escritura de Rafael Chirbes», Fernando Valls, 2021

© Herederos de Rafael Chirbes, 2021

© EDITORIAL ANAGRAMA, S. A., 2021
  Pau Claris, 172
  08037 Barcelona

ISBN: 978-84-339-9931-3
Depósito Legal: B. 10385-2021

Printed in Spain

Romanyà Valls, S. A., Sant Joan Baptista, 35
08789 La Torre de Claramunt

# PRÓLOGO: SER VALIENTE Y TENER MIEDO

## Por qué escribir este prólogo

Quizá yo sea la persona adecuada para escribir este prólogo. Porque yo estuve y no estuve en la vida de Rafael Chirbes, como una narradora testigo, quizá más fiable que una narradora protagonista. Me mueven menos las pasiones. Leo los diarios –¿diarios? ¿Memos? ¿Cuadernos?– del escritor como quien contempla, a través de una ventana, una escena doméstica. Puro Hopper. Creo que ese puede ser un buen observatorio para desatar la escritura. Sin embargo, dar comienzo a este prólogo con la afirmación de que «me mueven menos las pasiones» es una mentira. Como una catedral.

Del estar sin estar, del vivo sin vivir en mí, que marca este prólogo y la propia deriva chirbesca –utilizo ese adjetivo porque él mismo lo acuña: pág. 398– me llegan ecos que resonaron tangencialmente en mi vida: la lectura de *Otra vuelta de tuerca; Aden Arabia* de Paul Nizan, el escritor que no le permitiría a nadie decir que los veinte años son la mejor época de la vida; mi paso por la Escuela de Letras de Madrid, en la que, gracias a Constantino Bértolo, conocí a Chirbes cuando él acababa de publicar con la editorial Debate *La buena letra...* Después, el escritor y yo estrecharíamos lazos –sin exageraciones–, por intercesión de Jorge Herralde, en los festivos actos de compañerismo auspiciados por Anagrama. Presentaciones, cenas, ferias: todos esos momentos de vida literaria que a Chirbes le producían cierto rechazo. Hasta que dejaron de producírselo: al menos, de un modo visceral.

Hay otra razón por la que decido asumir el encargo de escribir un prólogo que, por motivos que ustedes irán poco a poco comprendiendo, no me resulta fácil. La razón es el orgullo: Manolo, sobrino de Rafael, me asegura que a su tío le habría gustado que fuese yo quien preparase estas páginas. Me vence un cariño extraño y cierta vanidad al haber sido elegida por alguien que no te elegía fácilmente. A primera vista, Rafael Chirbes no se deleitaba en la complacencia ni con los demás ni consigo mismo. Yo tampoco retrato santas ni santos. No ordeno teselas hagiográficas. Me quedo en la blanda carne del tierno claroscuro. En la fontanela de la cabeza de un recién nacido. En la parresia que me ayudó a escribir *La lección de anatomía*. Cuando ese título me viene a la memoria, me acuerdo de que tengo mucho que agradecerle a Rafael Chirbes y me esfuerzo en olvidar lo que estos memos tienen de aspereza. Hacia personas a las que quiero. Porque importan los nombres que, a ratos, dificultan la escritura de este prólogo en el que he optado por la técnica del mapa mudo. Aunque Chirbes miente el pecado y señale al pecador y, a veces, en ese señalamiento exista una trastienda no declarada sobre la que solo puedo formular hipótesis. Me preocupa mi propia imagen mientras escribo. Yo no me he muerto y este es el brete en el que me ha colocado Rafael. Pero me digo «Pelillos a la mar» y «Vamos allá». Adentrémonos en esas sombras que solo pueden proyectarse contra, sobre, encima de la luz.

8

*Soberbia y humildad*

Las personas a quienes Chirbes admiraba –quizá este verbo no es del todo exacto– no fueron siempre complacientes con él. No le pasaron la manita por el lomo. Carmen Martín Gaite fue la lectora deslumbrada que le puso en contacto con Jorge Herralde. Le cambió la vida. Sin embargo, también le afeaba el no saber dialogar en los textos, y yo misma presencié cómo se cabreaba con su amigo en la Residencia de Estudiantes de Madrid: Chirbes leyó unas páginas de una novela que aún no había acabado, un *work in progress*. Un acto de exhibicionismo muy anglosajón que, encubierto de inseguridad creativa, constituye una práctica activa de demagogia cultural: se comparte lo inacabado, lo bocetado, con el espacio de recepción y se muestra la trastienda de la escritura. Ese desparpajo, acaso esa espontaneidad o ese sentimiento de provisionalidad, esa desnudez, quizá no cuadraba con el pundonor castellano-viejo de Martín Gaite: «Eso no se hace, Rafa.» La escritora se levantó y se marchó. Puede que Chirbes no se lo tomara muy a pecho –dudo mucho que lo hiciera– porque, si hemos de creer lo que escribe en estos cuadernos, cuando le dicen que algo está bien, se paraliza. También se siente paralizado al acabar una novela y al afrontar la escritura de la siguiente. Se ridiculiza a sí mismo poniéndose el sobrenombre de Marcelito Chirbes, pero en su flagelación hay algo dulce: la evidencia de que Rafael pertenece a esa estirpe de escritores proustianos que amalgaman literatura y vida. Elementos indiferenciables: alcohol, sexo, François, otros amores, viajes, lecturas, Beniarbeig, la preocupación por el destino judicial de Paco, el guardés de su casa –el escritor sospecha que el alcalde le ha tendido una trampa–... En los memos está el Chirbes que permanece y el que se transforma con el paso del tiempo. Por debajo de la autocrítica, olfateamos, como perras truferas, el vago aroma de la propia superioridad, que, a veces, forma grumo con la humilde exhibición. Y eso hay que domeñarlo para no resultar insoportable. «Eso no se hace, Rafa»: Martín Gaite nos deja con la palabra en la boca y se marcha con su blanca cabellera, su boina calada, sus leotardos rayados. Chirbes no siempre era halagado, y de la misma manera tampoco era especialmente halagador. A mí, en privado y en público, me decía: «Si me hicieras más caso...» Y me llamaba «verborreica». Pero yo erre que erre. Resistiendo. Articulando mi discurso. Filtrando la ganga y el oro de las críticas con un cedazo –cada hilo de convicción se trenza con uno de vulnerabilidad– que me han ayudado a fabricar escritores como Rafael Chirbes. Él me podía decir lo que le diese la gana porque para mí fue un apoyo generoso: me llamó cuando publiqué *Animales domésticos* para agradecerme la aparición estelar de unos obreros con las botas manchadas de barro; escribió un texto maravilloso sobre *La lección de anatomía* en el que relacionaba mi libro con la picaresca; pensó en mí para organizar las palabras de este prólogo. Hay mucha soberbia y mucha humildad en estos intercambios. Recibir y discrepar. Ser valiente teniendo mucho miedo. Ser honesto sabiendo que a la vez eres egoísta. Esa sensación de que una conducta encierra lo uno y su contrario la aplica incluso a los desconocidos: se pregunta por la generosidad o la crueldad de decirle a un muchacho, al que solo ha visto una vez, lo que verdaderamente piensa de su manuscrito.

*Insatisfacción*

No quiero comportarme como una psicoanalista, pero los diarios –¿los géneros autobiográficos, las cartas y memorias, la literatura del yo, las novelas escritas en primera persona, la picaresca, los relatos de burros voladores?– son un gé-

10

nero que se presta a que nos pongamos la bata frente al escritor tendido en el diván. No debería convertirme en Anna Freud, pero me divierte refutar o corroborar mis hipótesis sobre la personalidad imaginada de Rafael Chirbes y sobre la personalidad que él se construye en sus memos como espacio de indagación o fingimiento, autenticidad o impostura: un lugar donde privilegiadamente la máscara es el rostro. Me divierto en la superposición, desde distintos ángulos, de tres transparencias distintas: Chirbes frente a mí en un aula, o de sobremesa; Chirbes en sus novelas; Chirbes en sus cuadernos privados... Creo descubrir cosas que ustedes también van a descubrir en una lectura jalonada de interrogaciones: ¿hemos de buscar a la persona bajo sus palabras, centrándonos en el estilo literario de estos cuadernos? ¿No es probable que la persona se encarne en el campo semántico del cuerpo, uno de los preferidos de Chirbes? Después de leer estos memos, conozco muchísimo más a la persona Rafael Chirbes. Y a su personaje. Pienso que al escritor –le llamaré muchas veces así a partir de ahora, porque el escritor Rafael Chirbes es el personaje principal de sus diarios– no le gustaba la complacencia, desconfiaba de ella tanto como de la comodidad o de la posibilidad de llegar a ser feliz. Desde su manera de entender el mundo, la felicidad quizá se vinculase con ciertas ignorancias; aunque no con todas, porque esa asociación, entendida unívocamente, le habría hecho incurrir en un clasismo urticante para su sensibilidad campesina y obrera. Hay gente que no ha tenido la oportunidad de aprender y habría querido hacerlo aun a costa de perder una ingenuidad saltarina. También hay inocencias que pierden de golpe la luz sin haber leído jamás un libro: pienso en la Ginnia de Pavese... En todo caso, en la comunidad letraherida se considera habitualmente que hay un nexo estrecho entre felicidad y falta de lucidez. Supongo que es una fórmula para justificar nuestro oficio: la contractura, la naturaleza pejiguera.

Rafael Chirbes probablemente creía que la adulación y la falta de exigencia no conducían a nada, pero eso no le impidió anhelar cierto reconocimiento. Esa dislocación, que si bien se mira no es una fractura radical, marca la escritura de sus novelas, sus ensayos literarios y sus escritos confesionales. El escritor emite desde el bando de los vencidos y las vencidas. Histórica y vitalmente. Esa es su frecuencia de onda. Asumir esa postura no significa que renuncie a ganar, pero la aspiración a menudo frustrada de llegar a alguna parte va dejando en su corazón y su estómago un sedimento de insatisfacción que suele ser autodestructivo. «Llegar a alguna parte» es una expresión que pretende aglutinar la autoexigencia de una obra bien hecha con el espacio de recepción, con ese lugar hipotéticamente extraliterario que, no obstante, se filtra en cada palabra de la literatura en forma de resistencia, aserción, diálogo, rabia... En el cuaderno de Rivadavia, que Chirbes utiliza para tomar notas durante una gira que le lleva a once ciudades alemanas –aquí podríamos matizar la percepción del propio fracaso–, alude al suicidio del escritor Franz Innerhofer (pág. 369): «Moverse en los márgenes exige una fortaleza de la que no es fácil dotarse.» Habla de sí mismo a través de una biografía triste, sedienta, fúnebre.

Otras veces, el escritor rompe cosas. Vive en un bucle del que no puede escapar. Se siente cómodo e incómodo en la cama del faquir. Cómodo e incómodo sobre el lecho de plumas. No se encuentra, y quizá ese sea el catalizador de la escritura, en general, y de la escritura de diarios en particular. «¿Qué pecado, qué injusticia pago? Todo para llegar a este desconsuelo, y a este no saber qué hacer. Incapacidad para ser feliz, para poseer tranquilamente. [...] Se escribe mientras se escribe. Luego es peor que antes, más sombrío. Te quedas más vacío» (pág. 457). Este párrafo ilustra la verosimilitud de mis hipótesis en torno a lo libresco y lo romántico, lo malcontento y lo rebelde, de la personalidad de

Chirbes. Si no escribes, malo; si escribes, peor... En la agenda Max Aub, uno de los cuadernos que conforman estos memos, se atisba cierta calma, que coincide con el temblor de empezar a escribir. A la vez, Chirbes se siente extremadamente vacío después de haber puesto el punto final a *Los viejos amigos*. El perro del hortelano siempre le muerde la culera del pantalón. «¿Y qué hacemos con las novelas que se supone que un día deberé escribir?» (pág. 120). El escritor se formula la pregunta mientras se siente culpable por no desempeñar con el rigor suficiente sus trabajos alimenticios: periodismo gastronómico, reportajes sobre ciudades. El perfeccionismo y la metabolización judeocristiana del axioma de que si uno lo pasa bien está haciendo algo mal le impiden disfrutar de casi todo. Chirbes cree que siempre debería estar haciendo otra cosa y, mientras tanto, escribe un diario en el que nos muestra –subrayo: *nos muestra*– su modo de mirar. «Hace dedos» –«Escribir, sin que importe lo que se escriba», anota en la página 123– hasta que llegue la Obra –Obra coincide con Novela– de un escritor que se siente escritor desde niño, pero que sabe que no lo será hasta que construya una, dos, tres novelas. Obras. Escribe desde la intuición, de nuevo urticante, de que no escribe lo que de verdad debería escribir, y se encuentra inseguro –con esa inseguridad que es una forma de soberbia imprescindible en la escritura– respecto a sus posibilidades. También respecto a sus logros.

Quienes nos dedicamos a este oficio nos preguntamos si nuestros textos merecerán la pena. La pregunta casi siempre es una pregunta retórica. Cuando el campo literario te expulsa de su litúrgico seno, la pregunta retórica se convierte en pregunta física y metafísica: duda existencial, agravio comparativo, desesperación, desánimo, mala salud. Pero hay una cuestión palpitante a la que estos diarios no responden: ¿qué sucede cuando el campo deja de expulsarte y te imanta y te

13

convierte en arteria principal de su organismo? Creo que este escritor no podría soportar ese proceso de fagocitación. Su obra se desmoronaría como si a un cuerpo le extrajesen sádicamente su columna vertebral. Ser aceptado por lo inaceptable. La condena y el regodeo simultáneo en la posición mefistofélica. Rafael Chirbes vivió bajo el influjo de una estrella rara, porque cuando llegó el reconocimiento también se presentó la muerte. Las preguntonas nos quedamos sin poder poner la mano en el fuego. Ni por nada ni por nadie. Él tampoco lo habría hecho.

*Para quién se escribe un diario –o unos cuadernos,*
*o unos memos–*

Podría argüir Rafael Chirbes que estos cuadernos, receptores de las vicisitudes y peripecias de su vida y su literatura, de su vida literaria, no son un diario propiamente dicho. No obstante, me tomo la licencia de darles ese nombre. Pura autobiografía letraherida de un escritor que reserva la descarnadura del yo para estos textos, mientras en la novela, a través de la multiplicación de perspectivas y voces, palpa el latido de sociedad y paisaje. La descarnadura del yo queda como palimpsesto en las ficciones, y en la palpación del cuerpo social reconoce tumoraciones y ronchas. El cuerpo y el cuerpo. El cuerpo individual que no escapa del cuerpo de la geografía y de la historia. Cuando duda de sí mismo como escritor, Chirbes vuelve a estos cuadernos, «a la modestia de estos cuadernos, que no son para nadie» (pág. 209), y, al escribir estas palabras, desconfía tanto de su sinceridad como de sí mismo: él, que se sabe escritor, también es consciente de una liza, de una justa poética, en la que está coyunturalmente en desventaja: «... Como si todo fuera en una dirección y yo me empeñara en ir en otra» (pág. 211).

Cuando Chirbes habla de lo que tiene que escribir, más allá de los bocetos de una intimidad literaria, se ilumina en fosforescencia el espacio de recepción, un lugar abstracto –o quizá más definido de lo que *a priori* pudiésemos pensar– compuesto por individuos particulares distintos de la persona que escribe supuestamente para sí misma un diario... «Supuestamente» es un adverbio tan importante aquí como en los juzgados de primera instancia, porque ¿no hay también en estos diarios una consciente percepción del afuera, de los receptores y las receptoras, un cuidado que excede el respeto por uno mismo como lector o la confianza en la escritura como herramienta de indagación? Desde luego que sí. Anota Chirbes en 2014: «... mientras paso esto a limpio por enésima vez, la maravilla de internet consigue que pueda encontrar sin dificultad el texto completo...». El texto completo es un discurso de Stalin. Dejando orillada la temática política, lo que ahora nos interesa es subrayar el hecho de que estas páginas no han sido desveladas ilegítimamente, descubiertas; no ofrecen nada que no quisiera mostrar quien las ha escrito. Pese a su condición de documento autobiográfico, forman parte de la máscara que Rafael Chirbes urdió para sí mismo. Son un acto de generosidad preconcebida. O de voladura programada. La publicación de estos sentimientos, opiniones y creencias se programa para después de la muerte. Ese también es un detalle que deberíamos tener en cuenta al abordar la lectura. Porque los memos no son el resultado de la güija. Ni de la descuidada recopilación de unos papeles a los que se quiere sacar partido. No tienen la vocación de hacer hablar a los muertos para que lo obsceno salga a la luz, para decir lo que no se había podido decir por cobardía o miedo a perder. Me tranquiliza que esta invocación, con aire de holograma que canta sobre el escenario, fuera orquestada por el propio Chirbes, que pulió y adecentó sus diarios, y los dejó en manos de quien los iba a tratar con el debido respeto. Con el

15

cuidado con que sacamos a un recién nacido de la incubadora. Toda la mezquindad y toda la prodigalidad corresponden al escritor. No conviene matar a los mensajeros.

«Frente a esas sensaciones y realidades cambiantes, este cuaderno tiene voluntad de permanencia: el ser de Parménides» (pág. 107). El escritor se construye a través de estas páginas y de su revisión. Imaginamos a Rafael Chirbes pasando a ordenador los textos de los muchos cuadernos que componen este volumen: el cuaderno burdeos, el cuadernito negro con anillas, el tomo gris, el cuaderno de hojas azules, el cuaderno Rivadavia, la agenda Max Aub... El escritor, tecleando sus apuntes caligráficos, en esa distancia fundamental para los lenguajes artísticos, en ese cercenamiento tan de agradecer de la espontaneidad, da margen al pensamiento y corrige su retrato, forja su vida interior: amores, lecturas, ciudades, películas, deseos, paisajes, cuerpo, enfermedad..., aunque no precisamente en ese orden de importancia. Los textos abarcan lo sucedido –o lo sucedido que él consideró importante: lo que aún seguía considerando importante en su revisión de 2014– en un periodo de tiempo concreto: el que va de 1984 a 2005. Escribir sobre la trastienda de la escritura –pasarla a limpio– implica conciencia de la posteridad, cierta sospecha de que esto que nos traemos entre manos puede interesarle a alguien –y de ahí a vislumbrar cierto éxito, aunque sea pequeño, media un paso–, generosidad didáctica, idea de que la escritura no es algo espontáneo ni genial y ha de superar el trauma, la violencia, de la doma... El escritor exhibe su trabajo, pero también se expone. Ustedes deben decidir si el triple mortal lo ejecuta sin red.

En estas páginas, el escritor se dice y se desdice. A nadie se le puede pedir una coherencia monolítica sostenida a lo largo del tiempo. Sobre todo, si el escritor no se encuentra bien, duda, duerme mal. Yo creo que la conciencia de ese espacio de recepción, que se acentúa en el gesto de pasar a limpio el documento privado, estaba allí desde el origen. Quien se sabe escritor no da puntada sin hilo, aborda sus escritos desde la posición del merodeador, solapada con el deseo de la mirada del otro. «Mírame.» Desear ser vigilado, escrutado, violentado. Descubierto en una desnudez que no ha de ser precisamente fotogénica, pero sí perturbadora. Enseguida hablaremos del cuerpo y de la carne, pero, mientras tanto, selecciono un párrafo con apariencia de arenas movedizas. Un párrafo coqueto, que se dice y se desdice, y que entendemos muy bien: «¿Por qué tener pudor también aquí en la intimidad de un cuaderno escrito para nadie? ¿Es que se puede escribir para uno mismo? Me digo que sí, que se puede escribir para recordar y comprenderse uno mismo, pero no acabo de creérmelo del todo. Entonces, ¿pienso que estos cuadernos acabará leyéndolos alguien que no sea yo?» (pág. 137). La escritura del que se sabe escritor tiene mucho de actitud. Es un gesto en el que uno se empina para dejarse ver. Rafael Chirbes no era un hombre −ni un escritor− ingenuo, y eso lo sabía muy bien. «Mírame, pero mírame cuando yo ya no esté»: en esa limitación temporal nos tropezamos con un hombre tímido, o con un hombre que persiste y quiere permanecer un rato más entre nosotros. Hacerse presente, por la sempiterna inseguridad y la soberbia inmanente al acto de escritura. Quizá estos textos sean innecesarios, porque siempre nos quedarán sus deslumbrantes novelas. Yo también me digo y me desdigo: los memos son imprescindibles para entenderlo todo mucho mejor. Por ejemplo, las páginas del último cuaderno se quedan suspendidas en la insatisfacción de no haber escrito aún otra novela después de *Los viejos amigos,* y en la intuición de una atmósfera reconocible: las voces de *Crematorio* ya estaban dentro de él. Este dato bibliográfico constituye una clave de lectura fundamental.

17

*Mitificación y mundo literario*

El escritor no era ingenuo, pero le interesaba una pureza que derivaba simultáneamente de su proceso de mitificación de la literatura, de su deconstrucción del proceso de mitificación de la literatura a través de los aprendizajes de la crítica marxista y de su formación de estudiante durante el franquismo. Culpable, pecaminoso, manchado. Tal vez por esta razón un Chirbes de cincuenta y seis años, avejentado prematuramente tras una experiencia sentimental en la que se le han echado los años encima, se siente incómodo ante las observaciones que hace Miguel Dalmau en su libro sobre Jaime Gil de Biedma. Dalmau desvela el funcionamiento del mundo literario y enumera un protocolo: asegurarse la crítica, la entrada en la enciclopedia, dejarse bien los unos a los otros, citarse... Rafael Chirbes está casi indignado: «Bolaño vive en una ciudad literaria» (pág. 312). Incluso cuando ya se ha convertido en escritor de éxito, expresa su malestar, la ridiculez de escenas vividas con ciertos gestores culturales, el reflujo agridulce que sube a la boca cuando te dicen: «Qué bien. Cuánto viajas.» En estos casos, Chirbes escribe desde un registro de superioridad irónica. Lleno de cansancio frente a una «apariencia» que quizá tiene poco que ver con su decantada idea de lo que es un logro: Rafael Chirbes detesta el brillo inútil y el triunfo sin esfuerzo. Este aprendizaje proviene de sus antepasados y de una conciencia de clase que le lleva a echar de menos el valenciano como lengua materna, la utilidad galdosiana, el trabajo manual, la dignidad, el decoro y el aseo, el impulso de salir adelante y de compadecerte de quienes están peor que tú... Yo, compartiendo la arcadia obrerista del escritor y su concepción de la escritura como oficio manual, oficio del cuerpo, a menudo me digo que ciertos relumbrones de pura farándula literaria son lo único que nos queda en una sociedad donde la cultura se autodestruye como los mensajes en las series cómicas de espías. Acumulo más interrogantes: ¿no vuelve a haber mucho de coquetería en ese aspirar a permanecer al margen del barro? ¿Un exceso de moralidad patológico? ¿Es la moralidad un problema psiquiátrico en la medida en que procede de la inadaptación al mundo en que vivimos? ¿Hay que reinstaurar la moralidad pese a su mala prensa ideológica? Rafael Chirbes se movía dentro de esas coordenadas vitales y literarias. Esa postura, entre beata y antiposmoderna, es una seña de identidad del escritor. Comparto esa coquetería y ese desfase. Comparto el deseo de rehabilitar el concepto de verdad. Todo ello es necesario. Chirbes se nos muestra como alguien que quiere desempeñar bien sus tareas. Con honradez. Reflexivamente. Alguien que *se preocupa* en una época en que casi todo el mundo andaba despreocupado o reivindicando una belleza aérea que arremetía directamente contra los escritores que bebían y fumaban y eran marxistas ideológicos durante el franquismo. Estamos en plena lucha cultural entre modernidad y posmodernidad, y en su agenda Max Aub Rafael Chirbes deja testimonio de lo poco que le ha gustado un artículo de Andrés Ibáñez para *ABC Cultural*. En el mismo cuaderno (pág. 446), analiza brillantemente el campo literario de los setenta: ensalzar a Pound, Cioran o Céline constituye una estrategia para expulsar de la centralidad de la cultura a los escritores comunistas. Ensalzar a los escritores fascistas europeos normaliza la escritura de quienes «coquetearon con el fascismo como defensa encubierta del franquismo». Habrá quien piense que estas categorías no son válidas para comentar el arte; sin embargo, en la época a la que alude Chirbes, los escritores fascistas eran leídos, despojados de sus residuos ideológicos, y quedaban limpios de polvo y paja —la viga siempre en el ojo ajeno— como paradigmas de calidad y belleza; garantía de genio que expulsaba del canon a todos los demás. Campañas de propaganda cultural que no son solo ideológicas, sino manifiestamente políticas: un bando niega su existencia como bando y consigue invisibilizar su ideología. La ideología es la de los otros, y la ideología ensucia el ara literaria y la lira del bardo.

Chirbes se empeña –y ese empeño me parece muy loable– en definir la figura del escritor en la sociedad –¿pasará lo mismo con la de la escritora?–, y en esa búsqueda intelectual se inserta la búsqueda de sí mismo: «En el escritor hay una molesta mirada de cazador, de ave rapaz, a la que no pocas veces acompañan el cinismo y la vanidad», escribe en la página 321. Junto a ese brochazo oscuro, la idea de que el trabajo de quien escribe consiste en «abrir la mirada a territorios que permanecen en penumbra» y la certeza de que el gesto de encender la luz es antipático. A veces, en su autorretrato de escritor, la pulsión intelectual choca con la pulsión intuitiva: Chirbes busca singularizarse frente a la institución crítica, sumando al conocimiento un instinto que él coloca más allá de la inteligencia. Desvelo una experiencia personal: «Tú y yo no somos intelectuales: somos otra cosa», me dijo un día, y yo detecté en sus palabras orgullo y, a la vez, complejo, una lucha no ganada. Porque Rafael Chirbes trabajó, angustiada y admirablemente, cada día de su vida para ser un buen escritor y un buen lector. Incluso un buen intelectual, sin que la combinación de palabras «buen intelectual» sea un oxímoron; tampoco una redundancia digna de un periclitado cliché. Porque estas conductas y estas confesiones resultan un tanto peligrosas para un escritor que huye de la literatura como criptografía o genialidad. Aparentemente, Chirbes huye del lugar del misterio y del podio del elegido al que a veces nos subimos sin darnos cuenta: «el más inteligente no es el mejor novelista» (pág. 252), escribe. Se me ocurren muchos nombres de escritores y escritoras coetáneos a Chirbes con los que se está midiendo mientras escribe esa frase o pergeña su teoría de los novelistas bufones, que «vis-

20

ten» a los lectores, frente a los novelistas carpinteros, que los desnudan y se reconocen en su misma piel (pág. 253). Todo vuelve a ser humano, demasiado humano. A veces discutimos con Chirbes por la riqueza y las contradicciones de su pensamiento estético, por su insólita reflexión en torno a un campo cultural en el que «en vez de los esperados bárbaros, o formando parte de su cortejo, llegan los sacerdotes, la curia...» (pág. 323). El escritor no está instalado en la ideología de la posmodernidad y detesta las demoliciones de su piqueta: los apologetas de un nuevo mundo, disparando contra los metarrelatos y demás discursos abominables y homogeneizadores, fundan una ideología mandarinesca que finge que no lo es. Ese fingimiento podría implicar cierta deshonestidad, una ingenuidad imposible en personas tan inteligentes. Escribe Chirbes: «Los ídolos cotizan a la baja, y [...] es maestro quien más tiene que aprender» (pág. 330).

Llama la atención la resistencia al cotilleo o a la anécdota de gala literaria. No busquen ustedes aquí ese morbo ni ese polvo de estrellas. En un mundo literario hostil, al escritor le da miedo mendigar, pedir favores, acabar «abandonado y soberbio, convencido de que sabes quién eres. Decirlo: Yo sé quién soy» (pág. 460). Estoy segura de que Chirbes sabía que estas reflexiones serían subrayadas por alguien. Si él se hubiera leído, posiblemente lo habría hecho y habría desconfiado de la vulnerabilidad. Quizá, con cierta inclemencia, habría desconfiado de la honestidad de las palabras que se devalúan a causa de la solemnidad elocutiva. A Rafael le importaban mucho estos asuntos que ahora, en cierto modo, se vuelven contra él. Por otra parte, permanecer al margen del barro no implica renunciar a arrojar piedras a diestro y siniestro. Las pequeñas lapidaciones que Rafael Chirbes perpetra en sus reseñas —una parte mollar de estos cuadernos— expresan su legítimo derecho a la crítica, que el escritor a menudo enfoca precisamente contra los críticos. Sobre todo, contra los que habitan el templo de la literatura haciendo una defensa del estilo elevado: sospecha que no dejan entrar al que huele a pobre y utilizan, desde sus altares, la cita como forma de legitimación para vapulear al débil. Sin embargo, él también lee a veces con los coturnos puestos. No desvelaré los objetivos de sus proyectiles, solo diré que algunas veces yo no hubiese disparado al mismo blanco móvil. Algunas balas chirbescas me parecen sectarias, otras adolescentes: como si escondiera en el argumento literario agravios o razones que exceden el criterio o la racionalidad artística, y remiten a otros sinsabores. Humano, demasiado humano; y en el dibujo de esa humanidad en la que se nos ven los dientes y el corazón, el escritor construye una especie de anticanon en el que es imprescindible figurar. Un certificado de existencia.

Otras veces Rafael Chirbes da en el centro de la diana. Sus reseñas son magníficas, y encierran reflexiones que van más allá del objeto de su ensañamiento crítico; así sucede con sus comentarios sobre «lo popular»: «El franquismo —que heredó lo peor del primorriverismo, el populismo borbónico, el cuplé patriótico y el flamenquismo del que se queja Corpus Barga en sus memorias— se ha colado en la mirada de lo popular...» (pág. 442). Me estremezco al sentirme aún dentro del bucle de confrontación entre afrancesados —y no sé si un afrancesado y un europeísta son hoy exactamente lo mismo— y partidarios del «¡Vivan las *caenas!*». También me emocionan las escritoras y los escritores procedentes de las clases populares que mantienen encendida esa antorcha afrancesada que conecta con el concepto de racionalidad y que, en el caso de Chirbes, se pone el vestido del amor por la literatura centroeuropea (aunque el europeísmo felipista no fuese precisamente santo de su devoción, y de ahí surja mi duda respecto a la posibilidad de una perfecta sinonimia entre el afrancesamiento ilustrado y la posmodernidad euro-

22

peísta que, desde una lógica económica neoliberal, descuarti-
za los conceptos emancipadores de razón y verdad. Lean, por
favor, a Alain Badiou).

*Lecturas metabolizadas*

En el lado opuesto, el de las lecturas metabolizadas, inte-
riorizadas, que no producen rechazo ni repulsión, las lecturas
que conforman un canon personal, estos memos son tratado
y lección de cómo se forja un lector reflexivo. De cómo se
forja un lector y un escritor en el que, más allá de los estudios
superiores y reglados, el autodidactismo nos remite a la idea
de «raznochiñets» de Mandelshtam: el escritor plebeyo que a
Chirbes le gusta ser, en el que se reivindica y reconoce, convirtiendo sus lecturas en su biografía y revitalizando simultáneamente el concepto de lo cultural. La cultura se transforma
en cotidianidad. Alas angelicales, sonetos, persecuciones en
coche y frases que dan en el clavo descansan bajo los felpu-
dos. Chirbes es un monje de la literatura que limpia los iconos del pan de oro y la devoción rococó para buscar a Dios
en las cocinas. «La literatura, como criada que te ordena la
casa», anota el escritor casi al final de estos memos. Paralela-
mente, con el paso del tiempo y sin llegar a pronunciar nunca
la palabra «fracaso» –él se refiere a «un lugar sombrío»,
pág. 362–, Chirbes se siente cada vez más escéptico respecto
a su formación autodidacta y al rendimiento que les ha sacado a sus elecciones. A las elecciones en sí mismas.

Chirbes lee, espeleológica y admirativamente, a escritores clásicos, autóctonos, foráneos. No lee a demasiadas mujeres –Virginia Woolf, su adorada Martín Gaite, Elizabeth Taylor...– y, llegado a cierto punto de sazón y madurez, en el
tramo final del cuaderno de hojas azules, incluso reconoce
irónicamente –solo así podemos reconocer algunas cosas–

23

una misoginia y una dolorosa homofobia con las que, a ratos, ha jalonado su discurso: describe la boca de una lámpara como «vagina armada con varias hileras de dientes» (pág. 198); los actos a los que no se atreve lo feminizan, lo *mariconizan* (pág. 243). Pero sí lee con escalpelo y bisturí a escritores que practicaron distintos géneros literarios: Montaigne, Henry James, Bulgákov, Melville, Baroja, Quevedo, Galdós, Piglia, Borges –sí, a Borges también–, Dostoievski, Lukács, Chateaubriand, Fielding, Balzac, Zweig, Benjamin, Mann –en la estampa crítica que traza de él Reich-Ranicki–, Schnitzler, Broch, Döblin, Brecht, Musil, Hammett, Roth, los admiradísimos escritores de la República de Weimar –que nos hablan claramente de qué tipo de lector y escritor quiere ser Chirbes, en qué espejo quiere mirarse y desde qué espejo quiere que lo contemplemos–, Jünger, a quien lee con una «mezcla de fascinación y desagrado», *Las mil y una noches,* la gozosa lectura de *Los pasos contados* de Corpus Barga, que le induce a recordar su escasez de juguetes en la infancia, Marsé, escritores de Barcelona y escritores de Madrid, García Hortelano, Martín Santos, Max Aub y Martín Gaite –sí, mujer–, de quien rescata una frase certera sobre el arte de escribir: «Contar bien es alcanzar una misteriosa forma de verdad, es fijar el tiempo» (pág. 286)...

También comenta el *Decamerón* de Boccaccio, y en estos tiempos de pandemia me conmuevo cuando el escritor, en anotación del 27 de enero de 2000, expresa su melancolía frente a un mundo que se llevó la peste: «Pienso en las grandes guerras, en las epidemias de peste medievales, [...] esos momentos en los que Dios parece haber abandonado la tierra y la muerte trabaja sin descanso» (pág. 119). La sensibilidad artística se revela en la lucidez premonitoria; la hipersensibilidad chirbesca, en que esa epifanía le llega durante un atasco. En otro orden de cosas, las lecturas, las películas, las exposiciones que comenta Chirbes sirven no solo para definir su ADN, sino para conectar al individuo con su coordenada histórica, construyendo la cartografía cultural de un periodo que lo conforma y contra el que a menudo se rebela. Como señalaba López Pacheco, la literatura comprometida es la que se compromete con el discurso hegemónico, y, de alguna manera, Chirbes quería y no quería estar ahí. Contra Mendoza y al lado de Mendoza. Puedo equivocarme. Estoy interpretando y me muevo en ese terreno hipotético que funde mi visión del escritor de carne y hueso con la carne y el hueso que él deja ver en sus diarios.

Son brillantes los comentarios sobre cine: Chaplin, Mankiewicz, Visconti, Monicelli, De Sica, Fellini, Rosellini, Martín Patino, Von Stroheim, Lang, Wilder, Ford, Richard Brooks, Tarkovski, Bergman, Coppola... Confiesa su admiración por la perdurabilidad de *West Side Story*. Cito con la misma falta de método con la que él lee, ve, revisa, rememora, y me llama de nuevo la atención la falta de esas ilustraciones frívolas con las que a veces aderezábamos nuestra correspondencia electrónica: él era más de Olivia de Havilland, y yo, de Joan Fontaine. Qué risas. Esa faceta de lentejuela y farándula no aparece en estos memos. En contradicción con el famoso autorretrato en el que Rafael Chirbes se describió como leninista y proustiano, las páginas de estos cuadernos nos descubren al Chirbes más enfermiza, seria y encarnizadamente literario. Sin embargo, en cada palabra escrita sobre el estilo o las reglas del arte, sobre la narración histórica de la literatura, permanecen las resonancias éticas y, a menudo, políticas de una concepción estética.


*Literatura y estilo*


Los memos contienen un curso de geografía e historia, pero también un tratado de escritura creativa en el que la au-

25

toexigencia se mecha con el sentido crítico y con la humanísima justificación personal: la inseguridad chirbesca puede llegar a ser maliciosa, a ratos hasta maligna, como en Vautrin, el personaje de *Papá Goriot* al que tanto admiró Rafael. El escritor no deja de darle vueltas a su propia obra en marcha. Nos cuenta que siente cierta obsesión por los narradores poco fiables, y nos proporciona algunos detalles jugosos sobre la trastienda de su escritura: por ejemplo, que *Los buenos amigos* iba a titularse *La vida privada,* y que, en cierto sentido, esa novela surge de la necesidad de seguir siendo escritor.

Me interesan muchísimo las ideas, en el fondo tan Arnold Hauser, del Chirbes preocupado por cómo se forja un estilo y a quién sirven los estilos; sobre todo, comparto con él la inquietud sobre cómo *se sale* de un estilo. Discuto con el escritor cuando relaciona precisión estilística y rectitud moral. No discrepo de la vinculación entre los estilos y las cosmovisiones, entre las formas y las ideologías. Yo también creo, como dijo Godard, que el travelling es una cuestión moral, y suscribo el párrafo barthesiano que Chirbes usa como epígrafe del tomo gris: «La finalidad común de la Novela y de la Historia narrada es alinear los hechos: el pretérito indefinido es el acta de posesión de la sociedad sobre su pasado» (pág. 39 de *El grado cero de la escritura).* Tampoco le discuto a Chirbes los aprendizajes de la estética marxiana. Le discuto la vinculación concreta entre precisión y rectitud moral. Siento que el nudo es cicatero y me imagino las frías aulas del colegio de Salamanca en el que Chirbes recibió instrucción. Lo desgrasado, lo limpio, lo ortodoxo como horizonte formal que se aleja de la felicidad de los excesos, del barroquismo, tabú para los estilistas ahorrativos. Sé que justifico mis propias opciones literarias, pero a la vez me estoy anticipando a los estilos futuros de Chirbes: a la descripción del marjal de *En la orilla* y a otras reverberaciones polifónicas. Y me habría gustado poder hablar más con él de estos asuntos, porque quizá le habría evitado sufrimientos relacionados con las represiones físicas y las represiones textuales. Con un concepto monacal de suciedad que me parece que le amargó el sexo, la vida y, algunas veces, el fluir travieso de la propia escritura.

Me cansan ciertos axiomas que se suponen inamovibles y que intuyo que a Rafael no le hicieron ganar en coherencia ni le permitieron disfrutar de sus contradicciones, ni alcanzar una pequeña felicidad burguesa que bien se habría merecido. Sin embargo, desde el espacio de mis contradicciones, pero también en el subrayado de mi heterodoxia, recalco, insisto, me admiro de cómo su autoexigencia como lector y escritor le convirtió en un novelista monumental. Acaso cierta rigidez es providencial en las sociedades líquidas.

Creo que Chirbes se gusta a sí mismo desbrozando la literatura en clave de crítica marxista. Hablando de intercambio, cantidades, relaciones de poder, precio, miseria, calidad o comercio como conceptos subyacentes a la idea del estilo. Incluso me parece verle sonreír cuando escribe cosas como «Un domingo [...] casi demagógico de tan seductor» (pág. 153), y detecto el aprendizaje político proyectado en las descripciones del paisaje, del espacio y del tiempo. Rafael es discípulo de Blanco Aguinaga, para quien siempre tiene buenas palabras y de quien atesora enseñanzas fundamentales. A mí me gusta sentarme junto a ellos, en su bancada, aunque experimento cierta antipatía por las palabras demonio —«adjetivo», «costumbrismo»— y por el ascetismo retórico, que no puedo dejar de relacionar con la ética protestante y el espíritu del capitalismo. Con la moderación monacal que podría describir parte de la vida de un escritor que, antes de la moda neorrural y de las Españas vacías o vaciadas, huyó del mundanal ruido para consagrarse a una escritura de la que casi hizo sacerdocio: el arte de escribir consiste en encontrar palabras para nombrar lo innombrado, «formas en tensión

27

que cuestionan las de uso corriente» (pág. 152). Chirbes corta, rebaja, disminuye: admira a Proust, pero se busca en Hammett. Esos vaivenes, que no son incompatibilidades, se reflejan muy bien en *Crematorio,* la novela que aún no había escrito cuando estaba enfrascado en estos cuadernos. Parece como si, en su proceso de uperización y descremado permanente, la escritura no solo no aliviase el dolor, sino que tuviese que doler: esa concepción del acto de escribir nace de una raíz judeocristiana que, como ya he señalado, quizá también afecta a la vivencia del cuerpo y del sexo. Siempre aparece la terrible contradicción que no le permite conciliar la búsqueda depurada de exactitudes formales con las pulsiones del deseo y todas sus gelatinas. De la fusión de ese espermatozoide y ese óvulo nace el universo chirbesco.

*Disquisición cultural, disquisición política*

Llama la atención la escasa presencia de disquisiciones explícitamente políticas en estas páginas. Hago mi personalísima cuenta de la vieja y no están el referéndum de la OTAN, el Alcalá 20; no están las elecciones generales ni el destape ni los lugares comunes de la Transición ni *Cuéntame* ni los albores de la democracia española, contenidos en un metarrelato convencional... La elipsis ¿implica aquiescencia? Yo leo tristeza; más tarde, lúcida cólera explosiva, la antesala de la descripción poética del incendio y el crematorio que se andaban preparando: especulación, corrupción, depredación capitalista, pérdida de valores; ideas poderosas, arraigadas en el amor/odio que el escritor siente por su tierra natal. Cuando se va a vivir a Beniarbeig escribe: «Lo que el amago de convivencia aquí me ha echado a la cara es el conjunto de razones por las que nunca quise vivir en esta puta tierra» (pág. 363), o «Qué respeto puede merecer un pueblo que ha convertido el paraíso que le regalaron (lo era en su pobreza, lo conocí) en un albañal infecto» (pág. 364). Como ya he apuntado, creo que estos cuadernos se quedan ahí: a las puertas de *Crematorio*. En ese primer temblor del gran movimiento sísmico.

Resumo algunos pasajes de estos memos en los que verdaderamente el escritor se moja hasta las trancas. Lo hace al comenzar el cuaderno de hojas azules (2004): revisa el sesentayochismo, la lucha antifranquista y el concepto de Europa. Lo hace con furia. Se desfoga. En la agenda Max Aub, después de ver *Comandante,* de Oliver Stone, el escritor insiste en que le interesa la revolución, pero ya no le interesan sus adjetivos especificativos: cubana, rusa, china... Al mismo tiempo, la deriva socialdemócrata de nuestro país le parece deplorable, y así lo expresa ya en el cuaderno burdeos: vivisecciona la gozosa España de la Expo y la Olimpiada, y se ríe de esa gente que se cree progresista porque vota al PSOE y, en realidad, practica un «individualismo a ultranza» que justifica el pelotazo y la inmoralidad. También habla de Tierno Galván como alcalde oportunista, del zorruno vicepresidente del Gobierno, de la imposible visita de Nancy Reagan a lo *Bienvenido, Míster Marshall...* Le sale el colmillo satírico y explica que «tuvo que llegar la democracia para que nos sintiéramos expulsados de la política»: ese es el desencanto chirbesco que rezuman sus novelas. Además, la militancia le parece sectaria, autoritaria, empobrecedora: su discurso político –contradictorio en su plegarse a la normalidad y renegar de ella– parece asumir más riesgos en la ficción literaria que en la conversación común. Y, de hecho, la aproximación política, pese a la reivindicación de sus orígenes, es a menudo libresca; por ejemplo, escribe sobre la URSS: «Vaya usted a saber [...] si la costra literaria se encarga de ocultarme la realidad de las cosas.» En su retorno a Rusia, como buen letraherido, detecta locura dostoievskiana y tierna desesperanza a lo Chéjov...

29

Lo cierto es que, a la inversa, la política empapa cada uno de sus comentarios literarios, que son, al mismo tiempo, actos de introspección. Un buen ejemplo de esta amalgama ideológica, que es política, vital y cultural, se encuentra en sus meditaciones sobre el suicidio (pág. 232): en los sesenta uno se podía suicidar por una causa política, mientras que en los noventa la única razón válida para matarse sería la angustia existencial. Chirbes no es un humorista, pero cuando utiliza el aguijón de su negrísimo humor las palabras se deshacen por efecto de la sosa cáustica... Se refleja una decepción, una acrimonia, respecto a lo público que se proyectará en sus personajes de ficción y en el personaje que construyó para sí mismo: en la presentación del libro de una famosa novelista, Chirbes me confesó –más bien me quiso hacer creer– que llevaba en el bolsillo una Magnum y se iba a suicidar. Era una broma que expresaba su condición de ente extraño, alienígena, dentro de aquel acto en particular y dentro del campo literario en general. Las voces de suicidio, envueltas en depresión, ganas de llorar o bloqueo, a veces se manifiestan acompañadas de intuiciones sobre ese reverso oscuro de la falta de complacencia que quizá se llame crueldad: «El sufrimiento te vuelve intransigente, cruel.» Puede que esa depresión, vinculada a la lucidez sobre el momento histórico que le tocó vivir y a su estatus dentro de él, también remitiese a su posición desencantada respecto a la capacidad performativa de la literatura: «A los que sufren hambre y miseria [...] mejor que una novela es regalarles un arma. El Kaláshnikov como obra maestra literaria» (pág. 233). Hay mucha negatividad –¡oh, cielos!–, mucho cinismo y mucha amargura en esa declaración. Una amargura honda y auténtica que afecta a la santísima trinidad indisoluble, coherente casi por obcecación, de su vida, sus ideas políticas y su proyecto narrativo. Lo cual vuelve a traerme a la cabeza que el proyecto de Chirbes era eminentemente moderno y tenía que ver con la novela. El hedonismo basal chirbesco también sufrió perturbaciones a causa de esa acidez. Lo que nos conduce inevitablemente a esa noción del cuerpo-texto y del texto-cuerpo de la que nunca nadie, ni siquiera quienes no padecen hipocondrías, puede escapar del todo.

## Cuerpo

Ya se ha apuntado que estos diarios son un cuaderno de lecturas que se metabolizan y, en su metabolización, dan cuenta de la importancia de leer. El cuerpo y la conciencia, como parte de la anatomía y sus meollos, se nutren de lo que se ha leído. Más allá de esa aproximación a la literatura, a la vez supersticiosa y materialista, como el pensamiento mágico que lleva al escritor a establecer relaciones entre mínimas catástrofes domésticas –se rompe una nevera, un embrague– y la negrura de una época de mal fario; más allá de esas pequeñas cosas, de las que nos reímos pero que también pueden amargarnos, con el paso del tiempo, los excesos y la soledad el escritor está mucho más pendiente de lo fisiológico. Sin ninguna serenidad, en el extremo opuesto de su admirado Lucrecio, Chirbes, que ignora si un dolor es hepático o cardiaco y elige lo que más le conviene, habla de su desconfianza ante el doctor y describe sus afecciones de garganta, sus aprensiones, su miedo al sida, sus vértigos, su pérdida de oído y de curiosidad; reconoce un alcoholismo que va a más, traza sin paños calientes el territorio de sus enfermedades, y esas enfermedades remiten a un estado de ánimo. Somatizaciones y carácter tangible de las dolencias psíquicas. La literatura no le ayuda a superar el caos: introduce en su torrente sanguíneo una inquietud mayor. Una falta de sinergia con la realidad imperante le pega al rostro la máscara de los demonios dostoievskianos.

31

Sus ideas sobre lo literario no se enfocan hacia un espacio exclusivamente luminoso o sanador: la escritura como ablución se ensucia con la metáfora de que cada obra es una costra, una adherencia, de la que hay que limpiarse (pág. 196): «Me digo: busco una historia. Y al rato: no, lo que busco no es una historia, sino un tono; aunque, en realidad, lo que busco es cómo tapar el ruido que hace la rata del miedo cuando me corre por dentro.» La melancolía se suma al temor cuando el cuerpo de Rafael es el del viajero que recorre Roma, Nápoles, París, las ciudades alemanas por las que va de gira, los lugares a los que acude para escribir sus reportajes gastronómicos o de viajes. Rafael Chirbes es un excelente paisajista sobre el que aquí no nos podemos extender; el caso es que la melancolía, estado de ánimo provocado por el exceso de una sustancia –como constatan todos los galenos clásicos–, se vincula con el recuerdo sensorial. Con la pérdida. Con la convicción de que dejar de desear será un sentimiento abrumador para todos nosotros –y para todas nosotras– antes o después...

La última vez que nos vimos, durante la presentación madrileña de *Cicatriz,* de Sara Mesa, Rafael me habló de un forúnculo que le había salido en la espalda. De sus problemas endocrinos. También me pasó la receta del bienmesabe. Creo que era junio. Él murió en agosto ante nuestra absoluta incredulidad. Estupor. Daño. En un vaso dentro de una página de estos cuadernos, reposa la dentadura postiza del escritor. Las imágenes barrocas, luctuosas, entre lo grotesco y lo siniestro, remiten a una conciencia del cuerpo que, cuando goza, exagera y, en la exageración, se autodestruye: sexo, comida, alcohol, cultura... Porque los excesos culturales también se encarnizan contra el Rafael Chirbes que protagoniza estos cuadernos, que lo son del cuerpo-enfermedad, cuerpo-miedo, cuerpo-misterio, cuerpo-fascinación, cuerpo-lenguaje –le gustan los verbos «coagular» u «osmotizar» usados en sentido figurado–, cuerpo-«depósito de la enfermedad, de lo sucio y despreciable» (pág. 134)... Cuadernos del cuerpo-sexo que, no por casualidad, arrancan en el dolor de una fístula, una fisura anal, como fusión de homoerotismo y culpa.

## *Amor, pudor* y Paris-Austerlitz

Podemos seguir la intrahistoria de la bibliografía chirbesca anterior a *Crematorio* leyendo con atención, despacio, estos memos. Sabemos de textos inéditos sobre el internado donde el escritor pasó su infancia: nos conmociona el encuentro con los niños, ya viejos y alcoholizados, del colegio para huérfanos de ferroviarios; sabemos que Chirbes pensó recrear literariamente otras oscuras tragedias familiares; se nos informa de que todo el mundo espera de él algo que todavía no ha podido dar; asistimos a la gestación de *Mimoun,* pastiche posmoderno entre *Otra vuelta de tuerca,* la novela gótica, el existencialismo a lo Camus y el expresionismo, «todo aderezado con un pequeño *plot* de novela negra» (pág. 180); descubrimos los problemas editoriales de *La buena letra* –Chirbes cree que a Herralde no le gusta lo suficiente– y el peso emocional que le ha dejado la escritura de una buena novela; vemos al autor ejercer la autocrítica con *En la lucha final;* mencionar *La caída de Madrid* sin más, después de mucho tiempo sin dedicar ni una página a sus libros ya escritos –nos preguntamos por el significado de esa elipsis terrible–; contarnos lo cansado que se siente después de haber puesto punto final a *Los viejos amigos.* A Chirbes claramente le interesa más el proceso que el resultado, la búsqueda que la concreción siempre sucia, el miedo a no poder más que los logros y el acomodamiento... Sin embargo, si hay un libro del que intuimos muchas cosas a partir de la lectura de las intimidades chirbescas es el póstumo *Paris-Austerlitz.* La contraposición de esa novela con la experiencia amorosa declarada

33

de Chirbes ejemplifica cómo la literatura y la vida coagulan –otra vez– a través de las estrategias de ficcionalización y de ese distanciamiento característico del lenguaje literario que, paradójicamente, nos coloca la realidad delante de la nariz y nos invita a hacerla nuestra, a comérnosla como caníbales, a digerirla. En la página 249 el escritor ha contado lo mucho que le gusta copiar párrafos ajenos con su letra: es un modo de apropiación. Un acto vampírico que refuerza la tradicional alianza entre gula y sexo. Es hambre, vitalismo, desesperación, conciencia del fin, actitud artística.

Por lo que Chirbes escribe en el cuaderno burdeos, sabemos que François está en la dedicatoria de *La buena letra*: «A mis sombras.» François acaba de morir y su última mirada para Rafael ha sido de odio. El escritor tiene «clavada» esa mirada. Estamos en 1992. Ya en 1986 dijo Chirbes que escribiría una novela dedicada a François, «una novela escrita con mi mala conciencia» (pág. 182). Los cuadernos no nos permiten conocer la fecha de redacción de *Paris-Austerlitz*: quizá un buen detective, o alguien con una gran capacidad para el cálculo y las mediciones astrofísicas... No obstante, las personas menos sagaces, sin destrezas algebraicas, sí podemos calibrar la delicadeza imprescindible para trasvasar realidades vitales a realidades literarias, el respeto debido a las personas que nos han inspirado amor y palabras sobre el amor. Chirbes escribe sobre François, hablándose a sí mismo desde las páginas de un cuaderno que ahora nos suena más auténtico que nunca, en las antípodas de cualquier formulación impostora; se escribe y se reprocha, nos escribe y nos reprocha, Rafael: «No tienes derecho a abandonar y quedar por encima otra vez poniéndolo como juguete de tu novela. O escribiendo estas líneas. Escritores, hijos de la gran puta. Os odio por la parte [...] que me toca» (pág. 182). El poder de fijación y la perdurabilidad de la palabra literaria nos juegan a veces –casi siempre– muy malas pasadas.

En los fragmentos que el escritor Chirbes dedica a analizar su relación con François se presenta como un esteta de la sordidez que habita las húmedas habitaciones de Vincennes, pero que también es capaz de disfrutar con las fachadas florales del bulevar Raspail, por las que se desliza el agua cuando llueve. Marcelito Chirbes escribe sobre el amor depredador, cosa que siempre fue muy de Marcelito y quizá también de Rafael: François lo vigila sin tregua y el escritor se excita, y esa excitación le parece una odiosa manera de poseer. El amante no puede pasar a ser amigo, y el amor es una emoción y un acto violento: tensión de la cuerda, callejón sin salida. La «piedad peligrosa», la terrible compasión y la mala conciencia son los sentimientos que subyacen en su historia con ese amante, tan bien dibujado en *Paris-Austerlitz;* ese amante pobre, alcohólico, débil psicológicamente, que lo tortura y es torturado por él. François lo degrada y es degradado en el ejercicio del amor y en los cuidados. Sin darme cuenta, yo también acabo de ser succionada por el vórtice de la ambigüedad, y posiblemente soy una lectora que confunde lo pintado con lo vivo. Esa confusión jamesiana, wildesiana y proustiana resume el juego intelectual que realizamos al leer los memos en conversación con la narrativa chirbesca.

El escritor afirma que no le atrae tener pareja. A la vez, en un fundido erótico-tanático, subraya lo mucho que echa de menos a las personas que le faltan. Se sume en la tristeza y el alcohol, y se identifica con Gil de Biedma «en la búsqueda narcisa braceando entre lo cutre [...] espejo empañado de mis propios desengaños» (pág. 455). Tiempo atrás había escrito: «Lo que me excita y lo que me degrada van en mí de la mano» (pág. 149). Una educación represiva y una moral pacata enturbian la vivencia sexual, el placer, de un hombre incapaz de entender un erotismo que no se dibuje con el color de la mugre y la herida masoquistamente, suciamente, gozosa. En la dimensión homoerótica, algunos momentos de este libro son una maravilla. Cripto-poéticas: Chirbes revela que en *El jardín de las delicias* del Bosco algunos hombres copulan con otros hombres. Solo los iniciados, con los filtros especiales de sus gafas venéreas, pueden percibir esos perfiles. La obligación del secreto y el tabú originan y agrandan la suciedad y las represiones, pero también conforman un cenáculo: solo algunos privilegiados gozan en esa transgresión, y en el conocimiento selecto de un código no apto para todo el mundo. Una sensibilidad especial que establece vínculos mágicos: en la retina poética y sexual de Chirbes, hay una mirada a lo *Blow-Up* que él no formula explícitamente, pero que yo me atrevo a descubrir en el palimpsesto de estos diarios, que en sus manuscritos originales no se llamaban así, quizá porque no son diarios o quizá porque al escritor le interesaba más poner el énfasis en el objeto, la materia, el contenedor de las palabras. Cuadernos. Agenda. En ellos encontramos elementos de identificación, podemos reconocer nuestras propias vivencias amorosas, que, no obstante, nos conmocionan hasta el límite cuando el escritor las transforma en novela. Lo íntimo se literaturiza, mientras que la literatura gradúa su lente buscando otra distancia, una llaneza que Chirbes admira.

Me sobrecoge el pudor en las entrelíneas de un relato erótico que, con el paso del tiempo, pierde su urgencia hasta el punto de que el sexo deja de aparecer en los diarios porque: ¿no hay sexo?, ¿no es relevante?, ¿el hecho de que algo no esté escrito significa que no existe? Esta posibilidad de escamoteo tendría mucho interés si el propio Chirbes no nos sacase de dudas: «Me alivio como puedo» (pág. 456). Y dice que no paga. Por moral. También es pudoroso para hablar de dinero más allá de las referencias a la pobreza de la infancia. Habla poco sobre el asunto. Por eso, cuando lo hace, las palabras aparecen subrayadas en rojo.

El amor por su madre y su padre también se expresa en los memos. El padre es la ausencia, el recuerdo de un paraíso perdido, mediterráneo, por el que siente nostalgia en un colegio ubicado casi en el centro del frío peninsular. El padre, peón ferroviario, es el trabajo honesto y la pérdida prematura. El exquisito detalle del cuento del rico que bebe por el roto de la jarra que le contó a su hijo Rafael cuando el niño era aún muy pequeño. El escritor no lo olvidará nunca. En cuanto a la madre, nos estremecen los detalles dispersos de su demencia senil. La madre regresa a un estado previo a lo humano. Energía pura. Muchos años antes, cuando él se marcha al internado, ella llora. Él siente la fragilidad materna, pero interpreta esa fragilidad como manipulación. El análisis –o el psicoanálisis– no es muy diferente al de su relación con François. Pero detengámonos aquí: he dicho que no quiero ejercer de psicoanalista. Y no cumplo la promesa al compartir mi intuición de que, en los afectos, el cuerpo, el espacio mental y la escritura, Rafael Chirbes sufre una tensión constante entre el deseo misántropo, la búsqueda de la soledad imprescindible para la construcción literaria, el miedo a la invasión y la necesidad de amar y ser amado.

## Coda

«Tengo miedo. No veo nada delante», escribe Rafael casi al final de estos cuadernos. Tomamos conciencia de tener entre las manos un objeto delicadísimo. Una cajita de un material transparente que aún no ha cristalizado del todo. Una crisálida. Nos dejamos seducir por esa sensación de verdad que conmociona y golpea. Entonces, solo nos resta acompañar y asentir. Vamos.

MARTA SANZ

# PRÓLOGO: VIDA, OPINIONES Y ESCRITURA DE RAFAEL CHIRBES

Para Rafael Chirbes, *Si te dicen que caí,* quizá la mejor novela de Juan Marsé, había sido «un ajuste de cuentas con la historia como gran infamia». Pero podría afirmarse algo semejante del conjunto de la obra del narrador valenciano, de *Mimoun* a estos diarios que ahora aparecen. Estamos ante un nuevo e importante capítulo de su obra: unos textos que dejó preparados para su publicación, reelaborados, y que en su origen tuvieron un uso estrictamente privado. Se trata de un diario íntimo, de vida y cultura, en el que destaca la pasión por las experiencias vividas. Las primeras entradas datan de 1984, cuando contaba treinta y seis años, momento en que aparece la revista *Sobremesa,*[1] donde desempeñó distintas funciones. Me parece que la escritura del diario le sirvió para ir haciendo dedos en distintos registros y como posible semillero de su obra narrativa, que –como sabemos– se decantará definitivamente hacia la novela. En sus páginas se aprecia, así, la búsqueda de un estilo, los tanteos para dar con una voz propia.

---

1. *Vid.* Jacobo Llamas Martínez, «Chirbes y la "autorreescritura": las variantes entre los reportajes publicados en la revista *Sobremesa* y los textos compilados en *Mediterráneos», Revista de Literatura,* vol. LXXXIII, núm. 165, enero-julio del 2021, págs. 219-245.

Pero es en su resultado final, tal y como lo encontrarán ahora los lectores, donde resulta una obra independiente que tiene entidad en sí misma, dentro del conjunto de la producción de Chirbes, en la tradición del diarismo en español, e incluso en la historia de nuestra literatura de las últimas décadas. Nos encontramos ante un Chirbes que lo cuestiona casi todo, pero también muy autocrítico, que cultiva con acierto las distintas retóricas que exigen sus reflexiones y relatos, bien sea mediante un tono trascendente o humorístico, serio y distante o jocoso, bien por medio de los silencios. No en vano, nos alerta también sobre lo que ha callado. Chirbes, además, se formula las preguntas pertinentes, tanto respecto a su trayectoria vital como a la evolución de su escritura, si bien en estas páginas se aprecia, sobre todo, de qué forma empieza a confiar en que podría convertirse en escritor, aunque sin librarse de las dudas, pues siempre careció de las seguridades que a otros les sobraban, ya fuesen íntimas, políticas o literarias.

*La tradición diarística*

Ya no podemos seguir afirmando, como se hacía hasta hace poco, que en España la escritura de diarios, su publicación, no haya logrado consolidar una cierta tradición que se ha ido gestando en las décadas recientes, en el último medio siglo. Una primera fecha significativa podría ser 1963, cuando Manuel Granell y Antonio Dorta publican en la editorial Labor una *Antología de diarios íntimos* compuesta por fragmentos de los clásicos del diarismo internacional, tales como John Evelyn, Samuel Pepys, Giacomo Leopardi, Jules Renard o André Gide, por solo citar un puñado de nombres imprescindibles. A ellos podríamos añadir otros semejantes, leídos también por los autores españoles, por ejemplo: los de Amiel, Léon Bloy, Thomas Mann, Brecht, Kafka, Paul Valéry, Katherine Mansfield, Ernst Jünger, Julien Green, Cioran, Witold Gombrowicz, Cesare Pavese *(El oficio de vivir. 1935-1950* [1952; la primera edición en castellano la publicó Siglo Veinte, de Buenos Aires, en 1965] ha sido uno de los diarios más influyentes en España), John Cheever, Sándor Márai, Susan Sontag, Julio Ramón Ribeyro y Ricardo Piglia, por tener en cuenta un caso reciente que –me parece– perdurará.

Pero en España, a partir de la década de los cuarenta, por no remontarnos más atrás en el tiempo, hemos tenido fervorosos cultivadores del género, como Max Aub *(La gallina ciega. Diario español,* 1971); César González Ruano, cuyo primer *Diario íntimo* data de 1952; los también denominados *Diarios íntimos* (incluidos en sus *Obras completas,* 1963), de Agustín de Foxá; el *Diario del artista seriamente enfermo* (1974, ampliado en 1991 y retitulado *Retrato del artista en 1956),* de Jaime Gil de Biedma; los *Cuadernos de La Romana* (1975) y los *Nuevos cuadernos de La Romana* (1976), de Gonzalo Torrente Ballester; *Alcancía. Ida* y *Alcancía. Vuelta* (ambos de 1982), de Rosa Chacel; *Dietario 1979-1980* (1984) y *Segundo dietario 1980-1982* (1985), de Pere Gimferrer; *Los tres cuadernos rojos* (1986), de José Jiménez Lozano, y varias entregas posteriores; *La negra provincia de Flaubert* (1986), de Miguel Sánchez-Ostiz, al que siguieron otros volúmenes semejantes; *Diario austral* (1987) y *Cargar la suerte (Diarios 1968-1992)* (1995), de Antonio Martínez-Sarrión, y sucesivas entregas de sus dietarios; *El gato encerrado* (1990), de Andrés Trapiello, y numerosos libros con el título general de *Salón de pasos perdidos; Diario de un pintor (1952-1953)* y *Retales de un diario (1956-1963),* de Ramón Gaya, incluidos en su *Obra completa,* vol. III (1994); *Los trabajos del espíritu* (1999), de Ángel Crespo; *Cuaderno amarillo* (2000), de Salvador Pániker, y otras posteriores entregas; *Cuadernos de todo* (2002), de Carmen Martín Gaite, a los que Chirbes se refiere en las páginas 263-265 y 286 de estos

41

diarios; *Días de diario* (2007), de Antonio Muñoz Molina; *Diarios. 1999-2003* (2010) y *Diarios (2004-2007)* (2011), de Iñaki Uriarte, y otros siguientes; el *Diario anónimo (1959-2000)* (2011), de José Ángel Valente; *Lo que cuenta es la ilusión* (2012), de Ignacio Vidal-Folch; *Diario del hombre pálido* (2010), *Piel roja* (2012) y *Fuego amigo. Los restos de la escritura* (2021), de Juan Gracia Armendáriz, y las tres entregas de Laura Freixas, la primera de las cuales es *Una vida subterránea. Diario 1991-1994* (2013).

Se trata de diarios de muy diferente condición y temática, ya sean íntimos, como a menudo anuncia el título, ya diarios de guerra, de viajes o híbridos, según sucede de forma habitual en el género. Además, se constata la frecuencia con que los exiliados republicanos los cultivaron: Juan Ramón Jiménez y Zenobia Camprubí, Manuel Azaña, José Moreno Villa, Juan Larrea, Rafael Alberti, Emilio Prados, Rosa Chacel, Benjamín Jarnés, Max Aub, Ramón Gaya y Tomás Segovia.[1] La mayoría de autores de diarios lo son también de ficción y resultan excepciones los escritos por críticos literarios, como en los casos de Cyril Connolly o J. M. Castellet, aunque no faltan los poetas y narradores que han cultivado con brillantez la crítica y el diarismo o los periodistas desdoblados en escritores, como Indro Montanelli, Ignacio Carrión o Juan Cruz. Y pese a que me haya centrado sobre todo en diarios escritos en castellano, me consta que Rafael Chirbes había leído en catalán, al menos, los de Josep Pla *(El quadern gris,* 1966) y Joan Fuster *(Diari, 1952-1960,* recogido en 1969 en sus obras completas).

---

1. *Vid.* Eusebio Cedena Gallargo, *El diario y su aplicación en los escritores del exilio español de posguerra,* Fundación Universitaria Española, Madrid, 2004; y Francisca Montiel Rayo (ed.), *Las escrituras del yo. Diarios, autobiografías, memorias y epistolarios del exilio republicano de 1939,* Renacimiento (Biblioteca del exilio), Sevilla, 2018.

Si bien Chirbes, en sus diarios, solo tiene en cuenta los de Robert Musil, que cita en varias ocasiones, no debe olvidarse que prologó los *Cuadernos de todo* (2002), de Carmen Martín Gaite, en cuyas páginas, muy recomendables, sintetiza la relación que mantuvieron ambos, como interlocutores, y la actitud y el papel que ella desempeñó en el sistema literario («su permanente posición lateral con respecto a los grupos de presión literarios», escribe Chirbes), semejantes a los que adoptaría nuestro escritor. Así, concluye el prólogo haciendo suyas unas palabras de la autora de *El cuento de nunca acabar,* la obra preferida de Chirbes: «Lo que menos te perdonan es que te quedes fuera sin atacarlos, sin hacer tampoco profesión de quedarte fuera ni levantar bandera de outsider, si no por verdadera vocación, por atención a las narraciones que se producen en la calle, al aire, a lo Aldecoa, por terror a lo monocorde, a lo embalsamado, no por odio a la sociabilidad, sino por amor a ella.»

Entre burlas y veras, algunos estudiosos de la materia han comentado que estamos asistiendo a un campeonato de diarios. Pero ¿quién lo ha ganado? Sin duda, por cantidad y calidad, Andrés Trapiello, con las veintitrés entregas de su *Salón de pasos perdidos,* la última es *Quasi una fantasía* (2021), aunque si me atengo a mi propio gusto y criterio, tan variado como ecléctico, quedarían en muy buena posición los de Max Aub, Gonzalo Torrente Ballester, Francisco Umbral, Pere Gimferrer, José Jiménez Lozano, Miguel Sánchez-Ostiz, Antonio Martínez Sarrión, Salvador Pániker, Carmen Martín Gaite, Antonio Muñoz Molina, Iñaki Uriarte e Ignacio Vidal-Folch, y desde luego estos de Rafael Chirbes.

Muchos de los diarios mencionados anuncian el género en el mismo título, lo que no ocurre, al menos con tanta frecuencia, en ninguna otra modalidad. Otros adoptan el título de *Memorias* aunque no lo sean, *stricto sensu,* de forma semejante a como algunos libros de cuentos son a veces tachados de novelas, o los de microrrelatos se confunden con volúmenes de cuentos. Resulta frecuente que se publiquen tiempo después de haber sido escritos, a veces cuando ya el autor ha fallecido (sería el caso de los diarios de Unamuno, Manuel Azaña o Zenobia Camprubí, por solo recordar unos pocos ejemplos), como una manera de distanciarse, de aquilatar su contenido; de garantizar que el paso del tiempo haya dejado su poso necesario, y que el desvelamiento de intimidades no afecte ya a los vivos ni moleste a la gente que se cita de manera crítica. Casi siempre están corregidos y reelaborados años después (Chirbes cuenta en el 2006 y en el 2014 que ha pasado a limpio notas tomadas en 1992 y en el 2004; y en el segundo caso confiesa que lleva a cabo la reescritura por enésima vez, págs. 210 y 405), e incluso algunos aparecieron antes en la prensa, por entregas, como el de González Ruano, publicado en el diario *Pueblo* a partir de 1951. Y, en el caso de los escritores españoles del exilio republicano, gran parte de sus diarios se publica primero en el país de acogida y más tarde, pero no siempre, en España.

La reciente tradición diarística española viene alentada también por los críticos e historiadores del género, entre los que habría que destacar los nombres de Manuel Alberca, Anna Caballé, Celia Fernández Prieto, Laura Freixas, Jordi Gracia, José Luis Melero, Francisca Montiel Rayo, José Romera Castillo y Andrés Trapiello, entre otros. Pero incluso Jorge Herralde ha echado su cuarto a espadas, declarándose lector asiduo de esta modalidad prosística. Quiero recordar asimismo –porque debió de ser el primero sobre el género– el monográfico de la revista *Un ángel más* titulado *Diarios* (núms. 7-8, otoño de 1989), cuestionado por Trapiello en su libro *El escritor de diarios. Historia de un desplazamiento* (1998). Pero, además, algunos de los cultivadores han traducido y prologado diarios, como Laura Freixas, con los de Virginia Woolf y André Gide, mientras que otros los han editado, como hizo Anna Caballé con los de Francisco Candel.

## El diario de Chirbes

Seis años después de la muerte de Rafael Chirbes (1949-2015) nos llega el segundo regalo que nos dejó, tras la novela *Paris-Austerlitz:* las páginas de un diario que empezó a escribir en 1984 y que en esta primera entrega –a la espera de otra segunda y definitiva– concluye en el 2005, cuando tiene 57 años. En esa última fecha, Chirbes no parecía convencido de poder escribir otra novela, pero además lo acosaban los vértigos, de los que ya nunca se libraría, y a veces la depresión (págs. 287-289). No había publicado todavía *Crematorio* (2007), la novela que lo consagró definitivamente, obtuvo con ella el Premio de la Crítica, y le proporcionó tranquilidad y una cierta seguridad y confianza como escritor, sensaciones de las que no siempre gozó. Se trata, por tanto, de un tiempo crucial, en el que tras ganarse la vida en diversos oficios, como librero o periodista, acabó convirtiéndose en un escritor reconocido y respetado, casi veinte años después de la aparición de *Mimoun* (1988), su primera novela.

Podrían tacharse estos diarios de íntimos, pero también de los propios de un escritor interesado en las artes, los entresijos de su oficio y las reflexiones metaliterarias. En ellos trata de lo privado y lo público, de sí mismo y los demás, de sus libros, así como de aquellos otros que lee, a menudo con pasión, sin ocultar casi nunca los nombres de las personas y los lugares a los que se refiere, aunque las menciones a sus amigos y allegados figuran, en muchas ocasiones, con iniciales que no corresponden a su identidad. En un momento dado, se pregunta Chirbes si se puede escribir para uno mis-

45

mo, y en otro confiesa que los suyos vienen a ser unos «cuadernos, que no son para nadie, que no compiten con nadie. Ni están al albur del juicio de nadie», pues se hallan destinados al uso privado (págs. 137 y 209). Sabemos, por tanto, que en su origen no fueron pensados para ser publicados, sino como un semillero donde almacenaba vivencias, impresiones, pensamientos, juicios de valor y citas de libros que quizá podría utilizar en sus novelas. Así, comenta que «en la manera sesgada de elegir las citas, si uno las analiza con atención, está el núcleo de las preocupaciones que le mueven, el nife[1] de la novela que debería escribir»; y más adelante insiste: «En cada momento uno anota lo que le parece que da respuesta a los interrogantes que lo acucian, a lo que cree que ayuda a construir un amago de respuesta» (págs. 263 y 417). Pero el conjunto acaba adquiriendo la entidad de una obra en sí misma, de carácter independiente, que completa la materia tratada como ficción en sus novelas. El caso es que, al principio, se presenta como un diario a la manera clásica, pues habla de esto o de aquello, pero a partir de la pág. 317 cambia –digamos– de objetivo y las entradas pueden pasar a convertirse en breves ensayos, e incluso en una reseña, como ocurre con el comentario que le dedica a la biografía de Felipe II de Henry Kamen, el libro se titula *Felipe de España* (págs. 323-326). ¿A quiénes dirige este conjunto de apuntes? A los lectores de su obra, aunque quizá con la esperanza de captar la atención de otros nuevos que, tras conocerlos, sientan curiosidad por las novelas, a las que aquí alude con frecuencia; a veces citándolas de manera explícita y otras recordando algunos episodios, que el lector familiarizado con la literatura de Chirbes reconocerá.

---

1. En las enciclopedias escolares que estudió Chirbes, el nife era el núcleo más profundo del planeta Tierra, que se suponía entonces compuesto de níquel (Ni) y hierro (Fe).

Si en diversos momentos muestra sus reservas, por ejemplo, frente a ciertos narradores españoles actuales, y ante algún que otro crítico literario y editor, también se cuestiona a sí mismo sin ambages, definiéndose, además, como «torpe autodidacta» (pág. 315): «Poca gente», afirma, «se habrá equivocado tantas veces como yo» (pág. 312). Por lo demás, los correos que intercambié con Chirbes a menudo resultan, por su argumentación y contenido, equivalentes a las entradas del diario, por lo que podrían haber formado parte de él. Transcribo solo uno, el del lunes 4 de marzo del 2013, enviado a la 1.49 de la noche, que me parece paradigmático:

Querido Fernando:
Ayer te contesté tan rápido que no di respuesta a ninguna de las cosas que me preguntabas. Llevo un mes y pico leyendo cosas recién publicadas, españolas, y también extranjeras. Me ha gustado el *Limónov* de Carrère, y me ha parecido muy honesto y desazonante (aunque demasiado mensaje, ya sé) el de Yasmina Khadra, que creo que se titula *La ecuación de África*. Me defraudó el de Landero, un libro que podía no haber escrito sin que pasara nada, y me parece un bluf infantiloide el de *Saliendo de la estación de Atocha* (¿se titula así?), el de Carrasco —una mezcla de Delibes y Cormac McCarthy— admira por su trabajo de lenguaje rural, pero se le ve demasiado el manierismo tremendista posmoderno y resuelve de un modo explícito y carente de interés. Sin embargo, me ha interesado el de Trapiello, *Ayer no más*: no tiene gran densidad, pero toca algo que duele a mucha gente, aunque sea un poco al estilo de un auto sacramental en el que cada personaje resume un artículo suyo en el periódico. El de Cercas lo leí como una montaña rusa, subía y bajaba continuamente. No sé, ya te digo que he leído mucho para tapar el ruido de dentro que te queda cuando no tienes nada que hacer porque te has quedado sin nove-

la. Te recomiendo vivamente los dos cuentos de Bennett que acaba de publicar Anagrama, te lo leerás de una sentada y estoy convencido de que te reirás mucho. Además, estoy preparando un viaje a Sicilia que creo que acabará siendo virtual: leo o releo novelas sicilianas, libros sobre la mafia, etc., y ya creo que no merece la pena moverse de aquí, dado que empiezo a conocer la isla muy bien.

Creo que hacéis bien en manteneros (un beso a Gemma) en Berlín, aquí uno acaba por no poner ni la radio, una pesadez, una novela que parece que ya nos hemos leído, que todo el mundo ha robado. Fin. Como empiecen a entrar en la cárcel los ladrones y los defraudadores, aquí no queda del rey abajo ninguno. Fuera de la cárcel, unos cuantos rumanos para mantener las instalaciones y hacer de peones camineros hasta que empecemos a salir los demás. En el ínterin pueden aprovechar para descontaminar un poco el país limpiándolo de cobre y de coches de lujo.

Otro día más, querido Fernando.

Un abrazo a ti y un par de besos a Gemma de

RAFAEL[1]

Chirbes reflexiona a menudo sobre las principales características de la novela: cuáles son los aspectos esenciales por los que un texto se convierte en tal; en qué consiste contar bien; qué es el estilo, cómo se hace o se sale de él, o sobre el modo en

---

1. La novela de Khadra se tituló en español *La ecuación de la vida* (Destino, 2012), aunque Chirbes debió de leerla en francés; *Saliendo de la estación de Atocha* (2013), novela de Ben Lerner, la publicó Mondadori; en *El Cultural* recibió una crítica muy elogiosa; el libro de Jesús Carrasco, *Intemperie* (2013), apareció en Seix Barral; la novela de Andrés Trapiello la publicó Destino en el 2012; la de Cercas es *Las leyes de la frontera* (Literatura Random House, 2013); y los cuentos de Alan Bennett, *Dos historias nada decentes* (2013), son de Anagrama.

que lo concibe como disciplina del pensamiento mientras cuestiona lo que denomina el «estilo-mortaja». Tampoco se olvida de referir los rasgos propios del lenguaje narrativo y de sus novelas; de cuál es el papel del narrador y, en concreto, el del «narrador compasivo», entidad que utilizó a menudo en sus obras; y cuando quiere explicar qué es el «personaje voraz» lo relaciona con el buitre que le devora las entrañas a Prometeo, que encontramos en el desenlace de *La caída de Madrid*, y en el panel central de un tríptico de Francis Bacon, de 1976, en el que se ve «un ave de rapiña abalanzarse sobre una masa de carne humana tumefacta», y que menciona entre otras imágenes del mismo pintor (págs. 238-242, 251, 253, 256, 262, 263, 277, 286, 287, 331 y 332). Chirbes sabe ponerse grave y jocoso, irónico y punzante, según exija el relato. Al cabo se pregunta desde dónde escribe uno, y, en suma, por qué, para qué y para quién (págs. 400 y 448). En definitiva, si aceptamos que la escritura del diario parte de un yo que crea un personaje para expresarse en el tono adecuado, el de Chirbes lo logra plenamente.

Por lo que se refiere a la expresión de la intimidad, comenta en el 2004 que «el pudor, y sobre todo las prisas con las que me acerco a ellos, han dejado poco espacio para la expresión de sentimientos, para la narración de experiencias personales» (pág. 339), que sin embargo son más frecuentes en la primera parte de estas anotaciones.

En cierto momento, no sabría decir con precisión cuándo, Chirbes empieza a tantear la posibilidad de la publicación de estos diarios, por lo que decide ordenarlos y corregirlos, preparando el material para su publicación, a fin de convertir los «cuadernos de todo» en «cuadernos de limpio», en la terminología de Carmen Martín Gaite. Recuérdese, además, que cede un primer anticipo al blog *El Boomeran(g)* (5 de febrero del 2009), «Diarios. Textos ventaneros del 3 al 14 de julio del 2009», a los que seguirán otros semejantes en la revista *Eñe* (núm. 19, otoño del 2009, págs. 14-27),[1] en *El Cultural* (29 de mayo del 2015, págs. 10 y 11, con entradas correspondientes al 2006 y al 2010) y en la revista *Turia* (en el núm. 112, de noviembre del 2014-febrero del 2015, en un monográfico dedicado al conjunto de su obra, con entradas escritas en el 2006, 2007 y 2008, bajo el título de «A ratos perdidos»; y el 116, de noviembre del 2015-febrero del 2016, págs. 86-93, con apuntes del 2000, 2005, 2006 y 2007, titulados «Hojas sueltas»). Al parecerle satisfactoria tanto la recepción pública como la privada de estos anticipos, Chirbes solía preguntar su opinión a quienes se declaraban lectores de esos textos, debió de convencerse de que podrían publicarse, si no antes, tras su muerte.

### *La lucha con la materia, la forma y el contenido*

Así pues, las anotaciones de 1984, las primeras que aparecen, arrancan con la geografía doméstica, la casa de Madrid, y con el dolor que le produce la separación de J. T., con las pequeñas torturas que conllevan el insomnio, del que apenas conseguirá librarse en el futuro, la operación de una fisura y otras miserias corporales: así, la idea del cuerpo como saco de suciedad (en la novela *En la orilla* aparece como «un malcosido saco de porquería», como «un saco de mierda»), la boca desdentada, la dentadura postiza (págs. 134 y 280), motivos que reaparecen en otras obras suyas. Llaman la atención, además, los comentarios que le dedica al soporte en que escribe:

1. Esta entrega del diario generó un temprano análisis de Daniela C. Serber, «"(Diario) Textos ventaneros", de Rafael Chirbes: entre el diario íntimo, la autoficción y la metaliteratura», III Coloquio Internacional [Escrituras del yo], Rosario, 2014: https://www.academia.edu/34387572/_Diario_Textos_ventaneros_de_Rafael_Chirbes_entre_el_diario_%C3%ADntimo_la_autoficci%C3%B3n_y_la_metaliteratura.

al tipo de cuadernos, a los que da nombre, recordando dónde los adquirió (Dresde, París o la Argentina, sin más precisión) y los colores que tenían *(cuadernos de colores* que también utilizaron Carmen Martín Gaite o José Jiménez Lozano); a la pluma que utilizó e incluso a su rasgueo al deslizarse por el papel (pág. 102), puede ser que en la estela de comentarios semejantes de la autora de *Nubosidad variable*. Pero lo más interesante a este respecto quizá sea la breve reflexión que lleva a cabo sobre lo que significa escribir a pluma o a máquina y cómo el procedimiento afecta al estilo: «A mano, los textos se me llenan de i griegas y de ques y porqués. La máquina me permite un estilo ajeno, de alguien que sabe más que yo, mira mejor que yo, capaz de utilizar construcciones sintácticas de más de media docena de palabras, y, si llega el caso, hasta unas cuantas esdrújulas. Son misterios, pero funcionan» (pág. 154).

También, a veces, se refiere a los meses que lleva sin acudir al diario: en una ocasión fecha las entradas agrupándolas en un bienio, sin mayor precisión, e incluso apunta a menudo el día de la semana y el año, creando ese *continuum* propio del género, marcando así el discurrir de la vida, pero también los vacíos temporales entre unos apuntes y otros.

El caso es que Chirbes escribe su diario; en principio se trata de simples notas tomadas en unos cuadernos, sin más pretensiones, a vuela pluma, si bien en la escritura final se aprecia la elaboración literaria, la búsqueda de una voz propia, el cultivo de una voluntad de estilo, tentativas que no siempre acaban de satisfacer al autor (pág. 153). Sí parece tener claro, al menos en 1986, que «escribir es la indagación para nombrar lo que no puede nombrarse, un intento, un acercamiento hacia lo que aún no ha sido dicho» (pág. 150). Y un año después, mientas compone *Mimoun,* reflexiona: «Tengo que escribir menos acerca de sentimientos, expresar menos opiniones, y contar más anécdotas, *tranches de vie,* anotar diálogos: en las anécdotas, en los diálogos, en esos fogonazos o rebanadas de la vida, están los materiales que luego puedo elaborar. Sin embargo, siempre acaban pareciéndome intrascendentes y no llegan al papel» (pág. 189).

Tras exponer algunos rasgos estilísticos de Chirbes en este género, tal vez haya lectores que se pregunten cómo se lee un diario. Desde luego, no como una novela, pues los fragmentos, las entradas del día, al carecer de trama y no seguir el procedimiento causa-efecto, aun conservando una unidad de sentido, propician un ritmo de lectura más reposado, menos continuo. Otra pregunta que solemos hacernos es por qué leemos diarios: si lo hacemos por curiosidad, por conocer otras intimidades y distintas opiniones sobre la vida y las artes, o bien si buscamos en sus páginas una voz cuyas experiencias y opiniones puedan acaso interesarnos, aunque no estemos de acuerdo con ellas, o una visión del mundo contada con pasión y cierto humor, que produzca la sensación de encontrarnos ante una verdad.

Yo mismo me he preguntado durante la lectura si estos diarios no serían quizá la caja negra de la vida, a veces en carne viva, y de los pensamientos de Chirbes, las reflexiones de un solitario empedernido. Y aunque ni siquiera en privado lo había oído hablar con tanta libertad y soltura, estas opiniones suyas no difieren, en esencia, sobre todo las referidas a lo cultural, de las que manifestaba a menudo en las entrevistas, aun cuando en las respuestas que fue dando haya a veces algo más de tiento.

*Ciudades, libros y vida*

Recuerda Chirbes las ciudades que prefiere, aquellas a las que le gustaría volver, como Roma («la ciudad que más me gusta»), Valencia, Lisboa, Budapest, Estambul o Leningrado (hoy, de nuevo, San Petersburgo), y aquellas otras en las que han sucedido los principales acontecimientos de su vida, ya sea Madrid o París, aunque gran parte de su existencia transcurriera en pequeños pueblos de Badajoz o Valencia, donde le gustaba aislarse. En el año 2000 hace el último traslado, que lo lleva de Valverde de Burguillos a Beniarbeig. También se detiene en los numerosos libros que ha leído (ya sean de Lucrecio, Voltaire, Balzac, Bulgákov, Henry James, Marguerite Yourcenar o Robert Musil), el cine que le interesa (recordando actrices y actores, películas o directores), la música que escucha, clásica y popular *(La flauta mágica,* de Mozart; la *Sinfonía Leningrado,* de Shostakóvich; Zara Leander cantando «Le temps des cerises»; se emociona oyendo cantar a Charles Trenet «Que reste t-il de nos amours?», o se pone sentimental cuando los Chunguitos cantan «Si me das a elegir, me quedo contigo»), los museos o exposiciones que visita, sus pintores preferidos. Se trata, por tanto, de un diario de vida y cultura, a lo largo del cual nos llama la atención su pasión por lo vivido, la búsqueda del placer, su fascinación y profundo conocimiento de las artes.

Chirbes aborda en los diarios los temas que le afectan o interesan: los avatares de la existencia, las relaciones sentimentales, las eróticas y amistosas (la atracción que siente por lo prohibido, en ocasiones por quien más daño pueda hacerle, propiciando «noches de trueno» y algún que otro «descenso a los infiernos»), la salud quebradiza, con el fantasma del sida aleteando en su entorno, la intranquilidad y la desazón que a veces padecía, el peso de la historia y de la política menuda con la que le gustaba enzarzarse, el trabajo gracias al cual se ganaba la vida como periodista gastronómico en la revista *Sobremesa,* las ansias y dudas que siente como escritor; y todo ello junto a sus filias y fobias, de las que pueden ser un ejemplo esclarecedor los comentarios que dedica a Dalí y Gala (págs. 104, 199 y 454) o el desagrado que le producía la beatería de cierta izquierda (pág. 281). Plantea, a su vez, una revisión de cómo se llevó a cabo la Transición («la traición de la Transición, un capítulo más de la historia como sinónimo de infamia», pág. 96); del sentido y valor de la Movida («El histérico Madrid de la Movida. Su embestida se llevó por delante a una generación y parte de otra», pág. 401), de la que nos proporciona un atinado *collage;*[1] de los fastos del 92, y del modo en que se acomodaron con el paso del tiempo a la socialdemocracia los jóvenes revolucionarios, a quienes denomina «los *buitres* madrileños de nueva generación» (pág. 200); de los placeres del sexo desenfrenado, del consumo de drogas, pero también del peso de la amistad, la fuerza del deseo, la felicidad, la compañía o el amor.

Por otra parte, me parece muy atinado el comentario que le dedica a las novelas sobre Barcelona, con Marsé *(Últimas tardes con Teresa* o *Si te dicen que caí,* «un libro que lo llena todo, y del que han salido las distintas tendencias de la mejor novela realista contemporánea en castellano», que define como «un ajuste de cuentas con la historia como gran infamia») y Vázquez Montalbán *(Los alegres muchachos de Atzavara* y *El pianista)* como autores destacados; lamentando además que no hayan tenido más repercusión las obras de Antonio Rabinad o Víctor Mora. Los compara, autores y obras, con las dedicadas a Madrid, a cargo de Cela, Ignacio Aldecoa o Luis Martín Santos, entre otros, aunque se decanta por Galdós y Baroja (págs. 96, 190, 250, 282 y 283). Convierte una imagen, la de la rata que lo persigue, en símbolo, como también hicieron Kafka o Roberto Bolaño, que proviene de los recuerdos de la casa de su infancia, y con la que, nos dice en sus diarios, busca «cómo tapar el ruido que

---

1. «La movida, el cancaneo. Nacho Cano, Tino Casal, la legión de niños-niña de crema pastelera: hombre lobo en París y no controles, bailando, me paso el día bailando, la coctelera agitando...» Entrada correspondiente al 5 de agosto de 1995.

hace la rata del miedo cuando me corre por dentro». En *Crematorio*, en cambio, remite al paso del tiempo, «la rata que se lo come todo», pudiendo relacionarse quizá con la presencia de los perros que merodean en sus novelas: así ocurre en *En la orilla*, como en la pintura de Francis Bacon y Antonio López, artistas muy diferentes que Chirbes apreciaba, aunque ratas y perros adquieran en sus distintas narraciones un simbolismo distinto (págs. 92 y 196).

## La gestación de Mimoun, la primera novela

A los lectores de Chirbes, quienes conozcan bien su obra, les gustará encontrar aquí numerosos detalles sobre la gestación y fortuna de casi todos sus libros, de *Mimoun* a *Los viejos amigos* y *El viajero sedentario*. Así, por ejemplo, cuenta los orígenes de su primera novela, la larga y dificultosa gestación, la recepción que tuvo cuando apareció publicada en 1988. Su origen debe de estar en una novela fallida que nunca llegó a publicarse, titulada *Las fronteras de África*, que acabó aprovechando en parte. El caso es que la estancia entre 1977 y 1979 en la ciudad marroquí de Sefrou, mientras trabajaba como profesor de Lengua e Historia en Fez, dejó en él profundas huellas. Se cuenta en los diarios que tras leer en una enciclopedia la entrada dedicada a Marruecos lo invadió la melancolía, al recordar las cumbres nevadas del monte Bou-Iblane, la vida en Sefrou, a la vez que dicha lectura propició la autocrítica sobre la existencia que había llevado como trotamundos, y una reflexión de tono manriqueño (el motivo del *ubi sunt* reaparecerá en sus obras posteriores: *La larga marcha, La caída de Madrid, Los viejos amigos, Crematorio* y *En la orilla)*, al preguntarse qué ha quedado de todo aquello. Confiesa también que el modelo de su novela no fue Paul Bowles, ni el E. M. Forster de *Pasaje a la India* (la película de David Lean

55

es de 1984), sino *Otra vuelta de tuerca,* de Henry James, de donde procede el clima de la narración y su ambigüedad moral. Y lo que pensó que podría ser una novela de quinientas páginas acabó convirtiéndose en una *nouvelle,* término que Chirbes parece preferir a «novela corta», con toques existencialistas. La primera lectora de la versión final de *Mimoun* debió de ser Carmen Martín Gaite, quien en una sola noche la acabó con entusiasmo. Así, se convertirá en su mejor valedora, recomendándosela a Jorge Herralde, quien le comenta a la escritora que es «la mejor novela de autor novel que ha leído en varios años». Y, sin embargo, no ganó el Premio Herralde, quedó finalista, y Juan Carlos Suñén le dedicó en *El País* una desafortunada reseña, aunque luego –añado yo– los comentarios publicados por Álvaro Pombo, Mercedes Soriano, Joaquín Marco, Javier Goñi, Santos Alonso y Carmen Martín Gaite fueran muy positivos. En cualquier caso, lo que le dolió entonces a Chirbes fue que esa acerada opinión procedía del círculo de sus mejores amigos, de los alrededores de Constantino Bértolo, a quien más adelante le dedica en el diario un comentario tan breve como demoledor (pág. 259); y a pesar de todo ello me consta que nunca dejó de apreciar al editor de Debate y Caballo de Troya. El balance final, si nos limitamos a las páginas del diario, es que, dada la aceptación que tuvo *Mimoun,* Chirbes empezó a confiar en que podía ser escritor. Los artículos posteriores dedicados al libro hasta hoy, de corte más académico, no han hecho sino confirmar esas primeras opiniones positivas.

*Momentos de una vida, y final*

Al leer este diario tiene uno la sensación de que Chirbes nunca se sintió a gusto ni con quien había sido, ni con quien era, ni siquiera –intuyo– con aquel que iba a ser. Quizá por ello se sincere, alertándonos sobre lo que ha callado, sobre aquellos acontecimientos de su existencia que no han dejado huella en estas páginas: «Ni una línea en estos cuadernos de lo que de verdad me ha ocurrido en todo este tiempo: al releerlos, los veo como refugio de cobarde, prácticas de caligrafía de un egoísta.» Y a este propósito, recuerda la dedicatoria de *La buena letra*, «A mis sombras», una novela, nos dice, que «¡se ha alimentado con esa papilla siniestra que se esconde detrás de estos cuadernos, con lo que no cuento, lo privado y lo público revuelto!». La muerte de su amiga Fiti, que falleció tempranamente de un cáncer de mama, tras graves padecimientos, quizá fuera la primera señal de alerta sobre la que podría ser la suya, de todo cuanto debía evitar cuando se acercara su hora (pág. 212).

Los avatares y momentos principales de su existencia tal vez fueran el peso de los orígenes familiares, la condición social de los suyos («No hay medicina que cure el origen de clase...», pág. 412), la muerte temprana del padre y su alejamiento de la familia para estudiar como interno en varios colegios de huérfanos; el cambio de lengua, del valenciano familiar al castellano escolar y social; los estudios universitarios; la homosexualidad; las difíciles relaciones con la madre; los distintos trabajos que desempeña hasta dedicarse solo a escribir; la participación en las luchas políticas (militó fugazmente en la Federación de Comunistas) y la relación con y el conocimiento de gentes y ambientes de distintas clases sociales, que recoge –en su lenguaje y conductas– con tanta fortuna en su literatura; los achaques de salud; la publicación de su primera novela, los notables apoyos que recibe, y cómo va alcanzando la seguridad de que puede convertirse en escritor.

Este primer volumen de los diarios se cierra en el 2005, cuando todavía no había publicado *Crematorio* y *En la orilla*, quizá sus dos mejores novelas. Los diarios concluyen de la mejor manera, pues recuerda su frágil salud, los vértigos que sufre, la vida desordenada que lleva y que tanto lo condiciona, la necesidad de escribir ya *la novela* de madurez que desea, antes de perder la memoria y la capacidad necesaria para ordenar sus materiales. Pero de inmediato, como ocurre tantas veces en sus páginas, se cuestiona el concepto de *la novela,* y es consciente de que entiende la literatura «como criada que te ordena la casa».

En agosto del 2015, Rafael Chirbes hizo mutis, con discreción, pero nos dejó –ya lo hemos dicho– dos regalos impagables: *Paris-Austerlitz* y estos diarios que nos permiten comprender mejor su vida, su obra y sus gustos literarios y artísticos. Pero lo que ahora importa es que estas páginas están llenas de vida, a menudo descarnada, y de literatura, pues nos abren la puerta de algunos episodios íntimos, pero también nos permiten acceder a su taller de escritura. Podría decirse, por tanto, que recogen la verdad de un hombre que vivió casi siempre, hasta donde pudo cumplirlo, al margen de la mayoría de las convenciones, y la de un narrador que nunca dejó de buscar la manera de presentar la realidad al ritmo de la historia, de la sociedad y de los individuos, sujetos de un tiempo que es todavía el nuestro.[1]

FERNANDO VALLS,
Universidad Autónoma de Barcelona

1. Algunos de los datos que barajo provienen de los libros de Andrés Trapiello, *El escritor de diarios. Historia de un desplazamiento,* Península, Barcelona, 1998; de la conversación entre Juan Cruz y Trapiello, *Escribir lo que nos pasa. La escritura diarística,* Centro de Profesores de Cuenca, Cuenca, 2007; José Luis Melero, *Manual de uso del lector de diarios. Una selección bibliográfica,* Olifante, Zaragoza, 2013; y Anna Caballé, *Pasé la mañana escribiendo. Poéticas del diarismo español,* Fundación José Manuel Lara, Sevilla, 2015. Quiero darles las gracias a Elena Cabezalí, y con ella a la Fundación Rafael Chirbes, y a Carmen Peire, en la amistad compartida con el escritor, a Anna Caballé, conocedora profunda del género; a Gemma Pellicer, a Silvia Sesé y a Jorge Herralde por la confianza.

# A ratos perdidos 1
(1984-1992)
UNA HABITACIÓN EN PARÍS

# Restos del cuaderno grande
(abril de 1984-21 de marzo de 1985)

*Abril de 1984*

Sensación de provisionalidad. Me siento en el borde de la silla en vez de tomar asiento de verdad, posando cómodamente las nalgas: una nerviosa forma de ser. Incapaz de tumbarme en un sofá, dejar la cabeza en blanco mientras me mantengo en una posición cómoda, relajada. Llego tarde y cansado del trabajo. No consigo ganar espacios para mí. A pesar de que hace casi dos años que vivo en esta casa, aún no me he acostumbrado a considerarla mía, sigue sin ser mi casa, mi sitio. Ni siquiera estoy a gusto cuando me encierro en la habitación que arreglé, ajustándola a mis necesidades y mi gusto, silenciosa, soleada, animada por el verdor de las plantas. Todo me parece provisional, desordenado, revuelto. Nada encaja en su lugar, las cosas invaden espacios que no les pertenecen. La mesa de trabajo está ocupada por montones de papeles revueltos y de libros pendientes de lectura. Las semanas se escapan volando, no me da tiempo a poner un poco de orden en este caos, a reflexionar, a concentrarme, a ocupar la geografía doméstica, ni, por supuesto, la otra geografía, la mía propia, la geografía íntima, sea lo que coño sea eso: me siento incapaz de colonizarme a mí mismo, un ser plural, a la deriva, cada una de cuyas partes parece escapar de estampida en dirección distinta a las otras. Así, ¿cómo escribir, si todo está en suspenso, a la espera de alguna forma de normalidad?

En el amor, hay que ver qué prisa se da uno por cargarse de recuerdos comunes: libros, discos, lugares, *mots de famille:* como si no fuera precisamente toda esa ganga la que te hace pagar un elevado precio a la hora de la ruptura. Una vez que la historia de amor se acaba, esos objetos, sonidos, lugares o caras que viste u oíste con la otra persona, lo que oliste y palpaste, te persiguen por todas partes, te asedian y te impiden levantar cabeza. Te acercas a la librería, vas a extraer un libro del estante, y ahí está el que a la otra persona le gustaba. Abres la puerta de la nevera y las fresas o el filete de ternera, lo que sea que ves allí dentro te pone en contacto con ella, con un gesto suyo, con una frase que dijo: te la traen, la ponen delante de ti, se interfiere entre tú y el resto del mundo.

Y no hay que olvidarse del doloroso peso de los olores —el recuerdo de los olores— en cualquier separación, y en la construcción de otra historia sentimental. El cuerpo que ahora abrazas no huele como el de la otra persona, nadie huele igual que nadie. Y esa visión que te excitaba tanto y cuyo disfrute parecía el inicio de tu curación, de repente se te vuelve desagradable, repulsiva, casi siniestra, porque al abrazarla te ha llegado el olor, que en nada se parece al que esperabas, el de ese otro cuerpo que acaba de abandonarte y buscas.

Si la reflexión parece una actividad de obligado cumplimiento en cualquier asunto de la vida, en el fracaso amoroso resulta inútil y hasta peligrosa: no pensar es una forma de curarse. Conseguir una hora sin que te asalte la imagen del otro, sin darle vueltas a cuanto viviste con él, supone todo un éxito.

*Otro día de abril*
Son las dos de la madrugada. Es hora de acostarse, porque mañana tengo que madrugar. Sin embargo, me encuen-

tro bien. Lúcido y tranquilo, recién terminados los ejercicios de inglés que me he impuesto –lectura de Conrad con diccionario–, y tras haberle escrito una carta a un amigo. Si no fuera porque mañana tengo que cumplir en el trabajo, me quedaría un par de horas más. Parece como si el cuerpo se empeñara en llevarme la contraria. Es rebelde. Odia los horarios y siempre se encuentra bien cuando debería sentirse fatigado, y, al revés, en las horas de trabajo tengo sueño, inquietud, dolor de estómago, pereza, o simple desazón. Me boicoteo a mí mismo. Como si no pudiera vivir sin mis raciones diarias de inseguridad, miedo y sufrimiento. Siempre estoy curándome de algo que me ha herido.

*2 de mayo, 1984*
    Silencio en casa. De noche, muy tarde. Estoy en el centro de Madrid y no se oye nada: solo un zumbido en los oídos cuando levanto la pluma y dejo de escribir: como en el fondo de un pozo. Leo *Penúltimos castigos,* la autobiografía de Barral. Me encuentro relajado, tranquilo, como hacía un año que no lo estaba, a pesar de que, desde hace días, se mete por medio un dolor físico que me distrae del otro, del de la separación.

*7 de mayo*
    Otra vez el insomnio. Pero hoy se impone el dolor físico. Pendo de un hilo. Cualquiera, con un movimiento de tijeras, puede cortarlo. Miro lo que escribí hace unos días –eso de que estoy tranquilo y relajado– y me río de mí mismo. Me decido a ir al médico.

*8 de mayo*
    Días incómodos y noches desesperantes. Una fístula, que al final –según el médico– resulta que es una fisura, me hace sufrir lo indecible. Llevo cinco noches seguidas sin pegar ojo. Anteayer, por fin, me decidí a visitar al médico. Tras

65

una revisión concienzuda, diagnosticó la fisura y me dijo que no queda más remedio que operar. Me recetó, además, una pomada y ampollas de un calmante para que me alivie los dolores hasta el momento de la operación. Me dijo también que la pomada que yo había estado poniéndome no sirve para nada. Y me dio un volante para el especialista (proctólogo, creo que lo llamó). Esa noche, a pesar de las pomadas y los calmantes, se convierte en la peor. Solo en casa, no paro ni un instante, me quejo, me arrodillo, me cojo la cabeza con las manos y la aprieto fuerte para ver si un dolor distrae al otro. Todo resulta inútil. Es esa sensación que he leído en algún libro: un animal furioso que te araña por dentro. Me viene a la memoria el libro de Hernán Valdés sobre el golpe de Estado de Pinochet en Chile, *Tejas verdes:* creo que fue en ese libro donde leí que una de las torturas que los militares aplicaban a sus víctimas consistía en ponerles en la vagina o en el ano un recipiente en cuyo interior habían encerrado una rata, para que el roedor se abriera paso y avanzara dentro de ellos. Si no fue en ese libro, fue en alguno de los que leí por entonces que hablaban de los diversos métodos de tortura de los golpistas. El buen Dios, mi golpista privado.

Fuera hace frío y llueve. Dentro de casa también me produce todo escalofríos. Me levanto, el suelo está helado, me siento en el bidet para lavarme, y está helado, el agua fría me picotea en las nalgas, en los muslos, tiemblo y no sé cómo ponerme. Cualquier posición que tome resulta incómoda, cuando no abiertamente dolorosa. Los dolores van desde la punta de la polla hasta el ano, y desde ahí me suben por dentro hasta la zona del hígado y también por el interior de los muslos, desde donde ascienden hasta el vientre. Curiosamente, por las mañanas, a pesar del insomnio y los dolores, me siento despejado, con una gran vitalidad que contrasta extrañamente con lo exhausto que me deja de madrugada el dolor: acudo a la oficina con normalidad, cumplo los horarios, hago mi trabajo, e incluso asisto a algunas comidas para cubrir los compromisos de la revista *Sobremesa*. No es que lo pase en grande, pero consigo disimular el dolor y que nadie se dé cuenta.

Hoy acudo a la clínica que los del seguro de enfermedad me han indicado que me corresponde: se trata de un pequeño pabellón de aspecto burgués, situado en un barrio elegante de la ciudad, el ambiente muy californiano. Espero en una salita con sofás como de familia de clase media, las paredes decoradas con cuadritos triviales: flores, paisajes; y una gran ventana acristalada que se abre a un precioso jardín, hoy restallante por los brillos que ha dejado en las plantas la reciente lluvia, rosas de varios colores, un falso cerezo cubierto de llamativas flores: todo expresa una agradable intrascendencia seguramente calculada por los propietarios de la clínica para alejar las aprensiones de los clientes. Se trata de llevar la enfermedad y sus posibles consecuencias al saloncito de casa. Esa intrascendencia tiene algo de siniestro, al menos a mí me lo parece. Cada cosa debe expresar lo que es, y el decorado de esta clínica resulta más falso que Judas, aquí no se viene a tomar el té ni a hacer calceta: se viene a que te ausculten, a que te pinchen, a que te sajen. Cinco minutos más tarde, en el cuarto de la consulta, estoy a cuatro patas en una camilla, con el culo en pompa, el médico me dice que hay que operar, pero que antes hacen falta unas punciones que serán muy dolorosas. Las llama infiltraciones. Me da el primer pinchazo. Aúllo.

*12 de mayo*

En los libros que los curas nos daban a leer en el colegio, cuando un personaje se encontraba con el demonio (el caminante que, en medio de la noche del bosque, descubre que su compañero de viaje huele a azufre), a la mañana siguiente comprobaba que del susto se le había puesto el pelo blanco. Algo de eso debe de haber. Yo no sé si he visto ya las patas de cabra de Satanás bajo la capa del ser que me acompaña en mis pesadillas, o si me he asomado a las puertas del infierno, pero estos días merodeo por geografías vecinas, perfumadas con el inconfundible olor del azufre. En poco más de un mes el espejo me indica que me han aumentado velozmente las canas. El doctor D., aspecto de playboy y de consumidor habitual de whisky en club de putas, un gallego frío (y, según descubro, cruel), me efectúa las infiltraciones, que son –dicho llanamente– unas tremendas inyecciones aplicadas en el ano, que, como es lógico, a mí me duelen espantosamente y a él, en cambio, parecen divertirle, como si, en vez de tratar una dolencia, castigase un vicio que desprecia. Da la impresión de que ha elegido la profesión por odio al medio en el que se mueve. Pega la oreja en la camilla a la altura de donde tengo hundida mi cara (no olvidar que estoy a cuatro patas), me grita: No te agaches. Levanta más el culo. Te va a doler lo mismo. Aúllo como un perro mientras me mete la aguja. ¿Por qué me llama de tú? ¿No es este un hospital privado (aunque yo venga enviado por la Seguridad Social) en el que al cliente se le suponen ciertos privilegios? Estoy por preguntárselo. Como también estoy por preguntarle por qué se ha hecho proctólogo, si desprecia tanto esa parte del cuerpo que, a mi pesar, le muestro. ¿O entre los médicos, como en el resto de los mortales, rige la máxima de que odio y amor se tocan?

Aunque, como enseña don Carlos Marx, para comprender las cosas lo mejor es volver a las cuestiones del dinero y la lucha de clases: creo que lo que le jode es estar tratando a un desgraciado que la Seguridad Social ha hecho llegar a esta clínica privada tan prestigiosa, me trata como en casa de los señores se trata al palafrenero, cuyas enfermedades no cura el médico de familia, sino que le receta las medicinas y le pone las inyecciones el veterinario aprovechando que viene a visitar a las caballerías.

*14 de mayo*

Una noche más (¿y cuántas van?) me revuelvo en la cama sin dormir. Incapaz de leer, de escribir. Me encuentro solo en casa como un gozque abandonado por sus propietarios. Tengo ganas de llorar. En todo este tiempo, no he sabido nada de J. T. Esto del amor es una cosa tan volátil. Alguien que lo es todo para ti durante algún tiempo, luego desaparece y ya no es nada. Un juego más bien masoquista. Un día que me encontré casualmente con él, volvió precipitadamente la vista hacia otro lado. Lo saludé al paso, y se mostró muy nervioso: «No me parece bien que hablemos. Estoy con mi nuevo amante», bisbiseó procurando mover lo menos posible los labios. Durante meses yo no sabía cómo romper, soporté con estoicismo una relación muerta para no dejarlo sin nada, en la calle, y ahora que ha conseguido una seguridad, me encuentra molesto. Entiendo que para él lo importante es no perder lo que tiene, no ponerlo en peligro. Y no hablo de amor o desamor, sino de economía, o, mejor, de supervivencia: no perder el medio de subsistencia que se ha conseguido. El plato y la cama. Lo entiendo, pero me duele.

A pesar de que ya estamos a mediados de mayo, continúan el frío y la lluvia. Qué año tan raro. Así es Madrid, arbitrario, y más bien poco hospitalario. Ciudad con nueve meses de invierno y tres de infierno, dice el refrán. Otro refrán, también dedicado a la dureza y doblez de su clima, afirma: el aire de Madrid mata a una vieja y no apaga un candil. Cada vez que me levanto de la cama (¿cuántas veces cada noche?) pienso que tengo que sentarme en el frío bidet, y en el dolor que notaré en cuanto me toque para aplicarme la crema, pienso en el frío de la loza: dolor y frío componen un conjunto muy acorde con esta ciudad gris. ¿Dónde guarda su sensualidad Madrid, su alegría de vivir? Ni siquiera en la arquitectura se permite demasiados caprichos. Madrid ha levantado contenedores del poder, unos cuantos edificios grandes, y por lo general carentes de gracia, cuyos interiores guardan riquezas y secretos (mis primeras impresiones cuando la conocí: que lo único interesante eran el Museo del Prado y el Retiro, ni siquiera el Palacio Real me parecía hermoso). Barcelona edificó escaparates de comercio, se engalanó, se sigue engalanando para el visitante; en Barcelona, la riqueza busca la calle, se exhibe. En Madrid, el poder prefiere imponerse a seducir: edificios que son como un puñetazo en la mesa.

Sea o no amable Madrid, siguen los lavatorios en el ano, el frío de la loza del bidet; y, a continuación, el molesto roce de la toalla con la zona dolorida. Todo se vuelve difícil, hosco, desesperanzado, en esta casa vacía que, cuando hace un par de años decidí comprarla, me parecía destinada a concederme paz, un benéfico equilibrio.

Los ratos que me permite el dolor, leo el *Quijote*. Cervantes no da reposo al lector: mientras el pastor anuda la historia de Marcela, don Quijote le corrige constantemente. Hay una acción en primer plano y otra aplazada. Por su agilidad, parece un guión de comedia, de Billy Wilder, o de película policiaca del Hollywood de los cuarenta.

Por vez primera en mi vida, me paso una tarde entera planchando; sí, así como suena, planchando. Yo, que soy un absoluto desastre para ese tipo de tareas entre mecánicas y domésticas (planchar, lavar, coser...), plancho arropado por un fondo musical: Arriaga, el *Moldava* de Smetana, *La flauta mágica*. Selecciono músicas como para una de esas emisiones de radio que se titulan momentos inolvidables, o melodías para soñar. Me duele tanto la fisura que planchar es el único medio que se me ocurre para permanecer de pie –la posición en la que me encuentro más cómodo– y, al mismo tiempo, evitar los pensamientos torturantes, tener la atención concentrada en algo que me resulta complicado y me veo obligado a repetir en sucesivos intentos. El olor del vaho de la ropa caliente y humedecida me trae recuerdos de infancia: la casa familiar, mi abuela, mi madre, las charlas en la cocina, el ruido de las cucharas al rozar la loza de los platos durante las comidas, el olor vegetal de los armarios perfumados con hierbas aromáticas y el del jabón; o el olor del horno de la panadería al que, además de las hogazas, llevaban a hornear cazuelas de arroz, *pastissets,* tortas de almendra, calabazas, cacahuetes o boniatos. La infancia como una cocina de Andersen o de los hermanos Grimm, todo cálido, apacible, el humo huele a tarta recién sacada del horno, y, de repente, el presentimiento de que algo terrible se esconde en algún sitio. Toc, toc, ¿quién eres? Enseña la patita. Soy tu fisura. Como en los cuentistas sádicos que escribieron para niños.

*15 de mayo*

Festivo en Madrid. Para no quedarme todo el día metido en casa, decido ver la exposición de Edvard Munch. Salgo temprano, y, a pocos pasos de mi portal, me encuentro con un vendedor del Rastro con el que mantengo cierta amistad. Tomamos un café juntos. Una hora de distracción, olvidado de dolores físicos y sentimentales. Algo es algo. Todo el tiempo en que olvido el dolor me parece tiempo ganado. Al llegar a la Biblioteca Nacional, me encuentro la verja cerrada. También está cerrado el Prado, donde hay una exposición dedicada a Claudio de Lorena y los paisajistas del XVIII. Resulta que hoy, día del patrón de Madrid, San Isidro, cierran todos los museos de la ciudad. Paseo por la Cuesta de Moyano, con sus libreros de viejo; por el Botánico, muy hermoso tras todos estos días de lluvia que han convertido Madrid en una extensión de Galicia. Llego a casa cansado y frustrado. Me acuesto sin comer. Se aleja el dolor. Por la noche, acudo al cine, con M. C. I. Vemos *Fanny y*

*Alexander.* Luego, tomamos una copa en un sitio de ambiente. Me siento mejor, más relajado al volver a casa, pero, en cuanto me acuesto, ya estoy otra vez desvelado y vuelvo a notar ese berbiquí que me perfora. Me digo que las mujeres deben sentir algo parecido cuando les llega el parto, un animal que te vive dentro y, egoísta, se empeña en abrirse paso para gozar de la luz del sol.

*16 de mayo*
Encuentro con J., después de un montón de años. Repasamos las anécdotas de nuestra infancia en el internado. Fue mi gran amigo.

*17 de mayo*
Otra noche sin dormir. He comido con Martínez Llopis, con quien cada día me une mayor amistad y una creciente confianza. De vuelta en casa, un dolor acutísimo. Defeco mucha sangre. Los dolores no cesan, a pesar de las cremas. Al leer las indicaciones de la crema veo que no debe aplicarse en caso de hemorragia. O sea, que lo estoy haciendo mal. Me acuesto, cierro los ojos y, de un humor más bien fúnebre, intento ir acordándome de toda la gente a la que he querido, de la que, de una u otra forma, he estado enamorado, amores carnales, pero también platónicos. Intentos de alcanzar o rozar ese estado al que llamamos amor e intentamos vivir como plenitud cuando por su naturaleza es mero deshacerse. En muchos casos se trató de experiencias frustrantes, conocidos que coquetearon con mi sexualidad; o se sintieron atraídos momentáneamente por ella. Alguno, que recuerdo con especial cariño, ha muerto en plena juventud. T., tan fuerte y lleno de vida. La última vez que lo vi fue en el hospital: apenas pude reconocerlo. Era un esqueleto. Murió una semana después de que naciera su segundo hijo.

72

*Otro día*

Paseo matutino con M. C. I., visita al Prado. A la salida
me lleva al Retiro, donde me conduce al interior de un laberinto vegetal que frecuentan los homosexuales. En pleno día,
a unos pocos metros de donde pasean los abuelos con sus
nietos, las parejas follan tumbadas sobre la hierba, o de pie;
tipos que la maman arrodillados en el suelo, o en cuclillas; tipos que se penetran: el pasivo está agachado y se apoya en el
tronco de un árbol, el otro se mueve deprisa, un conejo, y ja-
dea, y exclama: uf, ah, qué gusto, Dios, qué gusto. Yo creo
que sobreactúa de cara a la galería (disfruto más que vosotros, expresa al corro de los que miran el centauro, que diría
Gil de Biedma). Abunda el sexo en grupos que se forman y
separan a gran velocidad, tipos que se penetran con los pantalones bajados, o completamente desnudos, observados por
otros que se masturban. Un mundo aparte situado a pocos
pasos del mundo reconocible, o confesable; una especie de
agujero negro que crece en este domingo luminoso, juego
de encantamientos que solo ve quien pertenece a la tribu.
Quien no esté en el secreto no penetrará en ese recoleto lugar, ni verá ninguna de las escabrosas escenas que aquí se re-
presentan. En el suelo, sobre el barro o entre los matorrales,
pañuelos de papel que les han servido para limpiarse, escupi-
tajos de semen. Todo en el parque está muy verde, debido a
la larga temporada de lluvias. Salimos del laberinto, que me
recuerda a las ilustraciones que le hizo Doré al *Infierno* de
Dante (yo, con un poco de angustia, pero también con una
excitación oscura), y nos dirigimos hacia el templete en el
que la banda municipal toca sucesivamente la obertura de
«La Dolores», «El baile de Luis Alonso» y «Los nardos». Escucha la música un nutrido grupo, en un ambiente como de
pequeña burguesía provincial de la *belle époque,* el que Ber-
langa retrata en *Novio a la vista,* funcionarios y menestrales
de fines del XIX y primeros años del siglo XX. Los músicos de

la banda charlan entre ellos en las pausas, bromean, ríen. Decoración de folletín y zarzuela decimonónicos en una soleada y feliz mañana de domingo, cuya luminosidad resalta aún más los vistosos toldos naranja que caen desde el tejadillo del reluciente templete. En el laberinto vegetal, debe proseguir el ajetreo del submundo. Es *El jardín de las delicias* del Bosco: aquí, en la tabla de la izquierda, los elegidos, con sus vestidos de domingo, sus gestos pausados, y envueltos por el dulce sonido de la música; y, unos metros más allá, a la derecha, el ajetreo de los cuerpos desnudos y gimientes de los condenados que en el Retiro se esconden tras los setos.

*29 de mayo*

No sé si son las cremas, o si se debe a las infiltraciones, pero, poco a poco, el dolor se vuelve más soportable. Como si, después de una larga inmersión, sacara la cabeza del agua y respirara mecido en el mullido colchón del mar. Miro hacia atrás, veo cómo estos últimos tiempos he seguido acudiendo al trabajo, tomando copas con gente, paseando, saliendo de alterne, contando chistes y riéndome, y pienso en la capacidad de adaptación a sus limitaciones que posee el animal humano, que encuentra las excusas y los huecos para seguir viviendo en las peores circunstancias, incluso cuando todo parece convertírsele en inhabitable. Proteico camaleón humano.

*4 de junio*

Leo *Las fundaciones,* de Santa Teresa: me cautiva con la fijeza con que cautivan los flautistas de Marrakech a las serpientes. Cuánto ha calado en nosotros el cristianismo, incluso en los que en nuestra juventud derivamos hacia Lucrecio y Marx: el sufrimiento visto como una energía que no se desperdicia, sino que es aprovechada por el cuerpo místico. La idea ha estado secretamente presente en nuestra deriva

74

social, en los presupuestos de nuestro comunismo. Al margen de eso, la prosa de Teresa de Jesús es un modelo de viveza, de capacidad de observación, de gracia para capturar la anécdota. Se trata de una lectura imprescindible para alguien que quiera escribir en lengua castellana.

*8 de junio*

Las novelas breves, en las que exhibe su manejo de la economía, son la aportación de García Márquez a la literatura, más que sus *Cien años de soledad,* que nos sorprendió en nuestra juventud, pero que hoy soporta mal una lectura. En cambio, acabo de releer su temprana *La mala hora:* deslumbra su tremenda funcionalidad. Va al grano.

Leo en la *Enciclopedia Universalis* un artículo sobre Marruecos. Cuando descubro que aparece citado el monte Bou Iblane, me invade la melancolía: cierro los ojos y veo la mole nevada que contemplé durante dos años. Con qué lejana autoridad la montaña blanca presidía el paisaje de Sefrou, las casitas apretadas en el interior de la muralla, los alminares de las mezquitas, y las extensiones de olivos perdiéndose de vista, ocupando la llanura, las cercanas colinas. Siempre destacaba al fondo la figura del Bou Iblane, sus destellos blanquísimos bajo el cielo azul desde los primeros días del otoño hasta bien entrada la primavera; en verano era una informe mancha azulada desvaída en la calima. Pienso: otro jirón, otro hilo perdido en mi andar de acá para allá. Qué manera de dar tumbos por el mundo. El que se creía listo resulta ser el gran bobo en la representación. El estafado.

El Bou Iblane, un cegador paquebote blanco que contemplé a diario durante dos inviernos y ahora aparece convertido en media docena de manchitas negras en la página de una enciclopedia. Poco más que nada. De los dos años que pasé en Sefrou, ¿qué ha quedado?

*29 de junio*
«Me parece que atravieso una soledad sin fin para ir a no sé dónde... Yo soy a un mismo tiempo el desierto, el viajero y el camello» (Flaubert). Como cualquier adolescente, yo –que hace mucho que dejé la adolescencia– también firmaría esa confesión desmesurada.

*30 de junio*
La versión cinematográfica de la novela de Jack London *El lobo de mar* es una extraña película y una gran obra de arte, con un equipo de esos que llaman de lujo: guión de Robert Rossen; Edward G. Robinson, John Garfield e Ida Lupino en el reparto. La fotografía de Sol Polito consigue unas imágenes espléndidas, inquietantes. Componen una sombría ventana abierta sobre el infierno. La dirige un Michael Curtiz en absoluto estado de gracia. Me gustaría volver a verla.

*19 de septiembre*
Leo, con gusto, *El filósofo ignorante,* de Voltaire.

*24 de septiembre*
Kipling es una caja de sorpresas y un vivero de estilos. No se puede hablar de él colocándolo en un único registro literario: en *La litera fantástica* consigue que me acuerde de *Otra vuelta de tuerca,* la narración de Henry James que tanto me gusta; en *El juicio de Dungara* se revela como un divertidísimo humorista, mientras que en *La inundación* crea un tono lejano, en las fronteras del mito, del que parece proceder García Márquez. Por otra parte, podrían encontrarse elementos de *El buen soldado,* el libro de Ford Madox Ford, en una narración como *El rey de Kafiristán,* en la que posee una enorme importancia el narrador, un pobre tipo que nos resulta paradójico, poco fiable, porque es el que no entiende casi nada de lo que sus compañeros hacen. Leyendo a Kipling, extraigo

una hermosa expresión: *los mares anónimos*. Me gusta. Es de esas que, cuando te las encuentras, te hacen cerrar un momento los ojos: la repito en voz alta: *los mares anónimos*.

*Octubre*

¿Qué hay dentro de uno?, ¿en qué estado se encuentra la madeja de tubos, el laberinto de glándulas, la panoplia de órganos? Conocemos las manchas y arrugas que van transformando el aspecto de nuestra piel, las canas, los entrantes de nuestro cabello, pero no sabemos nada de la vejez del interior de la máquina. Bueno, hay gente que sí, que se hace análisis, prospecciones, radiografías, ecografías. Otra pregunta: ¿qué arrugas, pliegues, callos o úlceras muestra el alma?, ¿en qué estado se mantiene?

*16 de noviembre*

Releo el último tomo de *À la recherche...* Como párvulos en la escuela, hacemos ejercicios prácticos de caligrafía sobre la plantilla que nos dio Proust. *En busca...* es gramática de la narrativa contemporánea, manual de temas y modos, a punto para que nosotros hagamos sobre él variaciones.

*18 de noviembre*

En el magnífico *Roma barocca,* Paolo Portoghesi selecciona una colección de temas propios del Barroco: la idea de infinito, la relatividad de las percepciones, la popularidad y la fuerza comunicativa del arte, el sentido de la historia como continuo devenir, el papel de la técnica como factor de autonomía, la naturaleza interpretada como vivencia dramática...

*25 de noviembre*

«Tú rezas, pero ellos se cuidan de matar.» Casandra a Corifeo, en Esquilo, *Agamenón,* Aguilar, pág. 32.

## 1 de diciembre

«Quien aumenta la sabiduría, aumenta el dolor» (Eclesiastés).

## Finales de diciembre

En un viaje imprevisto a París, al que me convoca mi jefe, me presentan a François. Pasamos juntos las dos noches que permanezco en la ciudad. Una gran hoguera. En Nochebuena, viajo a Denia para celebrar las navidades con la familia, pero, a los dos días, me pregunto qué demonios hago yo allí mientras François permanece en Francia (me ha llamado dos o tres veces en esos días), así que, sin pensármelo, me compro en la agencia un billete de autobús y me encuentro una hora más tarde en viaje de vuelta a París, sin un céntimo, y sin saber si voy a encontrármelo, porque, después de tomar la decisión, no he conseguido volver a hablar con él. Tengo –eso sí– el billete de regreso en avión que guardé, porque volví con unos amigos en coche.

A las once de la noche, pasado Perpignan, consigo hablar por teléfono con él. Cuando llego, está esperándome en la parada de Charenton, un rincón de París que no había pisado en mi vida. En el paisaje impersonal donde se detiene el autobús, recuerdos del asilo en el que se sitúa la obra de Peter Weiss que vi hace una veintena de años: las turbulencias de un país que cambia de manos, el manicomio en el que se encuentran Sade y Marat (Sade estuvo de verdad internado en el manicomio de Charenton), la revolución, el sexo... París no te deja la cabeza en paz, todo son referencias a muertos ilustres, anécdotas grabadas en piedra a la memoria de algún inmortal.

En el cuartito de Vincennes no hay más que presente. Intrascendencia del sexo. En cuatro días no despegamos un cuerpo del otro. Nunca pensé que se pudiera follar tanto y con tanto placer. *«Je suis fou»,* dice él. Un francés puede decir cosas así. Yo las pienso: a mi manera, también estoy loco,

78

olemos a todos los líquidos y fluidos que almacena el cuerpo humano. Da igual, ya nos ducharemos luego.

Leo *Archives du Nord,* de la Yourcenar («incluso fuera de la temporada veraniega se muere entre bastidores en los balnearios o en las playas», pág. 349); *Dama de Porto Pim,* de Tabucchi, cuyo minimalismo me molesta; y el estupendo *César Birotteau,* de Balzac, del que extraigo esta joya del pesimismo: «*il méprisait trop les hommes en les croyant tous corruptibles, il était trop peu délicat sur le choix des moyens, en les trouvant tous bons, il regardait trop fixement le succès et l'argent comme l'absolution du mécanisme moral pour ne pas réussir tôt ou tard*», col. Folio, pág. 82. ¡Joder! Eso sí que es un bisturí. Como para que Balzac te ponga la vista encima y te convierta en personaje.

Fin de año con François, en Rouen. Como llueve a mares, cambiamos pronto las visitas a las joyas góticas de la vieja ciudad por una colchoneta en una habitación prestada. El objetivo de cualquier amante es comerse al otro. Estamos en ello.

*11 de enero de 1985*
Ayer me compré la pluma estilográfica con la que escribo estas líneas. Otra más. Para mí, las estilográficas son fetiches, como si el encuentro con la estilográfica perfecta tuviese que ver con algo más que la escritura: con la literatura, o directamente con la felicidad. Pienso que el día que encuentre una que escriba bien, me quedaré con esa, y ya no buscaré más. Además, ese día seguro que empiezo a escribir a mano cosas que merecen la pena. Algo así es lo que uno piensa que le ocurre con los amantes; uno es infiel, corre detrás de unos y otros, porque sigue buscando al que le hará detenerse. La recién comprada escribe con trazo grueso, casi como un rotulador, se parece mucho a la que busco, pero el capuchón tiene una anilla dorada que me parece muy pre-

tenciosa. De todas formas, mientras escribo, me olvido de la anilla, como uno se olvida del defecto del amante cuando se lo encuentra disponible en la cama. Claro que, de repente, pasa por la calle alguien que uno imagina que no tiene ese defecto del amante, y todo se pone en estado de alerta.

Melancolía franciscana. Echo de menos a François. Al volver a Madrid, me he sentido como un jugador que abandona la mesa en mitad de una partida. Cobarde. Eso no es bueno. Cuando abro el buzón, me encuentro con una espantosa postal suya que me hace reír a carcajadas cada vez que la miro: una lustrosa Penélope normanda espera asomada al balcón la improbable llegada de alguien. Una sonrisa bonachona le cruza la cara a la gorda.

Hojeo las pocas páginas del cuaderno que empecé hace casi un año. Aparte de esto, ¿qué he escrito? Los artículos de *Sobremesa*. La revista me ocupa diez, doce horas cada día: hay que corregir, ir a la imprenta, vigilar para que los colaboradores mantengan los compromisos, soportar los envites de un consejo asesor en el que todos, si exceptúo a Martínez Llopis, aspiran a manejar la publicación, *pro domo*. Quieren utilizarla más que hacerla. No quieren una buena revista, sino un buen complemento para sus trapicheos, o para cubrir difusas ambiciones. Me veo en un carrusel que gira en el vacío y del que no consigo saltar al suelo. Sé que eso tiene poco que ver con lo de escribir o no. Hace muchos años que he dejado de creer que para escribir se necesite una situación perfecta, ni siquiera demasiado tiempo. De hecho, escribí mi primera novela (¿dónde para el original de *Las fronteras de África?*) en unos meses en los que trabajaba como un loco, y el trabajo no me supuso ningún inconveniente, no importó demasiado. Al contrario, la falta de tiempo me servía como acicate: escribía de noche, los fines de semana, en cuanto tenía un rato libre. Estaba deseando volver a casa para ponerme a escribir.

Otra cita impagable de Balzac en *César Birotteau*: «*La prospérité porte avec elle une ivresse à laquelle les hommes inférieurs ne résistent jamais*» (pág. 173). Birotteau, ante su ruina, piensa en suicidarse, y afirma Balzac: «*Le suicide est dans ce cas un moyen de fuir mille morts, il semble logique de n'en accepter qu'une*» (pág. 238). ¡Me gusta tanto esa visión sombría de la condición humana que expresa cada vez que tiene oportunidad! ¡Es un escritor tan grande, tan certero!

*12 de enero*
François me llama varias veces al día. Cada vez que cuelga, me queda una sensación de vacío. La voz no basta. François no parece resignarse. Llama al poco rato, como si a fuerza de repetir el intento llenara ese vacío físico. Pero hablas y la boca puesta en el micrófono del aparato parece chocar con un pedazo de cemento. No tienes la impresión de que le lleguen las palabras al otro.

La ola de frío. Los periódicos dan la noticia de que han aparecido algunos ancianos congelados en sus casas. Mientras espero ante la pescadería en el mercado de la Cebada, doy pequeños saltos intentando que los pies recuperen algo del calor que han perdido en la calle. Un Madrid siberiano.

*Últimos días de enero*
Me escapo el fin de semana a París. François y yo recorremos la ciudad a las cinco de la mañana, después de cenar y tomar copas. El Sena pasa negro, hinchado y rápido, tras los deshielos de los últimos días. En algunos lugares, forma remansos que por su inmovilidad parecen manchas de aceite: seguramente se trata de sitios en los que el río está congelán-

dose de nuevo. Soplan inclementes ráfagas de viento que traen pequeños cristales, balines de hielo que acribillan las escasas superficies del rostro que no cubren bufanda y gorro. A pesar del frío, cuando cruzamos el patio del Louvre descubrimos que hay gente haciendo *cruising* en los parterres de las Tullerías. Las torres del Louvre, envueltas por la noche y batidas por el viento invernal, tienen un aspecto lúgubre, de cuento gótico. Cruzamos a la orilla izquierda por el Pont Royal. Sobre el Sena, el viento corta con cuchillo de plata. Si los del *cruising* muestran un valor casi suicida paseando con este tiempo, ¿qué mostramos nosotros caminando tranquilamente en medio de esta ventisca?

*1 de marzo*

Le escribo a diario a François, nos llamamos, pero a él todo eso no le basta. Cuelga y a los cinco minutos vuelve a llamar. Pienso que arruina su economía, yo también la mía.

*10 de marzo*

Salgo de trabajar, llego a casa, me meto en la cama con un libro y media hora más tarde estoy dormido. Sensación de mediocridad: trabajo, trabajo, y en cuanto tengo un día en que puedo escaparme, visita a François en París. Pienso que en mi vida escribiré algo de provecho y me entran ganas de llorar. Pero si yo lo que he querido toda mi vida ha sido ser escritor: escribir novelas, cuentos, poesías, escribir lo que fuese, pero ser escritor. Me digo que me falta valor para mandarlo todo a la mierda durante un año y pasarme el tiempo dedicado solo a escribir, pero, a continuación, pienso que lo que me falta no es valor sino confianza. ¿Quién me dice que cuando pase ese año sabático habré hecho algo que merezca la pena?

Al menos, intentarlo.

*11 de marzo*

Cansancio y vértigos. Cuando me pongo bajo la ducha, tengo que tener cuidado al mover la cabeza porque me da la impresión de que voy a caerme. Todo inseguro, todo frágil. La vida, el trabajo. De uvas a peras, me siento ante un papel en blanco, y busco dentro de la cabeza, pero ahí dentro no hay nada, camino por el interior de la cabeza y oigo ese eco que producen los pasos en las habitaciones grandes y vacías.

*21 de marzo*

Aprovechando la fiesta de San José, he pasado cinco días en París para hacer un reportaje y para ver a François. Me asusta su entrega, su nerviosismo. Como si nuestra relación le llenara todos los huecos de la vida que le deja libres el trabajo. Le explico que eso no es así, no puede ser así, sobre todo teniendo en cuenta que vivimos a más de mil kilómetros uno del otro. Mañana tengo que entregarles sin falta a los de la *Hoja del Mar* la reseña de este mes. He escrito sobre el extraordinario libro de Michelet que lleva precisamente el título de *La mer*. Algunas de sus páginas están entre las más hermosas que he leído nunca. Esa retórica opulenta como un fruto tropical, ella misma fruta madura del romanticismo.

Brenan: «El mejor momento es la hora del desayuno. Después de eso el día no hace más que deteriorarse e ir a peor.» De acuerdo con usted, don Gerardo.

# El cuaderno negro con lacerías
## (21 de marzo de 1985-14 de abril de 1986)

1985

*21 de marzo*

París envuelto en un amanecer lechoso que se deshace en tristes copos de nieve. Los árboles desnudos. El taxi pasa junto a los Inválidos: la cúpula, un vigilante serio, abstraído en la gélida madrugada, hunde sus dorados ornamentos en la niebla. Hace un frío que pela. En el aeropuerto de Orly, los camareros de la cafetería sirven cafés y *croissants* con los ojos aún pitañosos: en su somnolencia hay algo sensual, impúdico, un mensaje de dormitorios compartidos, intimidad conyugal. Los aviones, inmóviles detrás de los cristales del mirador: da miedo mirarlos pensando en ese metal helado. Los mecánicos, ateridos de frío sobre una pista de lacerante gris, dan saltitos para entrar en calor. Los veo recortados contra el fondo de acero del cielo.

*22 de marzo*

Con demasiada frecuencia nos inventamos los recuerdos. Lo malo es que no nos damos cuenta y somos capaces de discutir algo encarnizadamente, convencidos de que tenemos razón. De repente, lees una noticia en el periódico, o algo en un libro de historia, y descubres que es imposible que lo que dices que ocurrió entonces pueda haber ocurrido en esa fecha. Entonces, no sabes dónde meterte. Te sientes como un impostor. ¡Pero si tú no querías engañar a nadie!

Mañana quiero ir a ver (por enésima vez) *La condesa descalza,* en el cine Urquijo, y una exposición titulada *Cien años de cartel español,* en el centro cultural del Conde Duque.

Rimbaud: *«cela s'est passé. Je sais aujourd'hui saluer la beauté. Une saison dans l'enfer»* (pág. 259). Lo leo en el hermoso y caro libro que me ha regalado François.

Como andaba mal de fondos, el Tribunal del Santo Oficio de Barcelona adelantó un Auto de Fe para ahorrarse la comida de los presos: leído en Geoffrey Parker, *Felipe II* (Alianza Editorial, págs. 130-131). También tomado de Parker (pág. 130): El Índice español publicado en 1583 incluía más de dos mil quinientos títulos. No está nada mal, los españoles de la época contaban con un buen fondo bibliográfico para excitarse.

*25 de marzo*

Primeros brotes en los árboles. Madrid, como esa novia fea, que no vale nada, pero que, el día de la boda, atrae las miradas. Hoy la encuentro muy hermosa. La luz del sol como un estuche lujoso. *«Ô cité douloureuse, ô cité quasi morte.»* Rimbaud: *«L'Orgie parisienne ou Paris se repeuple.»*

*1 de abril*

En una de las vitrinas de las salas altas del Louvre, una diminuta estatuilla de bronce, un Hércules fuerte, bello, barbudo. A pesar de que, cada día, cruzan por aquí millares de turistas apresurados, es posible que haga meses que nadie ha reparado en ella. Y, sin embargo, ese Hércules tuvo quien lo moldeó. Alguien se fijó en ese hombre –quizá un vecino suyo– y lo eligió como modelo de su obra. Es tan hermoso.

Pero no es verdad, soy yo quien expresa eso porque lo veo interesante (veo interesantes las tres cosas, la figura, el modelo y la idea). En realidad, la figurita es un simple trabajo de taller, de escuela. En la estupenda *Claudine en ménage,* de Colette, la protagonista nos cuenta que, en una visita al Louvre, descubre que el *Retrato de un escultor* pintado por Bronzino representa al hombre que podría volverla loca si se lo encontrara alguna vez en la vida. Nos ha pasado a todos en el museo alguna vez. ¿Ese Hércules barbudo?

El mundo ha crecido demasiado y los asuntos ya no son, como en tiempos de Ulises, entre vecinos: a pesar de que la televisión así pretenda hacérnoslo creer, reduciéndolo a un centenar de personajes que compartimos con familiaridad los habitantes de los cinco continentes.

Vigilan las salas del Louvre decenas de hombres y mujeres, que, en la *banlieue* de Paris, o donde sea que vivan, también buscan un momento de inmortalidad como las obras de arte que vigilan y con las que conviven: que no te olviden enseguida, permanecer en el recuerdo de los seres queridos durante algún tiempo, parece que todos lo queremos, pero ¿para qué sirve eso? Buena parte de los vigilantes son de raza negra, gente que procede de las antiguas colonias. Vigilan las obras de una cultura que los negó; que, con frecuencia, condenó a sus antecesores a mantenerse en una frontera difusa con el animal; y la mayoría de las veces los trató peor que a sus animales de compañía: se respetaba más al caballo, o al perro, que al esclavo. Pasean entre obras inmortales, aunque seguramente sus paisanos, que se han quedado en Alto Volta o en Costa de Marfil –y aún no han sufrido ese huracán que supone la inmersión de lleno en el territorio del otro–, estén hoy más cerca de la inmortalidad que los vigilantes del Louvre. Tengan una inmortalidad más duradera; de momento, no han tenido tiempo de descreer del concepto: siguen rodeados por sus dioses, practican sus ritos, conocen los nombres de sus sacerdotes. Los japoneses –otro estadio de desarrollo– buscan la inmortalidad efímera y posmoderna (en su caso, más bien buscan la ubicuidad, su imagen en cualquier rincón del universo), capturan con sus aparatos fotográficos las salas del Louvre –su paso por las salas– en las que se exhiben camas que crujieron bajo el cuerpo de una reina empujada por las acometidas del rey. El sonido de dos reyes cuando se aman debe ser igual de triste que el de los demás mortales, el que nos hizo escuchar en su verso Cernuda. Pero volvamos al Hércules que nadie mira: en la esquina recóndita de una vitrina, en cierta sala del Louvre, alguien, hermoso, consiguió cierto día la inmortalidad: un escultor lo tomó como modelo y su imagen fue repetida por sus discípulos de taller y por los discípulos de sus discípulos (así el cuento es más creíble), y dos mil quinientos años más tarde, sigue reclamando la atención de vigilantes, de restauradores y cuidadores, y del que haya metido en el disco duro del ordenador el catálogo de las piezas de esta sala. Y yo, uno de los millones de visitantes de este año, dos mil y pico años después echo de menos no haber conocido a este señor tan hermoso, aunque conocerse no es garantía de que acabáramos enamorándonos, como me enamoro ahora mirando su representación, viendo a este Hércules de Liliput (la figura mide unos pocos centímetros). Confirmo lo que decía Colette. Y luego a continuación pienso que acabo de enamorarme de un ejercicio escolar, de una pieza de taller que los jóvenes escultores reproducían. El que pintó Bronzino tiene bajo el brazo una Venus.

Abajo, en la escalera principal, la Victoria de Samotracia aparece asediada por los fotógrafos, una actriz a la salida de una *première* durante el Festival de Cannes. Hay niños por todas partes, colegiales que toquetean cuanto se les pone a mano, como si hubieran ido con su madre de compras a La Samaritaine. Peor, allí les llamaría la atención algún empleado. Dónde queda la severa educación republicana de Francia, que moldeaba unos niños temerosos, domados por los ritos, por las prohibiciones: se les prohibía parlotear y reírse en la mesa, hablar cuando lo hacían los adultos. Tenían que quitarse la gorra para saludar, ceder el paso a los mayores, masticar despacio, lavarse una y otra vez manos y dientes; había que respetar rigurosamente la puntualidad. Llegar tarde a la escuela o a la mesa constituían faltas gravísimas. Todo ese riguroso cuadro disciplinario que, en apariencia, moldeaba niños temerosos, dóciles, iba alimentando en ellos un nife duro, irrompible, que los capacitaba para acabar siendo implacables patronos, obreros infatigables, colonos tozudos, militares despiadados, modélicos ciudadanos para quienes la intimidad, la psicología individual, era algo que había que proteger más que cuidar: eran la sólida columna vertebral de la orgullosa Francia.

Si miro a través de alguna de las ventanas del Louvre que dan al río, observo que el Sena pasa veloz. Sus aguas combinan las pinceladas en distintos tonos de verde con el marrón. El río lleva varios días sin dejar de crecer. No sería de extrañar que esta misma noche inundara la vía rápida que recoge el tráfico rodado de sus orillas.

Cabezas de emperatriz, gatos egipcios y fabulosas cornucopias. Reinas que en su tiempo fueron exigentes, rigurosas, a las que nadie se atrevía a mirar ni de reojo, y hoy día se pasan la vida asediadas por los mirones como empleadas de grandes almacenes; cuadros que fueron hechos para contemplarse durante toda una vida, y ahora se venden en el lote que ofertan las agencias de viajes, y en el que incluyen la *soirée* en el Lido.

*4 de abril*

Después de unos meses sin pesadillas, la certeza de que están ahí, en algún lugar dentro de mí, y de que luchan entre ellas para volver a salir a la luz, para volver a asaltarme. La única imagen que me persigue siempre –haya o no pesadillas– es la de la rata. A veces me despierto creyendo que la *tengo* encima. Cruza sobre mi cara, se ha parado en el pecho y me mira. Debería esforzarme por descubrir el significado simbólico que tiene la rata para mí (al margen de que sea un animal repugnante, por qué tiene esa fuerza aterradora, paralizante: la he convertido en un símbolo); hacer algo como lo que hizo Gaston Bachelard con respecto al fuego en su libro, analizar pieza a pieza, mecanismo a mecanismo, signo a signo, psicoanalizar la rata en la historia y en mi cabeza, aprender acerca de su realidad, de su etiología, pero también del imaginario que se levanta sobre ella, y que –en parte– se me ha transmitido casi como genética familiar en las veladas de invierno de mi infancia, en la casa mal iluminada en que me crié, en cuyos techados de caña se oían ruidos a veces sigilosos; otras, inesperadamente violentos (jugaban, se agredían, se apareaban en los cañizos, entre los muros). Pero para eso tendría que ponérmela delante de las narices. A ella, a la rata.

Aún París. Un inesperado aire tibio de primavera y el sol entran por la ventana abierta. Los mohosos adoquines del patio y las paredes oscurecidas por la humedad se bañan hoy en otra luz. Vincennes está hermoso con los brotes de los árboles reluciendo en la mañana. La gente llena las terrazas de cafés y bares. Destellan las piedras de la sombría fortaleza. Los pájaros gorjean. El sol. El sol de primavera, aquí, en París.

*5 de abril*

En *El lobo de mar,* de London, como en su modelo, *Moby Dick,* el mar es un espacio teológico, lugar del hombre abandonado a su suerte.

Esos perritos de París, tan urbanos, perritos de exputa, hijos de perritas de puta. A la gente de campo, a los rústicos, nos excita la fantasía esos perros: lo que los animalitos han visto, las chocolatinas que han mordido, el champán que han lameteado, las sábanas sobre las que se han tendido. Incluso imaginamos las ceremonias en las que han participado, de buena o de mala gana; imaginamos en ellos un refinamiento canalla, que atrae y repugna al tiempo. Otro trabajo para Bachelard: *Psicoanálisis del perro de puta.* Guzmán de Alfarache, proxeneta de su propia esposa, nos habla de la falderilla que siempre llevaba consigo la mujer y dice que «es cosa muy esencial y propria en una dama uno destos perritos y así podrían pasar sin ellos como un médico sin guantes y sortija, un boticario sin ajedrez, un barbero sin guitarra y un molinero sin rabelico» (pág. 686). En la cárcel de Carabanchel, los presos los llamaban perros piloneros: se suponía que las putas, las solteronas y las viudas (y hasta no pocas casadas) se dejaban lamer por ellos, se los bajaban al pilón y preferían sus manipulaciones a las del amante o el marido.

Sus dueñas los mantienen, los peinan, los perfuman, los visten: como si fueran sus *«maquereaux.* Muchas se envician con los perritos y los prefieren a los hombres», les oía yo decir a los presos de Carabanchel en algunas de las conversaciones guarras que mantenían. Aseguraban que sus lenguas son más suaves, y, sobre todo, revelan mayor constancia en la tarea, y desde luego más docilidad que la de amantes y maridos.

*24 de abril*

En un reciente vuelo, me encontré con un tipo que me contó que siempre que viajaba de noche le pedía a la chica del mostrador de *check-in* que le diera la butaca junto a la ventanilla desde la que se ve el ala del avión, porque así, viendo los destellos de luz del extremo del ala, tenía la impresión de que seguía sin abandonar el suelo. Hoy me he acordado de él, porque el avión se ha puesto a dar violentas sacudidas. En algunos momentos, parecía que volábamos sin ningún control, a punto de desplomarnos en una caída sin fin (o, mejor dicho, con un fin espantoso). Yo iba junto a una ventanilla, y, como había mucha niebla, tenía el irracional presentimiento de que íbamos a chocar contra otro aparato, como si no hubiera pilotos automáticos, o electrónicos, detectores, y todos esos sofisticados medios que usa hoy día la navegación aérea. En los momentos de mayor inseguridad, encojo los hombros y hundo la cabeza entre ellos, como si así fuera a protegerla de algo; golpeo la ventanilla del avión con los nudillos, lentamente, repetidas veces, con un gesto de enfermo mental, creo que eso es la histeria, la sustitución de una cosa por otra. Necesidad de poner algo de tu parte en esas circunstancias complicadas. No dejarle toda la responsabilidad a la tripulación. Plantarle cara a la naturaleza, tratarla de tú a tú. Dar suaves puñetazos contra el plástico de la ventanilla como forma de colaboración y si me apuras hasta de valor: algo es algo. La lucecita del extremo del ala que consolaba a aquel compañero de viaje a mí no me ayuda en nada.

He venido a Barcelona para acompañar a Antonio de Benito a hacer fotos de restaurantes, que utilizaremos en próximos reportajes de *Sobremesa:* Azulete, El Dorado Petit, Agut d'Avignon. Elegimos comer en El Dorado Petit, porque, por la mañana, durante la sesión fotográfica en Azulete, nos desaniman unos platos más atractivos para ver que para comer. Tampoco El Dorado nos embelesa. El chef, Luis Cruañas, exhibe —así nos lo parece— más gusto visual que maestría culinaria. En sus platos priman la estética —colores entonados– y la mecánica –que la cola de la gamba se mantenga en pie– sobre la densidad y complejidad de elaboración culinaria, sobre el peso de los fogones. En el momento de la verdad, que es la degustación, a los dos nos defraudan las albóndigas de bacalao con guisantes y pasas. Nos parece nada más que correcto el magret de pato. Y, a mí, que me gusta tanto el chocolate que cualquiera puede seducirme con una tableta aunque no sea extraordinaria, me resultan faltos de delicadeza los profiteroles. La fama, en la cocina, como en casi todo lo demás, es, en buena parte, ruido mediático, fruto de buenas relaciones aquí y allá. El tamtam y los que hacen sonar los tambores. No sería bueno creerse que en literatura no ocurre más o menos lo mismo. ¿Quién está capacitado para establecer un escalafón?, ¿recoger solo a los que merecen la entrada en el panteón para ser venerados?, ¿y esos quiénes son?, ¿escogerlos?, ¿y eso cómo se hace?, y, sobre todo, ¿quién coño lo hace?

*27 de abril*

Walter Benjamin, en *Iluminaciones II*, pág. 52, dice: «Todo hombre, el mejor, igual que el más miserable, lleva consigo un misterio que, de ser conocido, le haría odioso a todos los demás.» He vuelto a leer los textos de Benjamin sobre Baudelaire, tan brillantes: alumbran a un mismo tiempo una época que se fue, y nuestra vida que sigue su curso.

*El décimo hombre,* de Graham Greene: me ha gustado mucho esta cáustica y pesimista novela en la que algunos críticos han querido detectar síntomas de senilidad. Concluyo el libro con una excitación que roza la angustia. La lujuria de la tristeza. La vida, un penoso, equivocado e injusto vagabundeo: escribo estas frases y me doy cuenta de que no quieren decir nada.

Creo que la última novela de Vázquez Montalbán, *El pianista,* es la mejor que ha escrito. Sigo leyéndola, aún no la he terminado. Se acerca a lo más alto de Marsé, y toca dolorosamente la traición de la Transición, un capítulo más de la historia como sinónimo de infamia. Barcelona tiene suerte. Cuenta con privilegiados cronistas de la posguerra: Marsé, Montalbán, la Rodoreda, Víctor Mora, Rabinad, los Goytisolo, Ignacio Agustí... Iba a decir que Madrid carece de ellos. Pero no: están Martín Santos, Cela, Hortelano, o el Aldecoa de algunos cuentos, y Castillo Puche y Foxá y Palomino... Solo que los novelistas de Madrid son, digámoslo así, menos madrileños, mientras que los de Barcelona se presentan como inequívocamente barceloneses. En los catalanes, está la novela de la ciudad. Pero qué bobadas digo: la grandísima novela de Madrid la hizo Galdós. Tiene decenas de volúmenes. Bueno, y la hizo Baroja en la trilogía *La lucha por la vida.* Y, si uno se para a pensar, la han hecho tantos y tantos otros novelistas, algunos excelentes: Blasco en *La horda,* Martín Santos en *Tiempo de silencio,* Valle en *Luces de Bohemia,* Aub en alguno de sus *Campos,* en *La calle Valverde,* Zúñiga, Hortelano, la Gaite... Pero no es una literatura de hijos encantados con su madre; entre otras cosas, porque casi nunca es una literatura de madrileños, sino escrita por canarios, vascos, gallegos, valencianos...

*But en blanc: but, o butte,* es el lugar donde se colocan los cazadores, y *blanc,* la pieza de caza que se ve. Pienso en el «de punta en blanco» español, ponerse de limpio para salir de fiesta, de celebración, y que puede tener ese doble sentido de ponerte a tiro. ¿Será una adaptación de la expresión francesa? Esto viene a cuento de una nota en Molière, *Les Précieuses ridicules,* Clásicos Garnier, pág. 198, y nota 258 en pág. 892.

Escucho a Zarah Leander cantando «Le temps des cerises». Un nudo en la garganta.

Cuando Álvaro Pedrosa (el nombre es falso) tuvo que exiliarse en Toulouse tras una caída del FRAP, su padre lo visitaba de vez en cuando. Al fin y al cabo, ellos eran de Logroño, y Logroño y Toulouse no están tan lejos. El hombre, que tenía una carnicería en la capital riojana, cada vez que acudía a ver a su hijo llevaba cestas con morcillas y chorizos. No le perdonaba al chico que se hubiera metido en líos: era un hombre espléndido, sanguíneo, de buen corazón, pero al que le costaba esconder la rabia que le daban las estupideces que su hijo había cometido con su dinero. Como buen comerciante tenía un profundo sentido de la reciprocidad, y no se resignaba a que el muchacho y sus compañeros no le pagaran por lo que él aportaba (había pagado las maniobras que iban a conducir a la revolución y ahora pagaba su fracaso), así que aprovechaba para efectuar el reparto cuando estaban reunidos los camaradas del hijo. Sacaba las ristras de morcillas ante los revolucionarios, tan jóvenes como famélicos, mientras decía: «Esto os lo envía el pueblo. Es un regalo que le hace el pueblo español a sus luchadores de vanguardia. El pueblo ha elaborado estos chorizos, estas morcillas tan ricas, para que os las comáis vosotros, la vanguardia.» El grupo de exiliados recibía las entregas con aire festivo, pero a Álvaro le parecía que, con esas bromas, su padre le cobraba muy caros los embutidos. Me cuenta: «Yo recibía los chorizos sin atreverme a levantar la mirada del suelo, muerto de vergüenza, aquella escenita cada mes, la patochada, pero había que comer, y era mi padre.» Toulouse, por entonces una de las capitales de la revolución pendiente. Yo pasé algunos días en un chalet cerca de la ciudad comiendo entrecots, paseando entre verdes jardines y discutiendo sobre cómo hacer la revolución permanente. No, no, en mi caso no era gente del FRAP.

*30 de abril*

Va asomado a la ventanilla. Contempla los hilos de alta tensión que bordean la vía. Cada vez que el tren se introduce en un túnel, piensa que el cable –tenso, amenazador– va a romperse, que entrará por la ventanilla en un instante con un chasquido terrible y le cruzará el rostro con un golpe de verga antes de soltarle una descarga de millares de voltios. Tiene un presentimiento, observa algo durante unos segundos, sabe que el temido accidente va a producirse y, sin embargo, en esa fracción de segundo decide mantenerse asomado a la ventanilla. Cuando encuentren su cadáver, dirán que ha sido un accidente, una muerte imprevista, una mala muerte. Pero él se ha suicidado. Después de muerto, nadie regresa para explicar el sentido de su último acto, o padecimiento; y, sin embargo, todos sabemos que una historia se ordena desde el final; el final es lo que da sentido al conjunto, ¿qué novelista aceptaría que alguien cambiara el desenlace de su libro?, ¿acaso no está la lección moral implícita en el final? Por eso la vida siempre es una novela mal resuelta. La escriben otros, los que no la han vivido. Es una novela con el final cambiado.

También yo en el tren. Después de días lluviosos y fríos, llega una especie de prólogo primaveral: el color grisáceo de la sierra de Guadarrama se enternece. El paisaje pierde su dureza de serrijón castellano, cambia de color. Es un verde tenue, musgoso, europeo, el que ahora lo viste, una blandura vagamente suiza (alpina), y hay una bruma melancólica envolviendo la tarde. Aún queda nieve en las cumbres. Viendo desde el tren este paisaje se diría que la entrada en el mercado común europeo va a serlo con todas las consecuencias, y que han pasado a la historia los siglos de una España desértica, los largos períodos de sequía, los perros sarnosos rascándose las pulgas y con la piel cubierta de garrapatas, los gitanos en cuclillas tras las bardas, los campesinos de patas secas como tocones de vid que ve algún personaje de Galdós desde la ventanilla del tren. Europa. Los prados están húmedos, y en su superficie relucen las rodadas de carros y tractores. Me parece que contemplo un paisaje de otro tiempo; sobre todo, de otro lugar.

Ceno algo en el vagón restaurante, que ofrece un menú que podríamos llamar disyuntivo, porque está lleno de oes: entre los postres, ofrece O fruta, O tarta, O queso, O yogur, siempre con la O muy grande y destacada entre propuesta y propuesta para que nadie se llame a engaño; los empleados de Renfe se anticipan a la posibilidad de que alguien se pase de listo queriendo comerse dos alimentos por el precio de uno. Imagino que, si toman tantas precauciones, será porque les ha ocurrido más de una vez. El tren recoge mucha viajada desesperación. Hay que tener cuidado con esa gente nómada, de moral y economía dudosas, que se las sabe todas.

*Promenade parisienne.* Los castaños junto a la iglesia de Saint-Germain-des-Prés (cuántos guiones llevan ahora los topónimos franceses). No muy lejos de allí, Saint-Julien-le-Pauvre (otro festival de guiones) parece una iglesia campesina que se levantara en medio del bosque. Emergiendo entre los árboles, del otro lado del río, Notre-Dame, que reluce ante el telón de un cielo plomizo pero iluminado por un sol oblicuo. Cita para hoy con S. S. y U. C. Por esas relaciones que establece el cerebro –o el órgano que sea– a pesar de lo que dice la razón, para mí R. R. sigue siendo una especie de hijo adoptivo de Saint-Germain. Así me lo pareció en la facultad cuando éramos estudiantes (citaba a Sartre y a Nizan y a Camus) y sigo en mis trece con esa imagen. Me pongo de buen humor pensando que hoy gozaremos de un *encuentro* sobre su territorio, en su campo. Ya digo que vaya a saber usted por qué pienso eso: sin duda por aquel aire de urbanita intelectual sartriano que exhibía en la Facultad de Letras (creo recordarlo incluso provisto de pipa, como Jean-Paul, seguramente me lo invento). En el físico sigue mostrando –como mostraba en la facultad– un aspecto más cercano a la esfera que a cualquier otra figura geométrica (como una esfera con un destacado par de gafas y unos cuantos fideos rizados en lo alto lo pintaría un caricaturista de los años treinta, Bagaría pongamos por caso). Nuestro primer *tête-à-tête* data de 1968 (una animada discusión en la tarima del aula: él era trotskista, yo, más bien, maoísta, o aún no) y devino en amistad. S. S., siempre cuidadoso con las formas –procede de una familia burguesa cuyos bienes se esfumaron, a él le han quedado las formas–. Me contó, pasado el tiempo, que se había sentido muy incómodo durante toda la discusión en la tarima porque yo tenía atrapada por la goma del calcetín una de las perneras del pantalón, algo bastante probable dado mi habitual descuido en el vestir: aunque tampoco descarto que se inventara la anécdota: gran admirador de la literatura anglosajona, aficionado a la caracterización de un personaje a partir de un rasgo pertinente que se repite, un gesto, una prenda de vestir. En adelante, en su bestiario particular, yo me convertí en el de la pernera del pantalón apresada por un calcetín.

Él siempre ha sido fetichista, yo tengo una visión más utilitaria de la literatura. Me leo los libros y me interesa menos lo que los rodea: peripecias del autor, de la edición. A R. R. le debo la lectura de *Otra vuelta de tuerca,* de Henry James; y de la breve obra completa de Carson McCullers, que era su escritora de cabecera cuando lo conocí. Durante años la McCullers se convirtió también para mí en autora imprescindible, y sus obras –sobre todo *La balada del café triste,* aunque también *El corazón es un cazador solitario*– las he regalado a un par de decenas de personas, incluida mi amiga

100

M., que regenta aquí al lado de mi casa un pub lésbico, y a quien me gusta llamar Miss Amelia, que es como se llama la protagonista de *La balada.*

A R. R. fue al primero al que le oí hablar de Faulkner como de un autor *high style,* y no como novelista de bestsellers, que era como yo lo había visto siempre, debido a que sus libros se publicaban en los populares tomitos de Plaza y Janés, junto a los de Pearl S. Buck, Papini, Knut Hamsun, Maxence Van der Meersch, o Somerset Maugham, todos ellos por entonces considerados más bien lectura para el pueblo llano y la pequeña burguesía franquista. Yo había leído alguna de las novelas de Faulkner publicadas por Plaza en la época de mi primera floración de acné, aunque recuerdo especialmente la impresión que me produjo *Santuario,* leída en la edición de Austral. Lo que pasaba entre Popeye, la jovencita Shirley Temple y una mazorca me excitó y turbó bastante más que lo que me había encontrado en otros libros que leía *animus excitandi,* como *La máscara de carne* (esa pesadilla homosexual) o *La gata negra,* si no recuerdo mal, novelas todas ellas publicadas, como otras de Faulkner *(La mansión, Pylon...),* por Plaza, o quizá por Bruguera. La versión cinematográfica de *La gata,* una historia con prostíbulo de Nueva Orleans y lesbianismo, produjo devastadores efectos en mi taciturna y confusa vida sexual. Me debatí durante semanas entre las zarpas de aquel calenturiento gaterío que incluía a Capucine, Barbara Stanwyck, Anne Bancroft y una Jane Fonda adolescente. Yo tenía trece o catorce años, y la verdad es que no ahorraba esfuerzos mentales por salvar de las zarpas de esas felinas al bueno de Lawrence Harvey, campesino enamorado de una de las prostitutas que no sabe dónde se mete.

Lo que intento contar es que R. R., en mi cabeza, es la literatura americana, pasada por el París de posguerra; pasada por Sartre y su Castor. R. R. es Truffaut y Godard. Citaba

101

frases absurdas o ingeniosas de las películas de Godard: *Pierrot le fou, La Chinoise, À bout de souffle.* Por cierto, ahora que lo pienso, ¿qué habrá sido de Anna Karina, la protagonista de tantas películas de Godard, y creo que también su pareja? De Jean Seberg sabemos que se suicidó. Acosada por el FBI y casada con Romain Gary, un escritor grande y torturado que se suicidó algo después que ella. Hoy, pasados casi veinte años de todo aquello, podré tomarme un café con R. R. en cualquiera de las terrazas de Saint-Germain, juntar su experiencia del barrio con la mía: La Coupole, Les Deux Magots, el Café de Flore, nombres que concentran la mismidad del mundo que –para mí– él representó; asomarnos juntos a los escaparates de La Hune como si tuviéramos otra vez dieciocho o diecinueve años, y que en el escaparate haya libros de Camus, de Garaudy, de Sartre, de la Beauvoir o de Paul Nizan, aquel que decía que tenía veinte años y no le perdonaba a nadie que dijera que los veinte años son una edad feliz. Pues eso, vivir lo de entonces pero sin la infelicidad de los veinte años.

Pero, cuando telefoneo al hotel, me dicen que *Monsieur et madame S. S.* han salido de buena mañana, y no han dejado ningún aviso para nadie. Llamo otras dos veces, y siguen sin tener noticias de ellos en el hotel, así que me digo que, si tienen ganas de que demos una vuelta juntos por París, ya se molestarán ellos en llamarme. Desde bien temprano había estado aguardando su llamada casi como, de niño, aguardaba los domingos por la tarde a que abriesen la puerta del cine de estreno de mi pueblo en el que anunciaban alguna de las películas que llegaban precedidas de éxito. Los R. R. no han dado señales de vida, y yo me he decidido a salir de casa y, en estos momentos, escribo en un tranquilo café situado frente a La Conciergerie –el café se llama Les Deux Pas–, ante la pretenciosa reja en la que los dorados que la coronan son como el baño de chocolate que culmina una tarta. Sobre las cuatro pesadas columnas del pabellón situado a la izquierda de la fachada principal, se eleva la aguja de la Sainte-Chapelle, y, en el vértice, la estatua del ángel con una cruz. En el interior del café una americana viste y peina como Maria Schneider en *El último tango en París*. Lo que fue moderno en su día choca hoy por su anacronismo. Ya nadie viste y peina así. Hay gente que echa el ancla en un momento de su biografía y se queda a vivir para siempre en ese punto de amarre. Al fin y al cabo, yo he intentado recoger hoy mi ancla arrojada en un momento que precedió al embalsamamiento de esta ajada Maria Schneider: el tiempo en que conocí a R. R., o, aún más atrás, los años en que era un niño loco por el cine, y para quien aún no existían las películas de Bertolucci, sino las de Totó y Fabrizzi, las de James Stewart y Kim Novak. O las de Toni Curtis y Janet Leigh (*¡Coraza negra, El gran Houdini!*), cuyos ojos de cierva espantadiza me conmovían y me siguen conmoviendo. Durante algún tiempo fueron para mí la pareja perfecta.

Me he comprado algunos libros: una correspondencia de W. Benjamin, la edición de bolsillo de los *Essais* de Montaigne, y *Le Paysan de Paris,* de Aragon. Compruebo cómo desaparecen las librerías de Saint-Germain y son sustituidas por escaparates de firmas de costura. Me desagrada. Pero es ley de vida. Los barrios cambian, las ciudades se transforman, y nos gusta leer en los libros esas transformaciones, son su historia. Sin embargo, cuando la historia se nos revela ante las narices, nos disgusta. El hoy siempre nos parece trivial. Los propios historiadores se abstienen de leer los periódicos de cada día, porque los encuentran insustanciales, pero se pasan la vida metidos en las hemerotecas, leyendo periódicos de hace cien años, cuyo tuétano está aún más seco: solo les interesa lo que se supone que ya ha sido moldeado, petrificado por la historia, un ayer más o menos remoto. A los paleontólogos solo les llama la atención el insecto cuya columna vertebral ya se ha convertido en piedra. Como si un hecho o un objeto se ennoblecieran solo porque le cae el tiempo encima. La mayoría de esos historiadores no soportan el presente, que, sin embargo, es tan monótono –o resulta tan vivo y desconcertante– como lo fue el tiempo pasado al que dedican sus esfuerzos. La esclerosis, y la complacencia en la esclerosis. Es el caso de esos editores-urraca que presumen de tener un magnífico catálogo, pero que solo apuestan por lo que ya ha sido reconocido, los autores consagrados. Coleccionistas de momias. Por cierto, miro el papelito en que llevaba anotada la lista de libros que quería comprar, y veo que me he olvidado de las cartas de Éluard a Gala, que quiero leer para seguir alimentando mi odio por la *Avida Dollars* daliniana. Son –Dalí y Gala– dos personajes que están entre mis peores *bêtes noires,* farsantes sin escrúpulos. Hasta Buñuel, que no se mete con nadie en sus memorias, pierde el control cuando le toca hablar de Gala. Conviene recordar aquellas palabras terribles de Dalí, recién acabada la guerra, en las que le respondía a no recuerdo qué viejo compañero suyo que él no quería relaciones con perdedores. Resumen bien la categoría moral del individuo. La calaña, se decía antes. En una entrevista que le escuché no sé cuándo a Josep Pla, decía que Dalí era un hombre de negocios. Pues eso. Pintó a la nieta de Franco montada a caballo como si fuera el apóstol Santiago en la batalla de Clavijo; diseñó la falla oficial de la plaza del Caudillo en Valencia; halagó a los curas modernizándoles la iconografía de Cristo; y convirtió en clientes suyos a los representantes de la casta que había asesinado a su amigo Lorca y enviado al exilio a toda su promoción. Dijo en la prensa, para regocijo de los franquistas, que la muerte de Lorca había sido un ajuste de cuentas entre maricones. Creo que esto último lo leí en el *ABC* de los sesenta, el que publicó los diarios psiquiátricos de Enrique Ruano, asesinado por la policía franquista en la comisaría, intentando demostrar que se había suicidado porque tenía tendencias homosexuales. Juré que jamás en mi vida compraría un ejemplar de ese periódico, con los años incumplí la promesa, pero sin perderle la ojeriza.

Nos hemos acostumbrado a contemplar sin inmutarnos a esos tipos sentados en el suelo con un cartel que dice: «*Chômeur. J'ai faim.*» Ya no nos conmueven. Pero hoy circula por las calles de la ciudad, y se encañona en el cauce del Sena, un viento frío que arrastra papeles y suciedad y los deposita alrededor del hombre del cartel, sobre sus pantalones, lo que subraya el patetismo de la escena. Tendrá unos cuarenta años y el cuerpo compacto del que ha trabajado en oficios que exigen esfuerzo. No parece exactamente un profesional de la mendicidad. Parece de verdad un parado. Permanece de rodillas, estático y lívido, en la explanada que se extiende ante Notre-Dame, un lugar que esta tarde se convierte en rosa de los vientos que trae al pairo tardíos cristales helados de los *giboulées* de mayo.

Acompaño a François a una clínica donde le van a hacer un análisis de sangre para algo relacionado con la empresa en que trabaja. Antes de salir de casa, acerca la cabeza a mis hombros, a mi cuello, husmea, huele, se pasa la lengua por los labios: «*Tu as mis ton parfum Atrappe-moi? Il annule une partie de mon cerveau.*» Me gusta verlo de buen humor. A veces, es fácil conseguirlo. Basta con decirle tres o cuatro despropósitos para hacerle reír. Pero luego se le vienen encima las dudas, el alcohol mal llevado, la autoconmiseración, y cae en ese pozo de sufrimiento de corte dostoievskiano, en esa grieta insondable en la que no cabe nadie más y en la que, sin embargo, pretende enterrarse con alguien, conmigo.

105

*2 de mayo*

Por fin, el esperado paseo con los S. S. Él me confiesa de entrada que desconoce París, y se pregunta de dónde he sacado yo la idea de que fuese un cachorro de Sartre y asiduo de ese mundo posexistencialista de Saint-Germain-des-Prés. Me avergüenza haberme inventado recuerdos. En cualquier caso, recorremos los lugares que había previsto en mi fantasía, aunque, inesperadamente, soy yo quien hago de guía. Me gusta ejercer de guía en las ciudades que quiero. París, Roma, Valencia o Lisboa son ciudades que conozco bien y me agrada compartir con otra gente; hacer tríos y cuartetos con ellas. El boulevard Raspail, con sus flores de piedra en las altivas fachadas, y el monstruoso *Balzac* de Rodin.

*5 de mayo*

En la televisión francesa, un niño contempla las evoluciones en el aire de un trapecista. De repente, se echa a llorar.

Decir que también hoy –cómo no– ha llovido en París. De regreso a España, el talgo cruza como una exhalación por Ivry, la población donde está la fábrica en la que trabaja François, y donde tantas veces voy a comer con él. Apenas tengo tiempo de relacionar los elementos del paisaje que veo desde el tren con los que recorro habitualmente, las casas oscuras, las chimeneas, los generadores, los postes eléctricos, los vagones estacionados, los castaños en flor, todo bajo la lluvia. Mirar desde otro lado, a algo de eso es a lo que te obliga el arte. Desde el tren, se trata solo de un instante. Apenas descifras un escenario, cuando ya es otro lugar: árboles, la orilla del Sena, casitas y jardines que se suceden, el gran París de la *banlieue* con su tristeza hereditaria, que superpone los sedimentos de la secular pobreza campesina, la de los desgraciados que la ciudad expulsa, y la de los emigrantes instalados en las poblaciones periféricas durante los últimos decenios. En estas oscuras barriadas se guarda la energía que mueve la rutilante ciudad de la luz. La burguesía que ha elegido la periferia para vivir prefiere las urbanizaciones que crecen al noroeste. Resulta curioso que los ricos se hayan instalado aguas abajo del Sena, junto a un río que ya se ha bebido las deyecciones de las clases populares. No parece demasiado razonable.

Cambian los paisajes detrás de las ventanillas, y los sentimientos también resbalan en estos momentos: distintos y sucesivos paisajes dentro de mí mismo, la inseguridad de la vida sobre un tren, el río de Heráclito. Resbalar, recorrer. Frente a esas sensaciones y realidades cambiantes, este cuaderno tiene voluntad de permanencia: el ser de Parménides. En la ventanilla vuelve a aparecer el Sena entre los árboles y bajo la lluvia, gris, tristón. Como si París descansara de representarse, apagara las luces de las candilejas y fuera ella misma viviendo apretadamente en una casa modesta, con muebles de segunda o tercera mano, huertos de subsistencia y gallineros y conejeras que ayudan a completar la dieta cotidiana. Flores en las ventanas y en los pequeños jardines que rodean las casas que van quedándose atrás. Hace unos instantes, François en el andén de la estación de Austerlitz, con los ojos rojizos, y la sonrisa que se le vuelve mueca en cuanto el tren se pone en marcha. Antes, el *café-calva* en la cantina, y si proyecto la película al revés, el metro, las calles desiertas de Vincennes, las sábanas desordenadas sobre la cama, y su cuerpo cerrándose como un anillo alrededor de un apéndice de mi cuerpo que tiene la extraña capacidad de hacerme sentir hasta anularme. La carne, de color rosado, reflejándose en el espejo bajo la mía, que es de un color hepático, herencia genética de un Mediterráneo malnutrido. Sus dientes se cierran sobre mis dedos, y, abajo, el anillo que abre y cierra su cuerpo. Hay momentos en los que su cuerpo es mi casa, me protege, y yo siento la satisfacción de ser propietario. Sentir-

107

se rey, una forma mezquina y retorcida de egoísmo –aunque proceda de lo más hondo del reino animal–. Paradójicamente, en el sexo no da el que da, sino el que se abre para recibir. Las apariencias engañan y, como diría una feminista, el falo coloniza. Sería absurdo hablar de la generosidad de un colonizador. El primer día que lo penetré, gimió de dolor. Le besé los ojos, los hombros, la espalda, pasé mi lengua lamiendo sus orejas, sus piernas en mis hombros y yo doblado buscando su boca. Tengo celos de los que han entrado ahí antes que yo. Visitantes indeseados, de los que se acordará, a lo mejor incluso en el momento en que yo me creo habitante exclusivo del refugio. Rechazo el pensamiento de los miembros que me han precedido. Miro mi miembro entrando y saliendo de su interior, noto convertidas en oleadas de placer mío las que él siente, las pulsaciones de su esfínter, sus vibraciones nerviosas allí dentro. Me siento seguro. Dueño de algo. Lo poseo en todas las posiciones. A medida que lo hago crece en mí un venenoso sentimiento de propiedad. De frente, de lado, de espaldas. Sus nalgas mullidas, rosadas, golpean mi pubis. Mejor al revés, mi pubis empecinado contra sus nalgas. Las palabras del ceremonial, rituales: «¿Me notas dentro?» «Sí, noto el calor de tu polla. Me quemas. Siento que hoy has llegado más adentro que nunca.» Eyaculamos al mismo tiempo, mirándonos a los ojos, y advierto que los suyos se enfrían, se coagulan, ojos como de ofidio que pierden sus irisaciones verdes, y se vuelven de un color amarillento, fijos, sus párpados rubios se vuelven transparentes, mirada de serpiente que no parpadea. Como si los papeles se fueran invirtiendo: expresan primero que no lo abandone nunca y, sin solución de continuidad, una voluntad de dominio absoluto, de obligarme a repetir infinitamente estas ceremonias. Expresan que, si pudiera, no me dejaría salir nunca de dentro de él. Ahora soy yo el que lo siento dueño, con una sensación que me desagrada (yo trabajo –mete-saca– a su servicio)

108

y, por qué no decirlo, me asusta: estoy jugando con fuego. Doy media vuelta sobre la cama y me dejo llevar por el sueño. El sueño me rescata, es más fuerte que sus brazos, que me aprietan con una súplica enfermiza. Me besa la espalda. Respira en mi espalda. Me lame, me muerde. Me da miedo el disco que suena en el tocadiscos *(La Prière,* de Brassens), y también la cara y los visajes de Marcel Marceau, que aparece en la pantalla muda del televisor. Me da miedo la habitación, oscura y desordenada, a la que el reflejo de las imágenes en blanco y negro pone pinceladas expresionistas, películas de Lang, de Murnau: *Nosferatu, Mabuse.* Vincennes bajo la lluvia, la población, más bien un barrio dormitorio de la gran ciudad, este *après-midi* de domingo en el que el frío húmedo lo oscurece y difumina todo. Todo me asusta. Me siento como un niño del que un dios se ocupara demasiado, con la sola intención de castigarlo.

Unas horas antes veía los grupos de gente de todos los países apretándose sobre las aceras del boulevard Saint-Michel, sobre el pavimento de la rue de La Harpe, en el espacio desolado de la place des Innocents, junto a eso que llaman, no se sabe bien por qué, el Forum de Les Halles (del viejo mercado, que conocí en su agonía en mi primera juventud, no queda nada). Pensaba en toda esa gente provista de sexo, vergas que buscan un hueco en el que meterse esta noche. Sin embargo, ahora, tras concluir el encuentro con François, es como si el nuestro fuera el único semen derramado en París. Todo se ha vuelto espeso, de una trascendencia exagerada.

Desde que ha cruzado la frontera española, el tren atraviesa una interminable plataforma nevada que la luz de la luna muestra fosforescente y hermosa. Recuerdo aquello que decía Rabelais de París: «Una buena ciudad para vivir pero no para morir, porque los mendigos de San Inocente se calientan el culo con los huesos de los muertos.» Yo diría que es una ciudad en la que, como en todas las ciudades, los vivos se calientan el culo quemándose las grasas unos a otros.

*7 de mayo*

Al parecer, la señora de Reagan quería visitar un mercado en Madrid. Le eligieron el de San Miguel, porque está en el centro histórico, junto a la plaza Mayor, y es el único de la capital que exhibe ciertos valores arquitectónicos: un coqueto edificio de la arquitectura del hierro. Pero cuando los asesores del presidente norteamericano fueron a inspeccionarlo, se dieron cuenta de que no era lo que ellos habían imaginado, un mercado *como los de Guatemala (sic);* es decir, se dieron cuenta de que las vendedoras no eran indias vestidas con chillones güipiles estampados y que ni siquiera se exhibían exóticas frutas y verduras. Les pareció prosaico llevarla a un sitio donde se vendían cosas bastante menos excitantes que las que se exponen en cualquier mercado de Washington, así que decidieron que el día de la visita había que sustituir la mercancía habitual por flores, convertir el viejo mercado galdosiano en un descabellado puesto de flores de Centroamérica: gardenias, orquídeas, etc. Tampoco esa idea prosperó, seguramente porque ni el gobierno de la nación ni el municipal tenían demasiado clara cuál podía ser la reacción de carniceras, pescaderas y verduleras ante esa propuesta de carnaval, de exótico sombrero de frutas en la cabeza de Carmen Miranda; así que se suspendió la visita. A cambio, se cumplió el deseo de la primera dama americana de ver unos pasos de baile flamenco, aunque no en el decorado que las autoridades del gobierno español hubiesen deseado, El Corral de la Pacheca o el de la Morería: no, se eligió el suntuoso edificio que el arquitecto Palacios levantó en la calle de Alcalá, el Círculo de Bellas Artes, pero cuando desde Moncloa llamaron para ver si les dejaban el salón, los gestores de la entidad les respondieron tajantes: «Esto no es un tablao.» Resulta que estamos donde estábamos.

La visita de Reagan está resultando de lo más divertida: por todas partes reciben al mandatario yanqui manifestaciones de decenas de miles de furiosos ciudadanos españoles que le increpan; aparatosos conciertos de cacerolas; apagones de luz. Hasta el oportunista alcalde de Madrid, el socialista Tierno, se ha permitido ningunearle, y el zorruno vicepresidente del gobierno, con su habitual olfato para encontrar su papel en la comedia, ha esculpido la propia imagen de rebelde, bromeando a su costa, y cuando le han preguntado si iba a asistir a la recepción con que se homenajeaba al presidente norteamericano, ha dicho que él de lo de Reagan no sabía nada; que precisamente esos días iba a estar fuera de España. La prensa no ahorra detalles a la hora de dar cuenta del apretado calendario de actos extraoficiales y más o menos espontáneos con los que se boicotea la visita. Los recorridos de la comitiva oficial se han mantenido en secreto, dicen que por temor a posibles atentados, pero yo creo que, sobre todo, para no encontrarse con los piquetes de inoportunos protestones.

Acaba de telefonearme Sulle. Me cuenta que ha habido una manifestación sorpresa que ha sido cercada por la policía. Los guardias han cargado y hay decenas de heridos. ¿Por qué estas cosas siempre tienen que acabar así? A los dirigentes, y a sus perros guardianes, deberían matricularlos en cursillos de humor, o, al menos, de urbanidad, para corregirles el instinto, la tendencia al derramamiento de sangre que se les transmite con el uniforme en el caso de unos y con el cargo en el de los otros. ¿Pues no estábamos todos riéndonos un rato? El aldabonazo nos lleva a recordar que el poder es una cosa muy seria.

De Balzac, *Une ténébreuse affaire*. Gallimard/Folio, 1973, pág. 24: «*Les lois de la physionomie sont exactes, non seulement dans leur application au caractère, mais encore relativement à la fatalité de l'existence.*»

Durante horas, sobre los tejados del viejo Madrid, el ruido de los helicópteros volando bajo. La noche adquiere repentinamente tintes siniestros. Se vigila desde arriba a la población pero también se la amenaza con ese ruido constante. Pasan por mi mente imágenes de películas y documentales de los operativos militares de Argel, de Santiago de Chile, de Buenos Aires. En Radio Cero, la emisora anti-OTAN, una chica advierte a los oyentes que dos hombres vestidos con mono, que parecen animar a la revuelta en las cercanías de la plaza de Oriente, son, en realidad, policías que detienen a la gente. Bajo el azul de los monos de trabajo, el marrón de las camisas del uniforme. Provocadores. El poder siempre se asienta sobre un barro pegajoso de delaciones. Madrid, con sus mendigos-policía, sus confidentes, recupera su veta barojiana, valleinclanesca; es el Madrid de los policías secretos de las novelas y los *Episodios nacionales* de Galdós; el de *La horda,* de Blasco, y el de los *Siete domingos rojos* de Sender, con sus chivatos, sus cargas policiales y sus obreros heridos. Yo mismo fui asaltado en el año sesenta y nueve por un policía-mendigo en la parada del metro de Moncloa, la que estaba cerca de la Universidad. Alguien había regado de panfletos el andén, y cuando me agaché para coger uno, se abalanzó sobre mí un tipo que mendigaba sentado en el suelo y me puso una pistola en el hígado. «Qué pasa, ¿tú también estás con esos?» Tiré precipitadamente la hoja y di por supuesto que iba a volver otra vez a la siniestra Dirección General de Seguridad, que ya conocía. Tuve suerte. Me dejó ir, pero me dio un buen susto, me acordaba de él cada vez que oía una canción de Pi de la Serra que hablaba de que lo detenía un mendigo-policía, y cuyo título ahora no recuerdo.

112

Muchos años más tarde, un día en que se produjo un atentado en la plaza de España, tuve la ocasión de descubrir la existencia de una ciudad secreta inserta en la ciudad que conocíamos. De repente, el señor que estaba en una esquina leyendo el periódico sacaba un micrófono y se ponía a hablar; el mensajero abría el cofre trasero de su moto y se ponía a trastear en una emisora, tipos desharrapados, mendigos, daban órdenes desde las aceras a policías motorizados, vi dando órdenes con una autoridad que reflejaba que debía de ocupar un cargo muy elevado a un vecino mío, al que yo tenía por marginado en el barrio, porque, sucio, mal vestido, pasaba su vida apoyado en la barra del bar, a dos pasos del mercado de La Latina, que se levanta sobre la explanada en la que ahorcaron a Riego. Los libros de historia le echan en cara su escaso valor en los últimos momentos: antes de redactar una acusación así tendrían que ponerte a ti la soga al cuello y obligarte a mirarle el careto al verdugo para saber lo valiente que eres.

Veine, en francés, además de vena tiene el sentido de suerte, como en castellano. Être en veine es exactamente lo que nosotros decimos estar en vena. Chasser sa balle: aprovechar su ocasión. El bidet es una jaquita, un caballito pequeño que se monta. Está muy bien puesto el nombre. La palabra fagot, además de nombrar un instrumento musical, tiene también el sentido de patraña. Se usa faiseur de fagots como embarullador, liante.

Une ténébreuse affaire es una novela policiaca, pero como no podía ser de otra manera en Balzac, no está tejida sobre la capacidad de enredo y fabulación, sino que sus elementos de trama se refieren a los movimientos económicos y sociales del Imperio, las intrigas y conspiraciones políticas, las corrupciones. Leyéndola, el pecho y la cabeza del lector se en-

113

sanchan: ves abrirse el mundo ante tus ojos, el caos se ordena, cobra sentido. La relación de una novela así con su mundo me hace pensar en esos vegetales secos, incoloros, que en contacto con el agua recuperan su luminosidad, su textura. O en esas borrosas figuritas chinas que toman forma al humedecerse. La literatura como una tonificante gimnasia que te prepara para descubrir el mundo, para saber cuál es el camino tomes la dirección que tomes.

## *10 de mayo*

El tiempo perdido. Se escaparon los días sin dejar apenas huella (parece más triste así, en indefinido, ya solo narración: tiempo de cosas concluidas, de períodos cerrados). Melancolía que, en algunos momentos, se vuelve angustia: como cuando el actor descubre que, por mucho que se esfuerce, el público que asiste a la representación permanece frío, indiferente a su empeño. En la sala hay un silencio que rompen ciertas toses, que a cada momento se hacen más frecuentes y ruidosas, mientras en las filas del fondo empiezan a escucharse murmullos. La compañía ha fracasado. La primera actriz se desespera. Poco importa que la de esta noche sea una de sus mejores interpretaciones. El aire de la sala es como un bloque de mármol que no transmite la vibración de la voz. Las palabras se agotan cayendo sobre sí mismas como una cascada invernal, silenciosa masa de hielo. Ese es el tono que marca la magistral descripción que hace Balzac del juicio en *Une ténébreuse affaire*. Y concluye: *Il y a une atmosphère des idées.* Es verdad. También los períodos históricos se definen por su atmósfera. Dentro de ella, todo acaba ajustándose, todo resulta pertinente. Fuera, cualquier acción, cualquier idea, parece caer en el vacío.

De Marx: «La tradición de todas las generaciones muertas oprime como una pesadilla el cerebro de los vivos. El 18 de brumario de Luis Bonaparte.» Ed. Halcón, 1968, pág. 13.

114

Marx: otra forma de gimnasia con la que prepararse para el *tour* de la vida. Me pareció en su día más indispensable que otras. De hecho, por culpa de Marx, me decidí a estudiar historia, que intuí que era lo que necesitaba, en vez de literatura, que era lo que me atraía. Yo creo que intuí que no podía ser escritor sin Marx. Viene a cuento la observación de Montaigne: *«Je ne me trouve pas où je me cherche; et me trouve plus par rencontre que par l'inquisition de mon jugement»* (de *Du parler prompt ou tardif*).

*24 de mayo*

Regreso de un viaje de trabajo por la Sierra de Salamanca. Me dejo llevar por el gusto que me produce el reencuentro con la casa. Abro las ventanas de la puerta del balcón y pongo la mesa de trabajo justo al lado. El airecito de la mañana como una bendición. Cuelgo las macetas de la verja. Ha llegado el verano de improviso. Gritos de niños y chillidos de gorriones como en un poema de la Generación del 27. Dos palomos se pasean por el alero del tejado de la casa de enfrente, ante el ventanuco de la buhardilla. A unos centímetros de mis ojos, esa planta que la gente llama la costilla, verde y reluciente, esplendorosa. Saca hojas nuevas de un color tierno. Un poco más allá, el rosal, con tres rosas de un color rojo anaranjado. A la derecha, las hortensias, con sus hojas más oscuras, de un verde más profundo, y con los botones de las flores que aún siguen verdes, pero que pronto se convertirán en rojas, rosas y azules. Colgada de la reja, por encima de las hortensias, la delicada begonia; y a su lado el sándalo, sólido y perfumado. El cóleo, de hojas policromas como la piel de algún lagarto de cuento infantil; y la cinta, cuyas finas y largas hojas cuelgan sobre la calle, completan el bodegón que, en este caso, no es *nature morte,* sino naturaleza viva entre desportillados estucos y secos ladrillos.

Acaban de pasar por la calle de Toledo miles de manifestantes de Comisiones Obreras. No sé qué reclaman. Desde aquí no podía entender sus voces, ni leer sus pancartas. Qué tiempos aquellos en los que cualquier reivindicación era asunto tuyo. Ahora, eso se lo han quedado en exclusiva los profesionales del tema. Tuvo que llegar la democracia para que nos sintiéramos expulsados de la política.

*26 de mayo*

Cena en casa, que termina en una dura discusión con Pedro que se prolonga hasta las seis de la mañana. Hoy me siento molesto, inquieto, infeliz. Por vez primera la gente del partido en que brevemente milité me provoca una sensación que serpentea entre la ira y el temor. Pedro se muestra durante toda la discusión como un comisario político. Habla de lo que podríamos llamar méritos de guerra, de los que, por otra parte, lleva buena cuenta en su fichero. «Yo hice esto. ¿Tú dónde estabas por entonces?», es el razonamiento central de toda la discusión. Mientras lo oigo hablar, pienso que no es mi amigo Pedro; que discuto con los fantasmas de Ángela, con todo eso que tanto odio, mezcla monjil y sectaria (monja de la revolución). Ángela se esfuerza en demostrar lo burguesísima que es su familia (se pasa el tiempo hablando de sus tíos diplomáticos, arqueólogos, sabios, nobles titulados: sus castillos en España, que diría un francés, aunque los suyos son castillos en Cataluña) y del mérito que tiene, viniendo de donde viene, haber elegido quedarse entre los desharrapados, ese chocolate espeso del que nosotros −Pedro y sus amigos− somos espuma. Si en nosotros la querencia por la justicia es un fruto natural, genética, maduración de nuestro miserable origen de clase, en ella es el resultado de un ejercicio de renuncia, ascesis redentora que roza lo sagrado. Una sacralidad que es menos laica de lo que ella cree. Lo malo es que los razonamientos de Pedro y los de Ángela se parecen cada vez más. Noto que, en esa relación, Pedro pierde la partida día a día. Lo palpo. Lo veo a él desprenderse de la seguridad campechana tras la que se protegía y desde la que parecía proteger a una desvalida damita. Si antes era ella la que, cuando nos perdíamos en los bares del barrio, le llamaba una y otra vez por teléfono para buscarlo, para controlarlo, con una angustia neurótica (al amanecer, me encontraba con el recuento de sus llamadas en el contestador de mi teléfono), ahora es él quien llama a Ángela y no la encuentra nunca. De las llamadas frustradas desde el teléfono de un bar, o desde una cabina, vuelve con rostro sombrío. No pregunto, pero sé que ella no está. En cualquier caso, la discusión de anoche fue en tono muy hosco. Si hoy estos modestos militantes se consideran *autores* de titánicos avances políticos, y nos recriminan a los que no militamos con ellos que no *estamos donde ocurren las cosas,* ¿qué no tendríamos que soportar el día que ostentaran algún poder? El franquismo lo ha envenenado todo: ha convertido las ideas en mazas. O conmigo o contra mí (pero si eso viene de mucho antes: eso es Goya, Machado, es Azaña, el cabrón de Quevedo). De hecho, en el altivo desparpajo con que se comportan los que se han pasado al PSOE hay algo de eso, una ilusión de irredentismo por la que todo les parece poco para pagar sus muchos méritos de guerra (cargos, sueldos estratosféricos, comisiones), los servicios que nos prestan (mientras se enriquecen). Quien no avanza con ellos, es enemigo, y, efectivamente, acaba siéndolo, porque no hay otra actitud decente que la de serlo.

Entiendo que haber dedicado prácticamente toda tu vida de adulto (es el caso de Pedro, no el de Ángela) a una improbable militancia genere rencor hacia los que han podido dedicar parte de ese tiempo a otras actividades, pasiones o aficiones, pero me parece injusto acusarnos a quienes, al fin y al cabo, hemos disciplinado nuestra actividad buscando una forma de coherencia, dotándola de algún fuste moral que tiene mucho que ver con su militancia. Digamos que estos últimos años hemos militado de otra manera, recorriendo otros caminos, sometidos a otros riesgos y a otras renuncias. En las palabras de Pedro había un filo metálico que me recordaba el que mostraban en las discusiones los más intransigentes peceros de los años sesenta y setenta. Otra forma de perversión de la dictadura. La clandestinidad continuada trajo esos frutos podridos. Ángela trabaja como periodista. La metió Pedro en prensa, ahora es ella la periodista, él no se sabe muy bien qué hace. Un periódico dirigido por Ángela sería el último lugar del mundo en el que yo querría trabajar.

*31 de mayo*

Encuentro en Aragon *(Le Roman inachevé)* una frase que me hace pensar en *Je vous salue, Marie,* la película de Godard que he visto hace poco: «*Les postes blancs d'essence au bord des routes remplaçant les Christs*» (pág. 28). La religión como un sistema de *signos,* que la modernidad sustituye por otros. Paseamos entre ellos sin enterarnos de su valor sagrado, aceptándolos sin más.

*La vie et le bal ont passé trop vite* (pág. 36).

K. S. Karol, en *La nieve roja,* asegura –a pesar del antiestalinismo que impregna todo el libro– que el discurso de Stalin el 3 de julio de 1941 es una obra maestra de la retórica, muy por encima del que pronunció Churchill pidiéndoles sacrificios a los ingleses *(Sangre, sudor y lágrimas).* No lo conozco. Intentaré buscarlo, pero ¿dónde? No creo que haya en toda España un solo ejemplar con los discursos de Stalin *(mientras paso esto a limpio por enésima vez, 2014, la maravi-*

*lla de internet consigue que pueda encontrar sin dificultad el texto completo del vibrante discurso. De verdad espléndido).*

*4 de junio*

En el cementerio de la Almudena no entierran después de las tres de la tarde. A las dos hay atascos de furgonetas mortuorias y se producen confusiones entre los integrantes de los distintos cortejos fúnebres. Un grupo de familiares espera pacientemente a que los enterradores acaben la faena con el cadáver que precede en el turno al suyo. En ese instante, entra una nueva furgoneta, y, de inmediato, otra. Hay una flota de ataúdes, y cada vez se agrupa más gente: los sepultureros trabajan deprisa, estajanovistas de la muerte. Difícil conseguir el decoro en ese guirigay. Pienso en las grandes guerras, en las epidemias de peste medievales, en el *Decamerón* de Boccaccio, esos momentos en los que Dios parece haber abandonado la tierra y la muerte trabaja sin descanso. La gran ciudad como un lugar dejado de la mano de Dios en el que resulta casi imposible mantener el espejismo de los ritos.

*6 de junio*

*Herrumbrosas lanzas* es de lo mejor de Benet, aunque no acaba de desprenderse de ese altivo regodeo que empaña toda su obra y tanto me irrita. Sin que le preguntes, te está diciendo todo el rato que tú nunca vas a llegar a su altura. Muy bien, tú ahí arriba y yo aquí abajo, ¿y ahora qué hacemos? El culto a los santos se llamaba *dulía,* el de la Virgen *hiperdulía,* por razones que todo el mundo entiende. La latría se reservaba a Dios. ¿Va por ahí la cosa? Su pequeña corte apostólica lo proclama correteando sobre coturnos prestados.

Leo *Le Cousin Pons,* de Balzac. El viejo Pons es un *gourmand,* que alquila un piso con su amigo en «*la tranquille rue de Normandie au Marais*» (pág. 40). Debería empezar a abrir algunos ficheros, como cuando era estudiante de historia (hice miles de fichas que nunca volví a utilizar, *ubi sunt?*). Llenar fichas con citas de novelas que me interesan, y también acerca de la historia de la gastronomía, que es la profesión que me ocupa, trabajar con rigor en las cosas. Al fin y al cabo, esta profesión de periodista gastronómico que casualmente he encontrado me divierte, me enseña (lo que tiene de historia narrada de otra manera), y tiene visos de que puede durar. Pero también me enseñan y divierten los artículos que escribo sobre ciudades. ¿Abrir otro fichero? ¿Y qué hacemos con las novelas que se supone que algún día deberé escribir? Quien mucho abarca poco aprieta.

*21 de junio*
El día 15 se casó X. Imágenes para recordar: el merendero a orillas del mar. La noche cálida y perfumada como en un bolero de Agustín Lara, la playa, una orquestina que tocaba canciones de Machín, las hileras de bombillas formando ondas de luz en el aire, la luna. Puro Fellini. La belleza de una Denia engañosamente sin tiempo. Por la mañana estuve con él, desencajado: adiós, libertad. Al día siguiente, me propone el viaje juntos a Madrid, los recién casados y yo. Acepto la propuesta y salgo de la casa familiar cuando hierve al fuego la olla con un pichón. El olor se escapa de la cocina e invade toda la casa y el jardín. Creo que pocas veces he sentido tanto perderme una comida. Arroz con pichón y caracoles. Mi madre se enfada: «¿Te vas sin comer? Si lo he preparado todo por ti.» Consigue que me entren ganas de llorar. Ella tiene los ojitos húmedos.

*15 de julio*
Bailes callejeros en París la noche del 13 de julio. En el Quai de la Tournelle, junto al Sena, a espaldas de Notre-Dame,

dos focos de colores giran en el aire y sueltan chorros de luz, un bote de cerveza que alguien ha arrojado al río se aleja cabeceando bajo la luz de los focos. De vez en cuando, un *bateau-mouche* dirige sus reflectores hacia la fiesta del muelle. Estallan petardos.

*17 de julio*

En la place Vendôme, frente al Ritz, ruedan una película: una chica con el cuello envuelto por una bufanda está sentada sobre una maleta. Aguanta el calor sin inmutarse, ni excretar una gota de sudor. Parece una estatua. En cambio, en el interior de la iglesia de la rue de Saint-Roch la piedra está helada. Una tumba que tiene algo de pieza galante, como de ilustración de libro de Laclos o de Marivaux. Representa a alguien con aspecto de elegante vividor, tocado con una lujosa peluca; tumbado en el suelo, levanta la mano como en un gesto de despedida, mientras cae entre los brazos de una mujer envuelta en aparatosa drapería. Sus vestidos recuerdan los de esas *plorantes* flamencas de algunos retablos, o a las estatuas de la iglesia de El Escorial.

A las diez de la mañana estoy en el jardín del Palais-Royal. Pájaros y rumor de agua. En los cercanos jardines del Louvre, junto al arco de triunfo del Carrusel, excavan los cimientos del antiguo palacio.

*18 de julio*

Hay una paloma muerta bajo la silla de bronce en la que reposa la estatua de Diderot en la place Jacques Copeau, un divertículo del boulevard Saint-Germain. Otra paloma –viva– se pasea por el reposamanos de la silla, vigilada por una vieja con la boina calada que tiene unas espantosas llagas en las piernas y sostiene un saco entre las manos. Seguro que, en algún lugar, ha empezado a hervir el agua en una olla.

121

## 25 de agosto

T. G. C. agoniza. No ha sido un accidente, se la lleva su vieja enfermedad. La muerte empieza a darle bocados a mi generación. Me llama E. por teléfono para contármelo. Me paso las horas tumbado en la cama, sin ganas de hacer nada.

Pocos libros de un escritor contemporáneo tan estremecedores como *La Douleur,* de Marguerite Duras. Preparo un artículo para la *Hoja del Mar* sobre *La revuelta de los pescadores de Santa Bárbara,* de Anna Seghers. Con esta novela y, sobre todo, con *La séptima cruz,* la Seghers se convirtió en uno de los modelos literarios de nuestra juventud. Eran las novelas que la revolución quería que escribiésemos. También nos gustaba saber que Stalin admiraba profundamente a nuestro querido Dos Passos. Nos hacía sentirlos cercanos. A los dos. Nosotros como un gozne.

## 6 de octubre

He terminado *Denier du rêve,* de la Yourcenar, después de haber leído otra buena novela de una mujer, Elena Poniatowska. Ahora, de regreso de Moscú y Leningrado, donde he pasado unos días, me pongo con *La guardia blanca* de Bulgákov. El precipitado viaje me deja con ansiedad por saber más de esa inmensa nación, tan contradictoria, la vieja patria obrera en su decadencia: el turista enfermo de literatura aún cree detectar en la URSS de hoy en día la rara y desgarrada mezcla de ternura y desesperanza que guarda Chéjov; la locura furiosa de Dostoievski. Vaya usted a saber si es así. O si la costra literaria se encarga de ocultarme la realidad de las cosas. La dureza de los chaquetas de cuero (Pilniak) de la vieja revolución soviética seguramente se ha desvanecido, pero aún me emociona la ternura de las viejecitas que salvaron las obras de arte del Hermitage y cuarenta años más tarde se las enseñan al turista como si fueran de su propiedad. Mujeres que soportaron el asedio de novecientos días, los bombardeos, el millón de muertos, los gestos heroicos y el hambre que llevó a muchos al canibalismo. En la ciudad no quedaba ni un perro, ni un gato, ni una rata. Gente que volvió del infierno, del más allá del que parece imposible que nadie pueda regresar y están delante de ti, sonrientes, con expresión bondadosa, indicándote cómo se llega a una sala del museo en la que se exhibe pintura española.

Se me revela un país revuelto, confuso, peleando en un complicado cuerpo a cuerpo consigo mismo, lucha con el ángel como lo hizo Jacob. En estos días, he tenido ocasión de contemplar un muestrario de burócratas, obreros, revolucionarios jubilados; militares borrachos bebiendo champán ucraniano y devorando caviar a cucharadas; putas y mendigos que parecen sacados de los versículos de la Biblia. Seguramente, mucho de lo que me parece haber visto son construcciones mentales mías, percepciones falseadas por el arsenal de lecturas. Por los ideales de juventud. La iconografía de la revolución. Pienso en la posibilidad de volver el próximo verano. Entre tanto, organizo mis propias jornadas soviéticas en Madrid: leo a Bulgákov y escucho a Shostakóvich (la *Sinfonía de Leningrado,* la que sonó en el mundo entero rompiendo el cerco nazi, la ciudad no se había rendido, sus conmovedores cuartetos). La necesidad de buscar en toda esa belleza escondida un destello de mi propia juventud.

Llevo días sin escribir. Me siento vacío, vacío, vacío. Qué pulsión más rara, la de escribir, sin que importe lo que se escriba. Yo diría que escribir te permite seguir viviendo sin que te haga falta sentirte de alguna parte o de alguien.

*23 de octubre*

Los personajes de Dostoievski se acusan continuamente de no quererse. «Usted no me quiere. ¿Por qué me odia?» Ver *El idiota*. La piedad une, el amor se resuelve en formas de odio.

*30 de octubre*

Conozco pocas novelas tan soberbiamente construidas –y concluidas– como *El idiota* de Dostoievski. Consigue que acabe siendo parte de la narración cualquier cosa que le eche a la olla el autor. Lo cocina todo. Me la termino en el tren, durante un trayecto Bayona-París. El último capítulo es tan hermoso y conmovedor que lo soporto a duras penas. Me duele. En medio del aburrimiento y el miedo –¡qué inseguro todo!– este libro se ofrece como un faro poderoso: la llamada de algo mejor, una llamada desde lo incomprensible (ver página 935) a quien nada comprende. Lo mejor del alma humana parece coagularse en este libro hermético que se resiste a ser descodificado, y en cada asalto te regala unas briznas de cuanto contiene. Uno sabe que el tesoro está ahí dentro aunque no sea capaz de alcanzarlo. Lo consuela la vibración que emite su reactor. Escribo estas líneas inquieto, emocionado, con los poros abiertos. En torno al tren que avanza velozmente, se extiende la noche. El malvado Rogozhin y el buen idiota Myshkin velan en una habitación el cadáver de la mujer que más han amado y que empieza a descomponerse. Ellos dos –dos niños con un juguete secreto– bisbisean para que nadie los escuche, y se han acostado en la misma cama. Rogozhin lo había previsto todo. Cuánta belleza en esa habitación a oscuras. El príncipe acaricia las mejillas de Rogozhin, que tras haber asesinado a la mujer, delira. Dostoievski, insaciable, le exige al alma un esfuerzo aún mayor en su ascenso al monte Calvario, un escaloncito más, y ya llegamos. Ánimo, compañero. Ya falta menos.

*6 de noviembre*

Tras la inundación, y la obra que me he visto obligado a hacer para paliar los desperfectos, intento poner orden en la casa: papeles sucios, cuadernos descoloridos, cartas borradas por el agua, varios centenares de libros arruinados que van a parar a un contenedor. Me asaltan los recuerdos al ver todos esos papeles olvidados que, con frecuencia, me hablan de intentos que se quedaron en nada; esos libros leídos y olvidados. Caminos torcidos. Duelen ciertas fotografías, páginas que escribí diez, doce años antes, cuando aún pensaba que la vida se regía por algún tipo de orden, que siguiendo el trazado se alcanzaba el fin. Papeles mojados, a medio borrar, o ya borrados del todo. Fotos de un campesino portugués con el que viví una extraña historia; fotos de J. T.; la tarjeta del metro que utilizábamos cuando estuvimos en París, su pasaporte. Juan, mi amigo el fotógrafo. Las fotos que Juan me sacó, lo que sus ojos vieron cuando miraban hacia mí; una melancolía que tiene rebaba de fracasos, vertedero de uno mismo; las fichas de historia que tantas horas me ocuparon, y que no he vuelto a utilizar: no le han servido a nadie nunca para nada, y ahora están desordenadas, amontonadas sin ton ni son y, además, emborronadas por el agua. No debían dejarnos nacer sin garantizarnos un poco de ese trasunto de la felicidad que es el orden. Pero enseguida me rebelo contra esa visión lastimera. Mientras voy tirando a las bolsas de basura libros y papeles irrecuperables, me vuelve el recuerdo de los lugares que he conocido, la rebanada de felicidad que me ha tocado en el reparto del mundo, Roma, Leningrado, París, Fez, la Valencia de mi niñez, la huerta: ese delicado jardín andalusí, las acequias de agua clara y yo que tengo seis años y me tumbo sobre la hierba a beber, resbalo y caigo en el agua, es una tarde de pascua: imágenes que están ahí, en esos papeles descoloridos que van cayendo en las bolsas negras destinadas al contenedor. Hay también imágenes de caras y cuerpos que amé o

125

deseé, como si se pudiera desear sin poner por medio la esperanza de un poco de amor. Como si dejar de desear no fuera añadirle desesperanza a la vida y un poco más de desamor.

*24 de noviembre*

Concluyo la lectura de *Un día más largo que un siglo,* de Aitmátov, y empiezo las brillantes memorias de Jaroslav Seifert, tituladas *Toda la belleza del mundo.* Un libro estimulante que le regala al lector la vitalidad de entreguerras. Los surrealistas, en el entierro de Anatole France, diciendo eso de *Il faut tuer le cadavre.* Marinetti sugiriéndole al gobierno italiano la venta de toda la pintura tradicional a los millonarios americanos para comprar con los beneficios que obtenga obras futuristas. «Si en este momento habéis oído un silencioso suspiro, no hagáis caso. Soy yo quien ha suspirado por la belleza de aquellos tiempos pasados, cuando éramos felices y no lo sabíamos. Ahora ya lo sabemos» (Seix Barral, pág. 37), dice Seifert. Anoto, además, esta cita: «Se decía que en la alberca desembocaban las aguas subterráneas del cementerio después de lavar las silenciosas y secas lágrimas de los muertos y sus blanquecinos huesos» (pág. 235).

*30 de diciembre*

Me llama François. Llora al teléfono. Es más de la una y media de la mañana. Me vuelve a llamar a las siete. Ha pasado una semana aquí, en Madrid, nervioso, inquieto, cada vez más exigente. Como si diera por perdida la relación y pusiera todo lo posible para que se acabase cuanto antes porque le hace sufrir. En cuanto bebe, me exige complicadas pruebas de amor, y lo que consigue es que yo sienta un odio sordo, mezclado con ese desprecio que provocamos los borrachos cuando nos ponemos pesados y exigentes.

La última noche superamos todos los límites. Se puso a provocarme, a insultarme, a pedirme que lo besara, a lametearme, quería que le dijera que lo quiero, todo eso muy borracho, cogiéndome, tocándome, empujándome. ¿Cuántos amantes tienes?, ¿con cuántos vas cuando yo no estoy?, te has enamorado de otro, ya lo sé. Acabé entrando como un imbécil en su juego. Le arranqué de un tirón los calzoncillos y, como en las malas películas porno, lo volví de espaldas y lo follé sin cariño, con violencia. «¿Es eso lo que quieres?, ¿que te la meta?» Le pegaba golpes fuertes en la espalda, en las nalgas. Lo follaba con rabia. Él, cuya fuerza podría estamparme de un sopapo contra la pared, sollozaba, siguiendo el guión, y se dejaba penetrar. Por fin, cada uno jugaba su papel. Una mierda —«no me hagas daño, no me hagas daño», sollozaba para provocarme aún más–. Pero si el que podría hacerme daño a mí es él, que tiene bastante más fuerza de la que yo pueda tener. Todo pura representación masoquista, un juego con los papeles cambiados. A él le tocaba tumbarme de un puñetazo y follarme, y a mí suplicar con voz de niña. Pues no. Era al revés, yo diciendo: Te gusta, ¿no?, ¿cuántas te has metido después de la mía? Tenía ganas de matarlo. Lo odiaba a él, y me odiaba a mí mismo aún más que a él, por estar cayendo en lo que lleva meses buscando. Cuando me corrí no sabía dónde ponerme. Sentía vergüenza, me sentía mal. No voy a París, le dije. Esto hay que acabarlo. Hacía casi un mes que había comprado los billetes, pero me daba cuenta de que la relación se acercaba a uno de esos pozos oscuros de los que no se sale. Huir. Él suplicaba, ven, tienes que venir, y era otra manera de representar de nuevo los papeles de verdugo y víctima. El día siguiente fue espantoso. Él lloraba sobre el sofá, sobre la butaquita roja del salón, sentado en el borde de la cama. No podía ver aquello, un niño grandullón abandonado. Me hubiera gustado desaparecer. Intenté hablar, convencerlo de que así no podíamos seguir. Ha encontrado una casa, un padre, una madre, un amigo, un hermano, un amante, un confesor, y ahora también un verdugo. Demasiados personajes, demasiadas clavijas o cuerdas para un instrumento en no muy buenas condiciones, medio cascado. La verdad es que no sabía qué hacer. Quería devolver los billetes, pero iba retrasando la devolución. No quería estar solo con él, ni en París ni en Madrid. ¿Por qué se había empeñado en ponerme a prueba, en asfixiarme? Ya en la estación llegué cuatro veces a la taquilla y me volví atrás. Aquello era ni contigo ni sin ti. Le hacía daño si no iba, pero también –seguramente un daño más prolongado– si iba. Por fin me acerqué a la ventanilla. ¿Devuelven todo el dinero?, le pregunté al empleado, como si yo no supiera de sobra que no y el detalle importara algo. Perderá usted una parte, respondió el hombre. Le hice calcular cuánto para retrasar el momento de la devolución. Lo cierto es que había guardado en el bolsillo dinero, el carnet de identidad y hasta la tarjeta del metro de París, por si en el último momento me sentía sin fuerzas para mantener la decisión de quedarme. François lagrimeaba y se pedía un carajillo tras otro en la cantina. Se había pasado el día bebiendo. Sus ojos amarillentos nadaban en una placa de mica. Faltaban diez minutos para la salida del tren cuando devolví el billete. Lo acompañé hasta el vagón. Desde las seis y siete hasta las seis y diez tuve la sensación de que pasaban tres horas en vez de tres minutos. Yo en el andén, François en la plataforma del vagón, mirándome, sin decir nada. Arrancó el tren, él avanzó por el pasillo en dirección a mí. Seguía mirándome y lloraba. Cuando llegué a la parada de taxis estaba lloviznando y se había hecho de noche.

El cuerpo es el templo de la inteligencia. Como dice Voltaire: «*Il est triste pour les dieux d'habiter des ruines.*»

*31 de diciembre*
En el lavabo de casa el cepillo de dientes de François, la manopla que usa para lavarse la cara. Los miro y tengo ganas de echarme a llorar. ¿No hay manera de evitar esto?

*1 de enero de 1986*

Noche masoquista de François, que rechazó las invitaciones de su madre y de sus amigos y decidió pasar el fin de año solo ante el televisor. Me llamó sollozante para contármelo. Yo también le llamé varias veces. No hay víctima sin verdugo.

Releo, de nuevo atrapado en la tela de araña que me tiende, *Voyage au bout de la nuit*, de Céline, donde encuentro las palabras que ponen el sello a mi relación con François, el hombre bueno al que estoy obligado a hacerle daño: «*Il n'y a de terrible en nous et sur la terre et dans le ciel peut-être que ce qui n'a pas encore été dit. On ne sera tranquille que lorsque tout aura été dit, une bonne fois pour toutes, alors enfin on fera silence et on aura plus peur de se taire. Ça y sera*» (pág. 415). Aplazo hasta ese momento el cumplimiento de nuestro amor.

*3 de enero*

Dolores insoportables en la rodilla izquierda.

*6 de enero*

«Un "raznochiñets" no precisa de memoria, le basta hablar con los libros que ha leído para tener hecha su biografía.»

Ósip Mandelshtam, *El sello egipcio/El rumor del tiempo*, pág. 143. Alfaguara, 1981. Al parecer un *raznochiñets* era un intelectual de origen plebeyo. Anoto esta cita terrible: «Me sentía inquieto y confuso. Toda la agitación del siglo repercutía en mí. Alrededor circulaban extrañas corrientes que iban desde el ansia del suicidio hasta el deseo de que acabase el mundo. Una literatura ignara, que planteaba problemas y cuestiones universales, acababa de emprender su nauseabunda campaña y las sucias, las velludas manos de los mercachifles de la vida y la muerte hacían repulsivo el propio nombre de la vida y la muerte. ¡Fue, en realidad, una noche ignara! Los literatos, portando camisas rusas y blusones negros, comerciaban, igual que tenderos, con Dios y el diablo, y no existía una casa donde no se tocase con un dedo la obtusa polka de la "Vida de un hombre" convertida en emblema de un simbolismo vulgar y repulsivo. Los intelectuales se habían alimentado durante demasiados años de cánticos estudiantiles. Ahora estaban atiborrados de problemas universales: ¡era la misma filosofía hecha de espuma de cerveza!» (pág. 141).

François parece estar más tranquilo, pero no pierde la oportunidad de agredirme cada vez que hablamos por teléfono, no puede contenerse. El otro día le comenté que mi jefe había regresado de vacaciones y que, solo con verlo merodear por la oficina, me había puesto de mala leche. «No lo soporto», le digo. Y François: «¿A quién soportas tú?» Yo: «Ni a mi jefe ni a mi antiguo amante.» Anteayer, le dije: «Voy a bajar a El Atril (el bar que hay debajo de casa) a tomarme una copa.» Él: «¿Una sola?» «U ocho, François, u ocho.» Otro diálogo: Pregunta él: «¿Qué has hecho hoy?» Yo: «Leer, escribir. Bueno, más bien desescribir porque he dejado quince folios en cuatro. Así que, sobre todo, cortar, y aún creo que esta noche voy a acabar cortando más.» Él: «Lo tuyo es cortar todas las cosas.» Yo: «¿Otra vez, François?» Creo que le produce tanta ansiedad esta relación que lo que quiere es librarse de ella cuanto antes. Yo también me siento saturado. No se puede pasar de amante a amigo. Es un esfuerzo inútil y doloroso.

*27 de enero*

El jueves operan a François de un bulto que se le ha formado en el codo. Al parecer, se trata de una vena que se le reventó hace algún tiempo y ha ido provocándole un coágulo de sangre. Está asustado. Piensa que, como tiene los pulmones tan mal, y el hígado tan machacado por el alcohol, no se despertará de la anestesia. Hoy es lunes, el sábado me llamó completamente borracho. Se había pasado desde las tres de la tarde hasta las diez de la noche solo, dando tumbos y bebiendo por el centro de París. Eso, al menos, fue lo que me contó. Volvía a estar impertinente, rencoroso. *«Je t'aime beaucoup, François»* (me aburro de repetirlo. Me parece que ha conseguido que ya no me lo crea ni yo). Cada vez que se lo decía, él rezongaba algún insulto en voz baja, o soltaba una risita. Le había ofrecido acercarme a París para su operación. Me había dicho que prefería que no fuese. Ahora me insultaba. Luego, se echó a llorar. *«Je n'ai aucune illusion»*, dijo. Me sentí culpable. Hay que ver lo que siembro, pensé, y le tuve pena, y me desprecié por tenerle pena y por no saber cómo comportarme. En vez de aliviar el dolor, acrecentarlo. Dos desgraciados haciéndose daño. Mierda. Había conseguido cargarme otra vez de culpa, mientras el teléfono nos aislaba. Un niño abandonado, pensé. Me preocupa y me da miedo. Me necesita y me destruye. Me necesita como la túrmix necesita las verduras para convertirlas en puré. *«L'amour il nous fait devenir méchants»*, se disculpó. E insistía: *«Je ne veux pas te perdre. Je vais essayer de quiter la boisson. Tu as raison. Je sais que, quand je bois, je ne suis pas bien.»* Cuando colgué el teléfono, me eché a llorar, como si llorando alcanzase un modo de redención.

131

Leo la edición que ha hecho Gabriel Albiac de las obras de da Costa.

A las siete y media de la tarde, una cita excitante: alguien a quien conocía de vista y me encontré el otro día en el cine de ambiente. Hicimos algo a oscuras, precipitadamente, y quedamos para vernos hoy, en La Madrileña, de Tirso de Molina. No ha venido. Después de esperar durante media hora, descubro que en la misma plaza hay otro local con idéntico nombre. Entro y le pregunto al camarero. Me dice que hasta unos minutos antes ha estado esperando alguien con las características que le describo. Angustiosa sensación de pérdida, el tipo me gustó mucho, y, además de hacer lo que hicimos, charlamos a gusto. Vuelvo a casa y rompo la norma que, desde hace algunos días, me he impuesto de cambiar los casi tres paquetes diarios de tabaco por tres o cuatro cigarrillos. En un rato me fumo ocho o nueve, que me hacen sentirme como si hubiera vuelto a fumar cincuenta o sesenta. Me tomo tres cervezas que me sientan peor que si me hubiera bebido una docena: un generador de problemas que se llama cabeza. No sé dónde vive ni qué lugares frecuenta el hombre con el que había quedado. Me angustio, y me doy cuenta de que hace meses que no he tenido sensaciones de ese tipo –deseo y frustración porque el deseo no se cumple–, lo que me lleva a pensar que François tiene razón: sin darme cuenta, he empezado a buscarle sustituto. El amor es un sismógrafo muy sensible que detecta esos movimientos que nos parecen imperceptibles y probablemente lo son para todo el mundo, excepto para el enamorado. Lo que me parece peor es no comunicarle a él esa busca, no tener valor para romper el compromiso de fidelidad y, así, darle las mismas oportunidades que yo he empezado a buscar: los galgos que salen al mismo tiempo a la caza de la liebre en el canódromo. Después pienso que no, que es él el que está empujándome a buscar sustituto, y que lo que busco es un desahogo a su presión, tener un contacto sexual que no esté condicionado por toda esa pesada carga de exigencias, vigilancias y reproches: el placer de entregarse sin más, desearse sin más, fuera de cálculos, como nosotros mismos lo hacíamos al principio, gozar el uno del otro, y no espiar qué mensaje o amenaza oculta cada movimiento del cuerpo del otro. En definitiva, al menos por ahora aún no busco sustituto, me siento demasiado atado a François, bien es verdad que ya no por la pasión, o por el gozo, sino más bien como un padre tradicional siente que no puede abandonar a su hijo. Mal asunto. ¿Qué puñetera obligación tengo?, pienso en los momentos en que me asfixia con sus suspicacias, con sus sospechas. Cuando pienso así, decido romper, pero luego, por la noche, lo llamo: lo veo tan frágil, tan poca cosa en ese París de alma de hielo. Las madrugadas en la parada del autobús a no sé cuántos grados bajo cero, el apartamentito (cuchitril) en el que solo hay lo indispensable (menos el excedente de ese par de plantas que dirige hacia los escasos rayos de sol que entran por la ventana, las cambia de lugar siguiendo la dirección de la luz), la economía ajustada que impide que se derroche calefacción, ni siquiera para climatizar la minúscula habitación, por lo que, en invierno, el frío lo lleva directamente del trabajo a la cama, después de calentarse al baño maría un bote de *flageolets* y cocerse un par de huevos. Sí, hay mala conciencia por mi parte, por llevar una vida bastante menos incómoda, por verme a mí mismo con más recursos. Pero la piedad se convierte demasiadas veces en una forma sofisticada de crueldad (de nuevo lo de Zweig, piedad peligrosa). A mí no me gustaría que nadie sintiera piedad o, por decirlo con más propiedad, compasión por mí. Entonces, ¿por qué me permito sentirla por otros?, ¿por mi amigo, por mi amante? Qué falta de respeto. Pienso en el daño que puede llegar a hacer Nazarín con sus excedentes de buena voluntad. Pero ¿y tú quién te crees que eres para sentirte con el derecho de tenerle pena a otro? Si eres tú quien resulta penoso.

Más mala conciencia: escribo cada vez menos y me siento culpable por escribir cada vez menos y, como me siento culpable, cada vez tengo menos ganas de escribir. Como si el silencio fuera una forma de consumar el castigo, un modo de purificación de estilo dostoievskiano. Desprenderse de la inteligencia, de la sensibilidad, para alcanzar en el desnudamiento una forma de gracia. La inteligencia, un lujo culpable; la literatura, una vanidad inútil, de la que hay que desnudarse. Ir arrancándose las capas, como se pela una cebolla. Al final resulta que no hay núcleo, que somos esa sucesión de capas bajo las que no queda nada más que el hueco, el vacío oscuro de la muerte, o, menos grandilocuente, el hueco de la cotidianidad. Variantes barrocas. Inoperancia.

La moral judeocristiana que me inculcaron en el orfanato me ha impregnado el carácter: una vida difícil en la que cualquier avance, por modesto que fuera, tenía la cualidad de logro. Hablaba unas líneas atrás de buscarle sustituto a François, cuando la realidad es que, desde hace algún tiempo, no me atrae físicamente nadie; siento, más bien, una especie de rechazo de la carne: como si todos los cuerpos estuvieran ocultando algo desagradable, no sé, herpes, hemorroides, halitosis, blenorragia, sífilis, alguna o varias de esas afecciones que suenan muy mal cuando uno las nombra, cúmulo de palabras feas asociadas a la carne. El cuerpo como depósito de la enfermedad, de lo sucio y despreciable, un concepto heredado del barroco cristiano, de Trento, que ha impregnado la Iglesia católica hasta nuestros días y del que uno no acaba de librarse. Pero, al margen de lo que digan los curas, ¿por qué no pensar que los cuerpos son sacos de suciedad, emisores de virus? Buena parte de la historia de la humanidad se explica por las pandemias transmitidas en el roce cuerpo a cuerpo entre seres humanos, en el contacto con flujos y deyecciones. Claro que uno, en vez de tomarlo a la tremenda, puede tomárselo con humor, como suculenta hecatombe en el altar de la carne. Rabelais, que era un médico graduado en la prestigiosa Facultad de Montpellier, cantaba alegremente a los bubosos, a los enfermos de la recién llegada sífilis, les dedicó su glorioso libro a ellos.

*28 de enero*

Hasta ahora, cuando nos acostábamos con alguien de nuestro sexo (si es que hay alguien que tenga el mismo sexo que otro), estábamos convencidos de que teníamos que superar barreras morales o psicológicas, mecanismos de defensa, sentimientos implantados en nuestro interior por curas, guardias y educadores, que habíamos osmotizado hasta convertirlos en reacciones físicas que podían adquirir la forma de rechazo, de autodesprecio, de asco por el cuerpo propio, o por el ajeno: un sistema sutil gracias al cual convertíamos en parte de nosotros mismos las ideas recibidas, algo muy bien estudiado por Freud, y manejado por la Iglesia, que fue la que insistió más machaconamente en esos sentimientos vergonzosos o culpables. Con lo del sida, además de con todo ese notable catálogo de prejuicios, se introduce un elemento de realidad: ahora se juega a la ruleta rusa, un polvo es una apuesta a vida o muerte, sin saber cuántos alvéolos del cargador del arma llevan proyectil. Sé que no hay que obsesionarse, pero la verdad es que resulta imposible no dejarse influir por la alarma creciente, sobre todo en mi caso, que viajo a París con frecuencia. En París (que ha sucedido a San Francisco y Nueva York como capital del sida), las muertes por la misteriosa enfermedad crecen en progresión geométrica. Los obituarios de personajes conocidos aparecen en la

135

prensa, y François me comenta casos cada vez más frecuentes entre sus conocidos. Yo hace meses que no jodo más que con él, y tomando precauciones. A veces voy a un cine de ambiente —muy de tarde en tarde— y me hago una paja a solas, mirando a alguien, o dejándome toquetear por él, si encuentro motivo de inspiración, cosa que no suele ocurrir casi nunca. Si no lo encuentro, paseo como un lobo enjaulado hasta que me aburro y me marcho. El pito me lo encuentro cada vez con más dificultad.

De Mandelshtam, pág. 150: «En las postrimerías de una época histórica, los conceptos abstractos huelen siempre a pescado podrido.» ¿Habrá manera de ir librando la escritura de los conceptos abstractos que siempre acaban sonando a falso? Escribir a vuela pluma lo que me pasa, sin adjetivar demasiado, ni sacar conclusiones, ni darles excesivas vueltas a las cosas, pero resulta que lo que me ocurre casi nunca lo anoto, porque considero que no tiene ningún interés, así que o no pongo prácticamente ninguna anécdota, o me limito a resumirlas con un par de frases. Resumir es una forma de mentir aún más impúdica que describir, y, sobre todo, es menos aleccionador que la narración, y más aburrido.

Me presentan a un tipo maduro, con aspecto de campesino, las manos enormes y marmóreas, como de estatua de Miguel Ángel. Es muy fuerte, hercúleo, guapo, y viste como un obrero recién llegado a la ciudad, exhibe una fuerza hermosa; sin embargo, lleva el bigote recortado y teñido, y eso le da un aspecto repulsivo, como de viejo fisgón de *vespasianas,* un Charlus del proletariado. La estatua estalinista maquillada en un tocador burgués.

Comida con los gastrónomos —por cierto, muy amables, como si los de *Sobremesa* empezáramos a dejar de ser unos despreciables *parvenus*– en Jaun de Alzate. Iñaki Izaguirre ha mejorado su cocina.

¿Por qué tener pudor también aquí en la intimidad de un cuaderno escrito para nadie? ¿Es que se puede escribir para uno mismo? Me digo que sí, que se puede escribir para recordar y comprenderse uno mismo, pero no acabo de creérmelo del todo. Entonces, ¿pienso que estos cuadernos acabará leyéndolos alguien que no sea yo?

*29 de enero*
Me telefonea mi hermana para contarme que mi madre se encuentra mal. Se ha degradado mucho en poco tiempo. Ahora parece que se marea, y, por las mañanas, no puede levantarse con sus solas fuerzas porque pierde el equilibrio. Yo siento el vértigo de que se aproxima el final y hay que ir preparándose para afrontarlo. Se disuelve la tensa desconfianza que, en el fondo, siempre nos ha separado. Cazador y presa. Ella echando la red y tú zafándote. Me quiere tanto, que me querría de otra manera. Pero ahora está empezando a irse.

Poco a poco, el otro mundo se va poblando de gente conocida. Imagino que, al final, cuando la inmensa mayoría de los familiares y amigos esté allí, uno acabará teniendo ganas de reunirse con ellos, dejar de una vez un mundo en el que se ve obligado a convivir con extraños, con gente que no comparte casi nada de su vida. Pero esta noche siento miedo. Me asomo a la ventana. El horizonte se ha ido oscureciendo. Hace mucho frío. A ratos nevisca y da la impresión de que dentro de un rato puede ponerse a nevar en serio.

François me ha llamado esta mañana para contarme que ya ha metido en una bolsa la ropa que va a llevarse al hospital. Siempre esa oleada de ternura cuando lo imagino como

137

un niño huérfano, con esa meticulosidad que tiene al ordenar sus cosas personales, al fijar sus previsiones y cumplir sus horarios, que tanto contrasta con el desorden de su alma. Cuando he colgado el teléfono, lo he visto cruzar la rue Montorgueil de Vincennes y entrar en el hospital, con la bolsita azul marino en la mano. Imagino que, de camino, se habrá parado en algún bar para tomarse un *pastis,* aunque los médicos se lo hayan desaconsejado. Esta tarde le he llamado por teléfono. Me ha producido alivio descubrir que resulta muy fácil comunicar con él. Me daba miedo que se sintiera aislado en el hospital: un escolar ordenando los lápices, el sacapuntas, el palillero, en el plumier.

*2 de febrero, domingo*

El viernes, un repentino ataque de no sé qué: no podía respirar y sentía un intenso dolor en el costado derecho, que apenas me dejaba ni caminar. Tardé muchísimo tiempo en llegar al ambulatorio, que está a trescientos o cuatrocientos metros de casa. Me acompañó Lorenzo, el del pub de al lado de casa, El Atril, que parecía más asustado que yo. Me envían a urgencias, al Hospital Clínico. Me dirijo a la sala de espera; a mi lado, un guardia que acompaña a un hombre con la cabeza llena de sangre que le chorrea por las mejillas. Vuelvo la cara para no verlo. Siguen los espasmos bajo el armazón de costillas del lado derecho del tórax que me dificultan la respiración: sudo. Cruzo la gran sala: un viejo se pone los pantalones ayudado por la enfermera. Alguien ha debido de defecar, porque huele a mierda. En una esquina me piden que me desnude. A un par de metros de donde estoy, una mujer más allá de los ochenta le pregunta al médico si volverá a salir de allí. El médico es muy amable con ella, le habla con extrema dulzura. Claro que va a salir usted, le dice. En la pared, junto a la camilla en la que me tiendo, hay un reguero de gotas de sangre seca que llega casi hasta el techo.

Me pregunto cómo se han esparcido así, mientras me ausculta un médico que, al enterarse de que soy valenciano, me dice que es de Alcoy; muy meticuloso, concentrado en lo que hace. Al parecer, han descubierto una estenosis mitral. Me extraen sangre, y un camillero que sostiene con los dientes un gigantesco puro, me conduce hasta la sala de rayos X. Allí me miran, me fotografían. Yo me siento tranquilo, en paz, solidario con esta gente que espera en el pasillo a que la ausculten, la analicen, corten, separen y hagan desaparecer detrás de puertas misteriosas de las que, a lo mejor –como teme la mujer–, ya no se vuelve a salir. Soy un hilo más de esta malla hospitalaria en la que conviven vida y muerte, entre las paredes pintadas de verde. Frente a mi camilla, que han vuelto a sacar al pasillo, hay otra de la que emergen la cabeza y los brazos de un hombre muy grueso. Las carnes del hombre son blanquísimas, y los brazos con los que se envuelve la cabeza parecen más bien muslos: los muslos de Ángela, la novia de Pedro, impúdicos. Pienso que morir es pasar algunos días aquí, acostumbrarse al dolor y, luego, cerrar los ojos. ¿Se acostumbra uno al dolor físico? El informe de urgencias diagnostica, además de la estenosis, una fuerte neumonía, y me insta a acudir el viernes al médico de cabecera. Cuando salgo a la calle, hace un frío espantoso. Es más de medianoche. Cojo un taxi de vuelta a casa. Al día siguiente, el médico de cabecera (es doctora) niega *de visu* los análisis del clínico. El cardiólogo –a quien acudo por la tarde– hace tres cuartos de lo mismo. Venga, venga, ya verás como no es nada, dice, como si fuera más bien una asistente social o una monja de la caridad. Se ha dejado guiar solo por la intuición, porque ni siquiera me ha auscultado. Lee el informe, me pide que me tumbe, aprieta el lugar donde me duele, y medio minuto más tarde me dice que vuelva a vestirme. El conjunto de las operaciones, incluidos el interrogatorio y los actos de desnudarme y volverme a vestir, ha durado un

139

par de minutos. Es hepático, concluye, con la seguridad de una apisonadora. Una de las preguntas que me ha hecho es la de si bebo, y le he dicho que sí, que bastante, así que deduce que el mal es hepático. Yo no noto nada en el aparato digestivo. Se trata de respirar. El cardiólogo anula la medicación que me pusieron en urgencias. No le hago caso. Me tomo las pastillas que me recetaron y la verdad es que me encuentro mucho mejor. Hoy me he levantado y hablo sin excesiva fatiga. Entre tanto, a mil quinientos kilómetros François abandona el hospital de Vincennes, feliz porque no se ha quedado en la anestesia, que era lo que él temía, debido al estado de sus pulmones de fumador (yo no le comento nada de mi peripecia). En estos momentos, se dirige en tren rumbo a Normandía, donde le espera su madre. El día ha salido esplendoroso –confío que también en París–, luce el sol. Como diría Juan Ramón, Dios está azul, intensamente azul y claro y limpio.

*4 de febrero de 1986, martes*
Por la mañana, un cielo gris, y ese silencio que precede a la nieve. En efecto, hacia las diez el silencio se hace más profundo, me asomo a la ventana y descubro que ha empezado a nevar intensamente. A mediodía, he disfrutado de una magnífica comida francesa con los gastrónomos en Jockey. Excelentes vinos: un Sauternes: Château Coutet Premier Cru. 1979. Luego sirvieron un Sancerre riquísimo, con un delicado aroma de almendras amargas. Entre los platos, *foie-gras, Le Mille-feuille de loup de mer à la sauce choron, La bécasse...* Me gustaron, sobre todo, los vinos. De vuelta en casa, sigo leyendo *Le dimanche de la vie,* de Queneau, una novela que describe los productos que comen los personajes, y las recetas que siguen para cocinarlos. Muy rabelesiano. Queneau me transmite su juguetona alegría. Pienso que me gustaría poner a alguien que se llamase algo así como Madame Chévreuil en

140

algunos de mis relatos. Me hace gracia ese nombre, porque lo asocio a un personaje con el que me crucé y que parecía sacado de un chiste de Sempé. Esencia de Francia. Estaba junto al mostrador de recepción de un hotel cerca de Arcachon. Era una mujer delgada, muy alta, y con el pelo formando una especie de agudo topolino sobre la cabeza. Cuando el conserje le preguntó su nombre, resultó que se llamaba así: Madame Chévreuil, pronunciado con una voz aflautada y afectada. En mi relato imaginario ese personaje debería comer en un momento dado *bœuf miroton,* un nombre que suena a alta cocina servida en un hotel de lujo y no es más que lo que en Castilla llaman *ropavieja,* restos de la comida de ayer aprovechados hoy. Además de expresar la tacañería de la flaca Madame Chévreuil, lo del *bœuf miroton* es tan rotundo, tan definitivo. Expresa a la perfección la capacidad de disimulo de la miseria que posee la menestralía urbana francesa.

Recibo la llamada de un François encantador, instalado en casa de su madre: lejos del alcohol, bien cuidado y acompañado (no sé qué harán con el despótico y odiado padrastro, el furioso expresidiario, dónde lo habrán metido estos días, en qué armario lo habrán encerrado). Tolera los chistes, sin irse por la tremenda; y los hace él mismo. Da gusto escucharle esa voz. Me recuerda tiempos felices para los dos. Esperemos que dure un poco más esa felicidad.

En la oficina, ojeo un libro sobre el txakoli (así, *Txakolina,* se titula). Siempre me llama la atención el fuerte componente homosexual de la estética vasca: primeros planos de manos de hombres alrededor de un tronco, de una piedra, de un remo; bíceps, torsos, rostros de rasgos marcadamente viriles. ¿Es que no se dan cuenta? Lo contó bien el director de *La muerte de Mikel,* una película que creo que sentó como un tiro.

Comida con los gastrónomos. Por desgracia, me toca como vecino de mesa V. S. Me aburre: solo habla de sacar dinero con una cosa y con otra, y de comer gratis. Una comida opípara, opípara, repite. Se declara apóstol de la cocina de su tierra, aunque yo creo más bien que solo es apóstol de su propio vientre, o de su cartera; no sé, a lo mejor tiene muchas obligaciones familiares, pero ese peseterío permanente me irrita, me hace sentirme impuro. Por cierto que, en el *Doctor Zhivago,* que acabo de empezar otra vez, porque quiero leerlo con menos prejuicios que cuando lo leí en mi juventud, dice Pasternak: «Solo lo superfluo es impuro» (pág. 35). Estamos de acuerdo.

*16 de febrero*

Releo —nunca la había leído en francés— *Le Feu follet,* de Drieu La Rochelle. Dos reflexiones. Una: cuánto sufrimiento reconcentrado; dos: qué modernidad tan diferente la que tuvieron los franceses y la nuestra. Ya sé que se me citarán para rebatir la afirmación los casos de Hoyos, de Carranque, o de algún naturalista tardío, incluso de Valle, pero no me sirven: es la propia textura narrativa de *Le Feu,* su cañamazo, el fraseo, la que revela un malestar innegablemente contemporáneo.

*15 de febrero*

Llueve sin parar durante todo el día. No he salido de casa. Me quedo en la cama leyendo el libro de Bowles *The Sheltering Sky,* en la edición francesa de Gallimard que han titulado, no sé por qué —y, en cualquier caso, de manera absurda—, *Un thé au Sahara.* No debería leer a Bowles, mientras me da vueltas en la cabeza una posible novela marroquí y escribo algunas páginas con historias de los años que pasé en ese país, pero caigo en la tentación. Me gusta Bowles por la capacidad que tiene para expresar la paranoia que desarrollan los *occidentales* que entran en contacto con el mundo marroquí: se activa un artefacto explosivo cuando se mezclan las relaciones paranoicas de los marroquíes con el afán destructivo de los sajones en busca de un paraíso que es engaño y muerte. También me fascinan esas parejas –en la estela del Macomber de Hemingway, aunque desprovista de toda épica–, matrimonios en crisis que estallan al sumirse en un medio hostil, anterior a lo que ellos entienden por civilización avanzada. Son excelentes los diálogos que rezuman crueldad y exceso de alcohol (anoto, de un libro sobre Bowles de la colección L'Imaginaire, publicado en 1980, que la novela fue escrita en Fès en 1947-1948). Resulta extraordinario el diálogo central que da sentido y título al libro:

«–*Tu sais, dit Port –et sa voix paraissait irréelle comme il arrive aux voix qui viennent rompre un silence absolu–, le ciel est vraiment étrange ici. J'ai souvent l'impression, quand je le regarde, que c'est une masse solide qui nous protège de ce qu'il y a derrière.*

»*Kit frissonna un peu.*

»–*De ce qu'il y a derrière?*

»–*Oui.*

»–*Mais qu'est-ce qu'il y a derrière? (Elle avait une toute petite voix.)*

»–*Rien, j'imagine. Rien que du noir. La nuit absolue*» (pág. 93).

Busco en la biblioteca los otros libros que tenía de Bowles y descubro que han desaparecido. *Toujours la même chose.* La vida como ascesis, desnudamiento. ¿Cuándo se me perdieron?, ¿quién se los llevó?

Leo el primer tomo de los *Essais* de Montaigne. De ahí, lo único que puedes hacer es bajar.

*21 de febrero*

Acabo de leer *El cuarto de Giovanni,* de James Baldwin; y me pongo con una escalofriante biografía de Dashiell Hammett, escrita por Diane Johnson. Me impresiona descubrir cuántos años pasaron desde que escribió su última novela hasta que murió; sin embargo, nunca dejó de intentarlo:

«"Empleo la mayor parte del tiempo reescribiendo trozos de lo que ya he escrito. Apuesto a que si trabajase duro en esas pocas páginas podría reducirlas a una frase." Además, las páginas eran probablemente viejas páginas, antiguas historias. Las nuevas páginas no llegaban. Nada llegaba. Si bien aparecía ante los demás como el ejemplo personificado del abandono temerario, Hammett mantenía una disciplina secreta y muy dolorosa» (pág. 197).

Lecturas: *El loro de Flaubert,* de Barnes, y *la très imposant Effi Briest,* de Theodor Fontane.

No escribo, no escribo, no escribo.

El silencio de Hammett, pero sin obra previa. Nada por detrás, nada por delante. De vez en cuando cojo la novela marroquí que tengo empezada desde hace dos años y reduzco: cincuenta páginas se quedan en quince. Muy Hammett. O *muy tuyo,* que diría François.

En el siglo XIX, la literatura tenía una presencia extraordinaria en la vida social. Los periódicos de París, de Madrid y Londres ofrecían cada día uno o dos folletines y uno o dos cuentos.

*20 de marzo*

La mujer insistió para que la invitáramos a una copa. «De acuerdo», le dijimos, «pero luego nos dejas tranquilos. Hemos venido aquí porque es el único sitio que queda abierto en el barrio y queremos charlar.» Se sirvió la copa. En una es-

144

quina del local, pintado de azul cielo y rosa, había una cama plegable que, en aquel instante, utilizaba una pareja como sofá. La mujer que se había servido la copa no tardaría mucho en cumplir los cincuenta años, si no los había cumplido ya. Levantó el vaso para brindar con nosotros y, a pesar de lo prometido, se quedó allí, atenta a lo que hablábamos. «¿Sois periodistas?», preguntó. «Habláis muy bien. Me recordáis a un amigo mío que es periodista.» Cuando le repetimos las condiciones de la invitación (que nos dejara charlar en paz), nos dijo que su jefe la vigilaba, que hacía pocos días que había entrado a trabajar en el club y tenía que disimular, asediarnos, le pagaban para eso. «No voy a molestaros», prometió, «pero dejadme ponerme así, como si estuviéramos charlando los tres en vez de vosotros dos.» En la máquina tragaperras sonaba «Un ramito de violetas», la canción de Cecilia, cantada por Manzanita, y a continuación esa de los Chunguitos que dice: «Si me dan a elegir, me quedo contigo.» No sé por qué pero, cuando estoy borracho, esa canción me pone sentimental. Seguramente, porque cuando me separé de J. T. la escuchaba en un bar de ambiente al que acudía a matar la depresión a base de Larios con tónica. Cada vez que me emborrachaba, me dedicaba a tararearla. Así que, cuando se paró la vitrola, volví a ponerla, y la alternaba con la de Manzanita. Las puse seis o siete veces seguidas. También la canción de Manzanita me trae recuerdos (el corazón no entiende de música): cuando viví en Barcelona, la oía frecuentemente en los bares de las cercanías del viejo puerto, a los que aún acudían los descargadores, los de la estiba, con sus ganchos, como personajes de *La ley del silencio*. Me llevaba a esos bares un compañero de trabajo que iba allí a comprar chocolate y a fumar heroína. La mujer de la barra no nos dejó charlar tranquilamente, sino que nos contó una confusa historia de amenazas, policías, y algo que daba la impresión de que tenía que ver con la guerra sucia en el País Vasco, todo inconexo, pero pegajoso y violento. La escuchábamos mirando de reojo a los dos o tres clientes que quedaban y al tipo de la barra, bastante malcarado. Salimos de madrugada. A la puerta del antro me puse a mear contra la aleta trasera de un coche y observé que mi acompañante me miraba fijamente. Me había dado cuenta en otras ocasiones, pero pensaba que eran más bien aprensiones mías, manías de maricón, pero ese día era evidente que él se esforzaba por verme el rabo. Me aparté un poco del coche para que me diera encima la luz de un farol y me entretuve meando más de la cuenta, incluso me acaricié el pito con la mano para que empezara a hincharse. Él le había dado la vuelta al coche para colocarse enfrente, me miraba sin ningún pudor, con las manos metidas en los bolsillos. Estaba borracho, pero fingí que lo estaba aún más. Se había puesto a llover y él hablaba sin dejar de mirarme. Debían de ser más de las cuatro de la mañana. El alcohol, el frío y la lluvia me provocaban un temblor casi convulsivo. Él se acercó a mí, me cogió de los hombros, acercó su cara a la mía, y me dijo: Tienes frío, ¿verdad? Me rozó con los labios la cara, el lóbulo de la oreja; me acariciaba los hombros, me pasaba los labios por la cara, suavemente, muy despacio. Caminamos así cogidos unos cuantos pasos, hasta que llegamos a la esquina, donde nos despedimos. Entre la niebla del alcohol, notaba una dolorosa erección.

P.S. (*Algún tiempo después los periódicos informaron de que en ese club que frecuentamos durante algún tiempo habían aparecido emparedadas varias mujeres, creo recordar que tres. Al parecer, el dueño era un antiguo legionario, ligado con tramas fascistas. Vi en el periódico las fotos del individuo, la pared derribada, tras la que había tenido lugar el macabro hallazgo, las sillas, el sofá. Siempre he pensado que quizá una de las emparedadas fuera aquella mujer madura y asustada que había hablado con nosotros, y que más que de los crímenes de un ma-*

níaco, como dijeron los periódicos, pudiera tratarse de algún asunto relacionado con la sucia guerra del norte. Eran los tiempos del GAL: putas, drogas, policías, confidentes, clubs.)

*25 de marzo*
*Fumée,* de Djuna Barnes.

Después de visitar el recientemente inaugurado Museo Picasso del Hotel Salé, me apunto al tópico: ¿se puede pintar después de él? Uno sale con la impresión de que, al final de sus días, ese hombre ya no sabía qué hacer porque lo había hecho todo, de todas las maneras y lo mejor posible. Los últimos cuadros son una exhibición de aburrimiento. Como si nada le supusiera ya esfuerzo. Había asesinado la pintura y, de paso, él se había suicidado como pintor.

La delicadeza de un buen Gewürztraminer alsaciano o del Rin, la elegancia de un Sauternes. Los vinos dulces me devuelven a mi infancia, a los ponches de moscatel con una yema de huevo que me preparaba cada noche mi abuela antes de meterme en la cama. Vinos edípicos, moscateles, mistelas, vinos licorosos, *vins de paille, Portos, Marsalas, Fondillones,* olorosos, Pedro Ximénez. La infancia recuperada; el mundo no como es, sino como tendría que ser.

En el Museo Rodin, me fijo en una estatua que representa a una mujer sentada que se sostiene con ambas manos el pie. Apoya la pierna sobre la rodilla formando casi un ángulo recto con el cuerpo. La cabeza gacha de la mujer mira hacia sí misma, hacia su vientre o hacia su sexo. La estatua, al contrario de lo que ocurre en la mayoría de las esculturas de Rodin, ha sido perfectamente pulida, y el conjunto transmite una sensación contradictoria. Lo que parece ser la desesperación de la mujer se contrapuntea con una gran sensación de equilibrio. Se diría que es ese equilibrio el que Rodin

147

quiere destacar para sacar a flote la escultura, como si la desesperación no fuera más que una complacencia autista, superable. Contrasta el equilibrio de esa mujer con la agitación de las figuras que componen el conjunto escultórico titulado *La puerta del infierno,* sus actitudes extremas.

París: un tejado gris con mansardas, un mascarón de piedra encima del portal, y, en la esquina, un mercadillo en el que venden flores y quesos perfectamente ordenados bajo un toldo mojado por la lluvia.

Veo la exposición *Vienne, fin de siècle* en el Pompidou. Deslumbrante. Da la casualidad de que me estuve leyendo días pasados las dos primeras partes de la trilogía de Broch, *Los sonámbulos.* Ya las había leído hace años, pero ha sido como leerlas por vez primera. Me anonada su capacidad para convertir la literatura en una especie de lujosa cebolla de infinitas capas. Pocas veces puede leer uno algo tan complejo, tan inquietante, tan saturado de sentidos. Hay un deseo de totalidad que no tiene nada que ver con el costumbrismo de apresar el color, contar esto y también aquello: aquí sale a la luz una época de un modo que casi podríamos llamar iniciático. Broch clava su cuchilla para diseccionar a los personajes de su libro, pero también al lector; al leer, uno siente como si le arrancaran esquirlas. Broch te obliga a un ejercicio cercano a la penitencia, te hace avanzar por un arduo camino de perfección que regala una percepción social dolorosa, pero al mismo tiempo es un viaje interior: el mundo aparece como un juego de códigos cruzados, un espectáculo de guiñol en el que los movimientos del que maneja los hilos no acaban de corresponderse con los de los muñecos, desestructurados y oscurecidos por esas grandes manos que penden sobre ellos como un cielo opaco, pero que, al contrario que en Bowles, sí que oculta algo, que es ajeno y fieramente humano: un más allá que es caos e injusticia agazapados tras el falso orden que se le impone al ciudadano.

Hoy no he ido a trabajar. Me he pasado el día en la cama. Anoche bebí hasta las cinco de la mañana. Después de arrastrarme por todos los tugurios de Madrid que conozco, acabé en la Gran Vía, junto a la Telefónica, intentando ligar en plena calle, pagándoles cervezas y comprándoles cigarros a putas desdentadas y a decrépitos exchulos borrachos. Me traje a casa a un tipo maduro, que iba más borracho que yo y que, al despertarme, he descubierto que se ha ido, robándome tres mil pesetas, lo que no me ha importado demasiado: penitencia por el pecado cometido. Luego me he dado cuenta de que también me falta el reloj, que no era valioso pero apreciaba mucho. Noche atroz de descenso a los infiernos. Con el viejo golfo no me apetecía joder, me daba cierta grima, y solo me excité cuando vi que él quería hacerlo a toda costa. Quería metérmela y yo me excité oponiéndome. Y luego, metiéndosela a él, porque descubrí que tenía miedo de que le hiciera daño (o lo fingía). Él no lo sabe, pero yo lo conozco de vista. Me lo ha señalado un amigo, en alguna ocasión. Es un canalla que, en tiempos de Franco, actuaba como chantajista de mariquitas de urinario, así que mi penetración tiene algo de venganza aplazada. Lo que empezó sin ganas, termina con una enorme excitación por mi parte, que me lleva a pensar que lo que me excita y lo que me degrada van en mí de la mano. Me paso el día con un ataque de priapismo. Me masturbo unas cuantas veces. Puta atracción por lo prohibido, por lo que te degrada. Agua sucia que busca el sumidero. Esos santos cristianos que les besaban los llagados pies a los leprosos, que cambiaban sus ropas por las de los mendigos. De esa tradición procedo.

Escribo acerca de sensaciones, reflexiones, moral y moralina: no escribo cómo era la noche en la Gran Vía, no describo los rasgos de viejo golfo, sus labios queriendo besarme, su lengua gruesa, musculosa, su culo blanco, mullido, la polla que me quería meter, un tronco corto y voluminoso cuyo recuerdo consigue que me empalme ahora mismo. Utilizo palabras que no sirven para gran cosa. Tiene que haber otras. Hay otras que están en la cabeza pero que no consiguen adquirir volumen, materializarse. Pienso cosas coloridas, ágiles, y escribo una retórica muerta, grisalla, o incluso aún peor, unas cuantas frases trazadas a vuela pluma como ocurre en estos cuadernos. Escribir es la indagación para nombrar lo que no puede nombrarse, un intento, un acercamiento hacia lo que aún no ha sido dicho.

*2 de abril*
Elias Canetti: *Le Flambeau dans l'oreille:* sobre la influencia de Viena en su obra.

Virgilio, citado por Freud al inicio de *La interpretación de los sueños:* «*Flectere si nequeo superos, Acheronta movebo*» (Si no puedo remover el cielo, sacudiré el infierno).

Alguien canta, sufro porque sé que va a morir.
Alguien canta en una vieja película, sufro porque sé que ya está muerto.

James Cagney baila en la pantalla del televisor. James Cagney murió hace un par de días. Me levanto y apago el televisor. Me supera la pena. Era el actor predilecto de mi padre, un ferroviario hipnotizado por aquel tipo chaparro y vulgar, que seguramente se le parecía en la rudeza y, sin embargo, era un ídolo universal.

## 9 de abril

Apabullante Musil. Emprendo la lectura de *El hombre sin atributos* por tercera vez en mi vida. La primera fue durante la mili: empecé a leerla en el campamento, y la acabé en la centralita de teléfonos donde hacía guardias en el Cuartel de Ingenieros de la calle Zapadores de Valencia. Leí mucho por aquellos meses, ya que eran frecuentes las guardias que yo apenas cumplía: a la centralita llamaban muchas mujeres solitarias que se excitaban con los soldados, los enredaban en conversaciones eróticas, y los incitaban a que se masturbaran mientras charlaban con ellas, retransmitiéndose mutuamente jadeos y palabras soeces, así que siempre había algún muchacho de la compañía dispuesto a hacerse cargo de la central durante mis guardias. Mientras él charlaba con sus interlocutoras, susurraba obscenidades, gemía y se masturbaba, yo podía leer en el cuartito de al lado tranquilamente tumbado en una colchoneta que utilizábamos durante las guardias nocturnas.

Una vez más, Musil consigue anonadarme. Cómo cala en los mecanismos esenciales: los personajes se llenan de contradictorios zigzags y la sociedad es un chiste con el que uno puede mearse de risa; o echarse a llorar: el chiste forma parte del sistema de reacciones ante la falta de sentido. Sus imágenes asocian elementos absolutamente dispares, y con ese método, que a veces roza el absurdo, consigue una correspondencia entre lo superficial y lo más hondo. Rompe tu lógica y descubre lo que aparece cuando uno se decide a utilizar otro sistema para ver las cosas.

Ayer vi *La noche del cazador,* de Charles Laughton, una película misteriosa, inquietante, de una sensibilidad de esas que, hace unos años, se calificaría como enfermiza. Al parecer, le costó a Laughton su carrera como director. Fue la primera y la última película que dirigió, un fracaso económico. Cada época carga con sus limitaciones, su cortedad de miras. Parece inevitable. Al espectador al que hoy fascina esta película le parece obligado preguntarse qué hubiera sentido si la hubiese visto en su tiempo, cuando se estrenó. Demasiadas veces no sabemos calibrar la importancia de la obra de arte contemporánea. Aún es más patético cuando te dejas tratar como un imbécil por embaucadores que se reclaman ángeles de la modernidad, sibilas del futuro. No hay más piedra de toque que el férreo control del gusto y, aunque parezca secundario, de la propia ética: en el control de la ética está la clave, el gusto arraiga ahí, por más que no se quiera, en el arte como autoexigencia, no como emisor de lenguajes piadosos, u originales por voluntad y decreto (¿qué es la originalidad a fines del siglo XX?), sino de formas en tensión que cuestionan las de uso corriente. Un arte que carezca de esa voluntad de levantarse sobre los escombros del tópico es un arte que ha naufragado, que se encuentra a la deriva, vertedero de su tiempo más que testigo.

*Sábado*

Con Musil uno toca el cielo. Hoy he terminado el primer tomo de *El hombre sin atributos*. Leer ese libro supone participar en una fiesta permanente. Añado nuevos subrayados a los numerosísimos que ya tenía el volumen de mis anteriores lecturas. Es una novela que uno subrayaría entera, puro magro, que diría la Gaite. Cada frase, un milagro; o, más bien, el fruto maduro de un esfuerzo casi inhumano. Me hechizan sus continuas y sorprendentes metáforas, retorcidas, que parecen traídas por los pelos y, sin embargo, consiguen brillar con la frescura de un bosque recién llovido.

## Otro día de abril

Esta tarde he hablado con mi amigo Pascual, que lleva dos días deprimido, sin levantarse de la cama. ¡Nos parecemos tanto! El mismo clima, las mismas fases de la luna provocan en uno y otro efectos parecidos. Algún científico debería tomarse en serio ese tipo de fenómenos. Qué energía o qué falta de energía hay en el aire para que dos personas alejadas, que apenas se comunican entre sí, puedan sufrir sus consecuencias de modos similares. Después de las nevadas y los fríos de los últimos días, hoy ha amanecido un domingo soleado, luminoso, casi demagógico de tan seductor, y, sin embargo, y al igual que lo ha hecho Pascual, yo también me he pasado el día en la cama, entre desganado y deprimido; en mi caso, por miedo a sentarme a trabajar en el artículo que tengo que entregar. Nada nuevo. Cada día me cuesta más escribir y me gusta menos lo que escribo. Sin embargo, los amigos están convencidos de que, cuando escribo, tengo una gran seguridad en mí mismo y, sobre todo, facilidad. No sé de dónde han sacado esa idea.

Me gustan las estilográficas, los cuadernos y las cajitas. Acaricio una caja de cigarrillos que me trajeron recientemente de Londres. No es una caja especial, ni mucho menos. Una cajita de cartón con un dibujo dorado sobre fondo negro: las pirámides de Egipto y un camellero enmarcados en un óvalo. Por encima del óvalo, dice: *Sullivan&Powell*. En su interior (está vacía, hace días que se acabaron los cigarrillos) hay un fino papel (¿de arroz? Me digo que sí, de arroz, queda más elegante), traslúcido y delicado. Coloco la cajita en uno de los estantes con una veneración beata, como si colocase una gran obra de arte o un icono religioso.

Es de noche, tarde, y no se oye absolutamente nada. Cada vez que me quedo trabajando hasta estas horas, me asombra estar en el centro de Madrid, rodeado por la agitada ciudad, y sentirme así de solo. Es uno de esos momentos en los que rozo la felicidad, no importa el estado de ánimo en que me encuentre: soy mundo aparte que se satisface a sí mismo. La estilográfica con la que escribo se desliza suavemente sobre el papel; su imperceptible rasgueo, una música preciosa. Me gusta escribir a pluma. Para cuando termine este cuaderno, al que ya le quedan muy pocas páginas en blanco, tengo otro aguardándome, comprado también en París, en la misma tienda en que compré este. Las tapas del nuevo cuaderno son rojo burdeos, y el lomo y las cantoneras de color negro. Parecen de piel de lagarto. Es un cuaderno hermoso. Lo miro, le paso la mano por encima, lo cojo, lo acaricio. ¿Transferencias hacia alguien, o a lo mejor nada más que hacia una idea, o estímulos de una carencia? Qué más da. La sensación resulta agradable. Es así y ya está. Pongo mi nombre y dirección en la primera página. Me gustaría mucho ser capaz de escribir *en serio* a mano, pero me resulta imposible. En cuanto escribo algo que no sea estrictamente personal, o trivial, necesito la distancia que me da la máquina de escribir. A mano, los textos se me llenan de i griegas y de ques y porqués. La máquina me permite un estilo ajeno, de alguien que sabe más que yo, mira mejor que yo, capaz de utilizar construcciones sintácticas de más de media docena de palabras, y, si llega el caso, hasta unas cuantas esdrújulas. Son misterios, pero funcionan.

*Lunes, 14 de abril*

Oigo en Radio Cero el himno de Riego. Tristeza. Lo que pudo ser, lo que ya no será, etc. Resulta más prosaica, pero no más feliz, la llegada de la factura del teléfono, este mes de depresiones franciscanas y de hospital: cuarenta mil pesetas, la mitad del sueldo. Su impacto se suma al del desafinado himno republicano. Resultado: meto la cabeza bajo la

154

almohada, y me da por pensar que, si cada vez me cuesta más escribir un artículo para *Sobremesa,* cómo voy a ser capaz de escribir una novela.

El hombre inestable. Doy vueltas por la casa como un perro enjaulado, incapaz de aprovechar el tiempo y, a la vez, en permanente estado de tensión, al fin y al cabo una torturada forma de pereza, la pereza sin sus compensaciones. Todas las semanas acudo al mercado de La Cebada a comprar comida y luego soy incapaz de cocinarla, no encuentro las fuerzas. Como y ceno de pie, picoteo cualquier cosa que encuentro en la nevera, como si fuera a llegar tarde a algún sitio en el que se me espera. Ni siquiera consigo —más que de uvas a peras— la tranquilidad necesaria para escuchar un rato de música.

# El cuaderno burdeos
(14 de abril de 1986-20 de agosto de 1992)

1986

*14 de abril de 1986*
«El piano hacía vibrar la casa y era uno de esos megáfonos a través de los cuales grita el alma en pleno universo», R. Musil, *El hombre sin atributos,* I, pág. 59.

Telefonea François con voz ronca: el médico le ha diagnosticado faringitis y bronquitis. Está en casa, en la cama. Conociéndolo, puede ser que a lo mejor exagere un poco los síntomas, pero no puedo evitar verlo solo, en la húmeda habitación de Vincennes.

*9 de junio*
*Tempus fugit.* Casi dos meses sin acercarme a este cuaderno y sin apenas pisar mi casa un solo fin de semana. He estado en un extremo y en otro del Mediterráneo: en Marbella y en Estambul. También en el País Vasco, con François; y en Denia, para conocer a una recién nacida sobrina-nieta. Me ha excitado mucho Estambul. Espero que se refleje esa excitación, esa *hybris* que decían los clásicos y dicen los actuales poetas cursis, en el artículo que he preparado para *Sobremesa.* Tanto en el trayecto de ida como en el de vuelta, el avión sobrevoló muy bajo el Mediterráneo. Podían verse los

buques de carga, y hasta los pequeños barcos pesqueros que punteaban la superficie de un azul dorado. El momento más emocionante fue cuando pasó sobre la bahía de Nápoles y por encima del Vesubio. Vi perfectamente el fondo del cráter iluminado por el sol de la tarde. En ese instante me sentí muy feliz por haber nacido en la orilla de este mar y ser partícipe de esa red de referentes, que se me haya permitido participar de esa cosmología. De repente, había perdido cualquier tipo de aprensión a estar suspendido en el aire, el miedo a volar. Aunque el aparato hubiese estallado en mil pedazos, todo me habría parecido encajar perfectamente, el estallido formaría una parte imprescindible de la composición del dibujo misterioso del mar. Todo tenía sentido. Después, apareció el pasadizo azul, una alfombra de intenso azul, entre Córcega y Cerdeña, y la bahía de Sassari. Emociones de alto voltaje. Supongo que algo parecido sentirá un japonés cuando vea el Fujiyama, o un mexicano ante el telón del Popocatépetl y la Malinche. Consumimos productos elaborados por las fábricas de mitos que cada cultura pone en pie. Y esa tarde pasaban ante mi vista (cúpulas y minaretes de Estambul, islas griegas, el Vesubio...) buena parte de los mitos fundacionales que he heredado, el peso de miles de años de palabras, de imágenes: yo los tenía a la vista.

A ver a la sobrina-nieta fui un sábado y coincidí con la mayor parte de la familia (primer fin de semana de la recién nacida; por otra parte, la familia es muy reducida). Te encoge el corazón verla tan frágil (ha nacido antes de tiempo), bien cogida del pecho de su madre. Pensé que pertenecía ya a todo el complejo clan que la rodeaba, cargado de historias –algunas tremendas, aunque discretamente guardadas–. Charlando con unos y otros, me envuelven esas historias. Los personajes de mi familia, los de la familia de mi cuñado, o los parientes de la mujer de mi sobrino se mezclan en mi cabeza con los amigos con los que he ido compartiendo mis casi cuarenta años de vida: los que conocí en mi primera infancia de Tavernes, los compañeros de internado en Ávila, León y Salamanca, los amigos de la facultad, los vecinos de la nueva casa de Madrid, los marroquíes que me acompañaron aquellos dos años que pasé en Sefrou, François... Es como si todos ellos me pidieran responsabilidades como escritor; como si me dijeran: de todo esto no has escrito (sí que lo he hecho, escribí una novela sobre el internado, que no se publicó, pero que quedó finalista de un premio; y otra que no han leído más que tres o cuatro personas en las que hablo de oscuras tragedias familiares; estoy escribiendo una sobre Marruecos). Sé que, en cualquier caso, lo que escriba no les gustará, no acabará de gustarles. Ningún personaje está contento con el papel que alguien le adjudica sin consultarle. Está convencido de que él ha vivido de otra manera, de que ha vivido otra vida, o se niega a morir cuando el escritor decide que ha llegado su momento. Unamuno y Pirandello hablaron de eso y, sobre todo, dieron mucho que hablar en su día dándole vueltas a lo de la rebelión del personaje contra el autor: es un tema que hoy ha pasado de moda. Hoy el personaje tiene poca autoridad. Es más bien el escritor el que se ha convertido en indiscutida estrella de la narrativa contemporánea. Ni siquiera la sociedad o el paisaje cuentan gran cosa en la novela actual metida de bruces en el yo.

*29 de junio*

El jueves 26, la víspera de mi cumpleaños, acudí a una clínica en la plaza Conde del Valle de Súchil con la intención de que me extirpasen un grano –en principio, un quiste sebáceo– que me salió en la punta de la nariz hace más de un año. Cuando estoy ya en el quirófano, los médicos discuten: «No es sebáceo. La verdad es que no sé lo que es», dice el que parece llevar la voz cantante. «Hay que quitarlo y que se lo analicen.» Hace mucho calor bajo la lámpara que me han puesto encima de la cara, apenas a un palmo de distancia, y, además, enseguida empieza a oler a grasa chamuscada. Me habían obligado a desprenderme de todos los objetos de metal que llevaba encima. Sudaba. Cuando acabaron la operación, me dieron un frasquito que contenía el quiste para que yo mismo lo llevase al laboratorio: era un huevecillo amarillento y venoso, con algo que parecían patas, un pequeño pulpo que había ido creciendo en silencio hacia dentro. Pensé que yo mismo había creado ese pulpo sigiloso y voraz. Ahora estaba allí, inerte, con un aspecto que a mí seguía pareciéndome amenazador: un alien, o uno de esos huevos de los que sale repentinamente un marciano, un tiranosaurio pequeñito, un monstruo de película japonesa. Tal vez, en aquel mismo momento en que yo entregaba el pedazo de carne que había crecido dentro de mí y contra mí, otros pedazos de carne trabajaban sigilosos, abriéndose paso.

Olía muy mal en el cuarto del Pabellón 8 de la Facultad de Medicina en el que recogieron el frasco con el tumor. Una enfermera daba manotazos en el aire, delante de su nariz, como apartando de sí ese olor. «¿Le ha dolido en alguna ocasión?», me preguntó. Le respondí que no me había dolido nunca, pero que a veces tenía la sensación de que algo se movía dentro de mi nariz. «¿Desde cuándo tenía usted el tumor?» (ella lo llamaba así, con esa palabra amenazadora: *tumor*). Le respondí que había empezado a notarlo un año antes, pero, mientras se lo decía, me iba dando cuenta de que hacía por lo menos dos. El tumor me había salido poco tiempo después de la complicada ruptura con J. T., como un síntoma más de que todo el cuerpo se había puesto en contra del cerebro, y apenas comía y ni siquiera conseguía pegar ojo por las noches. La enfermera había anotado *un año* y luego escribió tres o cuatro líneas más de anotaciones que no conseguí descifrar. Cuando acabó, se puso otra vez a dar manotazos al éter o lo que fuera que produjese aquel olor. Yo salí a toda prisa del hospital.

Hace quince días, antes de un viaje de trabajo a Murcia, inicié la purga de unos cuantos fantasmas que me venían persiguiendo: escribí un cuento basado en mi historia en Marruecos con Hammud: fuga y desarraigo, sexo y brujería. Durante cinco o seis días estuve muy excitado. Tenía la historia entera en la cabeza y el estilo con el que se tejían los cinco primeros capítulos me parecía acertado. El primer párrafo creo que es uno de los mejores textos que he escrito en mi vida y da muy bien el tono de lo que debería venir luego. Sin embargo, el viaje a Murcia y los días en espera de François han dado al traste con la excitación. Ahora me toca exorcizar a François, en vez de a las brujas marroquíes. No me hago el ánimo de sentirme prisionero, observado, cercado, deseado durante un mes. Para librarme de la angustia, he bebido todas las noches de la última semana. Grandes borracheras hasta ayer, en que llegó, y me vi obligado a recuperar la sensatez. Las arrugadas hojas con el principio del cuento permanecen sobre la mesa, al acecho. La idea sigue trabajando por dentro sin ningún control.

*Otro día*

Recibo una llamada telefónica de Jaime, un ligue que tuve hace quince años (él ya era un hombre maduro, yo acababa de salir de la mili), casado, padre de familia (y seguramente abuelo), muy buen tipo, pero que está loco como un cencerro. Me hace sus insinuaciones de siempre: que soy policía, comisario en la zona Retiro-Alcalá de Madrid; que él lo sabe, que me ve entrar y salir de la comisaría, pero que no le importa. De vez en cuando le da esa locura y no hay manera de convencerlo de que la de policía no es precisamente la profesión que más me gusta. Ya lo sé, ya sé que tú tienes que negarlo, me dice. Mientras hablo con él, aparece sigiloso François, una desagradable cara de palo. Parece mi madre la primera vez que me vio ponerme pantalones vaqueros un domingo por la tarde en el pueblo. ¿Con quién hablas?, me pregunta; y, para acabar de irritarme, ¿es un amante? Luego se fija en este cuadernito que tengo abierto delante. ¡Ah! Estás escribiendo en tu *cahier obscur. Qu'est-ce que tu écris?* Mete la cabeza entre mi cara y el cuaderno, hace muecas. En ese momento, le partiría la boca. Pero qué locura es esta. Hasta dónde tiene derecho el amor, o lo que mierda sea que nos une. Acabar de una vez con esto.

*4 de julio*

He leído *Le Curé de Tours,* de Balzac, quizá una de sus novelas más modernas y ajustadas. Bellísima y, como siempre en el mejor Balzac, irritante. El lector jalea la novela mientras se la lee como los niños en el cine de mi pueblo jaleaban la aparición del protagonista que iba a salvar a la chica. Es la gran tradición del folletín, en la que el lector toma irremediablemente partido y odia con furia la injusticia, al rico gordo y lustroso que abusa de la modista malnutrida.

*12 de julio*

Denia. Unas repentinas gotas de lluvia refrescan agradablemente el día. Por la tarde, claros nacarados y negras nubes, como dibujadas con tinta china, que recorren el cielo. La atmósfera está limpia. La visibilidad es extraordinaria.

*14 de julio*

En el trayecto Denia-Formentera, los peces voladores se alejan del casco del barco.

*20 de julio*

Termino la relectura de *Moby Dick* agobiado por su grandeza. ¿Cuántas veces la he leído? Me acompañó en mi viaje mexicano en 1976, ¿o el viaje fue el 75?

*11 de agosto*

Hace una semana que estoy nuevamente en Madrid, se supone que trabajando. Pero no. Duermo, paseo por la casa, y dejo que el tiempo se me escape: agua entre las manos.

Me he reído como hacía tiempo que no me reía y se me han saltado las lágrimas de pena leyendo *Angel,* la magnífica novela de Elizabeth Taylor. Y –vuelta a los rusos– ese *Petersburgo* de Biely, que tanto me inquieta, y *El maestro y Margarita,* de Bulgákov. Cada vez me interesan más las vanguardias de principio de siglo, sobre todo la rusa y la alemana. Creo que ahí está el germen de una literatura que aún no ha terminado de nacer (la mayoría de los surrealistas franceses y toda esa escuela de neorrománticos disfrazados de anarquistas me aburren bastante: el *amour fou* y toda esa quincalla de pitonisas, gatos y mapas de constelaciones, ¡uf!). Leo, con más entretenimiento que provecho, las memorias de Iliá Ehrenburg. Cuenta cosas, anécdotas, chismorreos de la cultura, cuenta mucho pero enseña poco.

Las vanguardias rusas cargaron de contenidos la forma, Dostoievski y Tolstói releídos, retorcidos, y pasados por el shock de la electricidad, por el maquinismo, colocados en la grieta de una nueva herida. Son, sin duda, imprescindibles modelos para un escritor de hoy.

He pasado algunos días en Francia, el país ordenado como un jardín: el Loira, Normandía (Honfleur, Cabourg), la costa atlántica del sur: La Rochelle, el *bassin* de Arcachon y, para terminar, desvío a París. Vuelvo repleto de imágenes delicadas, paisajes verdes, casitas pequeñoburguesas rodeadas de cuidados jardines poblados de cursis figuritas de cerámica: enanitos, caracoles, princesas. Bosques, elegantes palacetes, ríos caudalosos, castillos. Madrid me agrede, el desabrido, sucio y caluroso centro de Madrid en el que vivo, de donde no desaparece el tufo de la miseria. La literatura de Quevedo, Galdós o Baroja han contado esa grasa, han salido de ella. Yo mismo soy –en no desdeñable parte– fruto de eso.

*23 de septiembre*
Parece que, por fin, concluye un largo y duro verano. Ahora, vuelve a Madrid un otoño de manual de meteorología, como hacía ocho o nueve años que no lo habíamos tenido: ráfagas de lluvia, tormentas, granizo. Se alternan momentos de lluvia mansa y otros en los que cae el agua a mares. Leo. Sigue interesándome mucho Elizabeth Taylor *(El hotel de Mrs. Palfrey)* y nada en absoluto Eduardo Mendoza, que se ha puesto de moda entre todos mis amigos. Les divierte, lo adoran. A mí no, yo tampoco.

Bulgákov: *Novela teatral.* Radiguet: *Le Bal du Comte d'Orgel.* Preparo un nuevo viaje –esta vez de trabajo– a Francia. Atravieso el momento laboral más feliz de mi vida. Para compensar, mal de salud: pierdo la voz de vez en cuando y tengo dolores de garganta. Aletea el fantasma del sida. Los cobardes mueren cada quince días, los valientes el día que les toca. Qué locura de época; pero ¿no fue siempre así?, ¿no se moría antes la gente de gripe, de peste, de sífilis, de gonorrea?, ¿por el tétanos provocado por un pinchazo?, ¿por cualquier infección?, ¿acaso no se ha muerto siempre de lo que sea? Además, se moría tan pronto...

*24 de septiembre*

A propósito de *Nature morte à la tête de cheval,* pintada en Copenhague en 1885, dice Gauguin que retrocede *«plus loin que les chevaux du Parthénon, jusqu'au cheval de mon enfance, le bon cheval de bois. Quand mes sabots retombent sur ce sol de granit* [habla de Bretaña], *j'entends le son sourd, mat et puissant que je cherche en peinture».* Un nudo en la garganta.

*24 de octubre*

Viaje al sur de Francia. Reportaje sobre las ostras: Arcachon, Marennes-Oléron. Île de Ré. Luego, París. La ciudad otoñal, lluviosa; los castaños amarillos y los robles aún verdes, relucientes, en el bosque de Vincennes. La ciudad gris me invita a quedarme en casa, en la cama, leyendo; a contemplarla –fascinado– solo a ratos, de refilón. La ciudad húmeda a la que los depresivos nos rendimos, porque nos baja la tensión y nos deja en la cama inermes ante el frío. Ella ahí, y uno consigo mismo. La ciudad contemplada al paso desde la ventanilla de un autobús que me deposita en el Rond-Point de Champs-Elysées, y que me ha recogido en el Marmottan, al pie de las *ninfées* de Monet, también empapadas de agua, un agua inmóvil, irisada. En las imponentes fachadas del boulevard Raspail, las flores son de piedra pero también chorrean agua.

Aprovecho el día libre para ver dos películas: *Mi amigo Iván Lapshin,* de un tal German, un ruso de eso que antes se hubiera llamado enfermiza sensibilidad; y *Offret (Sacrificio),* de Tarkovski, cuyas imágenes me dejan boquiabierto, pero que no sé qué me cuenta, ni acaba de interesarme lo que pueda ser. Tarkovski, en esta coproducción franco-sueca, se disfraza de Bergman y se pone a buscar a Dios en el césped. Pero Bergman le gana la partida, porque tiene la desmesura del creyente, su parcela de eternidad. Tarkovski se nos ofre-

167

ce como un místico iluminado, o un teólogo herido, se brinda como un inadaptado, más bien síntoma, uno de esos exhibicionistas (o artistas) gesticulantes que, de vez en cuando, nos llegan de la vieja Rusia: se niega a dejar de llamar la atención sobre sí mismo, dando voces y moviendo los brazos, pero no cree en Dios, y eso se le nota. Privado de trascendencia, se empequeñece, su gesticulación es más bien de tipo locoide.

*25 de octubre*
Leo la autobiografía de Klaus Mann, *Le Tournant*. Rilke: «Oh, Señor, concédele a cada cual su propia muerte.» Büchner: *«Celui qui jouit le plus est celui qui prie le plus.»*

*11 de noviembre*
Leo *Huguenau o el realismo,* de Broch. Carta al Chispas. Carta de aniversario a François. Al romper la cáscara de una clementina ha saltado el ombliguito como si fuera de plomo, reluciente. Me olía la mano a mandarina. Luego he encendido la pipa, siguiendo las instrucciones que me dio J. R. ¡Si fumar en pipa me evitara tragarme tres y cuatro paquetes diarios de tabaco!

*28 de noviembre*
Las hojas de los árboles: pinchadas por el hielo, traspasadas, frágiles.

*2 de diciembre*
Leo *Las mil y una noches,* con las sugerentes anotaciones de Cansinos Assens. Me propongo releer la «Historia de Tawaddud, la esclava» (noches 269 a 280), me interesa la descripción de esa constante presencia del Corán en la vida cotidiana islámica: abluciones, cocina, hábitos, medicina, astrología. Hay en el tono del Corán y de *Las mil y una noches* algo que quiero capturar para mi novela. Pienso incluso en-

cabezarla con una cita del libro: «Acercose la hora y se hendió en dos la luna» *(LXXXIV. Al-Inschikak, El reventón).* El título podía ser el de una sura, *Al-Asra, El viaje nocturno.* Lo rechazo por la semejanza con el título de la novela de Céline. El islam forma un estrato importantísimo de nuestra memoria colectiva. Me vienen a la mente la estampa representando al ángel de la guarda que había en casi todas las casas españolas a mediados de siglo (recuerdo la que había en mi propia casa, en la escalera que subía a los dormitorios, y que tanto me intrigaba cuando era pequeño), mientras leo el texto de Cansinos en *Las mil...,* II, pág. 99, acerca del puente de Cirat. Había una intensa presencia de lo musulmán en el subconsciente colectivo valenciano, que se ha perdido en gran parte durante estos últimos decenios. Los niños, en sus primeros años, llamaban al agua *ma,* una palabra árabe, y a los nacimientos de agua, a los manantiales, se les llama *ull,* o *ullal,* que es la traducción de la palabra *ain,* que en árabe significa –como *ull* en valenciano– a la vez ojo y manantial. Pero me refiero a otras muchas cosas, las leyendas de tesoros moros encontrados por campesinos que labraban la tierra, jarras repletas de monedas de oro; por entonces, se suponía que aún permanecían ocultos bajo el suelo muchos de esos tesoros; también perduraba lo musulmán en las formas de comportamiento, de alfarería, de cestería, de construcción. Y en cosas escondidas en la cabeza de la gente, de esas que podríamos llamar herencia genética. Detrás del ángel y de los niños que cruzaban el puente, ¿no había restos de las enseñanzas coránicas del puente de Cirat? Más atrás aún, como indica Cansinos, está el Avesta de Zaratustra. Un hilo que se tiende a lo largo de miles de años: las almas cruzan el puente sostenidas por una joven hermosa: son las huríes, son los ambiguos ángeles rubios y bellos.

*París, 1 de enero de 1987*

Desde hace unos días, no para de llover sobre esta ciudad cuya opulencia se muestra aún con más descaro en las fiestas navideñas. Los escaparates de la rue de la Paix, de la place Vendôme, exhiben joyas a precios desorbitados. Las tiendas de comestibles se engalanan con las plumas de los faisanes, con los cuerpos de los ciervos sacrificados, con las cabezas de jabalí, y en los mostradores se amontonan toneladas de *foie-gras,* se ofrecen pulardas de Bresse, trufas del Périgord, ostras de Cancale o de Marennes, carísimas botellas de grandes *crus* de Burdeos, de Borgoña, de Sauternes. Por todas partes, reluce bajo los focos de las tiendas el vidrio de las botellas de Champagne.

El cielo se ennegrece y sobre ese fondo oscuro resaltan aún más los pretenciosos edificios de la ciudad. El Sena parece a punto de desbordarse: las aguas han adquirido un color amarillento. Contrasta la animación de las calles con el aspecto solitario que ofrecen estos días las estaciones de ferrocarril. Los *cheminots* continúan con su huelga. Los paneles no anuncian la salida de ningún tren. La ciudad está hermosísima, adornada con sus más ricos escaparates bajo la lluvia. Callejeo, tengo los pies hinchados de tanto caminar, estoy empapado y temblando de frío, pero sigo caminando bajo la lluvia por este París que, junto a las joyas y los carísimos abrigos de piel de zorro azul, exhibe sus mendigos, los árabes sin trabajo, los eslavos que piden limosna. Me gusta pensar que es una ciudad democrática a fuerza de ricos. Nadie tiene suficiente dinero para comprarla. En las estaciones vacías, y por numerosas calles, patrullan los policías vestidos de azul: más contrastes. A pesar de esa palpable sensación de opulencia que la ciudad transmite, de bienestar, la presencia de las patrullas policiales la marcan con un sesgo inquietante que hace que uno se acuerde del siniestro París de la ocupación alemana visto en los reportajes. También del que yo conocí en mi primer viaje, la ciudad resacosa del 68, con sus patrullas de CRS, los controles que se montaban por sorpresa en las esquinas, las rigurosas redadas de extranjeros indocumentados, la búsqueda de agitadores venidos no se sabía de dónde. Hay larguísimas colas a las puertas del recién inaugurado Museo del Quai d'Orsay. Parisinos y turistas se resignan a pasar frío con tal de poder contarles a sus amistades que han sido de los primeros en comerse un pedazo de la nueva tarta del arte que la ciudad acaba de cocinar. En París, hay cientos de kilómetros en los que el arte se promociona y vende en todas sus formas, incluidas las palatales, el arte de comer y beber. Se diría que es una ciudad en la que el arte es lo único importante. El río del dinero corre silencioso por debajo, aunque uno se vuelve zahorí en el momento en que pone pie en el andén de la estación; y se encuentra enseguida con su corriente: basta fijarse en los precios que discretamente aparecen junto a las piezas exhibidas en un escaparate de la rue du Seine (son aún más desorbitados los que no se muestran), o cruzar la puerta de una tienda en apariencia modesta para interesarse por algo expuesto. O, ni siquiera, te enteras en cuanto te compras una *tranche de foie* en el mercadillo de la esquina. En ninguna parte del mundo hay nada que salga gratis, pero en París menos. Todo parece llevar un plus.

## 31 de enero

Decepcionante *Les écrivains de la mer,* un libro que compré en Marsella para que me sirviera como guía de la columna que les escribo a los de la *Hoja del Mar,* y en la que cada mes comento algún libro de tema marinero; en cambio (nada que ver con el mar), me parece magnífico un texto de Cendrars que acompaña el volumen de fotografías de Doisneau titulado *La banlieue de Paris,* y trae el aroma de tiempos en los que entender y querer a los más pobres, y hasta sentirse uno de ellos, estaba de moda entre los intelectuales. Excelente también un *Paris-Guide,* escrito por varios autores para la exposición de 1867. Braudel, con *L'identité de la France,* me arrastra a través de sus tres gruesos tomos como si, en vez de un libro de historia, fuera una novela. También me gusta mucho la colección de cuentos de Flannery O'Connor titulada *Un hombre bueno es difícil de encontrar,* cuya lectura acabo de concluir.

Sigo escribiendo la novela marroquí, que empezó hace unos meses con toques de extenso pastiche colonial, *Pasaje a la India* como lejano modelo, y va camino de quedarse en una modesta *nouvelle* con toques existencialistas. Llevo unos cincuenta folios, y creo que está quedando bien. Ha tenido unos cuantos lectores favorables. Avanzo con mucho cuidado, me da miedo romper ese delicado juguete *minimal* que se ha decidido por *Otra vuelta de tuerca* como modelo.

## 15 de abril

Melancólica excursión por el sur de Francia, con Carlos Blanco e Isabel Romero. En otros momentos explicaré las razones del viaje, entre las que está la nostalgia de Carlos por

172

los lugares en los que siendo un muchacho vivió durante la guerra. Él, cuya vida quedó marcada por el exilio, veía su casa de Irún desde Hendaya. A la playa llegaban cada mañana cadáveres de fusilados. Las mujeres acudían a contemplarlos para comprobar si, entre los cuerpos arrojados por la marea, aparecía el de algún vecino, el de algún familiar. Entre paisaje y paisaje, me leo una excelente novela que Blanco ha escrito sobre su tocayo Carlos Gardel. Una noche cenamos opíparamente en Arrambide, en Saint-Jean-Pied-de-Port; los otros días también comemos francamente bien. Brindamos por la república española, ayer, 14 de abril. Viva la amistad. Los dejo en la estación de Hendaya, o ellos me abandonan apoyado en la portezuela de un tren que se dirige a París. Carlos le hace la foto al que se va. Nos ha hecho unas cuantas a Isabel y a mí en Biarritz, con el lujoso hotel que fue palacio de Eugenia de Montijo al fondo; y en la propia estación de Hendaya, que tantos recuerdos de exilio le trae. También me los trae a mí: el viaje que hice en tren de vuelta de mi primera estancia en París, la estación de Hendaya estaba tomada por cientos de emigrantes españoles, cajas, maletas de cartón, bultos de ropa, cestas que contenían comida. Parecía, en aquel final de otoño (no, no podía ser otoño, creo recordar que volví a finales de enero o principios de febrero, qué más da), que todo era igual que treinta años antes, al fin de la guerra, un triste rebaño humano que huyera de una hecatombe en el más absoluto desorden. ¿Adónde se dirigía toda aquella gente? No eran los vendimiadores, porque había pasado ya el tiempo de vendimia, que era cuando acudían a Francia las multitudes. Cuando llegaban los últimos días de agosto, mi pueblo, Tavernes de la Valldigna, se quedaba prácticamente vacío. La gente, antes de casarse (los noviazgos duraban con frecuencia un decenio), se iba unas cuantas temporadas a la *vendange* para conseguir el dinero con que construir y amueblarse la casa. Los más intrépidos se quedaban en Francia durante algunos años. Todos los pueblos de la comarca en que nací muestran en su toponimia calles que se llaman París, Montpellier o Francia; en esas calles, casi todas las casas se construyeron con el dinero que se traían aquellos emigrantes.

Tras despedirme de Carlos e Isabel, crucé un país en el que todo florecía bajo un cielo azul que fue poco a poco dorándose. Frutales en flor, colinas enteras cubiertas de flores blancas. ¿Son los *aubépins* de Proust?

*16 de abril*
Aprovecho que las puertas de la Gare d'Orsay están despejadas para visitar la hermosa estación confusamente adaptada para museo por Gae Aulenti. Joyas que me llaman la atención: Fantin-Latour, *La famille Dubourg*. Una vez más, Courbet: *L'enterrement à Ornans*. La composición ondulante de los personajes. El tipo que está de rodillas, vestido de negro con sabios toques blancos, como contrapunto del grupo de las mujeres (de blanco, con pinceladas negras). La luz sobre la caja. Los rojos bailan en el cuadro. Fantin-Latour: *Un coin de table*. A la izquierda, Verlaine y Rimbaud. Verlaine sostiene la copa de vino. La jarra está medio vacía. Rimbaud se echa casi sobre él, lo cerca y aparta del resto del grupo, aunque sin dejar de permanecer pendiente del pintor: una putita, el codo sobre la mesa. Mira al pintor, narciso, convencido de su belleza, de su importancia, de todo a la vez. Hay en la misma sala un retrato de Charlotte Dubourg a solas. ¡Qué mujer! Pienso que es ella, su presencia, la que llena de misterio el retrato familiar que acabo de ver. En otro Fantin-Latour, me gusta la cara de Monet, que, en una esquina del cuadro, emerge tras la espalda de un tal Bazzolle; también aparece en ese cuadro un atractivo Zola, de pie, con las gafas en la mano. De Sisley me quedo con un *Sous la neige, cour de ferme à Marly-le-Roi,* 1876.

La triste y monótona vida campesina: dentro de unos días, esa nieve se fundirá y se convertirá en barro.

*21 de abril*
Hace poco más de una hora estaba en el Jardin des Plantes. Deliciosa tarde entre árboles llenos de flores rosas, blancas y rojas. Los niños admiraban los animales enjaulados y las estatuas de bronce irisaban en diversos tonos de verde. Sobre la cabeza de Lamarck, en el centro de un parterre, se había posado una paloma. Parejas de viejecitas y una numerosa colonia de japoneses guardaba una disciplinada cola para entrar a ver la exposición de orquídeas en el invernadero. Sentados en los bancos, jubilados que se arrugan como pasas y marroquíes con las piernas abiertas dejando que el sol les acaricie la bragueta. En uno de los parterres abrían sus corolas unos tulipanes de tamaño descomunal y había vistosos macizos de pensamientos azules. Me he fumado un par de Gitanes sentado a la sombra, y luego me he ido a la estación de Austerlitz para recuperar los equipajes que había dejado en la consigna. Todo parecía perfectamente engrasado, amable, esta tarde. En la consigna, me ha gustado marcar el número secreto y que la puerta se abriera obediente, con un crujido seco. He esperado a François en el *buffet* de la estación. Se ha presentado sonriente, y esta vez se ha ido un par de minutos antes de que se pusiera en marcha el tren. A mediodía yo me había acercado a Ivry para recogerlo a la salida del trabajo y habíamos comido en un viejo *bistrot* cerca del Sena. Lo de la orilla del Sena es un decir, más bien cerca de las máquinas que amontonan arena en el muelle de Ivry, de los camiones cuyos motores hacen vibrar los vidrios de las ventanas del local en que comemos, el crujido de las palas. En esa zona, todo tiene un aire laborable, desabrido, muy años treinta, aunque también en Ivry florecían los árboles entre los almacenes, las fábricas y las viejas y renegridas casas.

Anoche escuché llorar a François durante casi una hora. En vez de venirse a la cama, se quedó en la habitación de al lado, con la excusa de que tenía algunas cosas que hacer. No soporta la distancia, no puede imaginar que hago algo en lo que no participa, en lo que no cuenta: ir al trabajo, escribir, tomar copas. No soporta que viva. Si pudiera, me encerraría en un cuarto, y volvería por la noche con la comida y las botellas de vino. Eso sería su felicidad, pero aun así tendría celos de los libros que yo me hubiera leído en su ausencia, de los discos que hubiera escuchado, del sol que me hubiera tocado la cara. Ni siquiera le haría mucha gracia que me hubiera desnudado para ducharme si él no estaba delante. Y todo ese cuadro clínico —esa estrategia— aplicado a una pieza que vive a más de mil kilómetros del cazador. Mal asunto.

François no entiende que la vigilancia ahuyenta el sexo, que el deseo que notas en ti mismo empieza a ser una manifestación de tu pérdida de libertad, porque te ata al depredador, algo así como ya ves que yo tengo razón; que, a pesar de todo, me deseas, y te la pongo dura. Te tengo. Pero el cuerpo tiene mecanismos raros de autodefensa que no admiten esa forma de rendición incondicional. Empiezas a tenerle al amante el mismo tipo de miedo que le tienes a tu posesiva madre. He dicho que no entiende, pero sí, sí que lo entiende, lo que ocurre es que no puede dominar ese instinto destructivo. Él sabe que, cuanto más ama, más destruye, y eso es terrible para él y atroz para mí.

Me he instalado en el vagón-restaurante. El sol me da de lleno en la cara, dorado y tibio. De nuevo, el verde tapiz de Francia. Pienso en lo difícil que es aprender la lección de la ternura.

## 5 de junio

Vigo. Reencuentro con mi vieja amiga C. Pasamos años sin saber el uno del otro y cuando, por la razón que sea, volvemos a encontrarnos, charlamos como si nunca hubiéramos dejado de hacerlo.

Valencia. Encuentro con M. N., una pasión que duró cuarenta y ocho horas. Fue en vísperas de San José. Nos conocimos, y, ese mismo día, decidió acompañarme a Denia, a visitar a la familia, y, al día siguiente, se prestó a acompañarme a Madrid. En Madrid, tras un día y una noche incendiarios, me llama por teléfono a la oficina y me comunica que se vuelve a su casa, sin mediar ni una explicación. Me voy, fue todo lo que me dijo. Yo me quedé jodido. Nos habíamos gustado tanto, nos habíamos reído y hablado y follado bien y vuelta a hablar y a reír. El amigo que llevas buscando desde la infancia. Nunca entendí su reacción. Me había contado que estaba enfermo de sida, y yo lo acepté. Qué se le va a hacer, le dije. Tendremos cuidado. Luego me enteré de que, al parecer, le había dado la ventolera y se había escapado conmigo para pensarse si seguía con un amigo que acababa de echarse en Valencia y con el que vivía. Yo no tenía ni idea. No me había contado nada. Le mandé un ramo de flores un par de días más tarde. El primero y último que le he mandado a un hombre en mi vida. En cambio, François, con su aspecto de tosco obrero, me recibe con su ramito de *muguet,* frágil flor proletaria en la iconografía francesa. La flor del primero de mayo.

Italia: Roma y Siena, espantoso viaje en compañía de un fotógrafo que, después de hacer una docena de reportajes para la revista, ha decidido que es una estrella del mundo de la imagen, y que las estrellas son –por principio– arbitrarias, dictatoriales, histéricas. Lo ha leído en los folletines, lo ha

177

visto en el cine (qué me dices de *Dos semanas en otra ciudad*), lo ve en las revistas del corazón que hojea. Así que viajo con unególatra en estado puro que, además –como corresponde a su carácter–, me boicotea el trabajo. Se empeña en que no pueda hacer nada de lo que tengo que hacer. Un pequeño y caprichoso Calígula. Consigue que nos metamos en un montón de líos, incluida la quema del coche de alquiler (no sé lo que le ha hecho al embrague, estuvo solo por ahí sacando fotos), y, como colofón, se las apaña para que perdamos el vuelo. Me lleva a odiar Roma, la ciudad que más me gusta; y Siena, un exquisito cadáver embalsamado y asediado por los turistas. En este viaje solo me fijo en que toda Italia está abarrotada de turistas y cuento las horas que me quedan para volver a casa. Mi casa, mis libros, mi cocina, mi cama. Careces de ambición, me dice el imbécil. La tortura se prolonga días más tarde, en Viena y Budapest, adonde otra vez el trabajo nos lleva a viajar juntos, y donde su histeria roza lo sublime: somos reporteros internacionales, de una de las revistas más importantes de Europa, les grita a los sorprendidos muchachos de la recepción del lujoso hotel vienés en que nos hospedan los de turismo de Austria. Se niega a aceptar que compartamos una noche en una habitación doble que, entre disculpas, nos proponen en el hotel al que ¡estamos invitados! durante varios días. Riñe a los chefs de los mejores restaurantes de Viena y Budapest que se han tomado la molestia –sin ninguna obligación por su parte, ni compensación por la nuestra– de cocinarnos platos para que los fotografíe, o que se dejan retratar ellos mismos. Los trata como a criadas del siglo XIX, en el estilo usted no sabe con quién está hablando, les da tirones en los uniformes, los empuja sin ningún cuidado para que le posen bien. Enloquece comprando cosas caras, unas para decorar su casa, y otras porque piensa hacer negocios revendiéndolas al volver a Valencia: vidrios, grabados, telas. En esta ocasión me niego a ayudarle a arrastrar el equipaje como he tenido la cortesía de hacer otras veces. Viajamos al aeropuerto en taxis distintos y a horas diferentes. Él apura hasta el último minuto con sus visitas a tiendas. Yo me voy tranquilamente al aeropuerto a una hora razonable (cuando tomé la decisión de volverme al aeropuerto a hora razonable, fue cuando me espetó lo de que me faltaba ambición). Desde el banco en el que me he sentado, lo veo llegar, seguido del taxista que le ayuda a trasladar un equipaje más propio de una princesa rusa camino del exilio que de un fotógrafo: maletas, cajas, paquetes, envoltorios. También él camina pavoneándose, con la cabeza muy erguida, como una vieja aristócrata; o, mejor, como una actriz que representa el papel de una aristócrata. Observo cómo le da órdenes al taxista, cómo espera impaciente a que vuelva con más paquetes y maletas. Luego negocia en el mostrador los pluses por exceso de peso. Corretea histérico de una punta a otra de la cola, trasladando el bazar con él. Yo leo el periódico sentado en un banco, un hombre vulgar y carente de ambición. Me gustaría volver a Budapest, como a todas las ciudades que visito y me cautivan: Estambul, Leningrado... Pienso, también esta vez, que a lo mejor me decida a regresar las próximas vacaciones de verano, sin esta tensión nerviosa.

*19 de junio*

Feria del vino de Burdeos. A mitad de mes, con C., un amigo suyo y François (se supone que ya solo un amigo), a Budapest. Sigo escribiendo la novela. Llevo ochenta folios. Me da miedo estropearla. Por esa manía mía de jugar con fuego, me he leído a Bowles (cosa que me tenía prohibida, dado que estoy escribiendo un libro de tema marroquí que podía emparentar con los suyos) y ahora me arrepiento. Me digo que mi libro tiene poco que ver con los suyos, pero a ratos me deprimo y me recrimino que, después de tanto es-

179

fuerzo, no estoy haciendo más que un Bowles de segunda fila. En cualquier caso, me gustaría terminarlo para septiembre. No va a ser la novela de quinientas páginas que yo creía cuando la empecé. Será más bien una novelita corta, una *nouvelle,* y su modelo no es Bowles, ni Forster, sino *Otra vuelta de tuerca,* de Henry James, ese clima que tengo en la cabeza, esa resbaladiza ambigüedad moral. El libro roza la novela gótica, pero también el existencialismo de Camus, el expresionismo —el paisaje como activo personaje—, todo aderezado con un pequeño *plot* de novela negra. Cuántos -ismos para un cuentecito. Escribo todo esto para tomarme en serio. En realidad, lo único que estoy haciendo es librarme como puedo de unos fantasmas que llevo dentro. Qué nos ha pasado en estos años. Ni más ni menos.

Leo *Las iniciales de la tierra,* del cubano Jesús Díaz:

«—¿Los muertos vigilan?

»—Vigilan —respondió Chava—, y estarán siempre vigilando porque los vivos traicionaron su sangre.»

De eso escribo.

Aventura con un jovencito (yo, que solo me siento atraído por hombres mayores), que me asusta un poco. Tiene veinticinco años y me gusta, aunque ya digo que no es exactamente mi tipo. La otra mañana, al despertarme, lo vi desnudo, dormido a mi lado, y pensé que, como los burdeos, va a envejecer estupendamente. Espero no engancharme. Es simpático, muy atento, desenvuelto. Cuando él tenga treinta y cinco años, yo tendré cuarenta y ocho. ¡Uf! Teniendo en cuenta que no me conservo particularmente bien, podría ser una relación muy dura. A los cuarenta y ocho años, yo, como François, muerto de celos, vigilando, asfixiándolo con mis exigencias, hasta que me odie y se dé a la fuga. Pero ¿por qué me empeño en contar por decenios? Atravieso una excelente racha de soledad. Ya he asumido que se han diluido los compromisos con François. No me atrae la pareja. Ni sé si sirvo. Quiero sentirme responsable solo de mí mismo, al menos durante algún tiempo. ¿Quién puede calcular lo que sucederá luego?

*31 de agosto*

Recién llegado de Budapest, me telefonea M. para decirme que Pedro ha muerto. Hace unos meses se fue a Filipinas para hacer un reportaje, entrevistarse con el Frente Moro, o algo así, y regresó enfermo. Fiebres, nadie sabía lo que tenía. La última vez que estuve con él hablaba con un hilo de voz, se cansaba, había que detenerse en plena calle cada pocos metros. Se había trasladado a Segovia, a casa de su madre. Ángela se había desentendido. M. me dice que ha muerto de un infarto cuando estaba a su lado en el coche. La imagen del ataúd, con mi buen amigo, compañero de tantas noches y de tantas copas, mi vecino, saliendo del hospital, me resulta insufrible. El calor, el sol cayendo a plomo en la plaza de San Esteban, ocupada por el coche fúnebre, la bonita iglesia segoviana, la joya del románico que contemplamos juntos en unas cuantas ocasiones. Ángela, que llega precipitadamente de sus vacaciones con un amigo o con un novio, me dice: Cuánto lo queríamos. Y yo pienso que no está tan claro que ella lo quisiera mucho. No me pareció que lo tratara con cariño los últimos meses, y menos aún desde que enfermó. Lo mismo podría pensar alguien de mí, de mi relación con François. Quién sabe lo que las parejas traman, embrollan, lo que llevan dentro. El cementerio. Al abrir el nicho familiar, un cadáver envuelto en una sábana (¿su padre?) pone la nota siniestra. Lo dejan de pie mientras meten en el nicho el ataúd que guarda lo que queda de Pedro. Un mes más tarde sigo sin acostumbrarme a que no esté. Al contrario, cada día lo echo más de menos. Desánimo, desinterés. Bebo. Me digo que estoy enfermo, y bebo. Incluso falto algún día al trabajo.

181

Ansiedad. Me pongo a leer y me duermo. Me meto en la cama con la intención de leer, y me duermo, una tristeza y una desgana espantosas marcan cuanto hago. He terminado la novela, y le doy vueltas en la cabeza a otra, necesito empezar otra. Pienso en François con frecuencia. Con François, a última hora me faltaba el sexo. Lo mató su vigilancia, su exigencia. Si lo acosas, el sexo huye. Él lo necesitaba compulsivamente porque era la prueba de que podía seguir teniéndome y esa compulsión me producía rechazo. Tampoco soportaba que lo buscase fuera de mí. Celos, complejos de algo. Podría hablar de los míos. De mis celos. Además, en esas relaciones con alguien fuera de la pareja últimamente aparece siempre el fantasma del sida. Yo soy extremadamente cuidadoso. A él eso del sida parece darle igual. No tiene ninguna sensación de peligro, viviendo precisamente en París, hoy la capital europea de la enfermedad, y habiendo conocido la muerte de algunos viejos amigos y compañeros. Pienso en escribir una novela dedicada a él; ya que no he sido capaz de darle lo que me pedía, darle lo que tengo, lo que puedo esforzarme por tener, una novela escrita con mi mala conciencia por no tener una casa tan pequeña como él, ni levantarme tan temprano, ni pasar tanto frío; por tener más oportunidades que él. Mientras escribo las últimas frases, me desprecio. Quieres tener y salvarte, las dos cosas. Eres un hijo de puta. O una cosa u otra. Lo soy, hijo de puta. Lo has dejado en su casa minúscula, en su frío, en su soledad. No tienes derecho a abandonar y quedar por encima otra vez poniéndolo como juguete de tu novela. O escribiendo estas líneas. Escritores, hijos de la gran puta. Os odio por la parte *(la perte)* que me toca.

*19 de septiembre*
La semana del 14 al 22 de agosto estuve con los B. y con Carmen Corbalán en la Bretaña francesa, en el canal del Aune,

en un barco de juguete a bordo del cual te pasas el día navegando, levantando esclusas, y, cuando llega la noche, descubres que apenas has recorrido tres o cuatro kilómetros. François se unió a nosotros un par de días, y creo que fueron de los mejores que hemos pasado juntos. Estaba de muy buen humor. La totalidad de los navegantes hablaba francés y esa circunstancia hacía que se sintiera a gusto. Además, tenía muchas cosas que hacer: levantar esclusas, tirar y recoger cables, ayudar a preparar la comida. Bien también con C.: larguísimas charlas. Descansé mucho y bebí poco durante esos días. Pero, al volver a Madrid, el baile de los malditos empieza de nuevo. La verdad es que llegué agotado, porque el viaje se complicó, hubo que mezclar el transporte en coche con el tren, y, por medio, una noche insomne y alcohólica en San Sebastián, así que cuando me metí en casa estaba tan cansado que decidí bajar a descansar al bar de abajo. Me dolía la cabeza, me dolía la garganta, tenía inflamadas las encías y me flaqueaban las piernas. Me pedí el primer gin-tonic. He seguido bebiendo y dando tumbos por los bares del barrio todas las tardes, a la salida del trabajo. Me falta François, me falta Pedro, me falta T., me falta mi amigo José, el que abandonaron en el portal del ambulatorio cuando se quedó tieso tras una sobredosis, me falta Tomás, tan lleno de vida, tan fuerte, y al que el cáncer convirtió en apenas un mes en un esqueleto, el que conoció a su hijo recién nacido una semana antes de morir; me falta Jesús Toledo, con sus trapacerías, y con sus enloquecidas sesiones de alcohol, sexo y cocaína, pero con su gracia para querer a su manera. Pienso que, cuando llueve, la lluvia cae sobre ellos. Están solos y fríos. Bebo y busco llenar esos vacíos con fugaces compañías. No es que frecuente a los alcohólicos de baba del barrio, es que me estoy convirtiendo en uno de ellos. Me duelen los brazos, en cuanto me acuesto noto hormigueos por todo el cuerpo. Además, a pesar de que estamos ya a mediados de septiembre, en Madrid continúa haciendo un calor insoportable.

Días atrás recibí de C. un poema escrito en tinta de varios colores, era un poema de García Lorca. Ayer me llegó una carta que podríamos decir que era una carta de amor, y empecé a leer creyendo que era de C., aunque enseguida me di cuenta de que estaba escrita por su novio, J., me conmovió profundamente el tono en que se dirigía a mí, los sentimientos de amistad fraternal que transmitía. ¿Cómo puede ser que te sienta tan cerca, si solo nos hemos encontrado dos veces en la vida?, se pregunta, y yo me pregunto lo mismo. C. nos presentó, pero yo creo que enseguida tuvimos ganas de hablar, de hacernos amigos. Tengo que escribirle. Mañana mismo.

Buenas noticias: François me dice que bebe mucho menos y está dejando de fumar, que en vez de tres paquetes de Gitanes se fuma solo tres o cuatro cigarros. Dentro de un par de días salgo de viaje a Sauternes. Me propone que nos veamos en algún lugar de Burdeos, que pasemos el fin de semana juntos. *«Comme des amis»,* insiste. A ver qué ocurre.

*Arcachon. 27 de septiembre*
Hago copias de la novela. La semana pasada quedé a cenar con Carmen Martín Gaite para pasársela. Nos despedimos de madrugada, y a las diez de la mañana ya estaba llamándome para decirme que la había empezado y estaba gustándole mucho. Volvió a llamarme por la noche: Tú no sabes lo que has escrito. Es una divinidad, me dice. Durante más de media hora me tiene colgado del teléfono, hablándome del libro: Es una novela tan limpia. Parece mentira que de un tema tan sórdido se pueda salir tan purificado. También le gusta mucho el estilo: La primera novela que escribis-

te estaba llena de adjetivos. A esta, en cambio, no le sobra ni una palabra. Es un modelo de lo que es aprender a escribir. Me pidió que no se la enviase a nadie, que ella misma iba a recomendársela a Herralde para que la publique en Anagrama. Al día siguiente le mandé una rosa y uno de estos cuadernitos que compro yo en Francia. Me llamó al trabajo, y no me encontró. Volvió a llamarme por la tarde a casa para darme las gracias por la flor y por el cuaderno. Me dijo que ya había hablado con Herralde. Al día siguiente –el martes– envié la novela. Ahora toca esperar. Pero me he quedado tranquilo. Quiero mucho a la Gaite y siempre he confiado en su opinión. Es muy buena lectora. Lo ha demostrado en las reseñas en *Diario 16:* una consejera fiable.

Me esfuerzo por escribir un artículo sobre Roma que se me resiste. Creo que el que la gente me diga que la novela está bien me asusta y me paraliza. ¿Y si, al final, con casi cuarenta años, resultara que sí, que puedo ser escritor, que sirvo para la profesión que he querido tener desde que era pequeño? Aunque lo mejor será no añadirle ni una línea más de basura sentimental a este párrafo. Es un modo de no frustrar las esperanzas del naciente escritor. Ochenta folios en cuarenta años. Una proeza del pequeño Marcelito Chirbes.

*Otro día*

Ahora empiezo con otra monserga: ¿volveré a escribir algo que merezca la pena? De nuevo, paralizado. Me persigue el modelo de la novela que acabo de terminar. Lo limpio, lo pulo. Mientras la escribía, me parecía que ese estilo suponía una forma de ablución, era librarme de mis costras. Ahora empieza el ejercicio de librarse de esa novela que puede convertirse ella misma en una nueva costra. El coral son pequeños animales vivos que van muriendo y acaban convirtiéndose en pedruscos muertos. La escritura es un animalito

185

frágil, te abandona, no puedes repetir jugadas con ella sin que te abandone, sin que se convierta en un seco pedrusco. Huir de lo limpio, de lo puro. Escaparse del estilo que acaba de nacer y ya está muerto.

Leo una novela que no está mal: *El jugador invisible,* de Pontiggia. Pero me meto en la segunda parte del *Quijote,* y me engancho. Hace algún tiempo, hablando de los grandes –Cervantes, Dostoievski, Balzac– con la Gaite, me lamenté: ¿Para qué escribimos? Cuando me llamó después de leer el manuscrito, se acordaba de esa pregunta que yo le había hecho y me respondió: Escribimos para eso que has hecho en tu novela; para salir limpios de experiencias atroces, ¿te parece poco? La verdad es que me emociona lo que me dice. Escribir porque tienes un lector así. Me produce una sensación extraña saber que dentro de la novela que yo he escrito están esas cosas que ellos encuentran y de las que me hablan.

Del 19 al 22 de noviembre, París, mi querida y lluviosa París, la que me deja a solas conmigo mismo, la inaccesible. Algunas noches hace mucho frío. Como cada ocasión en que la visito, recorro durante horas la ciudad, camino de acá para allá de un modo compulsivo. Todo me maravilla más que la primera vez que puse en ella los pies, un sábado por la tarde, con diecinueve años, tras un largo viaje con una familia francesa que alquilaba el modestísimo piso superior de la casa de mi madre durante el mes de junio, y que me depositó en una población de la *banlieue* cuyo nombre no recuerdo. Voy al cine. Acudo a exposiciones: una de Bacon, otra *El siglo de Picasso,* que vuelve a llevarme a mi admirado Juan Gris. Leo en francés *Madame Bovary,* ¡y aprendo tanto! Es fascinante el punto de vista: la helada perfección de los capítulos que se suceden desde que ella decide suicidarse hasta el final. Termino el libro de madrugada, son más de las cuatro, y noto cómo el puño de esa muerte ajena ha ido apretándome el corazón. Cuando me meto en la cama, no consigo dormirme. El día anterior, habíamos ido François y yo *(maintenant comme des bons amis)* a cenar con sus colegas V. y F. en una casa cerca de la place Blanche. A la salida, ya desde la escalera, nos extraña la agitación que a esas horas sube desde el portal. Al llegar abajo, vemos a los bomberos que se llevan un cadáver: todo resulta sórdido, el viejo y descuidado portal, la frágil luz que cae sobre la escena, el rostro del cadáver, un tipo muy delgado, de aspecto norteafricano, o criollo, la piel muy oscura y rugosa. Nunca deja de ser sórdida la muerte, pero allí pesaba también el mísero decorado, la hora en la que el traslado del cadáver se efectuaba, como si se tratase de una operación clandestina, el ruido pesado de las botas de aquellos tipos uniformados resonando en el hueco de la escalera. El cadáver llevaba dos algodones metidos en las fosas de la nariz y tenía la boca abierta. Salimos sobrecogidos en busca de un taxi.

Visitamos algunos clubs de ambiente: L'Imprévu; otro que se llama Manhattan en la place Maubert, frente al Palais de la Mutualité. Cuando salimos del Manhattan, ya no recuerdo ni cómo hemos ido, ni dónde estamos. Por eso me sorprende tanto encontrarme a un paso la sombra de Notre-Dame. Desde el taxi veo pasar París bajo la lluvia. Las fachadas de las casas relucen contra un cielo de desvaído color naranja.

Otro día: el Parc Monceau, los árboles han adquirido reflejos rojizos. Varios grupos de españoles, viejos emigrantes de la primera hornada de posguerra, caminan despacio y vuelven cada vez sobre sus pasos, como si se ejercitaran en el patio de una cárcel. El síndrome del emigrante: tienes todo París y lo conviertes en un estrecho cubículo del que no te atreves a salir. Los últimos rayos de sol iluminan al bies la escena. Atardece. Paso ante la iglesia de San Agustín iluminada por un crepúsculo que la redime de su pretenciosa vulgaridad.

El lunes 30 de noviembre, a las ocho y media de la mañana, llamada telefónica de Carmen Martín Gaite: «Te hemos estado buscando todo el fin de semana. Herralde ha leído tu novela y está entusiasmado con ella.» Ayer, 3 de diciembre, firmé el contrato que me llegó por carta. Estoy contento, con esa alegría compulsiva que acaba encontrando el camino para volverse contra uno mismo. Me entero de que Herralde le ha dicho a C. que es la mejor novela de autor *novel* que ha leído en varios años. La alegría se resuelve en ganas de llorar. Me doy pena. Hay que acabar con esa pesada tradición judeocristiana y empezar a sentir verdadera alegría con las cosas que lo merecen, me dice la Gaite. Yo no lo consigo del todo. Lo intento.

Quiero escribir. Tengo entre las manos otra cosa que no sé si acabará saliendo. En los ratos libres, leo muerto de risa *Bouvard et Pécuchet,* que, como me pasaba con *Madame Bovary,* tampoco me había animado a leer nunca en francés. Me parece excelente el libro sobre Spinoza que ha escrito Albiac, uno de esos libros sólidos, eruditos, cargado de tristeza, una especie de Bataillon-Erasmo escrito desde el fondo de los tiempos sombríos, aunque no eran precisamente más luminosos los tiempos en que Bataillon escribió su obra: la primera edición es de 1937.

## 12 y 13 de diciembre

Bien los cuentos de Raymond Carver, *De qué hablamos cuando hablamos de amor.* El que da título al libro es de los más flojos. Son cuentos que deslumbran, muy hemingwayanos, aunque me parece que ocultan una trampa en su brillantez: gran parte de su fuerza la toman de un desenlace que no surge exactamente de la trama, sino del tono.

Hablo con François. Ha quedado a cenar con un amigo. Buen humor. Se queja de que está haciendo mucho frío en París. Me dice que, mientras habla conmigo a media tarde, el termómetro que tiene en la ventana y que da al patio de la casa marca menos cuatro grados. Y eso que hace sol, me dice. Yo me fijo a diario en las temperaturas que da el periódico, y durante estos días indicaba menos seis, menos siete, menos ocho grados. Ayer, cuando salí de casa para ir al trabajo marcaba menos siete, confirma él. Lo veo con su chaquetilla de cuero, su bufanda roja, en la inhóspita parada del autobús. «*Paris c'est dur*», Rafa.

Tendría que disciplinarme, volver a escribir en este cuaderno con más frecuencia. Durante el último año apenas lo he utilizado, y ahora que busco cómo empezar a escribir una novela sin conseguirlo, me doy cuenta de que, repasando estos cuadernos uno encuentra ideas, citas de libros que ahondan en la dirección de lo que busco, savia. Me digo lo que me digo siempre y nunca cumplo: tengo que escribir menos acerca de sentimientos, expresar menos opiniones, y contar más anécdotas, *tranches de vie,* anotar diálogos: en las anécdotas, en los diálogos, en esos fogonazos o rebanadas de la vida, están los materiales que luego puedo elaborar. Sin embargo, siempre acaban pareciéndome intrascendentes y no llegan al papel.

Perdí el fin de semana del 8 de diciembre leyendo cosas que no me interesaron para nada. Breton: *L'Amour fou.* Filfa. Guelbenzu: *La mirada.* Me aburrió, aunque todo el mundo habla muy bien de ella. A lo mejor es problema mío, que no la entiendo.

189

## 20 de diciembre

Ayer ni bebí ni fumé en todo el día. Leí dos tercios de *Los alegres muchachos de Atzavara,* de Vázquez Montalbán: otra novela sobre Barcelona, contada –casi toda– desde voces burguesas, con el contrapunto de la voz de un currinchi: la herencia del Pijoaparte. Casi toda la novela barcelonesa contemporánea viene de ese hallazgo de Marsé. En cualquier caso, hay que ver la cantidad de cronistas con que han contado las cien familias de la burguesía catalana, nunca un Camelot tan pequeño ha tenido tantos trovadores, otra cosa es si mejores o peores: Marsé, los Goytisolo, la Roig, los Moix..., sin contar los poetas como Gil de Biedma y Barral (también Barral en sus memorias ejerce el oficio de cronista de las cien familias, ¿son tantas?), casi todos escriben desde el mismo sitio (la misma aula de la universidad, el mismo piso en el Ensanche, la torre en Castelldefels o en Cadaqués, los ojos a la misma altura: las piezas del puzzle son contadas, sota, caballo y rey; bueno, por no ser injusto, tengo que decir que están Rabinad, Mora..., los escritores proletarios). Volviendo a Camelot, con todos los matices que se quiera, Marsé es la gran excepción, pero Montalbán se mimetiza demasiado con ese ambiente, excepto en *El pianista,* sin duda su mejor novela. Termino con los muchachos de Montalbán y me pongo con una biografía de Milena, la amiga de Kafka. A las once de la noche, salgo de casa y me encuentro con mi vecino R.: borrachera hasta las siete de la mañana, alcohol, coca, y, a última hora, *popper.* Como otras veces (todo son preludios para ese desenlace sabido), me pide que me haga una paja delante de él: acerca su cara y mira con ojos morbosos cómo me corro. Él está casado, convencido de su heterosexualidad, pero tiene un órgano infantil, y prácticamente inútil. Se desnuda, se tumba y me mira con la cara pegada a mi polla, que es más bien poca cosa. A mí me excita eso: verle el deseo en los ojos. Me frota, me palmea en las nalgas mientras me la me-

190

neo, pega su cara a mi polla casi a punto de chupármela, le doy con ella junto a la boca. Se aparta, finge asco. La tienes gorda, cabrón, dice. No es verdad, pero a él le excita decirlo. Deja que te la toque. Lo hace con dos dedos, como si le diera asco, y a mí me excita verle ese corpachón y allá al fondo de la entrepierna, el rabito como un niño perdido entre sus carnosos y fuertes muslos blancos, mientras vuelve a poner los labios junto a mi polla. Pero no me toques con ella, cabrón, susurra.

A mediodía me despierta Fiti. Yo apenas puedo ni hablar, la garganta rasposa por el alcohol y la coca. Estoy hecho polvo. Resulta que habíamos quedado para comer. Me visto a duras penas y, cuando salgo a la calle, me encuentro con que hace un día espléndido: cielo azul profundo, sol tibio, animación en las aceras, gente que sale del mercado de La Cebada; que guarda cola ante la panadería, ante el puesto de flores. Me duele haberme perdido esa mañana. De vuelta en casa, comemos unas manitas de cerdo que preparé ayer. Hablamos de todo un poco y mucho de literatura. Le comento que quisiera hacer un programa de radio sobre literatura con B., y ella me dice que le apetecería participar. El otro día asistí a una discusión en la que participaban tipos de las radios libres y algunos de ellos defendían ideas que, hace ocho o diez años, nos hubieran parecido peor que reaccionarias, cavernarias. Y esos son los progresistas de hoy, la socialdemocracia triunfante. Fue esa discusión la que me dio ganas de intervenir, de participar en algo un poco más público que la escritura y las tertulias y discusiones de bar. Vivimos momentos sombríos. La gente se cree progresista, porque vota PSOE, y eso les permite defender posiciones de individualismo a ultranza y justificar el pelotazo, la rapiña: a ratos lo más negro; otros, lo que es simplemente estúpido: la pegajosa bobaliconería de la gente de bien, la clase media franquis-

191

ta que tanto odiábamos, ahora se ha refugiado en el socialismo; los franquistas furiosos han empezado a aparecerse con el halo romántico de quien mira la vida a contrapelo, esa mirada sesgada, la posición hirsuta, los correajes y pistolas, los socialistas son más de colegio de monjas. Pero no te fíes.

Por la tarde, escribo. Tengo a grandes rasgos *el tema* de la próxima novela: algo de lo que quisiera contar. Es decir, me falta todo, aunque creo que, si lo sé organizar, *eso* puede estar en estos cuadernos que he ido poco a poco llenando con citas ajenas. Pero volvamos a la realidad, al estado de la cuestión: tenía un principio y el otro día lo cambié por completo. Otros lugares, otro camino para llegar a ellos, otro narrador, otro ritmo y otro tono. O sea, que vuelvo a no tener nada. Hoy entro a saco en esta segunda versión: corto, cambio y, sobre todo, doy vueltas sobre mí mismo como el personaje del cartón de Goya *La gallinita ciega,* y tropiezo y no sé hacia dónde ir, ni lo que quiero contar, *le malheur du siècle, la malaise de notre temps.* Qué será eso. Cómo se cuece; o, mejor, cómo se escribe eso. Es más, ¿en qué consiste?

El viernes por la noche, con F. en la fiesta de Radio Cero. Habíamos comido a mediodía en casa de su madre, doña Piedad está deprimida. No tengo ganas de nada. Por la noche sufro de insomnio. Me paso el tiempo viendo pasar una mosca siempre del mismo lado, de derecha a izquierda, se lamenta la mujer. Le tomo un poco el pelo: ¿Ve la mosca, con la luz encendida o cuando está apagada? Se ríe. Se queja de que le duelen mucho las piernas. Cuando se sienta en la butaca frente a mí, me fijo en ellas: están llenas de varices y monstruosamente hinchadas. Hacía quince años que doña Piedad y yo no nos habíamos visto, desde los tiempos en que acudíamos a estudiar a su casa –que era la de su hija y amiga nuestra, F.– las vísperas de exámenes. Comíamos cantidades industriales de galletas y queso de bola, que no sé por qué siempre abundaba en la despensa de aquella casa. Cuando doña Piedad me invitaba a mí a comer, me preparaba el *menú Chirbes* que incluía un primer plato de extraordinarias lentejas y luego unas croquetas que le salían riquísimas, suaves, crujientes. Se deshacían en la boca. Ayer también vi a otra de las hermanas de F., N., de muy buen humor, aunque nunca pierde su acidez; y al único hermano de la casa, sigiloso, que mira de lado, como si tuviera miedo de algo, de que se le escapara algo de dentro solo con mirar. Se escapa él mismo en cuanto empezamos a reírnos de lo que sea, a bromear. Se encierra en su habitación. Hace quince años ya era así. Cada uno con su herida a cuestas.

En la fiesta de la radio, me encuentro con Elisa vestida para matar. Lleva un traje negro que es un tubo que la rodea casi milagrosamente y que deja a la vista los estupendos pechos. Es la presión que ejercen sobre la tela los dos pezones lo que parece que sostiene el tubo (escote de esos que llaman palabra de honor) y evita que se le caiga y se le quede en los talones –zapatos de afiladísimo tacón–. ¿Se cae?, le pregunto. Se baja (ella). ¿Se puede bajar? (yo). Y Elisa: Inténtalo. Empiezo a bajárselo poco a poco y ella se deja, sumisa, oferente, hasta que están a punto de aparecer los firmes pezones. Uf, dice, qué vergüenza. Y se lo sube precipitadamente. A lo largo de la noche, cruzo repetidas veces la mirada con un tipo que me excita. No sé si va a soltarme una hostia o si va a pedirme que nos escapemos juntos de la fiesta. Imagino que más bien lo primero, porque, al rato, se levanta y se abraza a su señora. Salen del local cogidos del talle. Me entretengo mirándole por última vez la espalda. F. mantiene una tesis que comparto, según la cual los culos delatan mejor la psicología, el carácter de sus propietarios, que otras partes del cuerpo que tomamos más en consideración. El misterio de dos bolas de grasa separadas por un inquietante canal.

*27 de diciembre*

En el Intercity, de regreso a Madrid, tras pasar las navidades en familia. Anochece sobre La Mancha un día gris, desabrido, con un cielo poblado de nubarrones sin gracia. Melancolía del paraíso perdido: a la salida de Valencia, el sol iluminaba la huerta, y junto a la ventanilla pasaban los naranjos cargados de fruta, las palmeras, las alquerías blancas, los pinos. Mi madre llora cuando nos despedimos. Me ha tenido loco todo el día: saca la ropa que ya estaba guardada en la maleta, cambia los billetes de sitio, registra, embarulla. Vas a llegar tarde, empieza a decir cuando aún faltan tres o cuatro horas para que salga el tren. Sé que de lo que tiene ganas es de que discutamos; que le diga alguna palabra que ella pueda interpretar como ofensiva, o despectiva, o solo poco cariñosa, y eso le proporcione una excusa para poder llorar a gusto y, sobre todo, para pasarse luego una semana sin querer hablar con nadie, que es, según me cuenta mi hermana, lo que hace cada vez que me voy. Estos días en que hemos estado juntos, la he encontrado bien; sin embargo, hoy, mientras me despedía de ella, era como si no fuera a volver a verla: me parecía tan frágil, tan vieja. Me imagino que esa es la sensación que ella inconscientemente busca provocar en mí para obtener de las despedidas mayor dosis de desconsuelo. En esa estrategia se unen la vejez y esa cosa que debe ser tan rara, tan desazonante, que es la maternidad. Qué sentimientos debe provocar que algo que ha estado dentro de ti, que ha sido parte de tu cuerpo, se separe y adquiera vida propia, rasgos propios, autonomía de movimientos, y ambiciones, pasiones, deseos, alegrías y tristezas que no tienen nada que ver contigo. Sobre todo, que se te rebele, se levante contra ti y te discuta y amenace tu forma de ver lo que tus ojos ven desde antes de que esa bola de carne te saliera de dentro. Pero si tus ojos fueron los primeros que ese mentecato tuvo. Debe resultar insoportable.

He pasado unos días muy agradables con la familia. Observo a la hija de mi sobrino, que nació fragilísima en mayo del 86 con ocho meses y ahora parece un pequeño luchador de sumo. Le he traído de Madrid un caballito de madera y, cuando lo ve, se queda muda. Abre los ojos, la boca. Lo mira. Se acerca a él con precaución, sin atreverse a rozarlo. María José, mi sobrina, le enseña una canción popular –«*fum, fum, cabasset de fum*»– que se canta haciendo girar los antebrazos uno alrededor del otro. La pequeña lo intenta, pero se embarulla, no lo consigue, y se ríe de sí misma, al ver que no puede hacerlo. Mi cuñado le trae un cabrito que nació hace veinte días (encuentro entre dos infancias) y ella lo toca con la punta del dedo índice, pero solo si hay alguien al lado; se cuida de que, al mismo tiempo que el cabrito, pueda tocar al acompañante. Toca el cabrito con el dedo y luego se vuelve para protegerse en los brazos del acompañante. Ya lleva dentro ese mecanismo que hace que sintamos placer y miedo al mismo tiempo, y que, de adultos, tanto nos hará sufrir. A mi cuñado, el médico le ha prohibido tajantemente que coma nada al margen de la rigurosa dieta que le ha impuesto, por lo que –como es muy comilón– está de un humor insoportable. El día de Navidad nos propusimos dar un paseo por la orilla del mar hasta el Cementerio de los Ingleses, y, a la vuelta, tomar una cerveza. Yo no voy –contesta furioso–, ¿para qué voy a ir si no puedo tomarme la cerveza? Para que nos acompañe, nos vemos obligados a renunciar a la cerveza, condenados a no meternos en ningún bar. Cada vez que mi hermana le dice de algún alimento que él no puede comer, salta: Entonces, ¿qué hago?, ¿me muero? En cualquier caso, he pasado unos días magníficos, ha hecho buen tiempo, y yo he dormido mucho –que falta me hacía–, he paseado y he leído. Una de las novelas ha sido *El estadio de Wimbledon*, de Daniele del Giudice, otra novela sobre la novela. Es un autor con una obra muy breve (un par de libros), pero al que, en una entrevista, le he leído que escribe desde hace años todos los días de nueve de la mañana a seis de la tarde. No sé si creérmelo, como no me creo a Flaubert cuando, en sus cartas, les cuenta a sus amigos que trabaja tanto y cuanto. Yo me lo figuro más bien vagueando de un cuarto a otro, lo mismo que vagueo yo en mi casa de Madrid. Solo se puede escribir tantas horas seguidas cuando has empezado a descubrir que tienes un libro en la cabeza; entre tanto, puedes sufrir muchas horas, pero lo que se dice escribir, bastantes menos. Así que me imagino que lo que Del Giudice quiere decir es que sufre catorce o quince horas cada día pensando en que tiene que escribir. Lo entiendo. Ya somos dos. Lo leo así, y me da mucha pena, siento pena por él. *El estadio de Wimbledon* no está nada mal. Tiene trastienda, pero no creo que vaya a salvarse la novela (si es que necesita salvarse) yendo por ese camino. Desde luego que tampoco por el que yo le marque: ni escribo ni tengo la impresión de que en mi cabeza haya guardado nada que merezca pasar al papel. Me digo: busco una historia. Y al rato: no, lo que busco no es una historia, sino un tono; aunque, en realidad, lo que busco es cómo tapar el ruido que hace la rata del miedo cuando me corre por dentro.

196

1988

*6 de enero del 88*
En el tren. Regreso de París. La luz se descompone en
extraños reflejos sobre los gigantescos cubos de cristal recién
levantados en el Quai de Bercy: se mezclan las luces eléctricas y las que proceden de un cielo de nubes oscuras que se
rasgan dejando filtrar rayos solares quebrados en diferentes
ángulos. Sobre el puente, pasan las figuritas azules de los vagones del metro. El convoy traza una elegante curva antes de
alcanzar la orilla derecha. Notre-Dame, al fondo, como
siempre enjoyada por sus contrafuertes. Los rayos dorados
rompiéndose contra la piedra en forma de reflejos.

*14 de enero*
Leo en Víctor de la Serna –*Parada y fonda*, pág. 51– esta
frase: «una elaboración muy sabia, muy lenta –que es el gran
secreto de la cocina–». Uno de los problemas de los grandes
restaurantes actuales, incluidos los mejores, estriba en que los
platos que sirven se cocinan en el espacio de tiempo que trans-
curre entre la comanda y el servicio, o, al menos, *se terminan*
entre comanda y servicio. Falta la cocina de la lentitud, la
gran cocina de la pereza. Preparaciones culinarias en las que
se invierten horas y horas. Para gozar de ellas hoy en día haría

falta ser inmensamente rico (igual que antes), tener cocineros permanentemente a tu disposición. Aunque quizá ni con un río de dinero se resuelva el problema, porque ya no quedan cocineros que hayan formado parte de esa tradición, que solo con la arqueología de los recetarios no puede revivir.

*18 de febrero*

En una novela de Colette (estoy leyendo sus *Claudine* con mucho gusto), alguien dice: «qué bonito». Y el propietario del objeto, o del apartamento, responde: «sobre todo, cómodo». Me gusta. He viajado a Côtes du Rhône (para ver vinos rosados: Lirac, Tavel) y a Marsella, donde comí una riquísima *bouillabaisse* en el restaurante más célebre de la ciudad, en la playa, en ese paseo que creo que se llama des Catalans. También he estado en Galicia, para hacer un reportaje sobre la lamprea, un animal de aspecto monstruoso (la boca, una vagina armada con varias hileras de afilados dientes; una ventosa con la que se adhiere a las víctimas) y cuya carne no acaba de seducirme: grasienta, pesada.

Salto de un sitio a otro, como una inquieta y descerebrada pulga.

*9 de marzo*

Desde hace días escribo en cuanto encuentro un rato libre. Emprendo veinte principios de novela, pero ninguno me convence, así que me da por probar con algunos cuentos, que me salen casi de un tirón. Los pienso, frase a frase, mientras camino por la calle, o cuando voy en el metro. En las *Memorias* de Altolaguirre descubro una imagen que me lleva a mi primerísima infancia: un niño juega con un pajarito atado por un hilo a la pata. Me golpea esa imagen porque me parece sacada de mi propia vida. Mi abuela, mi padre, algún vecino, también me regalaron a mí un pajarito atado por un hilo para que yo jugara con él, recuerdo el cuerpecito caliente, el pico en el que yo intentaba introducirle una miga de pan empapada en leche, ese recuerdo me trae otro: la jaula que había en la trasera de casa calentada por una bombilla, los pollitos que rompían el cascarón y asomaban la cabeza por el agujero, pero esas imágenes y cuanto las componen, la luz, los olores que me llegan, proceden de un mundo campesino que se ha extinguido, al que no le encuentro continuidad; ni siquiera diría que yo soy descendiente de aquel niño, de su cruel inocencia jugueteando con el pajarito, emocionante regalo de pobres (juguete del niño Jesús en la iconografía religiosa. Rafael, entre otros, pintó la escena; creo recordar que también Murillo, ¿o es Ribera?), sino que el niño se extinguió, y se apagó con él la luz cuyo lejano destello me llega, desaparecieron las casas, los corrales, los viejos carros, los animales en la cuadra: una más de las cotidianas atlántidas que el mar de la historia reciente se ha tragado. Tengo la impresión de que ni siquiera en los libros de historia ha dejado rasguños ese ambiente, aquella forma de ser. Son detalles que no entran en las reconstrucciones de esta nueva España que entierra a toda prisa su pasado.

Hace algún tiempo anoté en estos cuadernos una frase miserable de Dalí que no recordaba dónde había leído, o escuchado, y ahora descubro en estas *Memorias* de Altolaguirre (en *Obras completas,* I, pág. 59). La escribió en una nota de respuesta a unos exiliados que le habían pedido un artículo. *No quiero nada con los vencidos,* les respondió el hijo de puta.

### 13 de marzo
En *El tesoro de Sierra Madre,* extraordinaria novela que leo en una edición pésimamente traducida y llena de erratas, hay un momento iluminador. Dobbs, el protagonista, pasa de creerse que ser buscador de oro es una actividad como otras tantas que se efectúan para ganarse la vida –como cons-

truir un abrevadero–, a descubrir que hay en el oro algo que transforma al hombre. Piensa eso y se da cuenta de que dentro de él vive otra persona a la que acaba de conocer. Esa reflexión debería recorrer toda la novela que yo querría escribir sobre los *buitres* madrileños de nueva generación.

*21 de marzo*

De *El arte de la novela*, pág. 30, de Milan Kundera, tomo esta frase de Hermann Broch: «Descubrir lo que solo una novela puede descubrir es la única razón de ser de una novela. La novela que no descubre una parte hasta entonces desconocida de la existencia es inmoral. El conocimiento es la única moral de la novela.»

Comprar *El bravo soldado Švejk*, releer *Tristram Shandy*, leer *Jacques le fataliste*.

Valéry, citado en *Antimémoires* de Malraux, pág. 13: *«Je m'intéresse à la lucidité, je ne m'intéresse pas à la sincerité.»*

Tres definiciones de lo que es el hombre para Malraux (pág. 38 de *Antimémoires): «Pour l'essentiel, l'homme est ce qu'il cache* [...], *un misérable petit tas de secrets* [...] *–L'homme est ce qu'il fait.»* Me quedo con la última, es la única que tiene sentido para el exterior. La que nos interesa a sus vecinos.

La vida silenciosa, sin pensamiento: los tilos del *bois* de Vincennes. Qué belleza. Aunque, bien mirado, ellos también se abren paso a su manera. Tienen sus estrategias.

*4 de mayo*

Viaje laboral a Burdeos, para visitar algunos *châteaux*. Lluvia y claros, precioso el paisaje, los viñedos con las hojas de un verde fresco, la luz cambiante sobre el majestuoso curso del Gironda.

Cena formal. Un señor de Zúrich (Rudolph, se llama), que forma parte de la comitiva de periodistas que recorremos las bodegas del Médoc, y llama la atención por su aspecto de sabio despistado, o de duende que ha llegado de otro mundo (camina de puntillas y a cámara lenta, como Alec Guinness en sus primeras comedias), a la hora de los postres, al ir a servirse de un inmenso bol de chocolate que circula de mano en mano entre los invitados, resbala el recipiente y se cae encima del traje de noche de la elegantísima esposa del prestigioso enólogo Ribéreau-Gayon. Ella, que tiene un aspecto delicado, de tenue rosa de té, reacciona ante la pastosa avalancha que se le viene encima sin dar un grito ni hacer un aspaviento; se mira la ropa con cara de pena, sin atreverse a hacer otra cosa que chuparse los dedos enchocolatados; eso, sí, palidísima. Hay chocolate por todas partes. El hombre no sabe dónde meterse. Durante todo el viaje, parecía al margen, como si lo hubieran enviado a un sitio en el que no le tocaba estar y lo hubiera aceptado nada más que con resignación: es el periodista de más edad del grupo, muy formal, *Ancien Régime,* escapándose continuamente con paso sigiloso para fumar entre los arbustos, sonriendo como si pidiera disculpas cada vez que unos ojos se cruzan con los suyos. Seguramente, ni siquiera los vinos son su tema, y está aquí ocupando el lugar de otro que, por lo que sea, no ha podido venir. Resulta indescriptible el rostro de terror de ese hombre cuando contempla lo que acaba de hacer. Está absolutamente paralizado. De repente, suena un disparo a su espalda y el hombre da un salto sobre la silla y emite un grito ahogado como si el proyectil lo hubiese alcanzado. A un camarero se le acaba de ocurrir la idea de descorchar una botella de champán para relajar el ambiente. La ofrece con una sonrisa meliflua. Al viejo periodista aún le tiemblan las manos cuando alguien le tiende la copa. La deja precipitadamente sobre el mantel. Me da la impresión de que, como Dostoievski, acaba de asistir a su propio fusilamiento.

201

Después de Burdeos, un largo fin de semana en París. Días felices y sin sexo con François. París en primavera: lilas, castaños con sus candelabros blancos, rosa, rojizos. Nos hemos despedido en la estación. Me provoca una oleada de ternura verlo caminar con su paso de pato. Esos momentos en los que dos personas saben lo que tienen que hacer para agradar, porque se conocen bien, lo que hay que hacer para que el otro se ría, o sienta. Anoche lo invité a cenar en Bofinger, gran lujo. Él ha adelgazado mucho: todas sus placenteras líneas curvas se han convertido en secas rayas verticales, ha envejecido. Me cuenta que ha vuelto a beber, y que los pulmones los tiene cada vez peor, pero me lo cuenta como si esas cosas no tuvieran mayor importancia. Cuando arranca el tren, busco el vagón en el que está instalado el bar y me pido una copa. Mientras el tren avanza por una Francia verde como un campo de golf interminable sobre el que va cayendo el crepúsculo y enseguida la noche, sigo pidiéndome copas, emborrachándome: una mirada al exterior, y otro trago.

*Madrid, 23 de agosto*
El pasado martes terminé –por fin– la primera parte de la novela. Estoy contento. He conseguido un tono que me permite hacer hablar a la gente de mi generación sin caer en el costumbrismo, y voy tejiendo un hilo de tensión narrativa que creo que soporta la estructura. El miércoles me sentía tan satisfecho que decidí tomarme vacación. La verdad es que me he pasado más de mes y medio sin despegar el culo de la silla; no he parado de escribir. *Le petit Flaubert*. He aguantado mañanas, tardes y noches, inmutable a pesar del espantoso calor madrileño y del insomnio. Está haciendo uno de esos veranos mesetarios que te vuelven loco. Por si fuera poco, en este barrio, todo se crispa un poco más por culpa de las celebraciones de la verbena de la Paloma. Gente por todas partes, borrachos que gritan y rompen vidrios durante la noche y hasta

bien avanzada la mañana, músicas a cuál más disonante, y humo de fritangas. Bajo mi balcón ha permanecido instalado una decena de días un puesto especializado en asar sardinas. Día y noche, el grasiento humo de las sardinas asadas entraba por los balcones que dan a la calle, cruzaba la casa entera y salía por el patio trasero, convertido en inesperada chimenea. Desde la calle se veía salir el humo por encima del tejado como si hubiese un incendio en el edificio.

Creo que ha sido esa tensión la que me ha sentado a la mesa y me ha llevado a escribir durante tantas horas. Para celebrar el final de la primera parte del libro, el miércoles me fui a ver *Los sobornados,* de Fritz Lang. Un peliculón. El viernes, para romper la tensión provocada por el calor, los ruidos y el insomnio, me voy con los M. a Segovia, donde pasamos dos días frescos y tranquilos. De vuelta en Madrid, resulta que también en la capital de España ha cambiado el tiempo y el aire fresco anuncia que pronto se acabará el verano. Por la tarde, la luz tiene esa hermosa vibración otoñal, tan madrileña. Me tumbo un rato en el sofá de la habitación trasera, y miro cómo cae un sol perezoso sobre las doradas placas de corcho del suelo. Por la noche veo en televisión *La viuda alegre* de Lubitsch.

Hoy vuelvo a trabajar en la novela. Se atasca. La felicidad solo ha durado tres o cuatro días.

### 25 de diciembre

Meses sin acercarme a este cuaderno. En ese tiempo, algunos cambios (pocos e intrascendentes), y otras cosas –la mayoría– que siguen por el estilo, como, por poner un ejemplo, que cada vez veo menos claro el desarrollo de la novela que estoy escribiendo. La leo y me disgusto, no sé muy bien por qué. Algo falla, alguna tuerca no encaja, alguna pieza suena por ahí dentro mal. En cualquier caso, y sea lo que sea, me parece un paso atrás con respecto a la anterior, que, por cierto, finalmente se titula *Mimoun* y ya tiene vida propia. Tras largos tiras y aflojas telefónicos, en los que, desde la editorial Anagrama, se me decía alternativamente que iba a ganar y que no iba a ganar el Premio Herralde, en el último momento Vicente Molina Foix negoció, intrigó, y se lo acabó llevando. *Mimoun* quedó finalista, y yo contento, porque no sé qué hubiera hecho como ganador. Mejor así; queda un toque de irredentismo, de estimulante resentimiento. *El País,* en una misma página, llama «novela de una generación» y «obra maestra» a la flojísima *La quincena soviética,* de Molina (Azancot), y despedaza *Mimoun,* que se diría uno de los peores libros publicados en los últimos años (Juan Carlos Suñén). Aunque sabía que la crítica de Suñén iba a ser malísima (es el gran amigo de Bértolo, y B., que es amigo mío, lo sabía de antemano), me ha deprimido. Tantos años para conseguir publicar una novelita de poco más de medio centenar de páginas, una *nouvelle,* y recibir este pepinazo. Tenía la impresión de que una mula entraba dando coces en mi bien cuidado parterre. Qué se le va a hacer. Lo peor –según Herralde– es el efecto de mimesis que tiene *El País:* primer libro, primera crítica, primer palo. Puede cundir el ejemplo en este país con minúsculas en el que la gente no suele perder el tiempo preocupándose por un pobre tipo ya condenado por el diario oficial de la cultura.

Nos equivocamos tanto Herralde como yo. La crítica de Suñén provoca más indignación que avenencia y empiezan a aparecer excelentes reseñas en otros periódicos y revistas. Además, el libro está teniendo un relativo éxito. De hecho, se agotó la primera edición antes de que lo hiciera el libro del ganador, lo que le ha provocado ciertos quebraderos de cabeza al editor, que ha retrasado la reimpresión hasta que una razonable venta del primero permitiese sacar los dos libros con la fajita de la segunda edición.

1989

*8 de abril*
En el Intercity (el tren invita a escribir). Voy a Denia a
visitar a mi hermana, a la que han operado de una piedra en
la vesícula. Como pienso que seguramente tenga que dormir
en Valencia, porque ya no encontraré combinación para llegar hasta Denia, intento sacar dinero del cajero automático,
y descubro que no me lo da, así que viajo sin un duro, confiado en que podré pagar el hotel con una visa más que du-
dosa. Si me quedo en Valencia, no voy a poder ni cenar.

# 1990

*9 de julio de 1990. Valverde de Burguillos*

Leo *Los sueños,* de Quevedo. Anoto una frase que ahora no sé de quién es, pero que, en cualquier caso, me parece luminosa: «Es imposible ver las cosas, a menos que se sepa lo que deben ser.» Me suena a Nietzsche no sé por qué.

1991

*5 de septiembre de 1991*

Debería acercarme con más frecuencia a este cuaderno. Lo tengo abandonado. El pasado mes de febrero salió la segunda novela que publico: después de darle muchas vueltas, la he titulado *En la lucha final.* Me gusta ese título, no sé si tanto el contenido. El libro tiene algo de artificioso, de forzado, de poco natural. Hoy me ha llamado Herralde para decirme que acaba de leerse la nueva novela que le he mandado *(La buena letra:* esta vez tuve claro el título casi desde el principio, y, sin embargo, la novela ha hecho lo que ha querido con el autor). La publicará en primavera. Dice que le gusta, pero me da la impresión de que no demasiado. Me quedo rumiando. Quizá, si no ve que es un buen libro (y este, así, dicho impúdicamente, creo que lo es), no debería publicarlo. No me abandona la impresión de que no la ha leído bien, de que le parece una novela anticuada. La ha comparado con *Historia de una maestra,* de Josefina Aldecoa, y eso no es buena señal. Creo que son dos novelas que nada tienen que ver. Es la primera vez que me parece que me falla como lector. Le he dicho que, si no se la cree de verdad, es mejor que no la publique. Me ha dicho: Ya la quiero. Y espero quererla más. Pero yo no acabo de detectar ese amor.

*15 de diciembre*

«Entre hacer las cosas bien y hacer las cosas mal, hay un honrado término medio, que es no hacerlas.» Viva Machado.

1992

*18 de enero de 1992*

Como me derrumbo y empiezo a pensar una vez más que esa idea de que puedo llegar a ser escritor es una fantasía de ególatra, vuelvo a la modestia de estos cuadernos, que no son para nadie, que no compiten con nadie. Ni están al albur del juicio de nadie. Ellos con ellos mismos, y yo a solas conmigo. Es de noche. Ordeno perezosamente –sin prisa pero sin pausa– los libros en unas estanterías que me han hecho recientemente. Me aplasta el peso de todos los libros leídos o a medio leer. Con qué poco provecho, pienso. Desde hace algún tiempo, me encuentro cansado, enfermo (una vez más). Hay que ver qué agonía más larga nos muestra usted, joven: pasan decenios y todo sigue por el estilo, sin un clavo al que agarrarse, en su perpetua mala salud, y preparándose para unos novísimos que se acercan: silencio y osario. Y mucha dosis de oscuridad.

Qué deprisa se me pasan siempre las últimas horas del día, que son las primeras del día siguiente. Me pongo a hojear cuadernos, a escribir estas anotaciones: son las nueve o las diez de la noche y, cuando vuelvo a mirar el reloj, resulta que ya son las tres de la mañana, y entonces me entran las prisas por hacer cosas, me doy cuenta del mucho tiempo que he perdido durante la jornada. Querría ordenar, darle forma a cuanto tengo escrito, disperso. Me asalta un miedo irracional de que todo se quede a medio hacer, a medio decir, que no sea nada el resultado de tanto esfuerzo: es una ansiedad que se parece a la que sentí anoche, cuando no conseguía acordarme del nombre de la charanga vasca, que escuché con J. hace veintitantos años en una plaza del barrio viejo de San Sebastián, me acuerdo de aquella noche, de J., tan fuerte, tan saludable, quién iba a decir que moriría poco tiempo después, sin haber cumplido los treinta años, la sensación de cabalgar a lomos de esa ola que ha empezado a arrastrarte y empiezas a perder de vista la costa. Como si el fin de la jornada tuviera algo de presagio del fin de todo. Me siento como esos estudiantes vagos que descubren su ignorancia la noche que precede al examen. *(Mientras paso por enésima vez a limpio el texto, 2014, recuerdo el nombre de la charanga: Los Pomposos, la noche acabó entre carreras y botes de humo, junto a la playa de la Concha. Dormimos tumbados en la arena, al amanecer nos despertó un muchacho que limpiaba la playa, recuerdo que arrastró el saco de dormir unos metros, el sol me daba en la cara, el muchacho sonreía, «hora de despertar», dijo.)*

### 7 de mayo

¿De qué voy a escribir ahora? Parece que empiezo a librarme de la nefasta influencia que, durante los últimos meses, ha ejercido sobre mí *La buena letra:* no conseguía desprenderme de ella, me agobiaba, me la leía todos los días, en ocasiones dos y tres veces en el mismo día, y lloraba. Sí, me ponía a llorar. No sé qué nervio de dentro de mí ha tocado ese libro, pero me lo ha dejado en carne viva. Como si el libro y yo fuéramos lo mismo, animalitos temblorosos, irritables y asustadizos, en cualquier caso heridos. Ahora intento empezar otra cosa. Tengo una población de fantasmas en la cabeza: muertos que pelean contra el olvido. Poco más. Quién puede ser el narrador, a quién puede contarle la historia, por qué motivo. O sea, que faltan todos los elementos que forman una novela. Vago perdido: no quiero decir que sea un perezoso sin remedio, sino un vagabundo sin rumbo. Cada vez es lo mismo. Y este país gozoso, que babea entre tracas de expos y olimpiadas. Es como si todo fuera en una dirección y yo me empeñara en ir en otra.

*20 de agosto de 1992*

Ayer me llamó V. R. para decirme que ha muerto François. Su larga enfermedad, los terribles últimos meses primero en el Hospital de Saint Louis, luego en el de Rouen. La última vez que lo visité en el Hospital de Saint Louis, intenté convencerlo para que viniera a pasar una larga temporada en Extremadura. Le conté cómo era el campo aquí, la dehesa, te gustará, las encinas se pierden de vista, las extensiones solitarias, podrás sentarte al sol, que tanto echas de menos, pasear; le aseguré que tenía una habitación preparada para él en la casa. Él asentía, pero luego se echó a llorar desconsolado. Meses más tarde, ya en el hospital de Rouen, le repetí la invitación, ahora más bien como piadosa mentira. Estaba absolutamente impedido, no podía salir de allí porque lo tenían encadenado a los tratamientos (por teléfono, alguna de las noches que me llamó se quejaba de que lo ataban a la cama, y también de que tenía pesadillas, hablaba con dificultad, como si estuviera drogado: nunca sabré dónde terminaban las pesadillas; los sanitarios no son demasiado cariñosos con los enfermos de sida). Sácame de aquí, me pidió, pero ya no se tenía de pie, apenas veía, y escuchaba voces amenazadoras por las noches: seguían acosándolo las pesadillas. En el hospital de Rouen, lo engañé: En cuanto estés mejor, te vienes a Extremadura. Me miró con odio desde el fondo de la almohada. Tengo esa mirada clavada, no me libro de ella. Ni debo, ni quiero, ni puedo.

Repaso los cuadernos y me doy cuenta de que no he escrito ni una línea sobre eso, ni sobre la muerte de Fiti, mi querida amiga y vecina, tras año y medio de luchar contra el cáncer, también ella se había quedado prácticamente ciega: «Tengo una mirada poliédrica, como los insectos», se describía ella misma. Las últimas semanas sufrió unos dolores terribles que los médicos no conseguían calmarle con nada. Le inyectaban la medicación en la cabeza, valiéndose de un berbiquí invertido, que disminuía su fuerza a medida que la materia perforable se iba volviendo más blanda. Ni una línea en estos cuadernos de lo que de verdad me ha ocurrido en todo este tiempo: al releerlos, los veo como refugio de cobarde, prácticas de caligrafía de un egoísta. Mientras escribo estas palabras, pienso en cómo puede extrañarme de que me duela tanto *La buena letra,* o descubrir que el libro se haya abierto paso casi sin contar conmigo. ¡Pero si se ha alimentado con esa papilla siniestra que se esconde detrás de estos cuadernos, con lo que no cuento, lo privado y lo público revuelto! «A mis sombras», lo encabecé. Esas sombras eran los que vivieron un tiempo que se desvanece en el ruido de la España contemporánea que se esfuerza por olvidarlos —mis padres, mi abuela, mis vecinos—, pero también esos fantasmas que van desapareciendo de mi vida...

Cuando escribí la dedicatoria, François ya era una de esas sombras.

# A ratos perdidos 2
(agosto de 1995-marzo de 2005)

*5 de agosto de 1995*

En la trilogía de Esquilo –*Agamenón, Las Coéforas, Las Euménides*– Atenas legaliza el crimen (sus orígenes), sobre la base de que, sin olvido, el mal se apodera de las ciudades y de los hombres. El juicio que, en la última de las tres tragedias, preside Atenea, enfrenta a Apolo con las Euménides. Apolo es joven y reclama el olvido. Las Euménides son viejas y exigen memoria y, por tanto, castigo. Este modelo de juicio se repite periódicamente en las leyes de punto final chilenas, argentinas o españolas. La historia como olvido, injusticia sin la que se supone que no se puede vivir.

Creo que la tristeza de hoy se me ha echado encima mientras leía la amarga novela de Montalbán. Por si fuera poco, he leído en una de sus páginas el nombre de Selica Pérez Carpio y ese nombre me ha traído el recuerdo de Jesús Toledo. Él la nombraba, no recuerdo ahora a cuento de qué. Como nombraba a Yma Súmac. Tenía unos cuantos fetiches de ese estilo en la cabeza, *débris* de un mundo mejor, de una vida que había vivido antes de que todo se le atropellara hacia abajo. Para él, representaban sus luminosos años juveniles, cuando quería ser pintor, y se relacionaba con gente culta,

215

respetable, etapa previa de lo que consideraba su larga decadencia, eso que veía culminar en aquellos últimos tiempos de trapicheo al por menor y de una miseria y degradación que lo atraían como el desagüe del fregadero atrae el agua sucia. El día que lo conocí me dijo que quería quitarse de en medio. Harto de miseria y de mierda, me dijo. Primero me dio pena y luego me enamoré de él (la piedad peligrosa). La mayor parte de los días no tenía ni dónde dormir ni dónde comer, porque el dinero que obtenía de sus tráficos se le iba en copas y autoconsumo. Cuando se ponía sentimental, me contaba los personajes de la buena sociedad que había tratado en sus tiempos felices: pintores de renombre, modistos, gente del teatro; se lamentaba de las oportunidades que había dejado perder, incluida su vocación de pintor. Dibujaba bien, tenía muchas habilidades con las manos. Esculpía, tejía macramé (en sus etapas más apacibles, había intentado vivir precisamente de vender macramé en los mercadillos callejeros).

Pero Toledo estaba tocado por alguna ménade. Cualquier buen propósito se le desvanecía ante la aparición en el horizonte de algo que tuviera que ver con lo que él llamaba *el vicio:* la remota posibilidad de llevarse a la cama a algún muchacho de aspecto viril que aún no hubiera tenido experiencias sexuales con hombres (o que él fantaseara con que no las había tenido: lo volvía loco la aspiración de ser el primero en probar el pastel); la coca, el chocolate, el *popper,* las anfetaminas, los tripis (medialunas, estrellitas, círculos, abetos), los rohipnoles, y el alcohol (siempre acompañaba la farmacopea con mucho alcohol), eran la red con la que intentaba capturar a sus presas y en la que se atrapaba a sí mismo. Los estupefacientes –buena parte de ellos de alto voltaje– le ayudaban a preparar para el sacrificio a unos seres supuestamente vírgenes: en realidad, miserables chulos supuestamente heterosexuales a los que intentaba cepillarse y que fumaban y esnifaban a su costa.

216

A sus cincuenta y cinco años, aún oficiaba sus rituales en unos cuantos santuarios de la noche de Madrid. Toledo tenía siempre la noche por delante y, a ser posible, también por delante las largas horas que sucedían a la noche. El Madrid de la movida –de la que Toledo había sido uno de sus activos *dealers*– en el que florecían los *after-hours*.

Lo conocí en un bar de ambiente, era el año 83, yo estaba recién llegado a Madrid de A Coruña, una vez más perdido, se dirigió a mí, yo creí que para ligar, aunque luego pensé que lo hizo porque yo era nuevo en el bar y pensó que podía tratarse de un cliente. Imagino que me invitó a una raya. No lo recuerdo. En cualquier caso, nos atrajimos. Quedamos para follar al día siguiente. Yo creo que él me atrajo a mí más que yo a él (no sé, seguramente me fundió los plomos esa mezcla de fuerza y desamparo; también, de resabios urbanos levantados sobre un fondo de huerta, sabía representar el papel de rústico deslocalizado), y nos embarcamos en una caótica y destructiva relación. No puedo volver a verte, chico, me decía, pero me llamaba otra vez a la tarde siguiente. Tengo pareja, aunque es un desastre, y estoy hecho polvo, y nueva llamada. Me gusta estar contigo, pero no tengo remedio, chico. No me puedes salvar, decía, burlándose de mí, mientras me pasaba el canutito para que me metiera otra raya en la nariz. Tampoco es que él quisiera tenerlo. Remedio, me refiero. Mientras me metía la lengua en la boca con una estrellita pegada en la punta, y me manoseaba con arte la entrepierna, decía que no tenía miedo a morir, pero sí a envejecer; miedo a pasar más miseria y hambre de las que había pasado los últimos años en los que había recorrido pisos sórdidos del extrarradio, y pensiones sucias del centro de Madrid: paraísos cutres de yonquis, de mariconas pobres en busca de una habitación por horas. Travestis, putas desahuciadas, culeros, hombres de todas las edades recién salidos de alguna cárcel dispuestos a hacer lo que fuese para comer o

217

para drogarse; habitaciones amuebladas con lavabos en los que han meado cinco o seis generaciones; los condones usados bajo la cama o por los rincones, las sábanas con pinceladas de mierda y almidonadas con lefa. Toledo tenía miedo, sobre todo, de acabar durmiendo en la calle (experiencia que ya conocía, y de la que yo mismo, en mi aspiración de Nazarín calenturiento, lo rescaté). Quería salvarse, pero una y otra vez lo tiraba al barro su propio ángel malo, una mala suerte buscada –la del agua en el fregadero; yo también la buscaba a mi manera– y de cuyo pegajoso fango lo sacaba un misterioso ángel bueno que, en el último momento, lo libraba de lo peor: un ángel que, durante algún tiempo, me utilizó a mí como sufrido agente, a mí me encanallaba y a él lo redimía, territorio intermedio. Porque Toledo tuvo buena suerte hasta el final. Consiguió mantenerse sin trabajar hasta el último minuto de su vida (con el tiempo, fui comprendiendo que su verdadero terror no era la muerte, sino el trabajo), y, sobre todo, consiguió vivir sin renunciar a su querida noche madrileña. La movida, el cancaneo. Nacho Cano, Tino Casal, la legión de niños-niña de crema pastelera: hombre lobo en París y no controles, bailando, me paso el día bailando, la coctelera agitando...

(*También en ese deseo suyo de no envejecer lo ha acompañado el ángel bueno, su paradójica suerte: ha muerto con cincuenta y siete años, viviendo bastante lujosamente en casa de un arquitecto bien posicionado y, por lo que me cuentan, su muerte se ha debido a un atracón de coca. La tormenta perfecta. Hay que tener mucho arte para medir uno sesenta y seis, pesar casi cien kilos, estar cerca de los sesenta años y que se enamore de ti y te proteja un brillante arquitecto de poco más de treinta, después de separarte de un enamorado aspirante a escritor que estuvo a punto de perder el norte por tu culpa y lloraba desconsolado cuando te perdió.*

*La buena sociedad que frecuentó, las canciones de Selica Pérez Carpio e Yma Súmac, los recuerdos que él creía que lo devolvían a la edad de la inocencia, lo que hacían, en realidad, era ayudarlo a prostituirse de una manera más compleja, con más repliegues, haciendo que fuera casi amor lo que a lo mejor no era más que una faceta del modesto negocio que mantenía (manutención, hospedaje, y calderilla para vicios).*

*Le dieron esa inagotable capacidad de conversación que tenía, esa gracia, parodia posmoderna sobre la cultura, lo que nos hizo quererlo (me demostró que me quería a su manera y que lo nuestro había sido casi, casi amor). Meses después de rota la relación, me visitaba elegante, servicial, me invitaba espléndidamente a comer y a cocaína con el dinero del otro, incluso me llevó alguna vez a su casa para que folláramos; como, sin duda, había invitado a sus amantes anteriores con el dinero mío y se los había follado en mi –digamos nuestra– cama. Hubiera hecho feliz a la humanidad si le hubieran regalado una máquina que le fabricara billetes para todos sin pedirle esfuerzos. Pero vuelvo al tema: lo que aprendió en sus años felices –todo ese perfume de cultura y gran mundo– lo salvó muchas veces de su capacidad inagotable para seguir cayendo, aunque, al final, acabara hundiéndolo del todo: eso, lo de hundirse del todo, se dice de quien se ha muerto, pero él no se hundió, murió arriba, entrando en un buen piso de la Castellana después de una noche de juerga y cocaína. No creo que imaginara para sí mismo una muerte mejor. Se le reventó el corazón en una noche tronada. Creo que murió solo. Su amante estaba de viaje y, cuando regresó, acusaba a unos cuantos de haberle matado a su Jesús. Como si él necesitara alguna ayuda para matarse como se mató.)*

## 10 de agosto

Verano en Denia. Regreso al cabo de San Antonio, un lugar que, durante mi infancia, me parecía paradigma de la belleza. Los acantilados, la superficie del mar cuyos colores y textura cambian a cada instante, por detrás de un friso de palmeras. Blanco de metal hirviente, plateado, azul cobalto, verde, gris de acero. El mar. Por las tardes, se me saltan las lágrimas cada vez que veo las barcas de pesca que vuelven a puerto. Son mi niñez. Pintadas de colores vivos, rojo, azul, verde, navegan ligeras, cabeceando, animalitos domésticos de vuelta al corral. Vistas desde la orilla, transmiten una alegría laborable, inocente: la de los marineros que llevan a bordo, deseosos de lavarse, cambiarse de ropa, salir a tomar una copa, cenar en casa. Hoy, en medio de una fuerte tormenta, la primera que ha aparecido llevaba detrás una densa estela de gaviotas, cuyo aleteo hacía rebotar la luz del sol que, como de un reflector, se escapaba entre los nubarrones. No sé si es la silueta de las barcas la que me transmite esas sensaciones domésticas, inocentes, o si es el conjunto –paisaje, gente– el que me devuelve a una ingenuidad infantil. Con la tormenta de hoy, el mar se limpia, se purifica, se orea. El oleaje deposita la suciedad de la contaminación en recovecos y calas, que se quedan cubiertas por una espuma rojiza, parda, como de chocolate, o de café con leche. Es como si se bañara a sí mismo para desprenderse de su porquería. Oigo su fragor y huelo su humedad yodada, salina. Y todo ese conjunto de sensaciones me transmite inesperadas ganas de vivir, también nostalgia: como si todos los tumbos que he dado en mi vida hubieran sido un error y se me diera una oportunidad de empezar de nuevo, no de vivir prolongando lo ya vivido, con su resaca de toses, respiración de fuelle y alimentos que se introducen en los alvéolos de los que han desertado los dientes; no, sino una vida desde el principio, cada miembro, cada órgano en su sitio, un hombre nuevo, a estrenar. El cabo de San Antonio, con su impasible perfil, su imperturbable silencio de esfinge, contempla el cotidiano ajetreo. Hace más de cuarenta años, un niño jugaba a buscar lapas y bígaros entre sus piedras y

220

miraba los cangrejos correr en los huecos rellenos por la marea, una fauna que le parecía que pertenecía a mundos remotos, en los que las rocas formaban recipientes que recogían aguas luminosas y verdes, sobre fondo de algas, y agitación de diminutos seres vivos. Entre estas piedras y ricos fondos marinos vivió el hombre que vuelve a mirarlo todo, ahora que ya lo ha manoseado a él mismo la vida. Miro lo que he perdido como el poeta dice que se canta lo que se pierde. Pero sé que, si me hubiera quedado aquí, no sería capaz de mirar este paisaje como lo miro hoy. La cotidianidad habría emborronado los recuerdos, o los iluminaría de otra manera, los empastaría con otra densidad seguramente más gris, por cotidiana. Ahora este paisaje recuperado se me ofrece casi como un inesperado regalo cuyo envoltorio se rasga con emoción. Pasa el barco de Ibiza, atravesando ese espacio onírico de nubarrones y filtros de luz, entre las olas de un mar furioso, de superficie agitada, cuyos colores cambian a trechos (del negro carbón al dorado, al brillante acero), sucesivas masas de color que parecen cortadas a cuchillo. El conjunto compone una estampa romántica, que uno creería más invención de la mente o del alma, que realidad perceptible (imagen de uno de esos paisajistas románticos noreuropeos). Cabecean lejanas las luces que el buque se lleva consigo, y, en su reluciente blancura, el barco es como un joyero que se hundiese en la delgada grieta que queda entre un mar alto y un cielo bajo. Se lo tragan la negrura del agua y el plomo de las nubes. En cierto momento, la única luz que fulgura en todo el horizonte es la que envuelve y dora su blanco casco. El resto es de un negro brillante, mineral: una enorme placa de carbón líquido.

*Denia. 14 de agosto de 1995*
   Hubo un incendio en la zona el pasado día 12. Las llamaradas salían por detrás de la cumbre de la montaña, a apenas doscientos metros de donde comíamos, luego ocuparon

la curva del horizonte y empezaron a bajar precipitadamente entre los pinos en dirección a las edificaciones. El sol era un globo rojo y mortecino detrás de un espeso filtro de ceniza y humo. Apenas se veía el mar, cuya superficie –también cubierta de cenizas– se iba velando tras la densa masa de humo. Nos metimos en el agua, entre las rocas, para escapar de las llamas, pero ni siquiera allí dentro conseguíamos respirar, a pesar de que mojamos la ropa en el agua y nos cubríamos con ella la cara. Tuvimos que salir de allí. Nos dirigimos hacia la carretera. En estos tiempos, parece que hasta lo más trágico está condenado a volverse intrascendente: el acto de luchar contra el fuego más que a un esfuerzo heroico, dramático, se parece a una estridente cabalgata de carnaval: personajes vestidos de amarillo, de verde, de naranja, de azul; por el cielo cruzaban avionetas, helicópteros, hidroaviones; al final de la carretera iban agrupándose camionetas, furgonetas, jeeps, camiones: todo un espectáculo en el que cada elemento (como en los desfiles carnavalescos, o en los autos sacramentales) parecía representar una esencia, un pecado, una virtud (ICONA, Protección Civil, bomberos, policía municipal, policía armada, Cruz Roja, Guardia Civil, voluntarios). Más que a apagar el fuego, lo que hombres y máquinas representaban parecía ir dirigido a cubrir los diferentes espacios de inquietud de cuantos contemplábamos resignadamente la tragedia, parcelas de nuestro sistema volitivo. Aventar dudas, más que apagar llamas. Decirnos: Yo soy el que sabe, yo soy el que detecta, yo soy el que conforta, el que domina, el que ordena, el que castiga, el que cura, el que ayuda, el que consuela. Su capacidad operativa parecía notablemente limitada (el fuego seguía a lo suyo), pero no así la de representación, que era rutilante, casi inagotable. Sin duda, nos hallábamos ante un espectáculo de lujo en el que la compañía no había reparado en medios materiales para el atrezo, invirtiendo ingentes sumas de dinero a mayor satisfacción de las necesidades psicológicas y estéticas del espectador (deslumbrantes carrocerías, gruesos neumáticos, poderosos motores, potentes emisoras, teléfonos móviles; saludable material humano) y, sin duda, para el intermediario, el comisionista. El espectador está contento, y, claro, todo esto mueve dinero, le genera comisiones a alguien, se compran y se venden cosas y eso siempre deja un rastro de dinero. Ya he dicho que lo de apagar el fuego era otra cosa, la excusa para el despliegue. Me fijé en que buena parte de los carísimos vehículos aparcados por todas partes eran matrícula de Castellón, donde mangonea un político corrupto. Pensé que detrás de todo espectáculo siempre hay un empresario que se beneficia. Lo sabemos por las películas de Hollywood, porque la prensa de aquí no dice gran cosa.

Al llegar la noche, aún permanecen algunos focos encendidos, pequeñas fogatas que parpadean en la ladera, y el aire huele a resina, a leña quemada. Desde la cama, oigo la apacible respiración del mar. A la mañana siguiente, el agua se ha librado de la capa de ceniza que la cubría y se ofrece limpia, transparente. Todo parece haber sido una pesadilla. Pero en la montaña hay laderas cuya superficie ayer era verde y hoy aparece tiznada, y también descarnada, como si alguien hubiera arrancado con un escalpelo la capa vegetal: las piedras relucen entre las cenizas. Horas más tarde, al leer el periódico, me entero de que, desorientado por el humo que había invadido la superficie marina, un velero volcó y se estrelló contra los acantilados muy cerca de las rocas donde intentamos protegernos nosotros. Al parecer, se ha ahogado uno de los tripulantes.

*12 de septiembre*
La luna –que ha iniciado su fase menguante– marca un ancho camino de plata sobre el mar. Huele a salitre, a yodo,

223

a resina. He recorrido durante unos días la comarca con A., C., y su hijo A.: hemos visitado calas, valles, poblaciones, un exhaustivo paseo por los alrededores. Estas excursiones me adormecen, me sumen en una cierta indolencia, me sacan de mí, y me distraen obligándome a mirar al exterior. Parece que saca uno la cabeza de ese sombrío amnios en cuyo interior se captura la literatura. Como contrapunto a las sensaciones vitalistas, de seducción por un paisaje, la agonía de mi madre, que ya empieza a ser larga: su precipitada degradación, ese seguir bajando por una escalera en la que te desprendes de lo humano para llegar no más allá, sino a un estadio que se corresponde a lo anterior a la humanización, y exige permanentes atenciones, no siempre fáciles: darle la comida, limpiarla, discutir con ella, que se ha vuelto mandona, malhumorada; verla como un autómata, como una especie de gólem cortando las cortinas para volver a coserlas, rompiendo un libro, o llenando de excrementos el baño convencida de que lo que está haciendo es limpiarlo. No sé de dónde saca una energía que consigue que no puedas dejarla ni un minuto a solas, porque inmediatamente ha emprendido alguna tarea tan bienintencionada y voluntarista como destructiva. Quiere prepararte la merienda, ser útil, y en cuanto te das la vuelta se mete en la cocina y vierte en alguna taza un combinado que puede incluir leche, huevos, lavavajillas, galletas y lejía. Como te niegas a bebértelo, se desmorona, llora. «Ya no sé hacer nada. Si te preparo yo la merienda, no te la tomas. Si te la prepara otro, sí.» Vive lo que ella cree rechazos con tanta tristeza que te dan ganas de beberte la pócima, aunque te cueste la vida.

Las frases repetidas y los gestos obsesivos fueron los primeros síntomas que, hace ya un par de años, anunciaron que la demencia senil ocupaba posiciones dentro de ella. Al principio, unas y otros me parecían arbitrarios, manías que nada tenían que ver con cuanto nos rodeaba; poco a poco, sin embargo, voy descubriendo que muchas de esas frases, expresiones o preocupaciones tienen que ver con cosas que ocurrieron hace muchos años, algunas de las cuales empiezo a recordar que viví. En esos casos en los que me siento cómplice de sus obsesiones, me lleno con una mezcla rara de ternura, temor por mí mismo, y desolación. El alzhéimer o la demencia senil, que son enfermedades de la memoria, traen en quienes están alrededor de quien las sufre un cargamento de recuerdos y sentimientos del pasado que llega a ser insoportable. Los enfermos se pasan el tiempo caminando entre las brumas de un pasado indefinido del que, en algunos momentos, extraen el jugo más amargo. Ese magma de recuerdos desestructurados los hace sufrir terriblemente, y hace sufrir a quien los acompaña. Ayer hablaba de que teníamos que ir el próximo domingo a Valencia –como hacíamos cuando yo tenía cuatro o cinco años– porque, decía ella, había fiesta e íbamos a visitar a la Virgen de los Desamparados (fue su única debilidad de agnóstica) para ponerle una vela y comprar una de aquellas campanitas de barro que nos regalaban a los niños el día de San Vicente. «Vamos a ir a ver a la tía Justa», me decía (la tía Justa era la hermana de mi abuela que hace más de cuarenta años que murió). Me di cuenta de que reproducía alguno de los diálogos que ella y yo mantuvimos por entonces. Pero cuando, por seguirle la corriente, le dije «e iremos a ver a la tía Isabel (desaparecida por la misma época que la hermana)», se le arrugó el ceño, me miró con desprecio y dijo: «Te crees que no sé que la pobre tía Isabel ya se ha muerto, ¿por qué te burlas de mí?»

1997

*11 de febrero de 1997*
   Releo *Tirant lo Blanc.* La vida entera entre las páginas de
un libro. Además, la emoción de la lengua de mi infancia.

1998

*Años 1998-2000*

*Notas para una novela futura.*
«Parece como si la poesía hubiera tenido que pasar por todos los infiernos del arte por el arte, antes de acometer la su-
prema tarea de someter todo esteticismo a la primacía de lo
ético» (H. Broch, pág. 261).

De *El idiota,* de Dostoievski: «Pudiera ser que tampoco la
inteligencia fuera lo principal. No te rías, Aglaya, que no me
contradigo: el burro con corazón y sin inteligencia es un burro
tan desdichado como el burro con inteligencia y sin corazón.
Es una gran verdad. Yo soy una burra con corazón y sin inteligencia, y tú eres una burra con inteligencia pero sin corazón:
las dos sufrimos», II, pág. 565.

El dolor se expresa mediante símbolos, no se expresa directamente, no vemos, tocamos o sentimos el dolor ajeno.
Vemos los símbolos que de él emanan, las lágrimas, el gesto
torturado del rostro, pero no el dolor que roe en silencio a
una persona que no puede pasarnos ni siquiera una pequeña
parte de su carga para que la ayudemos a llevarla.

Lo realmente desconocido no atrae, lo que atrae es lo intuido. Se siente atraído por algo quien intuye una nueva parcela de realidad y tiene que darle expresión para que salga a la luz. Tanto en el arte como en la ciencia, el problema se reduce a crear nuevos *vocablos* que nos adentren en el bosque de la realidad. Aquel que persigue buscar para el arte exclusivamente nuevas formas sin tener eso en cuenta, crea sensaciones pero no arte.

El artista medieval servía a Dios si hacía un buen trabajo; su problema, al pintar un retablo, al tallarlo, al ajustar las piezas, no era Dios: era distribuir los colores, los espacios, las figuras humanas, los animales, los paisajes del cuadro o las figuras del retablo; que se sostuviera bien el andamiaje, que estuvieran bien encajadas predelas o pulseras. Incluso la Iglesia desconfiaba de un artista que ligara de manera excesivamente directa su arte a Dios. Eso no era asunto suyo.

Podemos perdonarlo todo, mientras no veamos a las víctimas, ¿todavía no has aprendido eso?

De Musil *(Diarios):*
Se refiere al Hume del *Tratado de la naturaleza humana:* Las discusiones se multiplican con el mismo ardor que si todo fuera cierto. En medio de esa furia, no es la razón la que obtiene la victoria, sino la elocuencia. Triunfan las hipótesis más audaces, con tal de que el orador posea la habilidad suficiente para presentarlas bajo una luz favorable. La victoria no la alcanzan los que llevan las armas, las espadas y picas, sino las trompetas, tambores y músicos del ejército.

De Piglia:

La metáfora de Borges sobre la memoria ajena, los recuerdos artificiales en el centro de la memoria contemporánea (Burroughs, Pynchon, Dick, Gibson); la sustitución de la memoria propia por una retahíla de secuencias y recuerdos extraños, ajenos, digamos literarios. La muerte de Proust, como muerte de la memoria propia, de la condición de temporalidad personal y de la identidad verdadera.

El psicoanálisis, épica de la subjetividad y visión violenta y oscura del pasado personal, un arte de la narración. Arte de mantener a flote en el mar del lenguaje a gente que está tratando de hundirse.

Un diálogo de la película *Mi hermosa lavandería:*
«–¿Por qué lo has dejado fuera?
»–Es de clase baja. No entrará si no se lo pides, a no ser que sea para robar.»

De Reich-Ranicki:

En *Don Carlos* de Schiller, el Marqués de Posa le pide a la Reina que le diga a su amigo el Infante que respete los sueños de su juventud cuando sea hombre, que no enloquezca cuando la sabiduría polvorienta se burle de la exaltación, esa hija del cielo; y dice Reich-Ranicki: entre los sueños de juventud hay que incluir también las obras literarias que lograron embargarnos en el pasado por habernos alcanzado en el momento preciso, y que no hemos podido olvidar.

Del *Fausto* de Goethe cita Reich-Ranicki: «Te lo aseguro, un joven que teoriza es como un animal que un mal espíritu hace girar en un seco brezal mientras en torno a él hay bellos prados verdes.»

Y de Musil extrae esa frase que también yo cité en otro lugar:

«–¿Qué cambia el arte?
»–El artista.»

Schiller, *La novia de Mesina:* la vida no es el más alto de los bienes. De ahí sale Dostoievski: *Los hermanos Karamázov, El idiota, Los endemoniados.*

Ironía de Reich-Ranicki sobre la vanidad de un escritor (de los escritores):
«–Pero hemos hablado todo el rato de mí, ahora hablemos de usted, ¿qué le ha parecido mi último libro?»

Sarcasmos del viejo lagarto alemán. Aquí va otro: la mayoría de los escritores no entienden de literatura más de lo que las aves saben de ornitología, dice Reich-Ranicki. Lo malo –digo yo– es que hay críticos que quieren hacer novelas, que es como si los ornitólogos se propusieran volar.

Hay literatura, dice Reich-Ranicki, sin crítica, pero no hay crítica sin literatura. Primero almorzar, y luego moralizar. Hay críticos que desprecian la literatura, o, al menos, la subestiman. Se le escapa al gran crítico alemán que, en la frase está implícito cierto desprecio. Comer (es decir, lo primero, lo cercano al primate) sería la novela; moralizar (lo que toca el espíritu), la crítica. Para algunos críticos parece que suponga una incomodidad tener que aguantar la existencia de la novela para poder hacer teoría de la novela: tener que comer y defecar para luego poder pensar. El novelista, en esa consideración, no deja de ser un ser ingenuo, primario, o primate que precede lo que va a venir; todo lo más, el hormigón enterrado de cualquier manera sobre el que se levanta la ligereza del edificio teórico, la crítica, la filología. El novelista sería el albañil del que el arquitecto (el crítico) no puede prescindir para convertir en realidad sus brillantes disquisiciones.

Me hace sonreír la ironía de Reich-Ranicki cuando dice que le gusta Alemania Federal ante todo por una cosa: porque se puede salir de ella en cualquier momento.

Grosz, el pintor, declaró en más de una ocasión que, comparado con las tareas prácticas, el arte era *un asunto totalmente secundario,* pero que era el único instrumento que poseía, y lo utilizaba diligentemente (de Hughes, *El impacto de lo nuevo).*

Interponer el arte entre el público y el mensaje oficial.

Malévich: «Es absurdo meter a la fuerza nuestra época en los viejos moldes de una época pasada.»

Sobre la revolución en los instrumentos artísticos: «La punta deshilachada del pincel está en desacuerdo con nuestro concepto de claridad» (El Lissitzky).

Moholy-Nagy: el arte declarándose a sí mismo que es material más trabajo.

La tercera persona convierte el relato en destino. Un pueblo, una clase, cualquier grupo, son una narración. Toman forma por el hecho de que alguien los agrupa bajo una palabra que los incluye, al tiempo que excluye de ese enunciado a los demás. El problema es la legitimidad del narrador, quién es él para narrar, quién para incluir y excluir, para tomar un camino u otro; en nombre de quién y con qué derecho lo hace.

Me planteo algunos problemas: hace quince años que vivo en pueblos pequeños, y parece ser (yo, desde luego, estoy convencido) que la gran ciudad es el catalizador de las contradicciones de nuestro tiempo. ¿Se puede narrar hoy desde fuera de la gran ciudad? Imagino a los narradores de los años veinte y treinta haciéndose la misma pregunta, a Dos Passos, a Döblin. Ellos vivieron en grandes urbes, se movieron de acá para allá, saltaron de uno a otro continente en la primera línea de los acontecimientos. No se les planteaba el asunto, vivían donde hervía la vida. Aunque, bien pensado, yo también he corrido lo mío.

El desánimo, la grisura. Ni siquiera parece esta una época de suicidas simbólicos. En la actualidad el suicidio es un accidente personal, un tropiezo. El suicidio simbólico exigiría otro estadio, otro grado de pasión –digámoslo así, un cuidado– social. Un romántico que se suicida es la expresión de su tiempo. Imagino algo parecido no hace demasiados años, allá por los sesenta. Uno podía quemarse a lo bonzo por los derechos del pueblo de Vietnam, o por los de los negros americanos o sudafricanos. Por qué se suicida hoy uno, que no sea por desazón existencial, por el picor de la propia vida, es decir, por nada. El sexo (y su proveedor, el dinero) ha ocupado el espacio que han dejado libres las ideologías: el sexo y sus aledaños, los rodeos psicológicos, la mística amatoria, el merodeo –directo o sesgado– en torno a la carne (creo recordar que era Marivaux el que se burlaba diciendo que, cuando uno dice Madame, la adoro, etc., lo que quiere decirle es: me gustaría follarla, metérsela por aquí y por allá), la promiscuidad, los celos. Eso que llaman la violencia doméstica es el gran efecto colateral del nuevo romanticismo, el triunfo del sexo como bandera de la modernidad en los pueblos: se habla descarnadamente de él en la televisión, en la barra del bar (ver *Su único hijo,* de Clarín: en aquella ciudad de provincias solo se podía ser romántico en el aspecto sentimental, es decir, en la calentura del sexo y no en su consumación. Mala cosa). También ahora parece que está todo al alcance de la mano, y resulta que no es así, y eso enfurece a cierta gente.

Escribo así, escribo como escribo, por un accidente personal, por un tropezón. Seguramente, solo porque estoy poseído por unos personajes que son fantasmas, humos de mi desvarío, como en una representación barroca. Me han ocupado y no consigo expulsarlos de mi casa, a pesar de que ni me interesan ni me los creo, pero, fuera de ellos, no veo. Eso no es un problema social, es un problema íntimo, transmitirlo por el altavoz de la plaza del Ayuntamiento resulta una forma de desvergüenza.

Me pasa aquello que pensaba que podía pasarle al viejo cínico de *La caída de Madrid,* aunque él, con su clarividente comportamiento, demostraba que no le ocurría exactamente eso: han llegado otras circunstancias, que ya no me interesan, no soy capaz de hacer el esfuerzo necesario para entrar en ellas. No me interesa la literatura temática, la narrativa clínica, novelas de autoayuda o terapéuticas: escribir acerca de los problemas de tales enfermos físicos o sociales, de la juventud inadaptada, de los conflictos matrimoniales, o del particular sufrimiento de las minorías en las sociedades avanzadas. Nada de eso me interesa como forma literaria: la enfermedad es problema de los médicos, lo de la juventud se cura con los años, los casados con problemas que se separen, y los gays que se casen (pronto podrán hacerlo), que vayan más a las saunas de ligue y a los bares de copas, o −me parece mejor− que no vayan a ninguno de esos sitios y procuren follar con los vecinos que les gusten, que, al fin y al cabo, esa es la única forma de deseable normalidad. A los que sufren hambre y miseria en esos continentes de segunda o tercera clase, mejor que una novela es regalarles un arma. El Kaláshnikov como obra maestra literaria. Digamos que en literatura no se trata de enfrentarse a los problemas de este o de aquel, sino −contando lo que sea− proporcionarle al lector instrumentos que le ayuden a dotar de sentido su vida. Situarlo en el mundo, ponerlo ante esas contradicciones que solo a él compete enfrentar. Lo otro es literatura especializa-

233

da, temática, literatura médica, de uso clínico o académico; películas para poner en las salas de espera del psiquiatra, o en los cursos de adoctrinamiento que organizan los sindicatos y los partidos políticos. La verdadera literatura busca apresar la mecánica del todo, avanzar los materiales con los que se construirá el espacio mental que sustituirá al presente. Establecer el mito es tarea de otra clase de literatura, creo que es Broch el que lo dice: una literatura peligrosa. No, la literatura no busca el mito, sino el conocimiento. No es quien dota de sentido a la novela el que nos parece mejor enfocado en la fotografía, sino ese que, al contemplar la foto, nos damos cuenta de que mira hacia la inquietante sombra que emerge en el horizonte y en la que no nos habíamos fijado.

*(Para uno de los personajes de la novela):*
Falta de orgullo, quizá. Los últimos años, su decadencia fue demasiado rápida. A lo mejor él ya sabía que estaba enfermo, lo intuía, lo notaba. Lo cierto es que sus rendimientos se redujeron al mínimo y se fatigaba, o, al menos, se distraía. Le costaba sentarse ante la máquina de escribir, leía veinte, treinta minutos, y se fatigaba, o se distraía. Como si se le hubiera acolchado la inteligencia, la capacidad de percepción. Me da la impresión de que apenas entendía lo que leía, y no captaba los matices; se le escapaban los detalles de las cosas, los delicados sombreados de las palabras. Lo mismo le pasaba viendo las películas de la televisión (al cine apenas iba). Solo veía las mejores, las que recordaba que lo habían deslumbrado o conmovido la primera vez, y, sin embargo, cada sesión ante el televisor se le convertía en un tormento. Quería mantenerse despierto y no lo conseguía. Dormirse ante el televisor, eso lo hace todo el mundo, pero para él era la prueba de su agotamiento. También se dormía leyendo. Es el tabaco, es la tensión, es la resaca, decía. El tango se titula «Cuesta abajo».

Las máquinas empiezan a arrancar los naranjos. Se describe cómo lo van haciendo y también la situación de la parcela que se encuentra situada en el límite entre la montaña y la huerta. Desde la parcela, hacia la derecha, se inicia el ascenso de la ladera, y hay bancales con plantaciones de olivos. Una vez arrancados los árboles, aparecen máquinas que aplanan el terreno. Se oye el ruido durante todo el día. Una semana más tarde, vuelve a oírse el ruido de las máquinas. Ya no son naranjos lo que arrancan. Ahora están arrancando los olivos, que crecen en una cota superior. Aplanan otros bancales. Puedo ver cómo las excavadoras abren huecos para echar el cemento. En días sucesivos, van creciendo los muros. Muy poco tiempo después, los tejados. Desde mi casa veo el movimiento de camiones, de obreros que se mueven de un sitio para otro. Al atardecer, la tierra desnuda: arañazos de color rojizo; por encima de ellos, crecen las paredes grisáceas. Todo tiene una triste fealdad y, más aún, hoy, que ha empezado a llover. Como si el paisaje se hubiera, de repente, empobrecido, perdiendo toda su gracia, su valor. Un lugar sin aura.

*(Dostoievskianas)*

Parecía un alma a la deriva que se hubiera encontrado por casualidad con un cuerpo al que sacaba adelante como podía. Todo esto es de Dostoievski, de los Karamázov: Por desgracia, los jóvenes no comprenden que el sacrificio de la vida es el más fácil de todos. Ni siquiera saben lo que es la muerte. Tienen la difusa conciencia de que de la muerte se vuelve; de que uno pone el coche a ciento ochenta por hora, lo estrella, y, a los tres días, puede estrellar otro, o darse cuenta de que eso no es lo de uno, y decidir que es mejor dedicarse a otra cosa. Mejor la moto. Lo mismo les pasa con el amor. Quieren amor *fou*. Amor de surrealistas: una llamada y morir, o que se muera ella, o él. O los dos. Soportan cualquier sacrificio siempre que sea rápido, que no dure demasiado. No les gusta exactamente el amor, si es que eso es algo que, de serlo, resultaría sinuoso y complicado. Les gusta la representación del amor, la obra de teatro, que tiene unos precisos y comprimidos límites; que todos los vean sufrir y, al final de la escena, aplaudan su sufrimiento: que la experiencia dure lo que dura la función y luego, a otra cosa. Pintan grafitis en las paredes: «Paco quiere a Sonia», y eso es lo que importa; que los amigos sepan que uno tiene dos cojones para amar y para decirlo a voces. Después, el aburrimiento; el no saber qué hacer ni en casa ni fuera de ella, qué se hace juntos. Tomar cosas. Pero eso tampoco cubre, porque uno toma más que otro, o a uno le hacen las cosas diferente efecto que al otro. Malo. A veces, se encuentran dos imbéciles que deciden amarse solo por llevarle la contraria al resto de la humanidad. Esos amores son peligrosísimos, pueden conducir a la tumba; o durar hasta la tumba, años y años de empecinarse en mantener eso en lo que nadie creía y en lo que ellos tampoco. Pero están la tozudez, el orgullo. Nosotros frente al mundo. Ya digo: suelen ser amores tremendamente destructivos.

Más Dostoievski:
—Pero estamos analizándolos de arriba abajo, abriéndoles con cuchillo el alma, y eso es una forma de desprecio casi peor que otras. A la mayor parte de las personas hay que tratarlas como si fueran niños, y a algunas como a enfermos de hospital.
—A este afán de vivir, algunos moralistas mentecatos y tísicos, y sobre todo poetas, lo califican con frecuencia de vil. Yo creo que lo primero que se debe amar en este mundo es la vida.
—¿Amar la vida más que su sentido?
—Sin duda alguna, amar la vida antes que la lógica.

—Nos hemos destruido. Hemos descubierto que hay culpables y que no se les castiga. Además, ni siquiera nos queda la esperanza, triste esperanza, de que se les castigue en algún lugar o tiempo del infinito. Ni siquiera eso. Quiero ver por mí mismo esa venganza, y si cuando la hora llegue ya he muerto, pues que me resuciten, ya que si todo ocurre sin mí, resultará demasiado ofensivo. No he sufrido yo para estercolar con mi ser, con mis maldades y sufrimientos la armonía de alguien. Quiero ver con mis ojos cómo la cierva yace junto al león y cómo el acuchillado se levanta y abraza a su asesino. Cuando la madre se abrace al verdugo que ha hecho despedazar a su hijo por los perros, y los tres juntos proclamen bañados en lágrimas: «Tienes razón, Señor», entonces naturalmente se llegará a la apoteosis del conocimiento, y todo se explicará. Pero... estas lágrimas no han sido expiadas. Han de serlo, o de lo contrario no puede haber armonía. Pero de qué me sirve el infierno para los verdugos, qué puede rectificar el infierno.

(Paradoja en los Karamázov: La dignidad, en la pasividad del sufrimiento. La humillación te eleva, te dignifica. Un hombre sacado a rastras, borracho, golpeado delante de su hijo, encuentra su dignidad, el espacio de piedad que Dios le concede. Pasa de víctima a mártir. Se abre hueco en el almacén de los símbolos.)

Un personaje antidostoievskiano:
No he estado dispuesto a ser objeto de caridad nunca más. Ya tuve bastante en mi infancia. Las beatas que le ofrecían trabajo a mi madre, y, además de explotarla, se sentían confortadas y orgullosas por ayudarla. No quiero darle pena a nadie. Prefiero tener pena. Que sufra mi conmovida sensibilidad. Ejercer yo la caridad. Se escribe la biografía de los que fundaron un hospital, un asilo, una beneficencia del

tipo que sea, la gota de leche, la casa cuna, la residencia de ancianos, la guardería, la casa de la caridad; no se escribe la biografía de quienes fueron atendidos en la institución. Yo quiero estar con los que hacen la historia, no entre quienes la padecen. Prefiero ser bueno yo, a que sean buenos conmigo. No quiero que el Estado gaste conmigo, prefiero que intente cobrarme (y, a ser posible, no lo consiga). Es un tipo a punto para la novela.

El personaje voraz:
Si hubiera que representarlo, él sería el buitre que le devora las entrañas a Prometeo. Hay un cuadro de Bacon que me viene a la mente. Se trata del panel central de un tríptico de 1976 en el que se ve un ave de rapiña abalanzarse sobre una masa de carne humana tumefacta, pero hay otras imágenes que proceden de la obra de Bacon y que definen a ese personaje (llamémosle Juan, o Andreu): una es una especie de copa, o taza de váter, repleta de sangre que se vierte sobre el frío suelo de baldosas; un animal monstruoso que se sostiene con sus garras en equilibrio sobre una barra metálica: es un animal gelatinoso, repugnante; se diría que no tiene piel y su boca parece la de una lamprea, pero también parece una boca humana. El tal Juan, o Andreu, no es ninguno de esos personajes, pero tiene algo de cada uno de ellos, y tiene algo también del mobiliario, frío y deshumanizado, de esos cuadros de Bacon, y de la atmósfera, vacía y agobiante a la vez: un aire como de vidrio y poco cargado de oxígeno que, más que envolver, aísla, sala de hospital, cuarto de baño. Su hermano lo recoge durante cierto tiempo en su casa y acaba echándolo porque –según cree– ha empezado a tirarse a su mujer. «Él y yo somos hermanos, pero las pollas no son familia de nadie. Van a la suya», dice. Seguramente, no es una fantasía que se le ha metido en la cabeza, porque ese tipo necesita apoderarse de todo. Se siente inferior, si otro tiene

algo que él no tiene, incluidos mujer e hijos. El deseo del bien que los demás poseen lo hace sufrir tremendamente, y lo relaciona con todos esos animales monstruosos que hacen daño porque sufren, ellos mismos sufren con dolor incurable, insoportable. Acab o Dorian Gray. Su hermano no es nada, socialmente nada, un albañil, el hijo de un albañil que es albañil; que va al bar por las tardes a charlar con sus compañeros de cuadrilla sobre si se puede o no romper ese muro, diga lo que diga el arquitecto; que tiene una mujer poco agraciada y que, además, no se cuida demasiado, y unos hijos vulgares. Pero él no soporta esa mediocre normalidad del hermano, que le parece que no podrá conseguir nunca, porque sus deseos son inestables, vagan de acá para allá: envidia al otro, tomando botellines de cerveza y cazallas en la barra del bar y yéndose de vez en cuando de putas, envidia la rutina del bien, todo gris, una casa que no es gran cosa, una familia de lo más corriente, y él no puede soportarlo porque lleva dentro ese ajetreo, esa búsqueda inútil, a pesar de que ahora se ha casado con una mujer hermosa y tiene un coche plateado sobre el que hacen filigranas los rayos del sol. Los hombres forman una masa indolente ante cualquier cuestión moral (creo que lo decía Musil) y él, en cambio, necesita quebrar continuamente esa indolencia moral de los demás. Plantearles dilemas. Se folla a la mujer del hermano.

Anécdota del personaje voraz:

Una noche, cuando llega a cenar a casa del hermano, su cuñada le dice: «Tu hermano ha vuelto a darnos plantón.» Encima de la mesa, platos y cubiertos ordenados para la cena de los tres. Sobre uno de los fogones de la cocina, una cacerola. En el banco, un par de fuentes que contienen alimentos y que ella ha cubierto con paños blancos. «¿Dónde está?», dice él. «Ven», ella lo lleva a la habitación del matrimonio. El hermano duerme, las piernas y los brazos abiertos, el cuerpo cruzado en diagonal en la cama. Los calzoncillos se le ciñen por debajo de la prominente barriga de bebedor de cerveza. Las sábanas rozan el suelo. La respiración fuerte, fuerte incluso el olor de la habitación, olor no de suciedad, ni de sudor, sino de cuerpo, olor denso de una presencia poderosa. Está borracho y no ofrece precisamente una imagen de grandeza. En un cuerpo de piel muy blanca (si se exceptúan brazos, pecho y hombros, lo que el trabajo le obliga a exponer al sol), el único vello baja formando una estrecha hilera desde el ombligo y se mete en el elástico del calzoncillo. Ese cuerpo blanco tiene una densidad casi femenina, como si la piel fuera transparente, deja ver un envoltorio azulado entre la piel y la carne, que se manifiesta sobre todo en algunas pequeñas venas bajo el cuello, entre las clavículas. Él (Andreu o Juan, comoquiera que se llame) mira ese cuerpo y no siente el desprecio que su cuñada al parecer quiere transmitirle. («Borracho», ha repetido ella torciendo las comisuras de los labios.) Lo ve como si fuera un atleta, uno de esos forzudos, los gladiadores que aparecen en las películas de romanos, en los cuadros históricos. Un forzudo cansado, Sansón desmochado por Dalila. Refuerzan esa imagen los pliegues de la sábana, que cae desde la cama hasta las baldosas, donde se remansa en una serie de curvas irregulares, pliegues muy escultóricos. Piensa, al mirarlo, que la suavidad de la carne que tiene ante sus ojos feminiza su potencia, los músculos que se adivinan en los brazos, y también en los pectorales que la respiración levanta y hunde alternativamente. De repente, el cuerpo de su hermano le parece que pertenece a alguien más delicado, un gladiador dormido, o muerto, manos y antebrazos oscuros, el rostro también oscurecido por el sol, y el resto envuelto en toda esa blancura casi femenina o de recién nacido. Le parece un gladiador, y le parece, al mismo tiempo, un niño, o una mujer, los ojos cerrados, el labio superior que se hincha a cada espiración, el óvalo de las orejas, la cabeza, la nariz, con sus aletas temblorosas; el pelo cayendo sobre la almohada. Siente ternura por él, y también la urgencia de desposeerlo de lo que esa mezcla de fuerza y delicadeza ha conseguido. Ser capaz de ser tan fuerte, ser capaz de ser tan inocente. Él no posee nada de eso. La mujer pone la mano sobre su hombro para invitarlo a salir de la habitación y es un gesto sigiloso, como también resulta sigiloso el gesto de cerrar la puerta procurando que no haga ningún ruido, y sigiloso el gesto de él, de entreabrir la boca y buscar la boca de la mujer con los labios así entreabiertos, y hacerle girar la cabeza para que los ojos de ella se queden en dirección a los suyos, bocas que se abren y cierran como bocas de pez al que acaban de extraer del agua. Y piensa: no, no quiero hacerle daño, no quiero: más que un hermano es como un hijo pequeño, mi padre me lo confió al morir, pero es fuerte y tierno, y esta mujer ya no lo desea y me desea a mí. Ella es más lista, más nerviosa, sensible, y sabe que yo la toco de otra manera y puedo hablar con ella de otras cosas, en otro tono. La mujer conoce la inestabilidad de las cosas. Ese pensamiento aumenta su placer, y su rabia (y así suma una gozosa mezcla de placer y rabia) crece cuando piensa que su hermano le enseña lo que le gustaría ser y no será nunca. Ella gime, le entrega su cuello, sus pechos, salta apoyando la espalda en la pared, para atenazarlo con las piernas. Él besa, desnuda, y vuelve a despreciar al hermano, porque es nada más que un buen hombre, un trozo de carne sentimental. «Somos nada más que cuerpo», se dice, «un pedazo de carne. El resto lo ponemos nosotros, nuestra voluntad. Nos inventamos el sentido de ese fuelle que respira, como nos inventamos el romanticismo de la luna, de las estrellas; de todas esas cosas inertes, estúpidas, ciegas y mudas, cosas que no son nada y cuyos movimientos nos permitimos descifrar, cuyo lenguaje fingimos entender. Flores, ciclos, estaciones, astrología, botánica, cargamos de sentido lo que no lo tiene fuera de su ciego código. El ciclo de las plantas, la semilla, la flor, el fruto, no son nada en relación con el espíritu humano. Los insectos son más listos que nosotros, porque han aprendido a leer en las flores el lenguaje que les permite sobrevivir, pero nosotros inventamos un lenguaje que es nuestro, de nadie más, y que nos consuela bobamente, o, con mayor frecuencia, nos hace muy desgraciados. Mi hermano no es más que un pedazo de carne que ya ha empezado a pudrirse por dentro, y yo acabo de llenarlo de sentimiento, pero el sentimiento es solo mío. El hombre es depredador, solo ahí se reconoce como hombre. Carne que come carne. Y yo me estoy comiendo ahora el pedazo de carne que él se ha reservado.» Para entonces ya la ha penetrado y siente toda la cálida suavidad de ella subiéndole desde el miembro hasta los ojos. Tiene que esforzarse para no gritar y despertar al trozo de carne que duerme en la habitación de al lado.

El narrador tiene que ser –para que la novela funcione– un personaje, el personaje principal, aunque, en apariencia, no nos cuente nada de sí mismo. Si no es así, la novela no funciona.

Aprender a mirar desde otro sitio, pero mirar ¿qué? Eso lo descubres cuando encuentras el sitio.

Lecciones de un padre a su hijo:
Imagínate que, de repente, alguien se cae o se tira al agua. Una mujer, un hombre, un niño, alguien que no sabe nadar y grita: socorro, ayuda, auxilio. Un juez, un militar, un cura, un comerciante, contemplan la escena, y gritan a su vez: «Que alguien haga algo, alguien tiene que hacer algo. Hay un hombre ahogándose.» De inmediato, salen corriendo de un taller cercano dos o tres mecánicos que se arrojan

al agua. A lo mejor, uno de ellos ni siquiera sabe nadar. Seguramente ese día en vez de un ahogado, acabará habiendo dos o tres. Pero ellos, de momento, se tiran al agua. Como si un impulso superior los empujase. En su actitud manda en primer lugar la acción en sí, la que sigue a la orden, su mente está programada para eso, y solo luego llega el pensamiento. El porqué de esa reacción probablemente hay que buscarlo en que esos hombres, hemos dicho mecánicos, pero podríamos decir proletarios, sin más, están acostumbrados a ver la vida como una serie de trabajos que hay que efectuar: hay que sustituir esa tuerca, cambiar la bomba, ajustar el freno, echar el hormigón, poner otra hilera de ladrillos, acabar de enlucir esa fachada, o poner en pie el carro que volcó lleno de materiales. Esto es lo que hay que hacer, y por tanto se hace. Por una mezcla de elementos tan dispares como la sumisión, el orgullo profesional y la demostración de hombría (el manejo de pulsiones va en la educación, en la doma). Un acto al que uno no se atreve deja una sospecha: convierte al remolón en pasivo, lo feminiza, lo mariconiza. En cualquier caso, ellos están acostumbrados a realizar actos que tienen efectos inmediatos, cuyos resultados se ven. Ahora, les ha surgido una tarea urgente, alguien se ha caído al agua y hay que sacarlo. Lo dicen las voces: «Alguien se ahoga. Hay que sacarlo del agua.» Los otros —el militar, el cura, el comerciante— están acostumbrados a dar órdenes. Ven que hay algo que hacer y que alguien tiene que hacerlo. Ellos miran la pared y dicen: «quiero ese enlucido para mañana»; ven la carretilla volcada y dicen: «quiero que pongas en pie inmediatamente esa carretilla». Ven las tablas esparcidas, y le dicen al carpintero: «Quiero que encoles la mesa antes del sábado porque tengo invitados y pienso estrenarla con ellos.» Por eso, ante el accidente, dicen: «que alguien haga algo», porque lo suyo es descubrir la necesidad y ver que otros hacen las cosas necesarias de las que ellos disfrutan cada día. Los otros levantan casas, cosen vestidos, pegan suelas a los zapatos, preparan la comida o cultivan la huerta. Ellos se cobijan, se visten y calzan, comen. Son los «personajes urbanos» de Tolstói, a quienes el ruso considera simples parásitos. Yo no me atrevería a decir tanto. Por eso, hijo mío, te recomiendo que no te fíes más que de los obreros, no de todos los obreros, pero sí de algunos obreros. Fíate de los que saben hacer cosas, las que sean, y no de los que lo único que saben hacer es mandar que se hagan. Me parece que estoy oyendo la voz de mi madre. La de mi padre.

Los consejos de este padre se añaden al cuento que me contó el mío cuando yo tenía apenas tres o cuatro años. Creo recordar el momento en que me lo contó, la frágil luz de la cocina, la mesita pequeña, hecha con las tablas de una caja de naranjas, que sacaban de debajo del fregadero cada noche para que yo me sentara a cenar: la mesa del niño, la sillita del niño, el plato de arroz caldoso. El cuento de mi padre narra la historia de un rico que se pierde y tiene que buscar refugio en una choza del bosque. En esa cabaña viven una anciana, otra mujer más joven que resulta ser viuda, y tres o cuatro niños pequeños, sus hijos, uno de los cuales es una niña de rostro y manos deformes, y en cuya espalda aparece una fea joroba. Los niños, como puede suponerse, visten con harapos y el mobiliario es miserable. El rico sediento contempla aquello con aprensión, está todo tan sucio, que vacila antes de tocar nada, pero se siente incapaz de rechazar una jarra de agua recién extraída del pozo que le ofrece la mujer y que enseguida se ha empañado por el frescor. Tiene sed y le tienta la frescura que revelan las gotas de agua que cubren la superficie de la jarra desportillada, mira embelesado cómo se va empañando el único cuenco que, para beber, posee la familia, según le charlotea la anciana que acaba de llenar la jarra con el agua del pozo. De ella bebemos todos, usted disculpe, pero es la que hay, dice la vieja. El señor toma la jarra, nota entre las manos el frescor, la humedad le acaricia las palmas ardientes.

Se la acerca a los labios con una mezcla de avidez y asco, porque no puede dejar de pensar que de ella beben todos aquellos seres miserables y sucios, incluidos la vieja desdentada y la niña deforme. Entonces advierte que la vasija está desportillada en un lugar situado muy cerca del asa, y piensa que seguramente nadie de la cabaña bebe por ese sitio incómodo, así que lo elige para posar ahí los labios. Pero, en el instante en que esos labios entran en contacto con la superficie de la jarra, se escucha la voz de la jorobada, que grita y salta de alegría dirigiéndose a los otros muchachos: «¿Veis, bobos? El señor tiene el mismo gusto que la jorobada. También a él le gusta beber por el roto de la jarra.» Mi padre, que era peón ferroviario, y en cuya casa –en la que nací yo– tampoco había demasiadas piezas de vajilla (creo recordar que nos pasábamos unos a otros el cuchillo para cortar la carne), me lo contó una de aquellas noches en que cenábamos juntos. Seguramente, quería inculcarme, con su historia, respeto por quienes pudieran ser aún más pobres que nosotros. O al menos yo así lo entendí. Tal vez me lo contó porque yo había mostrado desprecio por alguien, por algún niño más pobre que nosotros, por alguno de los gitanos que cruzaban el pueblo en bandadas; o hubiera mostrado asco de algún mendigo que se acercó a casa para pedir un pedazo de pan; o me había burlado de algún niño que venía conmigo a la escuela porque llevaba la ropa rota o sucia. No lo recuerdo. Recuerdo la luz miserable, la madera de la mesita ante la que estaba sentado frente a un plato de arroz caldoso, que es lo que yo mismo comía casi todas las noches, para acompañar a mi padre, que, como trabajaba todo el día fuera de casa, encontraba en el arroz caldoso de la cena el plato caliente de la jornada. Fue una noche así cuando me contó la historia. O quizá fuera mi abuela la que me la contó, porque apenas conocí a mi padre. Murió cuando yo tenía cuatro años. Sin embargo, juraría que puedo revivir la noche de invierno en que me contó el cuento del señorito que bebía por el mismo incómodo lugar de la jarra que la jorobada, recuerdo el decorado: la cocina iluminada por una bombilla amarillenta, la mesa baja que me había hecho él con una tabla de caja de embalaje de frutas y cuatro patas, para que comiese yo, el recién llegado, recuerdo el humeante plato de arroz caldoso y la noche que envolvía la casa cuyas traseras daban al campo. A esas horas, se oía a veces el ladrido de los perros a lo lejos. Por detrás de la puerta trasera, el campo, la oscuridad que tanto miedo me daba.

«La poesía es un aspecto del pensamiento. La belleza es un aspecto de la verdad», Martin Heidegger. Y, a toro pasado, ¿qué verdad encontraste tú, Martin, en aquellos desfiles y aquella belleza que olía a cuero y metal? Habría estado bien que nos lo explicaras. Te faltó valor.

«Los milagros son algo magnífico. Lo que ocurre es que últimamente no se suelen dar», B. Shaw.

*27 de enero de 2000*

*Decamerón.* Nunca me había animado a leerlo en italiano. Lo hago ahora, y me sorprende la viveza de la lengua, que tan bien plasma la melancolía del tiempo ido, el perfume de las hermosas rosas de antaño, esas primeras páginas impregnadas por la tristeza de un mundo que se llevó la peste; en los cuentos esa socarrona y aguda mirada que con tanta frecuencia se encuentra entre los habitantes de las orillas del Mediterráneo y enseguida reconocemos: Petronio, Juvenal, Marcial, Martorell, el Fellini de *Amarcord:* una película que siempre que la veo sigue haciéndome reír y llorar.

Al empezar a leer el *Decamerón,* me sorprende, sobre todo, la potencia con la que Boccaccio describe los efectos de la terrible peste negra de 1348, tan cercana mientras escribía el libro. En mis lecturas anteriores nunca había introducido más que como rumor de fondo esa circunstancia que, en realidad, está en el cogollo del libro: la desolación de Boccaccio por los sufrimientos, por el horror del que ha sido testigo, es la espoleta que pone en marcha la gozosa narración. El texto surge de un impulso que hoy nos parece tremendamente moderno: la escritura combate el miedo y la angustia por las pérdidas irreparables. Hay una sensación de inminencia en el libro, una proximidad casi escandalosa entre el mal y su curación: escrito por alguien que ha sobrevivido, su humor tiene algo de pascua gozosa; de resurrección. Una escritura desde el más allá, mirada de alguien que, por mero azar, se ha salvado y se siente con fuerzas para levantarse sobre tanto cadáver, para entender que vivir es seguir contándole la vida a alguien, transmitir, y sobreponerse a esa deformación que han dejado en la mirada la acumulación de horror y dolor, y tantas cosas indeseables como se han visto y sufrido. Ajustar de nuevo la lente y ponerla en el tiempo anterior, en la edad dorada en la que se recogían los frutos de los árboles y la carne era lugar de acogida, refugio cálido (no podredumbre que se arroja a las fosas), y por encima de la tapia se escuchaban las risas en el huerto de los vecinos. Pero escribo estas líneas con rabia, porque el libro tiene una llaneza y una agilidad para captar la vida de las que carecen las palabras que voy escribiendo.

En Boccaccio, la escritura es consuelo, medicina, resurrección (todo se hundía mientras él estaba escribiendo: la palabra como esos flotadores de corcho que nos ponían a los niños en torno al pecho). El *Decamerón* es de esos libros que te hacen pensar en ciertas figuritas desteñidas, o ciertas verduras secas, que, en contacto con el agua, recuperan su color y su volumen. Cuando el mundo parece abandonado por los dioses, cuando el hombre parece a punto de desaparecer del reino de los seres vivos, Boccaccio nos abre su libro para que la fiesta continúe, para que no se pierda la alegría acumulada durante tantos milenios, belleza que estalla entre lo más sórdido, flor de estiércol. ¿Cómo podremos agradecérselo bastante?

Leyendo a Lukács.
La mera elección entre lenguaje visual y lenguaje escrito implica ya una pertinencia ideológica. Y nos lo parece espe-

248

cialmente hoy, porque el lenguaje televisivo ha adquirido una forma sintética, cortante, que no soporta la digresión, y cuyo modelo más perfecto sería el videoclip, triunfo de la ilusión óptica frente a la reflexión. Es la diferencia que existe entre labrar un terreno o bombardearlo. En ambos casos se remueve la tierra, pero de manera distinta. Confieso que tengo dificultades para ver muchos de los reportajes actuales: la cámara corretea, salta, las imágenes se entrecortan. Si es un reportaje de viajes, tengo la impresión de que no alcanzo a ver lo que me interesaría, los paisajes, los monumentos, los espacios urbanos; mostrar todo eso, hoy día, resulta reaccionario, anticuado, así que uno acaba viendo pedazos de muro, caras a las que ni siquiera se deja pronunciar dos frases seguidas, luces..., un guirigay. Echo de menos los viejos reportajes con planos largos y personajes que describen pausadamente las cosas o cuentan la historia de lo que estás viendo. Sigo necesitando saber, más que me toquen los nervios.

*Beniarbeig. Verano de 2000*
Leo a Chateaubriand: *Mémoires d'outre-tombe,* y a continuación vuelvo a Dostoievski: *Los hermanos Karamázov.* Tomo infinidad de notas de ambos libros: me gusta guardar en los cuadernos páginas enteras de los libros que me interesan, copiar párrafos y párrafos con mi letra: creo que lo que me gustaría en realidad sería haberlos escrito yo.

Apuntes para un artículo sobre concomitancias entre las escrituras de Lucrecio, Fernando de Rojas y Galdós: mundos sin alma, abandonados por los dioses, pero poblados por brujos que agitan sus sombras.

Un artículo acerca del tratamiento del lenguaje en *La Celestina* y en Galdós. Me apunto una larga bibliografía de

249

relecturas que incluye las *Conversaciones con Eckermann,* de Goethe; *El Lazarillo, El Buscón, La Celestina, La lozana andaluza,* los textos de Bajtín sobre Rabelais, la obra del propio Rabelais; *La flecha del miedo,* de Sánchez-Ostiz, el *Decamerón,* Eagleton, Brecht; la *Estética de la resistencia,* de Peter Weiss, que tiene algo de intento de construcción de una nueva narración al servicio de otra clase social. Volver, sobre todo, a Mijaíl Bajtín: repaso a todos esos libros escritos desde fuera, a contrapelo, desde los lenguajes expulsados o secuestrados.

Las apariencias engañan: por su filigrana en el lenguaje, puede parecernos que *El Buscón* es más radical que *El Lazarillo,* pero no es verdad, extrema las formas del género, pero se lo arrebata a la clase que lo ha inventado, se lo entrega a los predicadores y arbitristas.

En la novela contemporánea, Marsé, en *Si te dicen que caí,* o en el personaje del Pijoaparte de *Últimas tardes con Teresa,* permite muy bien una lectura desde el punto de vista de Bajtín. El Pijoaparte es potente, está armado sexualmente, frente a los jóvenes burgueses desarmados, impotentes. Como apunta Bajtín: lo nuevo tiene cuerpo, aperturas, entra y sale, excreta. También la Fortunata de Galdós puede colocarse en ese campo semántico.

Para mi improbable trabajo, tendría que volver a leerme *Sobre el lenguaje en general,* y *Destino y carácter,* dos textos de Walter Benjamin que me parecen imprescindibles.

Hay un tratado estupendo, que seguro que alguien ha escrito –pero que yo no conozco–, sobre la gastronomía de Rabelais, patrono de glotones omnívoros (al diablo se le indigesta un sargento *en fricassé* que se ha comido). Montaigne me parece más patrono de gastrónomos. Resulta curioso lo poco que se ha comido en la narrativa española que ha escrito la gente de mi generación, honrosas excepciones aparte, entre ellas, una vez más, ese foráneo, o *foramontano,* que es el hirsuto Sánchez-Ostiz. Los habitantes de la Umbría de su invención, que tantos disgustos le ha dado, devoran toneladas de morros y magras con tomate. La mayoría de los personajes de la novela española de mi tiempo pertenece al cupo de bajtinianos personajes cerrados que no comen ni excretan.

Hace algún tiempo escribí un artículo acerca de cómo, a medida que adquieres un estilo propio, les buscas una mortaja a las novelas que puedan venir. Me gustaría ser capaz de escribir acerca de cómo *se hace* el estilo, cómo se aprende, cómo se forma; qué grado de consciencia y de inconsciencia hay en ello, y, sobre todo, cómo se sale de él. De quién es el estilo y a quién sirve, si puede cambiar de dueño o no; si, incluso, el escritor es algo más que un intermediario, un agente comercial, corredor de propiedades ajenas. Para el estilo como traje, por no decir como mortaja, el texto de Benet *La inspiración y el estilo,* y el certero prólogo de la Gaite a la nueva edición.

Leo con gusto *La niñez defendida,* de Martin Walser. Tomo un montón de notas.

La fragilidad de las más elevadas y complejas arquitecturas humanas. La presencia de una mosca impertinente priva al genio de la capacidad de concentración necesaria para elaborar su pensamiento. Una distracción en un cruce de carreteras priva a la humanidad del genio. Tolstói, en *Guerra y paz,* se pone de los nervios cada vez que toca la palabra genio.

Existe un complejo de Frankenstein que afecta al crítico que se mete a novelista. Cree que, como conoce bien el cadáver, lo ha estudiado a fondo y ha manipulado la complicada arquitectura, puede recoger huesos, vísceras, músculos y tegumentos, remontar el cuerpo, y que el cadáver cobre vida y eche a andar. Pero no es así. Con todo su saber, descubre que no es capaz de darle vida a la novela que tan precisamente ha meditado y construido. La novela es una forma de conocimiento de las funciones del lenguaje muy diferente de la crítica, con demasiada frecuencia el texto del novelista se vuelve conocimiento a lo mejor solo desde la intuición, desde una habilidad que puede parecerse a cómo ciertos animales depredadores capturan a sus presas, por olfato, por instinto. A la hora de escribir, además de la voluntad explícita, pesa la enorme carga oculta que condiciona los movimientos del autor aunque este no sea consciente de esa presencia. Por eso, por lo general, el más inteligente no es el mejor novelista. Carece de ese instinto animal que advierte en el bosque de la presencia de la presa, la cercanía de la carroña, o la amenaza del depredador.

Cuando me doy cuenta, he llenado medio cuaderno copiando frases, párrafos, páginas enteras de ese libro maravilloso, libre, descarado y desbordante de vida que es *Tom Jones*. Por cierto, para los críticos con complejo de Frankenstein, el libro de Fielding resulta de lectura inexcusable. Un festival de técnicas. Para el resto de la humanidad, también. Pero sería absurdo leerse este libro por obligación. Hay pocos novelistas que sean tan capaces como Fielding de generar dosis ingentes de gozo mientras nos inocula una indignación vigorosa por cómo iban en su tiempo –y siguen yendo hoy– los asuntos del mundo. Imprescindible para quien quiera saber cómo se miran desde abajo las cosas de la literatura, que son las de la vida.

*30 de julio*

Vuelvo a *Berlin Alexanderplatz,* de Döblin, casi veinte años después de haberlo leído por primera vez, en el mismo tomito en que lo hago ahora, el de Bruguera, Narradores de Hoy, con traducción de Miguel Sáenz. Döblin es otro de los imprescindibles en esa búsqueda de narrativa contra el estilo-mortaja: el lenguaje de fuera, al borde del camino, como lugar donde poner una nueva novela que justifique su permanencia como género y no huela a naftalina, ni alimente melancolía. No creo que nos ayude eso que ha dicho recientemente Vila-Matas acerca de que la novela contemporánea solo puede salir adelante como una mezcla de géneros, porque eso lo damos por supuesto; eso es no decir casi nada: así han salido adelante la mayoría de las grandes novelas que conocemos. *Nihil novum.* Él lo usa como teoría *a posteriori* para justificar sus novelas de ida y vuelta a la estación literaria, pero la novela que se sostiene a sí misma nada más que con los materiales de dentro, solo se justifica fuera: con lo que desde fuera se puede hacer con ella (se lee fuera); con su disponibilidad para ser utilizada fuera del caudal de los libros; y eso, a grandes rasgos, puede resumirse en dos actitudes disyuntivas: hay novelas con las que te vistes y engalanas como para ir a la ópera; y otras que dejan carne a la vista, como, apartando la ropa del cuello y afeitando la nuca, deja a la vista la carne de sus víctimas el verdugo que va a decapitarlas. El sastre viste con tejidos diferentes a pobres y a ricos, mientras que el verdugo descubre que es idéntica la carne de los nobles y la de los plebeyos. El novelista, en el mejor de los casos, en el de las escuelas que me interesan, descubre que su carne es igual que la de todo el mundo. La primera opción pone al novelista junto a bufones, modistos, músicos de corte, protegidos por los guardas que impiden el paso a los intrusos; la segunda, entre los carpinteros que levantan el catafalco, entre los herreros que comprueban el filo y temple de la cuchilla. En los intersticios que dejan esas dos opciones, tan violentas a su manera, queda algún otro tema, como la frágil lucha contra el triunfo de la muerte, el aplazamiento de su victoria: dejar huellas, muros, ruinas que resistan la tarea de ese trabajador infatigable que es el tiempo. Pero, incluso en ese tema, conviene no olvidar que el tiempo trabaja a favor de unos o de otros. Siempre, en todo. Cuantos más años cumplo, más me doy cuenta de que no hay un tiempo de todos, el tiempo es siempre propiedad de unos cuantos. En realidad, una de las grandes batallas de la humanidad —por no decir la gran batalla— la constituye esa lucha por apropiarse del tiempo. Nadie es dueño del presente si no guarda en la caja fuerte el pasado.

Durante nuestra infancia, en la catequesis, nos enseñaban que los sagrados mandamientos se reducían a dos: amar a Dios sobre todas las cosas y al prójimo como a nosotros mismos: en el mundo laico de la literatura, podríamos decir que hay una única decencia inexcusable: tratarnos a nosotros mismos como tratamos a los demás; es decir, sin piedad.

Para construir su modelo total, Döblin planta la cámara en terrenos del lumpenproletariado. Ese topos del lumpen se muestra como un mirador privilegiado para descubrir el injusto mecanismo de la maquinaria: la extrañeza de Franz Biberkopf ante su hado (que no es metafísico, como él puede creer, sino histórico y social) juega el mismo papel que el *Dictionnaire des idées reçues* de Flaubert: mostrar la arbitrariedad de las reglas del juego siempre en beneficio de alguien. Ha sabido Döblin construirle una épica al lumpen, una narración de altos vuelos, para la que usa el tono de la Biblia, madre de mitos y narraciones: párrafos enteros con la música del libro sagrado, y todas las técnicas literarias que tiene a mano propias del *high style*. Ese manejo místico y coturnal del mundo del hampa le concede al libro una enorme fuerza poética, le concede, ni más ni menos, la capacidad de ser la poética de esa clase sin esperanzas de poesía.

Tomo notas del libro de Genette *La obra del arte*. El papel del *escándalo* en las artes plásticas sigue funcionando a fines del siglo XX. Me pregunto por qué el equivalente al *ready made,* o a las instalaciones, las rupturas radicales, nunca han acabado de funcionar en narrativa (recuerdo la enternecedora técnica del *cut-up,* de Burroughs), donde el gesto muestra una endeblez, una falta de sustancia que lo derrota. La escritura es marjal cargado de complicada y frágil biomasa.

«He venido a recuperar la majestad del hombre sobre la tierra», decía Henry Miller en *El coloso de Marusi,* acerca de su visita a Grecia: parece una cita oportuna para cualquier artista en el momento de anomia actual, cuando el hombre vuelve a ser un animalito despavorido sobre la faz de un planeta inseguro. Musil afirmaba que *en nuestro tiempo* la tarea teórico-ensayística era más urgente que la artística. Lo decía de su tiempo, que la guerra se llevó consigo, pero el nuestro es continuación de aquel.

Pascal se escandalizaba de que el pintor Chardin quisiera atraer la atención reproduciendo objetos cuyos originales no admiramos. Proust, respondiendo a Pascal, escribía simplemente que «a Chardin le pareció hermoso para pintarlo porque le pareció hermoso para verlo». En G. Genette, *La obra del arte,* pág. 170.

El inmisericorde pesimismo de *La Celestina:* nos asusta la fuerza de la pasión que iguala los impulsos de hombres y animales, esa visión te vampiriza el sentido de la vida, te lo arrebata, te deja exhausto: de nada sirven riqueza, posición

255

social, cultura. El lenguaje se ajusta, se tuerce, se derrumba y se convierte, en las palabras de Calisto, en puro envoltorio de sus impulsos; como en *Tom Jones* (el cura y el filósofo como ejemplos del hipócrita, del *décalage* entre palabra y acto), el lenguaje es una trampa para osos (el disfraz de las mentiras, que diría la protagonista de *La buena letra)*. La brutalidad de *La Celestina* está en que fuerza el ajuste entre continente y contenido, para que quede a la vista la trampa. Y, además, acerca la llama a la pólvora para que nada quede en pie.

Releo con placer las memorias de John Huston, *A libro abierto.*

El rencor de clase como farsa del señor Patelin: hace ochenta años, Lerroux; en la Extremadura de hoy, Juan Carlos Rodríguez Ibarra. Bufones malintencionados. Farsantes antipáticos. Trileros del verbo.

Leo en el periódico la noticia de un atleta africano que se traslada a Sídney con el equipo valenciano para participar en las Olimpiadas y muere en un accidente de tráfico. El entrenador recibe atónito, en Valencia, el telegrama que le comunica la muerte del atleta. Derroches estúpidos de la vida, que, por más que nos empeñemos, carece de nuestro sentido de la economía, de la inversión, de los conceptos de rendimientos y recogida de beneficios.

En la búsqueda de un lenguaje narrativo que se aparte de la convención siempre existe la tentación de salirse de la novela. Yo creo que aceptar esa tentación es aceptar el fracaso, reconocer que uno no puede arrebatarles la novela a sus propietarios, quienesquiera que sean. Dejarla en sus manos.

Lecturas: Edward Said: *Cultura e imperialismo,* en la traducción para Anagrama de Nora Catelli; Daniel Pennac: *Messieurs les enfants.* Y vuelvo a *El idiota,* de Dostoievski, como el asesino vuelve una y otra vez al lugar del crimen (lo hay en esta novela, lo hay, y es uno de los más hermosos que jamás he leído).

*Octubre de 2000*

La inutilidad de los libros: ni Rimbaud (cambiar la vida), ni Musil (cambiar al artista), ni Marx (cambiar el mundo). Proporcionar estilemas, excitantes destellos nuevos a un discurso unificado que necesita estremecimientos periódicos, aparente renovación, para mantener esa ficción posmoderna de que se pueden vivir muchas vidas en una sola: ascender socialmente para cambiar varias veces de domicilio, de vajilla y de coche; viajar para cambiar de paisaje; divorciarse unas cuantas veces para alcanzar la experiencia de la eternidad del sexo (qué absurdo el sexo en el matrimonio) en diferentes versiones y vivir en varias familias diferentes.

Leo a la mayoría de mis colegas y, al margen de los matices de sus respectivas posiciones, percibo un débil *flatus vocis.* A lo mejor hay épocas en las que la literatura parece sacudir el sentido de la vida. No es el caso. Qué libro actual consigue parar por un instante el ruido de eso que llaman la cultura de masas para hacerse oír. La novela es, por su estructura misma, por su exigencia, propia de una cultura de minorías, de burgueses que se encierran en su cuarto (tener una habitación propia, pedía la Wolf) para leer a la luz de una vela, de un quinqué, de una bombilla: se lee en soledad, la lectura pública es una quimera, cada cual camina a su paso por un libro, no me valen los lectores en voz alta de las fábricas cubanas de puros, o esas lecturas en plazas, patios de conventos y jardines durante los festivales que tanto le gustan a la gente de la cultura de las ciudades europeas. La música de los libros no es como la de los músicos de orquesta que suena igual para todos, al mismo tiempo, matemática: en la novela es el lector quien construye la música mientras camina en el libro.

En la desesperada cultura contemporánea de masas las religiones –disfrazadas de lo que sea– hacen su agosto. Son la forma más asequible de *salvación* para todos: el cielo se extiende como un chicle, puede seguir creciendo indefinidamente. El escritor siente el influjo de las religiones de un modo invertido: la tentación del silencio, que es una forma más de tentación mística ya que solo resulta efectivo el silencio cuando se transmite a través del cuerpo de los creyentes en estado de gracia (san Bruno y los cartujos), lo que los católicos llaman el cuerpo místico. Puede parecer una forma de venganza: Contra vosotros, mi silencio. Con él sí que no podéis hacer nada. La página en blanco se convierte en una tentadora solución. Pero hay un engaño escondido en esa tentadora campana de cristal. El silencio no es nada si no es pausa entre sonidos. Es la nada.

En julio de 2000 el autor de los cuadernos –es decir, un servidor– abandona Extremadura y traslada su domicilio a Beniarbeig, en el corazón del paraíso mediterráneo. Resultado: desde hace cuatro meses, vivo en un estado de caos que limita directamente con la locura: una casa sin luz, ni teléfono, ni cocina. En la calle, entre escombros, los escasos muebles, los electrodomésticos, las cajas que contienen los libros. Por suerte, en todo este tiempo no ha caído ni una gota de agua. Cada noche, antes de acostarme, rezo para que continúe la tenaz sequía. Por si fuera poco, me han robado la documentación del coche, cuyas ventanillas traseras fueron destrozadas. Todo parece exigirme una tanda de esfuerzos

258

suplementarios que no sé si me siento capaz de llevar a cabo: los albañiles; mi hermana, empeñada en dirigirme la vida, que se enfada si no voy a comer a su casa en pleno verano, con las calles de Denia atestadas de coches y los albañiles aquí, tirando tabiques. Pues que vengan también ellos a comer, es la generosa solución que propone. Comer el apostolado completo a doce kilómetros de atasco de las obras. Además, no sé ni cómo voy a pagar la parte de la casa recién comprada. Reviso la economía doméstica, y me doy cuenta de que Debate no me ha pagado ni un céntimo de las ediciones alemana y francesa de *La buena letra,* que ellos deben de haber cobrado hace meses. Telefoneo a Bértolo, que, además de desentenderse, me habla con un tono de sorna, algo así como ya sabía yo que todos los escritores sois iguales, que lo único que os importa es el dinero. Coño, pero él cobra todos los meses. Lleva toda la vida amarrado a un sueldo fijo. Inicio un humillante peregrinaje telefónico por distintos despachos de la editorial: en todos se me responde con desaires, diciendo que no hay nada que pagar en un tono similar al del banquero que te dice: en esta casa no admitimos atracadores. Al final se descubre que sí, que tienen que pagarlo todo; que han recibido el dinero alemán y jamás me han enviado ni un duro. Ni siquiera los ejemplares de los libros que reciben como testigos de la edición me han llegado. Líbreme Dios de un editor amigo. Ese no es mi negociado, repite displicente.

La literatura, en la nueva España, es una forma de refinamiento, un club en el que se practican ciertas maneras, se respetan determinados códigos que solo los iniciados dominan. Hay un guardarropa de trajes literarios que uno se pone para vestirse en los actos sociales. Me interesa la literatura más como experiencia clínica que como sastrería. Por eso, contemplo admirado cómo el doctor Miguel Torga saja el alma humana. Está entre mis más queridos modelos de esa literatura anatomista a la que aspiro.

La fotografía ha expulsado a la literatura de ciertos ámbitos, la exime de determinadas funciones, pero no la jubila, ni la envía a la clínica de reposo: le evita el papel de decorador, de mueblista, de divulgador de leyes de la mecánica: ya no necesita explicarle a nadie cómo es una estación, cómo funciona una máquina de tren, ni incluir esos interminables catálogos de muebles, de arquitecturas o de plantas de jardín que Balzac, y muy especialmente Zola, se veían obligados a incluir en sus novelas (pienso en estos momentos en *La Curée*). El novelista contemporáneo se permite contar solo lo esencial, lo que trabaja en los engranajes de la historia. Más que expulsarla, a la literatura la han liberado de trabajos ajenos.

Leo en Musil: «Los hombres forman una masa extraordinariamente indiferente frente a cualquier cuestión moral», y también: «El hombre es, moralmente, ausencia de forma, sustancia coloidal que se adapta a las formas, pero que no las crea», *Diarios,* II, pág. 21.

Mientras avanzo poco a poco en el segundo tomo de los *Diarios* de Musil, en una misteriosa publicación de la fundación Alfons El Magnànim de la Generalitat Valenciana, me leo la última novela de Justo Navarro, que me parece detestable, cursi; y, a continuación, los textos de Broch en *Poesía e investigación*. La novela de Navarro (no sé qué del controlador aéreo) es un ejemplo claro de eso que Broch define como *kitsch,* fruto de un narrador que no busca la obra bien hecha como camino de conocimiento (la belleza es la sensación que transmite esa obra bien hecha como ejercicio de aprendizaje desde un lugar único), sino que se empeña en encontrar *la belleza por la belleza,* que es, para Broch, inmoral e inhumana: Navarro se pierde porque escribe demasiado bien. Es un mal novelista a fuerza de querer ser buen escritor: Nerón tocando la lira ante las llamaradas de Roma y los cristianos ardiendo convertidos en teas (pero eso es poner demasiado arriba la nimiedad del libro de Navarro).

Uno de los embustes de la crítica literaria se produce en esa circunstancia tan frecuente en la que el crítico busca referentes elevados para envolverse, y envolver su propio vacío. Cubre su desnudez con trajes ajenos. Como dice tal, como dice cual: a ser posible, autores de lectura difícil y que escriban en lenguas de conocimiento no demasiado extendido entre los lectores (así, mejor el alemán o el sueco que el inglés, a lo del chino aún no ha llegado ninguno de nuestros críticos). Eso le permite moverse como un ofidio entre los diversos valores, hacerlo todo suyo y, al mismo tiempo, no ligarse a nada, tener una extrema libertad desde la que adopta (bastante frívolamente) posiciones antitéticas. Frente a eso, qué puede hacer el autor. El autor posee la fijeza de sus libros, que testifican contra sus correrías de una a otra posición, de una a otra trinchera. La obra denuncia tus palabras, las anula. El crítico —no me refiero al crítico en general, sino a algún crítico periodístico— representa la campanuda levedad, la sonora ingravidez, porque esos vestidos de nobleza literaria con que se cubre (el campanudo amparo de los grandes autores) son de quita y pon. Lo que aparece en el periódico de hoy se ha olvidado en una semana, pero permanece tu imagen, el recuadro firmado con tu nombre. Si uno sigue la trayectoria de alguno de estos críticos, si recurre a la hemeroteca, descubrirá que las palabras de ayer no condicionan en absoluto las de hoy. No son caracoles, que dejan en el suelo la huella de su rastro, la baba de su recorrido, sino pulgas que saltan alegre y limpiamente de un lugar a otro. Ahora estoy aquí y, hop, ahora estoy allí, que ya es otro sitio. La velocidad con que se consumen las noticias del periódico lo permite. También en el gran lenguaje con que acostumbran a engalanar su lugar pulgoso se puede detectar ese *kitsch* del que nos habla Broch. El nombre más campanudo garantiza mayor credibilidad, suena más en el hueco y por eso parece más hondo. En ese mundillo, agradece uno tanto el trabajo del crítico meticuloso que escruta el libro y saca de ahí dentro lo que hay, y además de mirar dentro mira fuera, y hurga más que despliega y descubre más que se engalana.

*31 de octubre*

Echevarría, en *El País,* vuelve al concepto de *estilo elevado* del Benet de *La inspiración y el estilo*. ¿Qué es eso? Hay una élite a la que le gusta vestir la literatura –y la historia, que diría Galdós– con coturnos. Es decir, vestirse ellos mismos con coturnos. En las obras que les gustan a los altivos sacerdotes del texto (pienso ahora mismo en los comentarios que ha merecido la última reedición de Lacruz, *El ayudante del verdugo* como secreto libro de culto para unos pocos; ojo, el excelente libro de Lacruz no tiene la culpa, hablo de sus comentaristas, de su afán por posar en el lugar al que acceden unos pocos como los montañeros que se fotografían en un K8) siempre está presente un toque de soberbia. Lo que solo nosotros conocemos, lo que nosotros pocos degustamos. La literatura como diosa que concede sus favores misteriosamente solo a algunos elegidos, élite de inteligencias elevadas, entre las que se encuentra –cómo no– el exégeta, el crítico. Sospechan de cuanto huele a clase baja, a gatera por la que alguien de fuera, de abajo, se les pueda colar en el santuario, y se apresuran a dirigir hacia ese gato inoportuno sus escobazos.

Anoto esta frase de Broch: «No se trata de preparar al mundo, de hacerlo madurar para el mito –esto es estética nazi–, sino de liberar la actividad artística de la tarea decorativa y reafirmar su función ética» (pág. 93). En estas palabras, parece bastante fuera de lugar la discusión acerca de si el estilo debe ser elevado o rastrero. Galdós lo resolvió estupendamente: en sus novelas el estilo es el que envuelve el tema de forma tan suave e invisible como el guante de látex envuelve la mano. Es el tema el que marca el estilo de Galdós –arriba, abajo– y no al revés. Y digo tema, no trama, o anécdota. Cernuda ha sido uno de los pocos que lo ha visto claro. Volviendo al libro de Broch, tomo esta cita de Hofmannsthal, sacada de *Buch der Freunde (El libro de los amigos):* «El presente impone formas. En romper este círculo y ganar otras formas consiste la creación» (pág. 141). Romper los moldes para adquirir mayor libertad de movimientos, una percepción más aguda.

*2 de noviembre*
Lo íntimo en conflicto con lo público como eje narrativo, los demoledores efectos de lo que ocurre fuera de casa sobre lo que pasa dentro. Cuando solo se toca lo íntimo, aislado, estamos ante un tratado de psicología (retórica del alma), o, quizá, de medicina interna.

*5 de noviembre*
Busco mi propia novela en los cuadernos en los que guardo las citas que tomo de los libros que voy leyendo. Pienso que, en la manera sesgada de elegir las citas, si uno las analiza con atención, está el núcleo de las preocupaciones que le mueven, el nife de la novela que debería escribir.
Brillante Piglia de *Formas breves.*

*5 de diciembre*
Recibo una caja con los cuadernos manuscritos que dejó Carmen Martín Gaite. Me la envía Anita, su hermana. Enseguida empiezo a hojearlos. Su letra, la caligrafía cuidadosa

que viene –como su literatura– de una disciplinada tradición. Notas de lecturas, nombres de autores que le interesaban, citas, miles de horas de trabajo metidas en estos cuadernos, la herencia de siglos de sabiduría literaria recogidos en un montoncito de cuadernos.

Uno tiene la impresión de que buena parte de los valores recogidos en estos cuadernos se han ido al garete, de que los jóvenes escritores pasan por alto esa red de referencias. Muchos de ellos escriben saltándose la tradición, cegados por los fogonazos de los videoclips (me veo como un reaccionario escribiendo así. Literatura y vida, reclamamos, y los videoclips son parte de la realidad actual, ¿a quién le cabe duda? Habrá que explicarlo mejor). ¿Reconocer que en estos tiempos ya no se necesita tanto del matiz? Las habitaciones se amueblan a la moda cada pocos años (sí, pero en cada cambio hay una aspiración, una ambición, hay que capturarlas); el paisaje cambia a velocidad de vértigo y a nadie le interesa si la luz del sol ilumina la buganvilia por aquí o por allá (pero la mirada define, cómo no, Canaletto, Claudio de Lorena o De Chirico: tres formas de ver no el paisaje sino el mundo).

El pasado domingo (anteayer) volví de un viaje a Elche: en los más de cien kilómetros del recorrido, apenas quedan zonas que no estén ocupadas por chalets, carreteras, vertederos, edificios de apartamentos o polígonos industriales. Ayer, aquí mismo, al pie de casa, una máquina arrancaba los almendros, imagino que preparando el terreno para una próxima construcción. Al mirar en dirección al mar, compruebo que las cercanas colinas están prácticamente cubiertas de casas y, en la llanura, se encogen a diario las manchas de verde entre las edificaciones: una piel de zapa.

Estas reflexiones me llegan con los cuadernos de Carmen Martín Gaite, refugio de la mirada interior, percepción de lo pequeño, del matiz. Me atrapan las circunvoluciones de su cuidada caligrafía. Me sorprende que ella ya no esté, aunque, en otros momentos, me digo que está aquí, en esta letra bien moldeada, en la prosa diáfana de estas notas que Anita me pide que seleccione (¡retórica!, ¡no está! No puedo descolgar el teléfono y hablar con ella). Tengo la impresión de que seleccionar es mutilar. No sería capaz de hacerlo. Eso hay que dejárselo a algún especialista de su obra. Incluso me parece una mutilación pasar la hermosa caligrafía salida de su mano a la uniformidad de la letra de imprenta, hacer desaparecer las ilustraciones que en muchos lugares acompañan los textos. Creo que habrá pocos escritores en quienes tengamos la impresión de que lo literario es una pieza más de un gran esfuerzo en busca de esa forma de belleza que es el orden en la mente, la escritura como búsqueda de luz: además de dibujos, hay cambios en la caligrafía, llaves, paréntesis, cenefas. Cada cuaderno tiene su personalidad: distintas texturas del papel, tamaños, formas, materiales y ornamentación de las tapas. El conjunto me pone delante la vocación literaria de Carmen Martín Gaite, como una gran voluntad, titán en encarnizado esfuerzo: a la vez sufrimiento conducido a su cauce, y gozo.

*El impacto de lo nuevo,* de Hughes. O leer era una fiesta. Tomo montones de notas.

Buenos momentos de emoción en *Padres nuestros,* el libro de Andrew O'Hagan, aunque sea un lavado de cara de los socialdemócratas por parte de sus herederos. Por cierto que se trata de unos socialdemócratas que no sé si habrán existido en el laborismo inglés; desde luego, no en el español.

Leo de un tirón *El cielo raso,* de Pombo. Al final, recupera explícitamente la idea de mensaje, y vuelve a ser una *novela cristiana,* retorciendo el modelo de aquella novelita jesuítica titulada *Paso a paso,* que nos hacían leer los curas en el colegio, una didascalia acerca de cómo un joven recorre el camino que lleva al infierno. De entre las novelas de Pombo, *El cielo raso* es quizá la que más me ha hecho recordar la primera que escribió: *El parecido.* Nadie está tan capacitado como él para investigar las distintas formas en que el bien y el mal se encarnan en nuestro tiempo, siendo su tema precisamente ese: el estado de la lucha contemporánea entre Ormuz y Arimán, aunque ¿qué otra cosa puede ser una novela? Es el papel que Benjamin le exigía. Pedagogía.

Vuelvo a leer y vuelve a fascinarme *Le Père Goriot.* No hay un ápice de retórica literaria en esa novela, ni un adorno sin intención. Todo corre, galopa desenfrenadamente a conseguir su propósito. Solo por los discursos de Vautrin, su lucidez, su perversidad, que, por cierto, se vienen abajo cada vez que se encuentra con su ángel, merece la pena volver a leerse este libro. Ahora que se ha puesto de moda buscar símbolos de lo gay en la literatura, Vautrin –que recorre la obra de Balzac– se nos propone como orgulloso precedente, apóstol del santoral homo, rabiosamente antisocial, un criminal violento, pero un amante tierno, incluso abnegado, para quienes considera sus hombres.

En cierto momento, habla Balzac de *«redingotes, dont la couleur était devenue problématique».* Ese *problématique* me da ganas de aplaudirle. Eso es adjetivar.

*(Acabé de escribir en este cuaderno el 25 de enero de 2001.)*

# El cuadernito negro con anillas
(23 de noviembre de 2000-26 de agosto de 2003)

*Finales de noviembre de 2000*

No se trata de ir por ahí con un candil buscando el lenguaje como Diógenes buscaba un hombre. Es que no existe. El lenguaje de tu libro no existe: tienes que inventártelo tú, construirlo. Leo *El hechizo,* de Hollinghurst, una novela de mariconas ricas. No encuentro gran cosa con lo que identificarme en ese libro.

*23 de noviembre*

Un novelista que termina su última novela, en la que ha puesto todo lo que sabe. Se ha quedado vacío. Pasa un año sin escribir, pero necesita volver a hacerlo. Lo necesita con urgencia. Necesita seguir escribiendo. Hoy viaja. Va en tren. Cruza en tren la distancia que separa Colonia de Hamburgo. Es mediodía. Llueve cuando el tren abandona la imponente estación de Colonia, cuyas vidrieras permiten contemplar, incluso desde los andenes, la asombrosa fachada de la catedral. El tren pasa por encima del Rin. Altos edificios y, perdidas entre ellos, torres de viejas iglesias que soportaron los bombardeos (¿quedó en pie alguna?) o han sido reconstruidas. El viajero intenta recordar las imágenes de la vieja Colonia que ha visto en las fotografías y grabados de los libros de historia, en los documentales: los tejados puntiagudos, las torres levantándose por encima, las humeantes chimeneas, los tristes callejones por los que Broch puso a pasear a Huguenau. Poco queda de eso. A las afueras de la ciudad, esta mañana hay máquinas que excavan en el barro. Bajo la fría llovizna remueven montañas de barro negro. Pasa el tren junto a una colina –apenas un desnivel del terreno– sobre la que se levanta un bosquecillo: en ese espacio los colores son más suaves: a pesar de que estamos a fines de noviembre, la niebla matiza los ocres y dorados, pero también aparecen pinceladas de los deprimentes colores oscuros que dominan en el paisaje invernal, diversos tonos del negro al gris, troncos oscuros, tierra de color negruzco, turbas. Del interior del bosque –como de un telón de teatro– surge una carretera por la que circulan coches con las luces encendidas, que crean sensación de artificio, un paisaje de figuración infográfica. De repente, en una curva, aparecen los blancos troncos de un hayedo: emergen de la niebla como si estuvieran untados en una sustancia fosforescente; y, junto a ellos, la media luna de una pradera de delicado verde. El director de escena ha dado órdenes de cambiar el telón de fondo para representar otro acto: blancos hueso y reluciente verde en vez de negros y grises. El escritor contempla desde la ventanilla del tren esa concentración de paisajes que la lluvia y la nieve entonan y piensa que bastan para construir una novela, piensa en un abanico, secas varillas de nácar que se abren, hay que pegar en ellas el tejido, la seda pintada de colores, pero rechaza la imagen. Posee solo dos dimensiones, largo y ancho. Busca otra imagen y no la encuentra, la de una cazuela borboteante en la que alguien cocina un puchero, le parece vulgar la idea del *pot-pourri,* incluso siniestra, los pedazos de tocino y los embutidos asomando entre las verduras y legumbres en el espeso caldo hirviente, ¿es la bruja la que está moviendo el contenido con ese largo palo?, ¿qué hay metido ahí dentro?

270

Ha pasado media hora. El tren se acerca a una ciudad de casas apretadas y cubiertas por empinados tejados oscuros, de los que sobresalen algunas torres. La concentración urbana se prolonga en simétricos bloques de hormigón, cubos de modernas edificaciones. Cuando el tren se detiene, el viajero lee el nombre de la ciudad, Wuppertal, y recuerda que hace años pasó en ella un día (¡es la patria de Engels!, le dijeron aquella vez, lo recordaba: recordaba el grueso libro de Cornu, cientos y cientos de páginas dedicadas a los primeros años de la pareja inseparable: Marx y Engels, me lo leí entero, la fe, la fe mueve montañas), en un viaje tan precipitado como el que efectúa en esta ocasión. Aunque sigue lloviendo, y todo parece igual de monótono bajo el cielo gris que hace media hora, cuando empezó el viaje, el escritor tiene la impresión de que algo ha cambiado en su forma de mirar el paisaje, de que el decorado ha sido tocado por algo que podría llamarse el principio de realidad. La ensoñación que lo envolvía dándole significados suplementarios ha desaparecido. Sabe que no tiene ninguna novela esperándole detrás de la niebla, de los bosques, de los coches que recorren las relucientes carreteras con sus luces encendidas. Son solo paisajes que se suceden tras las ventanillas. Son los bosques oscuros, apenas coloreados por alguna mancha amarilla, desvaída pincelada fuera de lugar en un cuadro impresionista.

Los SS que asaltaron el gueto de Varsovia eran, en su mayoría, ucranianos, lituanos y letones. La culpa debe ser repartida.

*25 de enero*

Antecedente de Duchamp y de todo el arte moderno, incluido el teatro de la crueldad de Artaud y el Living de Julian Beck, dice Vautrin, ese personaje inagotable, fuente incansable del mal balzaquiano: *«Je suis un grand poète. Mes poésies, je ne les écris pas: elles consistent en actions et en sentiments» (Le Père Goriot).*

Claude Simon, *Les corps conducteurs.*

Impagable la reflexión sobre la forma que propone Witold Gombrowicz en *Ferdydurke.*

*19 de abril*

Leo con avidez y más o menos provecho. Tengo por delante unos días sin obligaciones laborales, así que me trago un libro tras otro, incluidos los cuentos de Enric Valor, *Rondalles valencianes,* que me gustan mucho, porque Valor escribe una variante impecable de la lengua que hemos hablado aquí, en Valencia, que hemos hablado de verdad, en casas, calles y mercados –aunque Valor lo haga como pedía Fuster para la renovación de la lengua, *con la gramática en la mano–.* Carece de esas impostaciones de otros escritores cuyos personajes hablan en un idioma de laboratorio: se habla como en un lugar inexistente situado entre Paiporta y Barcelona, a pesar de que, según el argumento, han nacido en Gandía, en una barraca de Sollana o en El Cabanyal (me acuerdo ahora de aquel Castroforte del Baralla de *La saga/fuga de J. B.,* de Torrente Ballester, esa ciudad que no estaba en ningún sitio porque flotaba: así, flotante, leo la lengua de muchos de mis paisanos). Valor rompe la diglosia. Es, sin duda, un mérito que tenemos que agradecerle quienes hablamos y queremos esta lengua.

Releo, muchos años después, *Veinticuatro horas en la vida de una mujer.* Cada vez aprecio más la contenida precisión de Zweig, que nunca pretende ser un genio, sino un honesto narrador. Lo consigue y consigue que lo admiremos y respetemos tanto precisamente por eso mismo.

No es *El jardinero fiel* de los mejores libros de Le Carré. Se le ve demasiado la mampostería.

Termino *El Quincornio,* de Miquel de Palol, un libro brillante.

También exhibe brillantez en algunos tramos *Lo real,* de Belén Gopegui, un libro bienintencionado, que en su conjunto resulta artificioso, hasta rozar la cursilería en algunas metáforas y en la elección de adjetivos. Personajes y diálogos poco creíbles. Un libro que me resulta, sobre todo, aburrido.

De Vincenzo Consolo *(El pasmo de Palermo)* me gusta el lenguaje, pulido y preciso como el borde de un diamante, y también su desconcentrada estructura, el narrador disperso que propone el libro, ¡refleja tan bien el caos siciliano! Empañan el texto ciertos amaneramientos y un final obvio. De Ingo Schulze me gustó más su anterior libro que estos *33 momentos de felicidad,* una colección de cuentos, que componen la visión de un alemán del Este sobre la Rusia poscomunista, algunos, sin duda, son muy divertidos, aunque el conjunto acaba por transmitir cierta sensación de desorden, de falta de concentración. *Sefarad* es, con *El jinete polaco,* el libro más ambicioso de Muñoz Molina, pero tiene algo resbaladizo, además de ese afán suyo por exhibir un cosmopolitismo de pie forzado. Sus mujeres son más de papel (del papel de los carteles de cine de los años cincuenta) que de carne y hueso. Por otra parte, el libro no se priva de algunas dosis bastante cuantiosas de impudor. Yo no sé cómo Antonio, que tiene un oído tan atento, no se da cuenta de que, en demasiadas ocasiones, al leer el libro se tiene la impresión de que el autor es el único que ha entendido tal o cual problema, el único sensible en un mundo de corcho. Su falta de sentido de la proporción, del decoro, le lleva a decir cosas del estilo de allí estábamos los dos, Mari Puri (o como se llame la novia) y yo, como Kafka y Milena estaban en Praga. Esas cosas abochornan, no debe decirlas un escritor. Si a uno han de compararlo con quien sea, han de hacerlo los otros, los lectores, los críticos, los maestros; sobre todo cuando metemos en la harina de nuestro costal grandes nombres de la literatura, fetiches que calzan público coturno.

Estos días leo —tengo que leer— sobre el pintor Bacon para preparar una charla a la que me he comprometido. Me gusta Bacon (me gustó más aún en mi juventud, me hipnotizaba su furia incontenida), pero no sé si me gusta el embolado en el que me he metido. ¿Qué sé yo de pintura? Además, ¿cuándo voy a escribir lo que de verdad quiero?, ¿cuándo voy a escribir novela? Tomo apuntes, dejo que los personajes me hablen dentro, los escucho, anoto reflexiones y alguna situación, pero el narrador no aparece.

*25 de abril*

¡Que comparezca el narrador!, ordena el juez Chirbes tocado con un bonete cuya borla se mueve a cada movimiento de cabeza. Levanta ante su rostro el índice de la mano derecha que agita repetidas veces de arriba abajo en un gesto admonitorio.

*3 de junio*

Recibo por correo electrónico la opinión de Blanco sobre el libro de Belén. También a él le parece oscuro, trivial y pretencioso. ¡Menos mal! No estoy loco, o al menos no estoy solo en mi locura. Aquí, entre los críticos españoles y entre los lectores cuyas opiniones me han llegado, es clamor unánime que estamos ante algo así como un nuevo Benet, un Benet femenino y de izquierdas, que recupera el estilo elevado y la profundidad. Pero ¿de qué me extraño? Nada nuevo bajo el sol. *Cançons de la roda dels temps,* que diría ya no sé muy bien si Espriu o Raimon o los dos a coro. Ocurría lo mismo hace medio siglo. ¿O ya no te acuerdas? Aquella aparición de un nuevo *Quijote* que fue *Bélver Yin.* Chirbes, *tú,* estate a lo tuyo y procura que no te vuelvan loco.

Ejemplo de tópicos que circulan sin que nadie se preocupe ni de contrastarlos con el original, ni de ponerles freno: para escribir el texto que me han encargado en la Von Thyssen sobre un retrato de George Dyer por Bacon, vuelvo a leerme *La deshumanización del arte,* de Ortega y Gasset, y me encuentro con que el que está considerado como un gran tratado clásico de nuestro pensamiento estético no es más que una charlita intrascendente. Los capítulos terminan con frases de este corte: «La poesía es hoy el álgebra superior de las metáforas.» Y el texto está repleto de afirmaciones del tipo: el siglo XVIII posee *poco carácter.* Resulta que nuestro *clásico* dice lo que diría un tonto que ni siquiera sabe que lo es, y estas fra-

275

ses son revoleras de torero malo que, para torear, se pone el capote muy por encima de donde tiene él la cabeza y el toro los cuernos. Sé que Ortega es autor de libros más sensatos, como el que escribió sobre Cervantes (aunque, despúes de la experiencia con *La deshumanización,* tendría que releerlo). Se lo cuento más o menos así a Blanco en un email.

*20 de junio*
Cultura homo: Hollinghurst, *La biblioteca de la piscina.* Didier Eribon, *Reflexiones sobre la cuestión gay.*

En *Le Cousin Pons,* Balzac incluye la historia de un magistrado que, para librarse de su mujer, mezcla sal en la avena que les pone en el pesebre a los caballos, y los mantiene sin beber durante toda la noche. Cuando la mujer sale de paseo, los caballos desesperados se arrojan al río, ella se ahoga, y el magistrado da gracias a la Providencia por haberlo librado *tan naturalmente* de su mujer.

*3 de julio*
Trabajar un personaje, pulirlo. Hacerlo hablar. Carmen Martín Gaite me decía que yo no sabía hacer diálogos. Seguramente tenía razón; y, sin embargo, creo que he hecho hablar a algunos personajes. No ya monologar, como lo hacía Carlos en *Los disparos del cazador,* me refiero a dialogar, como hacen los personajes de *La caída de Madrid.* También creo que otras veces –como ocurre con el padre musulmán de *Mimoun*– he construido un personaje con una sola frase.

*El rey del mundo,* una muy interesante biografía de Cassius Clay escrita por David Remnick.

Pienso en que uno de los protagonistas de la novela que he empezado sea pintor y que haya trabajado vendiendo pro-

276

ductos cosméticos; que su padre sea víctima y él desecho. En realidad, uno de los temas de esta novela debería ser el paso de toda una generación desde el lugar de las víctimas al de los desechos.

*7 de julio*

En esta novela se me esfuma el narrador compasivo, pero quiero mantener el perspectivismo, que puede ser tan rico, y me parece necesario en un libro así, si no quiero hacer trampas. Ya empezó a funcionarme en *La larga marcha;* o aún antes, porque en *Los disparos del cazador* ese perspectivismo lo introducen los cuadernos del hijo, aunque el padre los manipule en su poco fiable narración.

*18 de julio*

Leo el segundo tomo del ciclo de Anthony Powell *Una danza para la música del tiempo. Verano.* Me da mucha envidia. Anoto en los cuadernos párrafos, páginas casi enteras.

*Finales de julio*

*Iluminación y fulgor nocturno:* las notas autobiográficas de Carson McCullers me transmiten la sensación de un esfuerzo casi inhumano, que me asusta. Tomo nota de *The Beast in the Jungle,* la narración de Henry James que a ella tanto le gustó y no he leído.

*1 de agosto*

Solo *En la lucha final* me planteó tantos problemas como me está planteando la novela que escribo. Tengo voces, personajes, pero me faltan los cinco puntos esenciales que hacen que un texto sea una novela: ¿quién cuenta?, ¿qué cuenta?, ¿por qué lo cuenta?, ¿a quién se lo cuenta?, ¿para qué se lo cuenta? Pero es que lo que quiere contar no puede haber ningún narrador capaz de asumirlo, porque eso sería como asumir un proyecto colectivo, cuando la novela lo que quiere contar es precisamente que no lo hay. Así que presiento que será una novela *obligada;* es decir, que me estoy obligando a escribir una novela para no dejar de ser escritor. Lo pagará el libro. Además, casualmente, también esta vez, como aquella, tengo el título por anticipado: «La vida privada» *(P.S.: No lo tenía, se acabó titulando* Los viejos amigos). O sea, que es una novela de la razón, un fruto de la voluntad. Malo. Falla ese fluido (¿del subconsciente?) que ha estado siempre al fondo de mis libros, a los que, seguramente por eso, por no saber de lo que tratan, nunca he acabado de encontrarles el título, ni siquiera una vez terminados. Todos, o casi todos, han llegado a la editorial con títulos que luego he desechado. Ha hecho falta que ellos, los propios libros, me contaran a mí el tema para que me diera cuenta del título.

En nombre del amor pueden hacer cualquier cosa. El amor les da derecho a todo. Los justifica. ¡No te jode!

### 6 de agosto

*Moby Dick* es, entre otras muchas cosas, una crónica de la lucha a brazo partido entre el trabajo productivo y la ideología que lo coloniza. La ideología capitaliza el trabajo ajeno, Acab convierte el esfuerzo de los marineros en la energía con que nutre sus fantasmas, pone el trabajo de los demás al servicio de su pesadilla. Tiene algo de iluminado dirigente que desprecia el producto laboral. Él va a la suya, a su sombra blanca e inalcanzable, es vampiro que chupa el trabajo ajeno y lo convierte en sombría teología. Al fin, consigue contagiar de su sueño (un antieconómico derroche: por los aires la campaña ballenera) a la tripulación. «Es ella, no es sueño.» «¿La ves tú también?» «Sí, igual que todos, pero eso no significa que sea real.» Así nuestros sueños, hasta que dejas de verlos. Pero ¿quién vuelve al trabajo después de haber sido agitado por esas pesadillas místicas?, ¿quién se pone a descuartizar ballenas en cubierta?, ¿a cargar los barriles de saín?

He perdido las ganas de contar. Unos hacen unas cosas, otros otras, ¿y qué más da? Si escribo algo, me toca fingir emoción, y eso se me nota, por lo menos yo me lo noto. Un actor mediocre que representa un personaje poco creíble. ¿Quién da menos?

*26 de agosto*
No están nada mal las novelas de vejez de Graham Greene. Las relees y resulta que se mantienen entre las más frescas de su producción. Le pasa a este *El doctor Fischer de Ginebra* que vuelvo a leerme divertido. También leo con la sonrisa en los labios *Plateforme*. No sé si es una buena novela, pero me desternillo con las maldades de Houellebeq.

*19 de octubre*
En *Experiencia* (pág. 153), de Martin Amis, se cita a Nabokov. Refiriéndose a los parientes de Freud, el astuto ruso decía que eran «resentidos pequeños embriones que espían, desde sus recovecos naturales, la vida amorosa de sus padres».

En el cementerio –piensas– está la gente que ha estado a tu lado en la tierra, los conocidos que han muerto, tus padres, tu abuela, algunos amigos a los que quisiste, los que los acompañaron mientras vivían, ¿por qué un marxista tiene ese temor residual del cristianismo a los cementerios? Todas las noches que bajo al pueblo paso por la puerta, generalmente cargado con unas cuantas copas, ¿por qué esa prevención infantil, ese miedo como de tren de la bruja? Piensas, están, pero sin carne, aunque también te dices que tienen que estar furiosos contra cuantos seguimos viviendo. ¿Por qué

279

se me ha concedido a mí y no a ellos el don de tomar copas cada noche? Los imagino exigiendo su porción de justicia. El temor del católico a los cementerios es el fruto de su mala conciencia, de nuestro sentido de culpa por lo que no hicimos por ellos, por lo que les mentimos, o, como ya he dicho, a lo mejor solo porque seguimos estando vivos mientras que ellos ya han muerto, y pensamos que tienen que estar muy disgustados, celosos, resentidos. Tú follando (a lo mejor con su mujer: los muertos son desconfiados), comiendo, bebiendo, y él muerto. En el mejor de los casos, sospechamos que nos quieren tanto que desean tenernos cuanto antes junto a ellos, como en los cuentos de Poe, y tampoco ese resulta un pensamiento consolador (aunque, en los cuentos de Poe son más bien los vivos quienes quieren tener consigo a los muertos). A mí, los muertos no me hacen ninguna gracia. No soporto la imagen de sus cuerpos agusanados o descarnados, de sus harapos. Se me reprochará: ¿Qué clase de materialismo es ese? Acostumbrarse a las distintas etapas de la vida, de la tuya, de la ajena; a los ciclos de la naturaleza. Te acostumbraste a comer primero papillas dulces y luego papillas saladas, cuando lo que te gustaba era la leche templada del pecho de tu madre (mamé hasta muy tarde, tengo recuerdos colgado de su teta, creo que no los he inventado: una mujer me recrimina en la salita de espera del médico, cuyas paredes estaban adornadas con azulejos que representaban grutescos: ya eres muy mayor para mamar. Tenía unas tetas preciosas, mullidas, plenas). Te acostumbraste a comer cosas sólidas, a caminar en vez de que alguien te llevara en brazos. Y cada una de esas etapas se ha saldado con enormes dosis de sufrimiento. ¿No me he acostumbrado a ver en el espejo mi boca desdentada, y esa prótesis blanca y rosada, la dentadura postiza que coloco cada mañana dentro de un vaso en una esquina del lavabo? Hace unos años esa imagen de la dentadura en el vaso era el horror. Ahora toca acostumbrarse a la estética de los gusanos, los huesos (el hueso ya es más limpio, más aceptable) y los harapos, es otra etapa más. La estética de cuando ya no estés. Tumbarte entre todos esos huesos cubiertos de harapos cuya perdida carne tanto deseaste tocar en su día.

En la novela, una discusión entre Carlos y Eugenio (los personajes empiezan a tener nombres, carne, carácter) acerca de si pintar es o no mejor que escribir. Eugenio, el pintor, le dice a Carlos: Pintar, qué tontería, actividad prelógica, prehumana, los niños, los primitivos aprenden a colorear, y, solo muy tarde, a escribir. Hay pintura sin pensamiento, pero no hay escritura sin pensamiento. Y Carlos le responde: Por mucho que yo escriba, nunca podré hacerte ver uno de esos verdugos de Caravaggio que tanto te excitan. Eugenio se ríe: tengo la tentación del martirio cuando pienso que van a torturarme verdugos así.

*11 de noviembre*

En *Leopardo al sol,* Laura Restrepo reconstruye la etiología de la mafia colombiana de un modo notable, pero en el que el narrador interviene en exceso, hasta resultar a ratos impertinente. Me parece, en cambio, deslumbrante *El viaje* (a la antigua URSS) de Sergio Pitol, escrito con arrolladora pasión por una tierra, por su gente, por su literatura. Enriquecedor el retrato de Marina Tsvietáieva. Comparto la admiración que Pitol siente por novelistas como Bely y Pilniak.

Philip Roth, en *La mancha humana,* se nos brinda como siempre, corrosivo, lleno de humor. Como en las anteriores entregas de su trilogía patriótica *(Pastoral americana* y *Me casé con un comunista),* arremete contra la beatería de sus paisanos. Ha conseguido componer un friso al estilo Dos Passos, verdaderamente imprescindible para entender los comportamientos de la sociedad americana, aunque, ¿por qué no decirlo?, un tanto reiterativo.

Azouz Begag, *El niño del Chaâba:* nos habla de los emigrantes argelinos en Lyon. Begag ha escrito un libro muy correcto, pero en el que uno echa de menos ciertos repliegues. Novela de profesor de sociología, muy al estilo de cierto nuevo realismo progresista francés (presente, sobre todo, en el cine), que aspira a *abordar* un problema, más que a indagar en el sentido de la vida, que es lo que uno sigue pidiéndole a la literatura. A continuación, leo del mismo Begag *El pasaporte,* una visión desoladora y terrible de la Argelia actual. Me parece descubrir un homenaje a Camus cuando describe las olas como *los caniches del mar.* Camus, por su parte, al hablar de los perros del mar, homenajeaba a Valéry y su *Cimetière marin.* No es una buena novela: demasiado bienintencionada, y, por eso mismo, unívoca. Resulta previsible lo que nos cuenta, se alarga, los personajes son planos.

Quisiera leer el libro de Mumford *La ciudad en la historia,* y no encuentro manera. Está agotado, no lo localizo por ninguna parte. He sido tremendamente descuidado con los libros, los he subrayado, maltratado, perdido. No me importaba. Tenía la creencia de que un libro siempre se puede volver a adquirir. Desde hace unos años, he descubierto que no; que los libros no siempre están disponibles, que desaparecen del mercado y ya no se reeditan: les ha ocurrido a muchos que ahora me gustaría tener a mano.

*21 de diciembre*
Me comprometo a escribir algo sobre *Si te dicen que caí,* una novela que he vuelto a leer recientemente y me ha impresionado aún más que la primera vez, cuando, recién publicada en México por Novaro, apareció de forma clandesti-

282

na en la librería en la que yo trabajaba. El libro es del 73, han pasado casi treinta años, y sigue vivo. Entonces, lo leí de un tirón, en una tarde y una noche insomne. Me arrastró. Ahora ha vuelto a hacerlo, con idéntica intensidad. Es un libro que casi te hace aullar mientras lo lees, un libro que lo llena todo, y del que han salido las distintas tendencias de la mejor novela realista contemporánea en castellano. De eso me gustaría hablar. De cómo ninguna de esas novelas epigonales –ni las del propio Marsé– tiene su fuste, y prácticamente todas defraudan estética y moralmente, porque el libro de Marsé no es una suma de rasgos, sino una cristalización: lo expresionista lírico, que a veces roza el surrealismo; lo irónico-paródico (la distancia), el folletín, el tebeo, el cine de género..., la fuerza del libro procede de un sutilísimo juego de pesas y medidas que actúan en conjunto de un modo arrollador y en el que, en cuanto se rompe un hilo, se desmorona todo: se queda en retórica, pastiche o puro cinismo, cúmulo de defectos o vicios que se han prodigado en sus epígonos. Pero, sostenido en ese espacio milagroso que consigue el artefacto levantado por Marsé, su novela es un ajuste de cuentas con la historia como gran infamia, y, sobre todo, un monumento/altar a los de abajo, fruto de un infinito aporte de piedad.

*2 de enero de 2002*

Llueve blandamente. El pasado año miraba el paisaje que me rodea, convencido de que estaba condenado a convertirse en un desierto. Por el contrario, este otoño extremadamente lluvioso ha vuelto a descubrir su frescura, verdor de oasis. Hasta parece menos hollado, menos destruido. Todo brilla, todo gotea. La vegetación se recupera de los incendios. Las fuentes manan, el agua corre junto al camino, y el conjunto transmite cierto optimismo. Vendrá el desierto, según anuncian todos los científicos, pero parece que será un poco más tarde. Gocemos con fruición de ese aplazamiento.

Para preparar el artículo sobre Nápoles, leo el *Viaje a Italia,* de Goethe, y tomo abundantes notas. Sorprende en el libro la agudeza del curioso observador y la capacidad que muestra para sorprenderse y admirar lo que, llegado de fuera a un lugar remoto, siente ajeno. Frente al Vesubio, exclama: «Teníamos ante nosotros un texto cuyo comentario no se terminaría en siglos» (pág. 333). Me gusta mucho esa visión de la naturaleza como narración que hay que leer y seguir leyendo. Compagino la lectura de Goethe con la magnífica *Crónica de Travnik,* de Ivo Andrić, el autor de *Un puente sobre el*

*Drina,* cuya lectura tan necesaria se ha hecho en estos años de guerra en Yugoslavia. Tampoco estaba nada mal su novela *La señorita.*

*Marzo*

La novela siempre acaba ofreciéndoseme como algo casual, casi una aparición después de una larga serie de tanteos. Intuyo que lo importante es tener, al final de la escritura, la sensación de cierto orden en la mente, un aprendizaje concluido. No sé si a otros les ocurrirá así, yo hablo de mi caso. Creo que un libro está terminado cuando me suena bien, sin más (suena, qué trivial parece, y sin embargo es lo más hondo); lo que significa que el orden del libro, que uno tanto cuida desde dentro, acaba revelándose fuera, en ese acuerdo con el exterior: no se nos aparece feliz como parte de la relojería literaria, sino porque se incorpora a la vida: el libro nos suena bien o no nos suena, nos llega o no. Resulta muy proustiana la retórica de que vida y escritura forman un todo único, se encauzan en un único proyecto del artista, y que el escritor resuelve sus disyuntivas escribiendo, no puedo quitarme de la cabeza que algo de eso hay.

*25 de junio*

Leo *Cinematógrafo,* de Carranque de Ríos. Aunque pueda parecerlo, no es una novela exactamente barojiana. En Baroja, las novelas tienen algo de juguete, de construcción intelectual que no está en Carranque. En este libro desordenado, a ratos tan arbitrario como los de Baroja, hay una inusitada concentración de dolor. Leyéndolo, uno tiene la impresión de que cada personaje desgraciado es parte de Carranque y, por supuesto, que el dolor del libro es el dolor de él. No es una obra maestra. Puedes leértelo por encima, incluso en algún momento saltarte páginas, pero no te libras de ese dolor sórdido, pegajoso. La novela se sobrepone a sus limitaciones, gracias a una inmensa dosis de verdad. El malestar de Álvaro Giménez, el protagonista, que no se siente de ninguna parte, y ha renunciado a la escritura, que era lo único que le concedía su lugar, su geografía existencial. Pienso en él mientras releo los *Cuadernos de todo,* la preciosa edición de las notas de Carmen Martín Gaite que ha hecho Maria Vittoria Calvi. Curiosamente, entre dos seres tan opuestos como la Gaite y Carranque, se desliza el mismo malestar, el afán no tanto por saber la verdad como por ser de verdad; de ahí la acidia, solo que, en la Gaite, se resuelve en la rigurosa disciplina de la escritura, que concede una especie de *hybris.* Contar bien es alcanzar una misteriosa forma de verdad, es fijar el tiempo, es darle sentido a tu propio instante.

Diseminadas entre las notas, me encuentro con frases que luego ella utilizó en el que creo que es su mejor libro, *El cuento de nunca acabar.* Vuelven a producir en mí un efecto semejante al que hace tantos años me producían. No han envejecido, no han agotado su sentido. Cojo de nuevo el libro, *El cuento...,* releo algunos párrafos. Sigue vivo, palpitante. Me habla de la necesidad de contar; de que lo que no se cuenta no existe; me habla sobre todo de la necesidad de contar bien, despacio, con orden; de ese esfuerzo que rehúyo porque, escapándome de la literatura, me escapo de mí mismo, cierro los ojos a la vida que llevo. Finjo llenar el vacío leyendo las historias que otros han escrito cuando buscaban su verdad; y leo con desgana, porque son historias que no me afectan, porque pretendo ser el mismo antes que después de haberlas leído.

Hago mi trabajo. Intento crear un rincón de orden y lógica en medio del caos.

De Ingmar Bergman, *El huevo de la serpiente*.
Diálogo:
«–Hemos preparado la cena para las nueve. Lo normal es ser puntuales.
»–Ni que fuésemos el autobús.»

«La urgencia arrastra la forma. Olvidarse de la literatura es vehículo para escribir la mejor literatura», Carmen Martín Gaite, *Cuadernos de todo*.

El estilo como disciplina del pensamiento. Lo vivo yo mismo, cuando escribo mis novelas: lo que es caos, retórica, a fuerza de disciplina va tomando forma, maneras. Un buen día, te pones a leer lo que llevas escrito y descubres que tienes un libro, que has encontrado el estilo. El libro te dice algo a ti. Te lo cuenta. Una novela.

*30 de octubre*
*Las cosas como fueron,* la autobiografía de Nieva, me gusta mucho y me deprime, aunque también me hace participar en la idea de amplitud y continuidad del modo que sea en la cultura, que tanto echa uno de menos últimamente: la sensación de que formas parte de algo que viene de algún lugar.

Lucho con todos los medios contra una depresión, un pesar oscuro que tiene que ver con la falta de perspectiva, y que agrava una relación ambigua, de la que recibo un trato contradictorio, arbitrario, cuya propia ambigüedad forma parte de la trampa. No saber qué parte de cálculo, de malicia, de venganza inconsciente, de juego morboso, o de pura cortedad hay en ella es lo que la hace más insufrible porque te impide tomar decisiones. Dice Cervantes en el *Persiles:* «Ninguna cosa borra el amor más presto de la memoria que el desdén en los principios de su nacimiento [...]; que después que el amor ha tomado larga y entera posesión del alma, los desdenes y desengaños le sirven de espuelas, para que con más ligereza corra a poner en efeto sus pensamientos» (pág. 425). Esa deriva sentimental cobra proporciones de cataclismo, porque viene a añadirse a la falta de estímulos literarios y de horizonte vital. Leo con desgana y no consigo escribir nada coherente. Lo poco que escribo lo hago sin emoción, sin aspiraciones, como un ejercicio de rutina que de poco sirve. Noto que la literatura ha perdido toda coloratura moral para mí, simple guarida de vanidosos que parlotean en las páginas de los periódicos. Dejarla de lado tiene un *penchant* estoico, supone una forma de desnudamiento, de curación. Lo peor es que fuera de ella estoy a la deriva, voy de acá para allá, me derrumbo, me ahogo sin encontrar un cable al que sujetarme. Nada me anima a seguir viviendo. Todo me pasa lejos, de lado, en esta casa aislada en la que, si no me da por telefonear a alguien, puedo permanecer días enteros sin hablar, si exceptúo las escasas palabras que Paco y yo cruzamos a la hora de la comida. El otro día me dio por pensar que, a lo mejor, después de doce o trece años de vivir en el campo, relativamente separado de todo, sería hora de empezar a pensar en volver de nuevo a la ciudad. Imaginé que vendía la casa en la que, como aquel que dice, apenas acabo de instalarme (me vine hace dos años y medio) y en la que he tenido que superar un montón de inconvenientes para alcanzar esta frágil comodidad: obras, instalar la línea eléctrica, el teléfono, tirar paredes, tapar goteras, desatascar tuberías, luchar contra la fosa séptica. Pienso en irme de aquí para comprar un apartamento en Valencia, pero eso supondría despedir a Paco, con quien hace doce o trece años que convivo (él se ocupa de todo aquí, de la casa, del huerto, de la compra, la cocina, la ropa) y perderme solo. Solo. Qué gusto. Aunque Valencia es un sitio demasiado familiar para perderse.

288

*Otro día*

Con la cabeza en blanco; mejor sería decir con la cabeza en negro, un oscuro pesar que me impide organizar cualquier pensamiento. No consigo descifrar los mensajes que cuanto hay a mi alrededor me envía. Me falta el código. Ni siquiera soy capaz de leer mi propio mensaje. Todo espeso y todo chorreando pesar, pena. No hilvano, no ordeno, no construyo. La sensación de haber avanzado por un pasillo en el que poco a poco se han ido apagando las luces. Camino por él a tientas y a cada paso lo noto más estrecho; en algún lugar oigo ruidos, algo así como el réquiem de Penderecki, una música desazonante que se me clava en los oídos y me impide escuchar cualquier otra.

*23 de noviembre*

*La norma literaria,* de Juan Carlos Rodríguez: utilizo algunas citas suyas para una charla que estoy preparando: el de Rodríguez es un libro brillante que se dirige solo a la cabeza. Pero ¿a qué otro lugar ha de dirigirse un libro de crítica literaria? Después, una nueva lectura de Lucrecio, que siempre es buen compañero cuando paseas entre ruinas. No estaría mal ser capaz de seguir su consejo: huir de la pasión, diversificar el amor para ahuyentar la pena. Copio párrafos enteros de *De rerum natura,* como si fuera la primera vez que lo leo en mi vida. Por la noche, haciendo zapping en la tele, escucho «Que reste-t-il de nos amours?», la canción de Charles Trenet que sirve de banda musical a *Iris,* la película sobre los últimos días de Iris Murdoch. Me emociono mucho oyendo la canción de Trenet, es un pesar que sale de dentro, como si emergiera desde la propia infancia guardada.

## 2003

*30 de marzo de 2003*

Esta vez va en serio. Hacía años que no atravesaba una depresión parecida. Desde hace tres meses, no hago más que sufrir, el sufrimiento lo ocupa todo, no me deja tiempo libre para nada más. La escritura de *Los viejos amigos* se ha combinado con la historia que me tortura por ininteligible y arbitraria desde hace tiempo, y en la que, estúpidamente, me he ido dejando envolver. Ahora no tengo fuerzas para escaparme, para salir, me ahogo. Han vuelto los síntomas que me llevaron a un intento de suicidio en la adolescencia: las cosas se me caen de las manos y se rompen, no como, no duermo, vivo en un estado de tensión permanente, cualquier palabra me provoca deseos de llorar, todo remueve los limos del pozo, los recuerdos se amplifican. Soy incapaz de fijar la atención en nada, no puedo leer, no puedo ver la tele. El otro día David me invitaba a que fuéramos al cine. Al menos te distraes, decía. Pero cómo encerrarme en un sitio, si no puedo mantener la atención fija en la pantalla. La sola idea de estar a oscuras, sentado en una butaca rodeado por la gente, me aterroriza. Paseo noche y día por mi cuarto. Me tumbo en el suelo y aprieto la cabeza contra las baldosas. Si consiguiera distraerme en algo.

*2 de abril*

Cada una de estas noches de insomnio me fumo un par de paquetes de tabaco. Si al menos fuera capaz de leer, de ver la televisión, de prestar atención a lo que dicen los locutores de la radio. Como el sufrimiento te vuelve miserable, pienso que quienes duermen a estas horas no son quienes están exentos de culpa, sino los que carecen de ese sentimiento culpable que debería mantenerlos despiertos, pieles de paquidermo. El sufrimiento te vuelve intransigente, cruel; quieres que todo el mundo tenga su ración de dolor. Líbrenos Dios de los que sufren, pienso. No soy nada. Cualquiera puede meterse en tu vida y destrozarte, convertirte en un trapo. Cada novela que he escrito me ha dejado más solo. Pienso frases así, solo pienso frases así, las repito como los cristianos repiten las avemarías del rosario, los *orapronobis* de las letanías, me dan ganas de llorar, tengo ganas de morirme. En este caso, morirse no es un gesto romántico, sino un modo de relax, algo así como visitar lo que ahora llaman un *spa*.

Llamo a mi amigo F., el psiquiatra, para que me dé la dirección de algún colega que conozca en Madrid. No quiero tratamiento psicoanalítico ni nada de todo eso: solo que me recete pastillas que me permitan dormir. Olvidarme durante unas cuantas horas al día de todo. Nada más que eso.

*Otro día*

Lecturas: Paul Ricœur: *La memoria, la historia, el olvido.* Y poesía: Vicente Gallego: *Santa deriva;* Miguel Ángel Velasco: *La miel salvaje,* seguramente el libro de poemas más inquietante e intenso que he leído de esa nueva generación, que empieza a no serlo. Del gran Ivo Andrić: *La señorita.*

*23 de julio*

Un mes de agosto por delante, sin demasiadas cosas que hacer. Me gustaría ordenarme, reordenarme, recoger los escombros, barrer de basura las calles de dentro, sanear las cloacas. O, lo que sería mucho mejor, desprenderme de toda esa retórica y no perder tanto el tiempo conmigo mismo. Y no hablo de descansar: eso de descansar ni lo sueño, después del último año de tensión, resultado mestizo de una novela y una pasión, ambas poco piadosas. El frágil armisticio que mantengo conmigo desde hace un mes lo he aprovechado para leerme algunas novelas largas: otra vez *La desheredada;* el tomo correspondiente al *Invierno* de la tetralogía de Anthony Powell (el último y más flojo de los cuatro, se enreda en una historia esotérica); una antología de la poesía francesa del siglo XX; y tres o cuatro libros de jóvenes poetas españoles, que he comprado recientemente. Sobre todo, aprovechar estos meses para pensar en escribir otra vez... Volver a escribir, si es que sale algo, si soy capaz de hilvanar alguna historia. Cuánto tiempo ocupan los preámbulos, los contornos del libro. Qué derroche de energía para emborronar unas pocas páginas.

*30 de julio*

Inesperadamente, se rompe la frágil capa de hielo por la que camino: chapuzón en las heladas aguas del desorden. Otra vez la sombra del enredo sentimental. Llevaba muchos días sin estar tan bien, leyendo las últimas páginas de *La desheredada,* dispuesto a darme un baño en la cercana playa a media tarde, tranquilo, volviendo al yo del que me había ido, y, de repente, patapam.

Por si fuera poco, sufro otro episodio de vértigo, lo que acrecienta la sensación de fragilidad, de –literalmente– colgar de un hilo delgado. No sé si se debe a problemas de columna, al oído; si se trata de manifestaciones de un creciente alcoholismo, hepáticas; si es por el exceso de tabaco, o un problema nervioso. Cuando, hace dos o tres años, se manifestó violentamente el vértigo en un tren alemán y tuvieron que bajarme en ambulancia a un hospital de Frankfurt (la cosa fue más complicada, a contar otro día con calma: me escapé del primer hospital en que me ingresaron, quería dar la conferencia que tenía prevista para la noche, no fue posible), me hicieron todo tipo de pruebas durante más de una semana, y llegaron a pensar que se trataba de un tumor cerebral, cuya presencia desmintió una resonancia que me practicaron de vuelta en España. Oigo cada vez menos, eso es verdad. Me pongo música para probar a tranquilizarme, pero no soy capaz de prestarle atención. ¿Me duele haber perdido ese otro refugio que tanto me consolaba, la música? Me molesta ir perdiendo curiosidad, me deja con menos alicientes en este mundo. El ascetismo no te prepara más que para desembarcar suavemente en la desolada playa. Una forma menos de razón a la que aferrarse, aunque me diga que es una engañosa forma de razón, seductora, hipnótica, al menos para quienes carecemos de formación musical. Me sermoneo con que esas formas hipnóticas están entre las que un escritor tendría que arrojar por la borda. ¿Y Bach?, ¿qué haces con él, pobre idiota? Con todos ellos. Casi todos te han encogido el corazón, muchos te han hecho llorar. En tu ignorancia.

En cualquier caso, los vértigos no me ayudan a recuperar la necesaria confianza en mí mismo. Cuando no puedes mantenerte en pie porque todo gira, y te caes, y ni siquiera tumbado en la cama eres capaz de fijar la mirada, no parece fácil hablarte a ti mismo de otro proyecto que no sea recuperar la verticalidad. Una semana después del virulento incidente que me llevó al hospital de nuevo, y me ha tenido cuatro o cinco días incapaz de mantenerme en pie sin algún apoyo (caminaba palpando las paredes, agarrándome a los marcos de las puertas, a los muebles), aún no consigo plantarme firme sobre el suelo: todo parece oscilar, las imágenes parpadean, un mundo inestable, apenas prendido con alfileres, un fotograma que se quema. Antes se decía así: algo prendido con alfileres. Llevas la lección prendida con alfileres, te decían cuando se notaba que no habías estudiado a fondo. Una vida cogida con alfileres. Desde el inseguro lugar en que me encuentro parece imposible que un niño llegue a hombre; que quienes están cavando los cimientos acaben poniéndole techo a la casa; que un labrador plante un árbol esperando que algún día dé fruto. Un milagro que algo se termine, concluya felizmente; que un proyecto se cumpla. Empezar otra novela, ¡uf! Ponerse con algo que tiene que durarte entre las manos un par de años o tres. Madre mía, largo me lo fiáis. Pero es lo que hay. Pensar en si se acabarán o no las cosas es perder el tiempo, tirar la vida, buscarte la excusa para no hacer nada.

El episodio de vértigo ha vuelto a resultar muy duro: todo giraba, he vomitado, me caía, me ahogaba, tenía calor, me sobraba la ropa, me quitaba la camisa. Sin embargo, cuando me tomaron la temperatura en el hospital, resulta que tenía treinta y cinco grados. Estaba helado. Lo que he vuelto a constatar esta vez es que el pensamiento de la muerte no me da miedo; no pensaba: me estoy muriendo; pensaba que no podía quedarme en el hospital porque tenía cosas que hacer, porque tenía que seguir ganándome la vida, mantener la casa, el salario de Paco, pagar los créditos, acabar de escribir un reportaje, viajar unos días más tarde a Madrid. La muerte tiene que ver con la agradable sensación que me invadió en la camilla del hospital cuando me inyectaron la medicación intravenosa y fue desapareciendo la angustia y oía las voces lejos (alguien, tras una mampara, vomitaba como yo había vomitado media hora antes). La sensación era de orgullosa soledad, al fin solo; el mundo, una masa compacta de la que tú ya no formabas parte, que estaba fuera de ti y podías despreciar. La voz del médico –una mujer– me devolvía a esa masa, me recuperaba como hilo de esa red, cuando me pedía que le describiera los síntomas (pensaba: déjame en paz, estoy bien, describirte los síntomas no va a curarlos, y hablar los agrava, déjame callado), y si era la primera vez que se producía un ataque así. ¿No había tenido antes un episodio parecido?, me preguntó. La voz de la médica era un anzuelo que me atrapaba, un sedal que tiraba de mí hacia fuera, que me sacaba del mar en el que estaba hundido, templado mar amniótico del que me daba pereza salir. Los demás estaban fuera del mar y tú estabas dentro y era agradable. Poco a poco, sales del mar, emerges, pero sigues viendo y oyendo desde cierta distancia (debes tener los oídos llenos de agua), la distancia que los estoicos reclamaban; y eso te impide sufrir porque te impide ser parte de nada, solo tú a la deriva, con una enfermedad que ahora no angustia, ya no duele ni molesta: las cosas ya no giran, el cuerpo ya no padece esa agonía, esos espasmos del vómito cuando no queda nada que arrojar: habías vomitado solo como signo, como señal de una angustia que se había apoderado de ti, la que te hacía gesticular con las manos para arrancarte la camisa y sentir calor mientras bajaba la temperatura de tu cuerpo. Ahora, en la camilla, puerto de llegada, playa, noche que, como en un bolero de Agustín Lara, «se desmaya sobre la arena, mientras canta la playa su inútil pena». Eso dice la canción. Recuerdas el bochorno de aquella noche de hace treinta años, la plaza de Veracruz, el tequila y los hombres que se paseaban entre las mesas de las terrazas ofreciendo unos barcos de anchas velas blancas que llevaban al hombro.

Señor, qué gusto, qué paz. ¿Será nada más que esto la muerte? O más bien se trata de química, de los sedantes que me han inyectado.

Los días que siguen, en la vista pequeños puntos negros que vibran como vibra el horizonte en los mediodías de calor. El paisaje se dobla como un helado que estuviera derritiéndose.

Informe sentimental. Un día lo veo. De cerca, pero lejos. No sé lo que pretende. Dice que está buscando aire. Se ahoga él mismo en algo a lo que no es capaz de entregarse ni de vencer, y decide emprender una guerra fuera –yo soy el ejército que tiene que derrotar– para librarse de la rebelión que le ha estallado dentro. Los políticos tramposos hacen lo mismo. Si yo consiguiera esa misma idea metida en mi cabeza. Pero, no. En ese reparto de juego se supone que yo necesitaría el aire que tiene él, así que llevo las de perder.

*21 de agosto*
Concluyo aturdido la pentalogía de Fernando Vallejo que ha titulado *El río del tiempo,* una desmesura verbal, brillantísima si uno se pone a leerla frase a frase, pero reiterativa, pesada, y cuyo propósito no veo claro, no sé adónde va, adónde quiere ir. Es un vómito, ya se ve. Eso está claro. Pero uno tiene la impresión de que la literatura tiene que darte otra cosa; si digo que la literatura debe tener un soporte ético en su composición y que es ese soporte lo que marca el desarrollo del texto (no vale cargar el texto desde fuera con un discurso moral, por brillante que sea), imagino que Vallejo se reirá de mí, pero ¿cómo describirlo? Decir sencillamente que me aburre el libro, porque no me bastan el insulto reiterado, las variaciones sobre un mismo insulto. Que eso es solo retórica, lo peor, la sensación de asistir a unos juegos

florales invertidos (y la palabra vale también en el otro sentido). En *La virgen de los sicarios* Vallejo conducía tu mirada, te forzaba en una dura torsión para que fueras capaz de ver otra cosa, ese era el gran mérito del libro. Pero aquí te preguntas quién es este que escupe desde arriba sobre el mundo, cuál es su autoridad para provocar, un papagayo exhibicionista, lo contrario que uno querría que fuera, lo contrario de lo que era en aquella *Virgen* que me turbó. Leo las críticas que aparecen sobre el libro, todas halagadoras, y me pregunto si no ven la diferencia que hay entre unas cosas y otras; para ellos, todo es agua que baja por la torrentera y mueve el molino: mera literatura.

### 26 de agosto

Días larguísimos. Bebo, fumo, me curo de la resaca de ayer emprendiendo el camino de la de mañana. Me escapo de los fantasmas no sé si amorosos, o sexuales; o si huyo de un afán de corregir el mundo, y todo se reduce a la indignación que siento ante una justicia distributiva mal aplicada. No quiero romperme, no quiero preguntarme por lo que hago, por lo que sé hacer, por aquello para lo que sirvo. Siempre me ronda la idea de irme. Cortar con la degradación. Cortar por lo sano. No estar. Cuando llegue la degradación a buscarte, que tú ya no estés.

# El tomo gris
(5 de septiembre de 2003-21 de julio de 2004)

Barthes, *El grado cero de la escritura:*
«La finalidad común de la Novela y de la
Historia narrada es alinear los hechos: el
pretérito indefinido es el acta de posesión
de la sociedad sobre su pasado» (pág. 39).

*5 de septiembre de 2003*

Días de fin de verano. El estruendo de la tormenta, los fuertes truenos que retumban entre las montañas como si rodaran por el cielo. El intenso ruido del chaparrón que golpea en la terraza se mezcla con el eco lejano de los fuegos artificiales que estallan en la cercana población de Sanet i els Negrals. No deja de ser conmovedora esa mezcla, la tormenta comparte espacio con el ruido de la pólvora, expresión de la voluntad humana de cumplir su ritual festivo de cada año caiga quien caiga, y caiga (o esté a punto de caer, allí aún no debe de haber empezado a llover) lo que caiga sobre sus cabezas. No sé si existen muchos sitios en el mundo donde la gente tenga tan desarrollado el instinto, la necesidad de la vida social como aquí; y que, en aras de ella, sacrifique hasta extremos poco comprensibles lo privado. A veces, esa vida social pasa tan por encima de los sentimientos individuales que asusta. Podría pensarse que sería buena base organizativa para la primera fase de una sociedad comunista. No es el caso: el único sentimiento comunista es el festivo. Como espectador, me ofende la actitud, celebrar lo que sea caiga quien caiga, me parece cruel, o impregnada de cinismo, pero en otros momentos me conmueve la afirmación de lo común, en una zona por lo demás tan tremendamente individualista, estas gentes, mis paisanos, se aferran a cualquier forma de propiedad con zarpas y dientes. Como si cada año tuvieran necesidad de congregarse en ciertos momentos, ciertos días, para escuchar el pistoletazo de salida que marcará su dispersión todo el tiempo restante. Tras la comunión, el imperativo categórico que ordena que cada uno tiene que ocuparse de lo suyo y nada más que de lo suyo. Sálvese quien pueda. Los corredores se congregan en la línea de salida para comprobar, disparados en distintas direcciones, quién es capaz de llegar más lejos en menos tiempo.

Echevarría y Bolaño. Leo la crítica de Echevarría al último libro de Bolaño (una recopilación de textos dispersos). Echevarría busca la unidad del libro en el autor, y la coherencia del autor en su capacidad para ser *chamán,* médium que recoge *eso* que es la literatura. Claro que quien lo inviste como chamán parece evidente que es el crítico (a todos los escritores nos inviste de lo que sea el crítico), el propio Echevarría: en el fondo es él quien lo descubre como tal; es decir, sobre él es sobre quien recae la verdadera autoridad, él es el auténtico chamán, el gran tapado, que dirían los mexicanos (desarrollar alguna vez este tema). En estos tiempos de crítica altiva (yo creo que son restos de cierto modelo francés de los años setenta del pasado siglo) el novelista es el albañil y el crítico sería el arquitecto. Uno pone ladrillos, el otro tiene el edificio en la cabeza. Uno está abajo, el otro arriba. Por cierto, Echevarría es editor de los textos de Bolaño, no parece el crítico más imparcial. Pero ya sabemos que aquí da todo un poco igual.

El neurótico, el artista, el pensador, entrando en la parte saludable de la sociedad para contaminarla, es uno de los tópicos de las sociedades autoritarias: «La parte normal de la humanidad se ha visto continuamente violada, convertida y redimida por lo anormal y lo neurótico. Se trata naturalmente de una afirmación grotesca», H. Broch, *Autobiografía psíquica,* pág. 33.

¿Hablar de uno mismo en los tiempos duros? Broch escribe que, en tiempos de guerra, es «más necesario que nunca establecer un orden anímico» (pág. 63).

*29 de diciembre*
Los diálogos entre el payaso y la bailarina que ha intentado suicidarse en *Candilejas,* de Charlot, un voluntarista moverse en el absurdo de la vida. En este mundo ciego y mudo, seguir llamando a vivir. A algunos les parecerán excesivos, lo son, qué más da. Gran folletín. Funcionan. Nos enseñan. Nos conmueven. Pero ¿por qué digo nos enseñan, nos conmueven? Hablo de mí, me conmueven a mí.

*Enero de 2004*

De *La tentación de lo imposible,* el libro que ha escrito Vargas Llosa sobre *Los miserables* de Victor Hugo:

«Si algo distingue al novelista clásico del moderno es precisamente el problema del narrador. La inconsciencia o la conciencia con que lo aborda y lo resuelve establece una línea fronteriza entre el narrador clásico y el contemporáneo [...].

»Aunque *Madame Bovary* se publicó seis años antes que *Los miserables,* en 1856, se puede decir que esta es la última gran novela clásica y aquella la primera gran novela moderna. Con *Madame Bovary,* Flaubert inauguró una forma narrativa que revolucionaría la novela: mató la inocencia del narrador, introdujo una autoconciencia o conciencia culpable en el relator de la historia, la noción de que el narrador debería "abolirse" o justificarse artísticamente. Flaubert fue el primer novelista en plantearse como un problema central de la estructura novelística la presencia del narrador, el primero en advertir que este no era el autor, sino el más ambiguo de los personajes que crea el autor de una novela. Él volvió impersonal –invisible– al narrador, algo que, desde entonces, han hecho la mayoría de los novelistas. Volverlo invisible no quiere decir suprimirlo, sino tornarlo astuto, calculador, tramposo: diseminado en lo narrado...» (págs. 47-49).

«Con *Los miserables* el narrador llega a la cumbre de la inconsciencia, como si adivinara que el magnífico espectáculo que nos brinda es su canto de cisne» (págs. 49-50).

El texto de Vargas Llosa termina recordando la crítica que Lamartine, buen amigo de Hugo, hizo de *Los miserables,* libro al que acusó de sembrar deseos imposibles e inquietudes inalcanzables en los lectores, que, según él, es lo peor que se puede sembrar: para Vargas Llosa, las palabras de Lamartine son el mejor reconocimiento a la potencia del libro, a su capacidad de crear imaginarios. Y culmina su tirada con una reflexión de orden político: precisamente por esa capacidad de la gran literatura para sembrar deseos en apariencia inalcanzables, las dictaduras de cualquier signo desconfían de ella. No por su capacidad de crear entusiasmo, sino incertidumbre. Es tesis ya conocida para quienes seguimos los escritos de Vargas. Aunque uno no acabe de compartirla y crea que la afirmación necesita muchos matices para no quedarse en ineficaz retórica, gusta el razonamiento. Ojalá fueran las cosas así.

*21 de marzo*
Veo *Berlín Express,* una curiosa película de Jacques Tourneur, del año 48. Merle Oberon, Robert Ryan, y Paul Lukas en el papel de un *doctor* que tiene un plan de unificación alemana que los *resistentes* nazis procuran a toda costa impedir. En la película abundan los guiños a la URSS. El ruso es estricto, un poco (o un bastante) bruto, pero muy noble, buenazo. En el pacto entre los ocupantes, el más soberbio, el menos digno de confianza y con el que, a fin de cuentas, parece que menos se puede hablar, es el británico. El espíritu de los tiempos. La película, vista hoy, resulta una ilustración acerca de la labilidad de los valores, incluidos los

que parecen más firmemente establecidos. Soviéticos bonda-
dosos en el cine occidental. Así fue por entonces.

No es una buena película, pero al espectador acaba atra-
pándole su tono sombrío: un fruto de la posguerra recién
iniciada. La cámara muestra con crudeza, deteniéndose, las
ruinas de Frankfurt y Berlín. Esas imágenes se me han enre-
dado en la cabeza con las palabras del libro de Sebald que se
titula *Sobre la historia natural de la destrucción,* en el que
aborda los tabúes que han marcado como en negativo las
imágenes de la Alemania de posguerra. Mientras tanto, corrijo los textos de *El viajero sedentario,* en los que el tema de
las destrucciones de las ciudades europeas durante la Segunda Guerra Mundial aparece repetidas veces: Rouen, Hamburgo, Lübeck, Dresde. Las imágenes rodadas en los arrasa-
dos escenarios en que se desarrolló la guerra me han asaltado
en un momento en que me encuentro especialmente sensible
con el tema. Las he visto, digámoslo así, en caliente, y han
conseguido que la película me pareciera más interesante de
lo que es.

Sebald habla de algunos pocos escritores alemanes que
rompieron con el tabú que impedía hablar del sufrimiento y
las destrucciones padecidas por los perdedores. Hans Erich
Nossack: *Interview mit dem Tode* (1972); Heinrich Böll: *El
ángel callaba;* Hermann Kasack: *La ciudad detrás del río* (al
parecer, la novela decisiva sobre el tema, no la he leído, ni siquiera sé si está editada aquí); Peter de Mendelssohn: *La catedral.* Se refiere Sebald a un novelista olvidado, del que nadie se ocupa, y cuya visión es imprescindible. Se llama Gert
Ledig, y sus novelas son *El órgano de Stalin y La revancha
(P.S. He leído la novela, aquí titulada* Represalia, *algún tiempo después de escribir estas notas),* que se desarrolla durante un
bombardeo de una hora en una ciudad innominada. En su
libro *Europa en ruinas,* Hans Magnus Enzensberger recogió

visiones de testigos extranjeros, pero no de los propios alemanes.

Por su parte, el libro de Böll se ocupa *de lo que nos encontramos al volver a casa.* Escrito en 1947, no se publicó hasta 1992. Da la impresión de que su edición se retrasó más por motivos religiosos que políticos. Según Sebald, «el capítulo diecisiete, que describe la agonía de la señora Gompertz, es de un agnosticismo tan radical que incluso hoy resulta difícil de abordar». Creo que, en España, nunca se tradujo ese libro de Böll. Me gustaría leerlo.

Todo el que se levanta en armas dice que Dios está con él. Dios debe preguntarse con quién cuenta él para su propia guerra.

Releo el *Homenaje a Roberto Arlt,* de Ricardo Piglia, en la edición de Siglo XXI, aparecida en 1975, y que, recién publicado, me regaló mi amigo Pancho Ramos, que acababa de llegar a Madrid exiliado desde Buenos Aires. Sigue manteniendo su fuerza, a pesar de que ahora nos suenen un poco más abstractas esas reflexiones acerca de las tortuosas relaciones entre violencia y literatura que la dictadura de los militares ponía por entonces tan en primer plano. Tras el revival de Piglia, emprendo la búsqueda de nuevas formas de violencia contemporánea: me instruyo leyendo la interesante *Historia de los árabes,* de Albert Hourani.

*27 de junio*
Anoche y esta mañana he estado leyéndome *Dublineses.* Lo he dejado al llegar al cuento que se titula «Clay» («Polvo y ceniza», en la traducción de Cabrera Infante). Me ha podido la emoción. Maria, la protagonista, es una de esas mujeres que iluminan el mundo. El otro día me referí a ellas en el texto de presentación del último libro de Andrés Barba, *Ahora*

*tocad música de baile.* Me referí a Elizabeth Rousset, de *Boule de suif;* a Félicité, de *Un cœur simple;* a la Colometa, de *La plaça del Diamant;* y a María, la protagonista de *El metro de platino iridiado* de Álvaro Pombo. Se me había olvidado esta conmovedora Maria, de Joyce, que reina en uno de los cuentos más tristes y hermosos.

Alguien lo ha presentado. No sé quién es. Lo oigo hablar por la radio en una tertulia. Creo que es la primera vez en mi vida que escucho su voz, y, sin embargo, enseguida me parece un mal tipo. No se trata de que me parezca mal lo que dice, ni siquiera el tono en que lo dice. Es algo más hondo, más –lo diré así– esencial, un orgullo, una soberbia que no impregna las palabras sino que las compone, forma su estructura: cuando habla, escupe, no las palabras, ni los conceptos, sino eso más hondo.

Sobre el desengaño amoroso:
Piensas que lo conoces mejor que nadie, porque te ha hablado durante horas, pero resulta que todo el mundo lo conoce mejor que tú: tú sabes lo que te dice al oído, los demás saben quién es.

Vuelvo a ver *El doctor Mabuse,* que es hijo de Balzac, reencarnación de Vautrin. Tiene un innegable aire balzaquiano. Como el francés, Lang mezcla la alta sociedad con el mundo del crimen (ver también *La ópera de cuatro perras,* de Brecht). Mabuse aparece disfrazado ante un fiscal que también se disfraza: el mundo como mentira, como apariencia, lo turbio dirigiendo lo que nos parece rutilante, luminoso, y resulta que solo es espejismo.

Hay una crítica de la estética como decoración (falta de responsabilidad): la casa *expresionista* que aparece en la película acaba resultando inquietante y de alguna manera se venga de su propietario, convencido de que el arte es nada más que juego: para él, el expresionismo, su estética, es juguetería (regusto art déco, que tanto puso de moda el propio Lang). Entre los muebles modernos, aparecen los ídolos traídos de culturas lejanas que no son neutrales, nos indican que algo oscuro se mueve por debajo de la trivialidad aparente: el asalto a la razón.

Estrenada en Berlín en 1922, sin duda Musil la habría visto. La entonada casa de sus personajes art déco en *El hombre sin atributos* comparte esos rasgos languianos. El primer plano en que Mabuse aparece en el palacio de los Told está junto a una chimenea, bajo un ídolo que lanza rayos por los ojos, y el ídolo es como una imagen del propio Mabuse, que también guarda en la mirada su poder hipnótico, y lanza unos rayos magnéticos por sus ojos. El conde Told, al introducir ese arte de *origen salvaje,* lo irracional, ha introducido el mal en su casa. La estética anuncia el mal, es su mensajero, o lo guarda, es su policía secreta, no es juguete inocente. La lucha entre escuelas artísticas es lucha por apropiarse de imaginarios.

La hipnosis, el arma de Mabuse, se nos presenta como símbolo de la fascinación que ciertas formas estéticas ejercen sobre una juventud convencida de que las formas son solo juego, así lo expresa el diálogo entre el conde Told y Mabuse: «¿Qué opina usted del expresionismo, doctor?» «El expresionismo es solo un divertimento..., pero ¿por qué no? Hoy todo es divertimento.» «Puesto que todo es divertimento, doctor, no le molestará que ahora vayamos a jugar al póquer.» El ingenuo conde habla así porque ya ha sido seducido por Mabuse, el gran jugador, ha caído entre sus redes. Como dirá su esposa luego, es raro que el conde juegue, no juega casi nunca, pero, excitado por los poderes de Mabuse, tiene repentinas ganas de jugar. En esta ocasión es Mabuse, el gran tahúr, quien no juega. Su partida se sitúa en un nivel superior: manejarlos a todos ellos. Empieza a seducir a la mujer (de nuevo, al fondo, un ídolo africano), luego la conduce por un pasillo en el que está el ídolo junto a otras obras expresionistas: pasillo que conduce a la sinrazón. Los personajes positivos de la película viven en casas con mobiliario tradicional. La estética de Lang es una antiestética. Con su poder, Mabuse fuerza al conde a hacer trampas en el juego, y consagra su indignidad cuando sus compañeros de timba lo descubren. La gran vergüenza. Triunfo de la partida del gran tahúr.

Mabuse se disfraza, cambia, asume todas las personalidades, se desliza entre todas las clases; con sus disfraces, representa el mal infiltrado en todas las capas de la sociedad: cada uno cree obedecer, moverse, tratar con un personaje distinto, pero todos esos personajes son solo Mabuse: un grupo de ciegos metidos en un sótano cuenta el dinero para él: Argos Panoptes. Y Mabuse es el buhonero, pero también el agente de bolsa, y el desharrapado lumpen que agita las masas en nombre de la justicia. Mabuse es todo y nada a la vez. Lo impregna todo, pone el principio de desconfianza en todo. La metáfora, además de brillante, resulta aterradora; e imprescindible en la guardarropía de la contemporaneidad.

## 2 de julio

En el discurso de ingreso a la academia, Pombo defiende a Sartre –la búsqueda de la verdad– frente a Foucault –la búsqueda de la verosimilitud–. En el centro está el tema del poder. Quien no está en el poder busca una verdad desde la que desalojar al otro: mostrar la impostura. Quien lo ostenta, se aferra al sofisma encubridor que justifica y mantiene. Todo es discurso, unos dicen una cosa y otros otra. El discurso de Foucault –para Pombo– es el de un mandarín. Leyendo el texto de Pombo, y dándole vueltas a eso del mandarinato, pienso en el ensayo de Jordi Gracia *La resistencia interior*. Gracia ha escrito un discurso coherente acerca de las bases ideológicas de la Transición española –según él, nace de los intelectuales de dentro del país–, que se mantiene en su trama, en su tejido interior. Quienes hemos vivido lo que ocurrió durante los años que narra sabemos, sin embargo, que eso que cuenta es mentira (aquí empieza el juego: ¿qué es eso de verdad?, ¿qué es la mentira? Todo lenguaje, puntos de vista enfrentados).

A lo mejor el libro puede sostenerse sacando a relucir un documento u otro, pero no aguanta el contraste con la historia. Es más, lo que pretende es borrar las huellas que dejó la historia que fue y trazar las pautas de como él quiere que haya sido, y cómo quiere ordenarla para hacerla cuadrar con su proyecto ideológico. Un ejercicio de sofística que se sostiene solo desde la coherencia interna del discurso, pero que, insisto, no soporta el testimonio de quienes vivieron, los aportes del exterior. Lo malo es que la historia –desaparecidos actores y testigos– suele ser mera recopilación de textos como el de Gracia.

Cita Pombo en su discurso de entrada a la Academia a Nietzsche: «No hay hechos en sí. Es necesario comenzar siempre por introducir un sentido para que pueda haber un hecho.» El libro de Gracia, como el panfleto que ha escrito Martin Amis sobre Stalin, *Koba,* introduce un sentido sesgado, torcido, uno en el espacio evanescente de las ideas, otro en el hueso mismo de la historia (nada más fácil que te aplaudan si te metes con Stalin, un personaje bastante más complejo en su psicología y en su papel en la historia que el bestia del Koba de Amis). Dos libros políticos (como todos) construidos para arropar ideas previas y no como proceso de aprendizaje del autor en el que aprende quien lee.

Dualidades: seres de verdad, seres de palabra. Que la idea brote de los hechos (¿qué es eso, Señor?), o que la idea construya los hechos. No es mal tema.

Me miro a mí mismo y pienso en que poca gente se habrá equivocado tantas veces como yo. Buscar es arriesgarse a dejarse seducir por espejismos, es correr el riesgo sin certeza de que te vayas a encontrar con otra cosa que no sea el polvo que te tragas al caer. Eso con suerte.

Una especie de sombrío banquete en el que se devora a los demás aparece al fondo de cada uno de los gestos humanos que no se regulan mediante la aspiración a algo superior, tan inalcanzable como, al parecer, imprescindible como proyecto. También hay que aprender a vivir con un aceptable nivel de incertidumbre en el conocimiento.

Bolaño vive en una ciudad literaria: sus calles son páginas de libros; sus vecinos, escritores; sabe anécdotas de esos personajes literarios, las narra, las repite, se excita con ellas. Crece y se encoge siguiendo los avatares de los libros que ha leído. Los recuerda, vive con ellos y en y entre ellos. No es mi caso, aunque dedico a ellos la mayor parte de mi vida, no son mi mundo: están en él, pero las vidas de quienes los escribieron no condicionan la mía, ni me interesan gran cosa; olvido lo que el día anterior leí acerca de ellos. Seguramente es otra de mis muchas limitaciones como escritor.

Fuster le rinde homenaje a Rabelais en un largo poema, seguido de un texto en el que se lamenta de la poca incidencia que tiene en Catalunya la conmemoración del cuarto centenario de su muerte (Rabelais murió a los setenta años el 9 de abril de 1553), lo que le sirve para atacar la beatería de la fundación Bernat Metge (*«fins ara, només han publicat els clàssics susceptibles de ser impunement llegits per ursulines»).* En el texto, arremete Fuster contra Pla por haber halagado que se *censurara* a Marcial en la versión catalana. *Ell!,* se indigna Fuster, seguramente refiriéndose a la afición de Pla por las putas. A Rabelais no se le conmemora, como se hubiera seguramente conmemorado a Claudel, Péguy o Saint-Exupéry, concluye Fuster. *Obra completa,* I, págs. 380-381.

En un apéndice al texto del 10 de abril del 53, añadido en noviembre del 68, Fuster habla de que los médicos han ocupado el lugar que la religión ha dejado vacío a la hora de reprimir la buena vida rabelesiana. Las amenazas de los médicos –el dolor y la enfermedad– están más cerca de nosotros que las de los curas. Tienen más poder de convicción. Lo otro, esa utilería del juicio final, el cielo y el infierno, ¡tan largo me lo fiáis!, ha pasado de moda. Se la pasan por el forro hasta los niños.

No creo que le cayera muy bien Salvador Espriu, con su misticismo contemplativo, al inquieto Fuster. Cuando habla de él, refiriéndose a los cambios que se habían producido por entonces en la poesía catalana, dice: *«S'inaugurava l'època de Salvador Espriu –cal dir-ne l'època de S. E.»* (pág. 378). S. E. eran las iniciales habituales para referirse a Su Excelencia, Franco, el por entonces jefe del Estado. No sé el grado de ironía que metió ahí el de Sueca; entre otras cosas tendría que cuadrar las fechas en que escribió eso, he leído en alguna parte que mantuvieron una correspondencia que se interrumpió bruscamente. Dejaron de escribirse para siempre, se enfadaron como dos adolescentes.

Brillante la tesis de Fuster de que solo en un Estado de derecho en el que la ley se ajusta a ciertas normas tiene sentido la novela policiaca. El criminal, en ese Estado, goza de la protección de la ley, y usa sus subterfugios, cosa que resulta increíble en un Estado totalitario, donde o te protege el poder, o te abandona en manos de la porra del guardia. No queda ese estado intermedio en el que se desarrolla el matiz, la sutileza de la intriga policial, y la astucia del delito privado, civil. Aquí en España, por entonces, el asesino se descubría a palos, aunque no existiera cadáver, como en *El crimen de Cuenca*.

Sobre la caducidad, sobre las limitaciones de la palabra. Qué leemos de lo que escribió Homero. Qué interpretamos. Seguramente, muy poco de lo que él puso en sus libros. Qué y cómo se leerá lo que nuestro tiempo deje.

Habla Fuster de la crítica como *«inspecció de la mercaderia que circula, dictaminant-ne la solvència, etiquetant-la, ponderant-la»*, una especie de funcionariado encargado de velar por la higiene de la ciudad: como aquellos almotacenes que vigilaban la frescura del producto y la fidelidad de pesas y medidas en el mercado en las ciudades de Al-Ándalus, añado yo. No está nada mal visto.

*«Entre Picasso i Kandinski hi ha més diferència que entre Picasso i Rafael»* (*O. c.*, I, pág. 497). Es verdad.

En un texto fechado el 30 de noviembre de 1960, decisivo para entender algunas claves de su pensamiento nacionalista, y que ocupa las páginas 634 a 642 del primer tomo de las *Obras completas,* Fuster arremete contra el Unamuno partidario de *que inventen ellos* como representante de cierta españolidad. Escribe Fuster contra la que él considera desidia de la España de interior, que permanentemente aplasta la vitalidad de las periferias. Comenta una copla andaluza que dice: «Cada vez que considero / que me tengo que morir / tiendo la capa en el suelo / y me harto de dormir.» Fuster achaca esa estoica filosofía andaluza de *echarse a dormir* a la miseria. E ironiza sobre el coplero: «Hartarse, lo que se dice hartarse, solo podía hacerlo de dormir [...]. Con un salario un poco más sustancioso, el fantasma de la muerte le habría sugerido otra conducta muy diferente: comer a dos carrillos, ir de putas, leer una novela de ladrones y serenos, o trabajar, pero no dormir» (pág. 636). Fuster no le perdona a Unamuno el espectáculo de un rector de universidad manifestándose contra el progreso con palabras que debían caer como agua de mayo sobre el campo abonado de los tópicos vigentes en un país analfabeto. Cuando Unamuno dice: *Seréis siempre unos niños, levantinos, os ahoga la estética,* para Fuster está claro que lo hace porque para él –para Unamuno– solo hay esencias, todo lo demás es fachada, una visión que procede de la oscura sensibilidad del barroco católico: Todo es sueño, todo vanidad, todo decorado; detrás de cuanto vemos, la nada. Bajo la turgencia de la carne, Unamuno se distrae viendo el esqueleto y la calavera.

Leo los artículos de Reich-Ranicki sobre Thomas Mann, que me devuelven la orgullosa dignidad del escritor. Hace años que –con excepción de *Los Buddenbrook,* que releí recientemente– no releo a Mann, pero seguramente ha sido uno de los escritores que más me marcaron en la juventud. No digo que me marcase su escritura, imposible para alguien como yo que carece de formación filosófica, o musical –de casi todas las formaciones; torpe autodidacta–, pero sí su talante, su actitud, el ejemplo de su tremenda ambición. El libro de Reich-Ranicki me trae, como un redoble de conciencia, el eco de esa ambición, la altiva lucha de Mann por mantenerse por encima de los avatares, de las pasiones, en el refugio de la literatura. Seguramente, me tocan más esos artículos en estos tiempos, porque me siento alejado de cualquier pulsión literaria (¿cuándo acabaré otra novela?), y advierto cómo se me disuelve el sentido moral como un azucarillo. Mis conceptos morales se han adelgazado hasta carecer de densidad, se han vuelto progresivamente evanescentes confundiéndose con la atmósfera que me rodea. Se me ha caído la imagen de mí mismo que me había construido, casi podría decir que desde la infancia. Ser escritor suponía un grado de nobleza, de necesario desprendimiento, de generosidad, valores que parecían corresponderse con la esencia misma de la profesión, que no era exactamente una profesión, sino más bien una vocación, un tipo de sacerdocio laico. Me cuesta reconocer –aún no sé si lo he conseguido– que se puede ser un escritor careciendo de esa vocación pública; claro que se puede ser un escritor mezquino cuya obra nace precisamente de la mezquindad. No queda más remedio que aceptar, aunque sea a regañadientes, que un cínico que proclama la dictadura del egoísmo puede ser buen escritor, algunos están entre los mejores. Eso me resulta difícil de tragar, aunque yo mismo he ido rebajando la exigencia de mi mirada: por eso, cuando contemplo a Mann, me reconcilio con el que fui, y admiro a ese actor insuperable que supo mantenerse en su papel hasta el final. Me conmueve su orgullo, su altivez. Me devuelve a mi propia miseria con la melancolía de no haber sido capaz de ser mejor, de mantenerme a flote en este naufragio general.

*5 de julio*

Hace apenas un mes, leí fascinado *Palomas en la hierba,* de Koeppen. Hoy intento recordar su argumento y no lo consigo. Me desespera la falta de memoria. De las novelas, solo me queda el tono, la coloratura, el ritmo; a veces, el destello de un personaje, una frase, una idea. Repaso libros que he leído cuatro o cinco veces, y es como si fuese la primera vez que los abro. ¿Es el alcohol el que me está robando la memoria?, ¿el tabaco? He tenido que hacer un esfuerzo para recordar la historia de Maria, la protagonista de «Polvo y ceniza», el cuento de *Dublineses* que tantísimo me gusta: la criada que compra con todo cariño un pastel y, cuando va a entregárselo a quien quiere regalarlo, descubre que le ha desaparecido. En el trayecto en tranvía, un señor elegante como un coronel se comportó educadamente con ella –fue el único–, le cedió un sitio a su lado y le dio conversación. Es un cuento bellísimo y triste. Maria está en la línea de las protagonistas de *Un cœur simple* y de *Boule de suif.*

El Chaplin de *Monsieur Verdoux.* Cómo olvidar la secuencia en que encuentra a la mendiga que acaba de salir de la cárcel. Antes de saber su biografía, está dispuesto a probar su veneno con ella, pero se arrepiente al descubrir en la mujer un alma gemela que, como él, ha delinquido por amor hacia un minusválido, por un tipo de amor que es entrega, y se supone que no tiene que ver con la *atracción,* con el deseo de la carne. Él ha intentado convencerla de que quizá, para alguien que carece de esperanza, alguien como ella, el suicidio no esté mal.

–¿Le aterroriza la idea de la muerte? –le pregunta.

Y ella:

–Supongo que la idea de la vida también aterroriza antes de nacer.

Verdoux no entiende que pueda haber estado enamorada de un pobre lisiado:

–Las mujeres son seres terrenales dominados por la realidad física –le dice antes de que ella le confiese su amor por el inválido y él le aparte de delante la copa envenenada.

Es una de las mejores secuencias que he visto nunca. Excesiva, como siempre en Charlot, pero magnífica. Y ese encuentro años después, casi al final de la película, con un Charlot sarcástico que, cuando ella le dice que un poco de bondad puede hacer hermoso el mundo, responde:

—Será mejor que se vaya antes de que me pervierta con esa filosofía.

En los últimos planos, Verdoux se convierte en un héroe de nuestro tiempo, cargado de principios morales, un santo criminal en un mundo de criminales sin escrúpulos.

—Padre, ¿en qué puedo ayudarle? —le pregunta Verdoux al cura que lo acompaña al patíbulo.

Leo en el libro de Reich-Ranicki *Siete precursores. Los escritores del siglo XX* algunas afirmaciones de Schnitzler que yo firmaría de buena gana. Dice el escritor vienés que «se encuentra casi siempre en un estado de desorden interior considerable; y dice también: me veo como una parodia de lo que quería ser». Pero, bien pensado, palabras así las firmaría casi todo el mundo. Entre los escritores sobre los que escribe Reich-Ranicki hay dos, Mann y Döblin, a los que siento cercanos, aunque ellos, por posición social y por otras muchas circunstancias, en su día fueron agua y aceite: se despreciaban. Döblin no soportaba a Mann, de quien decía que escribía con la raya planchada del pantalón. Musil me admira. ¡Está tan lejos, en ese horizonte que sabes que nunca vas a alcanzar por mucho que bracees! Y, sin embargo, Reich-Ranicki lo destroza con mucho fundamento. Pero Musil es uno de esos autores que soporta cualquier crítica, aunque sea una crítica cargada de razón. Te mira desde tan lejos. Sus descuidos, y esa arbitrariedad de la que lo acusa Reich-Ranicki, son efectivamente formas de soberbia. Tiene razón el crítico cuando le acusa de que, en realidad, desprecia tanto a los personajes como a los lectores. Se siente por encima de unos y otros y, sin embargo, me seduce a mí, que odio esa actitud en cualquier otro; me convierte en cómplice, no sé de qué manera ni por qué. Bueno, es evidente: en lo implacable de su mirada, en su maestría para trabajar con las palabras, para capturar con ellas el espíritu de su tiempo desde todos los ángulos.

318

Pienso en el tío que lleva al sobrinito al parque y, cuando juega con él, lo hace cómplice de códigos secretos que se supone que los mayores manejan fuera del alcance de los niños, y así lo engaña. Lo incita a creerse adulto y, entre los adultos, elegido por alguien para algo, elegido por un individuo superior que le permite jugar un juego excitante, que no es exactamente el que los otros niños juegan.

En Thomas Mann, el estilo, además de una forma de conocimiento, es una bandera moral en sí mismo, porque se basa en la precisión, en el rigor del trabajo con las palabras, valores que parecen directamente nacidos del patriciado urbano comercial del que procede. No tiene otro objetivo su cuidado estilístico que darle al lector lo que, en la transacción con el escritor, le corresponde, como el comerciante honesto da la cantidad y calidad de producto que corresponde al precio que le paga su cliente, aunque la actitud de Mann no está exenta de coquetería cuando se deja llevar por ciertos excesos, al fin y al cabo, la vanidad es un vicio humano frecuente entre los artistas. Pero también el vanidoso comerciante añade un puñado más de lentejas como cortesía a la mujer que le gusta, al hombre que le resulta simpático; y el carpintero obsequia al cliente con una moldura que no constaba en el presupuesto pero que le parece hermosa. Otra cosa sería arrastrarse ante el lector, humillarse pidiendo su gracia, o humillarlo convenciéndole de que no se merece que ponga a su servicio una escritura de ese empaque.

El permanente *décalage* entre la mezquindad de lo que se cuenta y el elevado estilo con el que Felix Krull lo cuenta es el eje de tensión de la novela de Mann. Algunas ideas: la vida como efímera flor del ser; o el hombre como único ser vivo capaz de elegir el papel que representa en la obra, frente al resto de la naturaleza que cumple ineluctablemente el que se le ha asignado. Cuando desde el fondo del pozo, uno se pregunta el porqué de la literatura, o si merece la pena seguir llenando páginas, Mann, con un pie ya en la tumba, nos da una gozosa respuesta en su divertido *Felix Krull*. Sin libros como ese, la vida merecería bastante menos la pena. Bajo el juego de disfraces del mozo de comedor Krull, que ha cambiado su personalidad con la de un aristócrata, hay una lección de ética: la vida es representación, y precisamente en mantener la credibilidad del papel que te ha tocado en esa representación, encuentras tu grandeza. Como ocurre en la naturaleza (esas flores que se visten para atraer a los insectos polinizadores), el arte es disfraz, pero un disfraz que exige disciplina, ascetismo (el rigor del entrenamiento en el trapecista que aparece en el libro): ser humano y, al mismo tiempo, no serlo, retorcer esa humanidad, pero disimular pudorosamente la violencia que expresa la contorsión, esconder el doloroso esfuerzo, y mostrar solo la pirueta.

La novela termina precipitadamente, incluso podría decirse que Mann la deja sin terminar. Hay un final mutilado, y los últimos capítulos son los menos brillantes, los más discursivos y tediosos del libro, pero haber vuelto a trabajar durante sus últimos días en ese texto iniciado en su juventud, supone un homenaje a sí mismo. Mann se felicita por el simple hecho de haber vivido. La elegancia, la gracia, la ironía se manifiestan en un diaporama de personajes, de situaciones, de decorados: comedores de grandes hoteles (con su contrapunto de sórdidas vidas tras las mamparas, en cocinas, sótanos y buhardillas), vagones de lujo, elegantes cafés, un mundo que cuando Mann escribía ya la guerra había hecho estallar y era nada más que ceniza, recuerdo. Felix Krull es el homenaje a aquello que ocurrió, se esfumó, y ya no volverá más. Él mismo, el autor, se sabe a punto de hundirse tras el telón de sombras, de desaparecer como ha desaparecido el mundo al que perteneció. En el último momento, levantar una novela como, en una chispeante despedida, se levanta la copa de champán.

*17 de julio*

El trabajo del escritor es escribir, esa es su especialidad, su profesión. Pero para escribir necesita tener algo que contar, como para ser carpintero, además de un banco y un instrumental, necesitas una provisión de madera: ¿Te extrañas de tu sufrimiento suplementario? Ese es tu quehacer. Mientras los demás llevan adelante sus trabajos, están pendientes de sus tareas, tú chapoteas en el laboratorio de los sentimientos, eso que antes llamaban el espíritu, o el alma, y tú ya no te atreves a llamar de ninguna manera (es tu almacén, tu provisión de madera). Ese es el oficio de escritor, su extraña forma de vida. Ahí está la fascinación que provoca en los lectores su trabajo: la profesión de escritor nos convierte en paquetes de la juguetería espiritual del lector. En eso se funda también la desconfianza, la inconsciente antipatía (disfrazada de admiración) que provoca el escritor, al que se honra como se honra a los muertos, por precaución, para que no salgan de su tumba a pedirnos cuentas. En el escritor hay una molesta mirada de cazador, de ave rapaz, a la que no pocas veces acompañan el cinismo y la vanidad: cierto ilusorio orgullo de propietario de los mecanismos ajenos, de chamán, de gurú, de brujo, que lo vuelve desagradable, no pocas veces inmoral (la realidad carece de ética, la verdad desconoce la ética, es un acto de volición). Solo un código piadoso puede permitirnos contrapesar esos lastres. Sin la piedad, el escritor puede convertirse en un peligro público y –en lo privado– en un miserable. Como el psicoanalista, como el político, seres que en su chisporroteo se travisten de benefactores a canallas, y vuelta.

Comparte el escritor con ellos el turbio despacho, el frío laboratorio en el que se manipulan las almas, el espacio indeseable de los ingenieros del yo, a quienes solo una rigurosa

321

aplicación del contrato social redime. Pero ¿desde dónde se establece ese contrato social del escritor? Seguramente en lo que la prensa de ahora, refiriéndose a la industria, llama I+D, investigación más desarrollo: la propia acción de buscar lo que todavía no se ha dicho, o descubierto, lo que no está en los lenguajes al uso porque alguien lo ha enterrado, pero eso no dicho no flota en el vacío, tiene que ser algo que no se dice a pesar de que algunos necesitarían decirlo, desearían ardientemente que se dijese. Aspiración de un mundo dispuesto a sustituir a este. Poder que quiere sustituir a poder y, en su avance, aspira a hacer saltar por los aires el cascarón protector de las palabras. Stefan Zweig le muestra su gratitud a Freud en una carta: «Gracias a usted muchos vemos, gracias a usted muchos decimos cosas que, de no ser por usted, jamás se hubieran visto ni dicho»: trabajo de escritor, abrir la mirada a territorios que permanecen en penumbra. Encender la luz se convierte en un gesto antipático, o incluso peligroso. La madre riñe a los niños, ¿se puede saber qué hacéis ahí escondidos en el rincón? Hacedme el favor de salir ahora mismo.

Pero ¿de verdad que no está todo dicho? Cada época dice a su manera, una manera sesgada, que pone el foco sobre algo y deja lo demás en sombra. Cada época intuye esas sombras y se excita con la idea de levantar el velo. Pero desenmascarar la cultura, ¿no es volver a la Edad de Piedra antes de que la piedra fuera pulida? Una piedra tallada cumple con su papel. Si eso ocurriera, agradeceríamos un poco de ornamento: que la piedra, además de tallarse, se puliera, y, a los pocos días, adornaríamos el palo del hacha con unas incisiones, porque querríamos algo que rompiera la monotonía de una fabricación anquilosada (¿acaso no me gusta a mí la forma de la estilográfica que acabo de comprar?, ¿no me deleito en su trazo sobre el papel cuando dice lo mismo que lo que escribo con el Bic?). Pronto alguien envidia el hacha que corta como las demás, pero que tiene el mango labrado, y hasta con un poco de barniz o de pintura de colores, e intenta arrebatársela a su dueño. Querer lo que es distinto, lo que –por poseerlo– te distingue de los demás. La vida es cultura que lucha contra la cultura y lucha por apropiarse de la cultura. Pero los escritores de los siglos XVIII y XIX tenían su modelo social en la cabeza, y a nosotros, en el mejor de los casos, parece que no nos queda más que reducir el que hay a escombros, dejarlo a los pies de los caballos. En esta época de *impasse,* esperar a que lleguen los bárbaros, pero eso también es posible tergiversarlo, vaciarlo, el arte limita con el espacio de las religiones fundacionales. En vez de los esperados bárbaros, o, formando parte de su cortejo, llegan los sacerdotes, la curia, el emperador que concede las prebendas, llegan los predicadores y, en el horizonte, siempre aguardan los cruzados. El Papa.

*19 de julio*

Termino de leer el *Felipe de España,* de Kamen, con la sensación de que una especie de grisura lo recorre, y no tengo claro si es la propia figura del emperador la que lo empaña todo, o es el tono en el que el libro está escrito. Hay citas sacadas de cartas del emperador, de cortesanos, y uno, ingenuamente, espera el destello de algún valor literario, filosófico, lo que sea, pero poco de eso aparece. Como suele ocurrir en las biografías, el tono del libro sube en intensidad dramática en los momentos finales, cuando el emperador se convierte en un enfermo, en un moribundo, pasa a ser el último de sus hombres: las sábanas manchadas con sus excrementos y que no se le pueden cambiar porque la gota le produce un dolor terrible a cada movimiento que hace; el hedor de la habitación en la que el Rey, que al parecer durante toda su vida fue un maniático de la limpieza, agoniza. Pero esos son efectos fáciles de conseguir, valores casi seguros en una narración. Sin embargo, hay tantos elementos que podrían haber dado juego y se nos escamotean. Don Juan, la muerte de Isabel de Valois, Lanuza, el proceso Carranza, Antonio Pérez, la represión de Alba en Flandes, todo está contado de lejos, me da la impresión de que aparece falto de vida. Se echa de menos una mirada como la que Braudel extendió sobre ese tiempo. Da la impresión de que Kamen se ha contagiado de la abulia del Emperador, del aislamiento en que vivió, y que la propia obra quiere contarnos. Hay pequeños estremecimientos: la muerte de Ana de Austria, la de sus hijos: los pequeños Diego, muerto en 1582, y María, en 1583; sobre todo, la muerte de su hija predilecta, Catalina, a la que había casado con un Saboya y con la que mantiene una frecuente y afectuosa correspondencia.

En cualquier caso, sombríos tiempos. No nos damos cuenta de nuestros privilegios de europeos del siglo XXI. Si no me salen mal las cuentas, de los trece hijos legítimos que tuvo Felipe II, cuando murió solo le quedaban dos con vida: Isabel, casada con Alberto de Austria; y Felipe, que iba a sucederlo. El rey le pide al jovencísimo Felipe (veintiún años), destinado a heredarlo, que se quede a presenciar los últimos momentos, la agonía, los oficios religiosos que la rodean, los sacramentos que se le administran al moribundo. Quiere que lo vea morir a él, que se empape de la muerte y de sus rituales. A lo mejor, quiere solo que lo acompañe, pero le dice que quiere que vea *en qué para todo*. Es el gran triunfo del Barroco, el Rey convertido en personaje de un auto sacramental, vestido con negra capa, guadaña y una máscara que representa la calavera, un rey-muerte que alecciona al heredero de un imperio que agoniza. En cualquier caso, el poder juega con distintas varas de medir y las maneja a conveniencia: años antes, cuando se llevó a cabo el traslado al Panteón de El Escorial de los cadáveres de su familia, el Rey «dejó muy claro que

324

no deseaba estar presente» (pág. 283), y, sin embargo, era él quien había mandado construir aquel pudridero, el que había ordenado el traslado, el que, luego, querría que su hijo estuviera presente en sus últimos momentos. Querer para los demás lo que no has querido para ti, obligar a los demás a soportar lo que tú no soportas. Tienes el poder y lo usas.

Levantamientos en Aragón; protestas en Castilla, Cataluña, Valencia o Nápoles; odio en Portugal. Los ingleses lo humillan por mar, y toman Cádiz después del fracaso de la Armada Invencible (Cervantes escribirá un poema satírico sobre el suceso), saquean los barcos que traen los cargamentos de oro y plata; en el campo se suceden las malas cosechas; como ya he escrito, se le mueren casi todos sus hijos, y también sus escasos amigos; Francia lo derrota y desprecia (Enrique IV); y él, poniéndose como ejemplo hasta el último instante, manteniendo su orgulloso papel en la representación en el teatro del mundo, quiere que su hijo sea espectador y contemple su obra hasta el final. A la hija, a la que apenas despide cuando deja España, por carta le repite con insistencia que la quiere: el Rey se relaja más ante un papel en blanco que si tiene que decir las cosas a la cara. Cuando ella le cuenta sus viajes por Italia, él le dice: «Harta envidia os tengo de lo que andáis y veis» (pág. 275). Y lo dice él, que ya se ha sepultado vivo en El Escorial.

La tesis de Kamen es que el Imperio español duró muy poco y nunca funcionó como una maquinaria programada de antemano, fue más bien fruto de una sucesión de casualidades que obligaban a Felipe a ir entrometiéndose en todos los asuntos, en busca infructuosa de una paz para sí mismo, para sus reinos. Frente a Carlos V, su padre, que tuvo afán de conquista y se empeñó en crear un imperio, Felipe solo quiso mantenerlo en paz; el intenso deseo de seguridad unido a una serie de errores lo llevaron a una interminable suce-

325

sión de guerras. La otra tesis de Kamen –que yo creo que Geoffrey Parker muestra mejor en su libro– es la de que no fue un rey fanático, ni sanguinario, como ha difundido la leyenda negra, sino sencillamente un pragmático, y que solo al final de su vida decidió encerrarse. En su juventud, Felipe II es un vividor renacentista, personaje cosmopolita que gustaba de los placeres y del arte, uno de los hombres más viajados de su tiempo: pasó años fuera de España, en Inglaterra, en los Países Bajos: en cualquier caso, no viajó tanto como su padre, ni estuvo a su altura en el afán cosmopolita.

De forma bastante inexplicable, Kamen le supone un exceso de inocencia, aunque no deja de reconocer que el azar le regaló demasiadas desapariciones a la carta, un exceso de muertes oportunas. Cierto que morbilidad y mortalidad eran elevadísimas en aquel tiempo, pero en la biografía de Felipe II hay numerosas sentencias en cuya elaboración no participó, pero que le convenían, e incluso algún que otro oscuro asesinato del que, si no fue agente, obtuvo beneficios.

A la hora de la muerte, Carlos V había pedido el crucifijo que acompañó años antes la agonía de su mujer, Isabel de Portugal. Felipe II lo imita. También pide él ese crucifijo que ahora no es el de la esposa, sino el de la madre. Atención, psiquiatras. Según Kamen, el Rey pasó toda su vida marcado por la influencia de aquella madre que los retratos pintan tan hermosa (Tiziano) y murió tan joven.

Vuelvo a tomar notas del libro de Reich-Ranicki que leí antes de irme la semana pasada a Madrid. Anoto lo que Döblin dice poco antes de cumplir setenta años: según él, el subjetivismo ha llevado «a la degeneración folletinesca de la novela [...]. La incapacidad para dar forma a algo se oculta al amparo de reflexiones y razonamientos; en vez de exponer sucesos, se engaña al lector con ensayos que, por lo demás, son de por sí demasiado flojos para poder subsistir aislados». Para Döblin, uno de esos *representantes subjetivistas de la novela* era precisamente Thomas Mann, aunque *el deslizamiento hacia lo folletinesco había comenzado mucho antes*. El pecado original se remonta –según Döblin– a Goethe, a *Las afinidades electivas* y *Wilhelm Meister* (págs. 129-130). Dice Reich-Ranicki que Döblin «en el escritor veía un instrumento de poderes irracionales: "Creemos hablar, pero somos hablados, o creemos escribir, pero somos escritos"», diagnosticaba en 1929 (pág. 136).

Concluyo estas notas con las palabras del propio Reich-Ranicki: «Puede pensarse, desde luego, que la tarea del escritor es producir literatura y no emitir juicios sobre ella. Si los escritores producen buenas novelas u obras de teatro deberemos agradecérselo y no ha de preocuparnos lo que digan o escriban sobre sus rivales o competidores» (pág. 184). De nuevo estoy de acuerdo con él.

Veo *Los profesionales,* de Richard Brooks. Un ricachón ha contratado a un grupo para encontrar a su esposa, al parecer secuestrada por un mexicano, pero que, en realidad, se ha escapado con él por amor. Cuando, tras haberla capturado, los perseguidores descubren la verdad y la dejan escapar con su amante, el marido cornudo le dice a Lee Marvin: «Hijo de puta.» Y Marvin se queda un segundo pensativo, antes de decir: «Sí, lo mío fue un accidente de nacimiento, pero usted se ha pasado la vida trabajándoselo.» Se parece a lo que un viejo franquista del PP –digamos, Fraga y sus criminales– podría reprocharle a un felipista.

Kafka le dice a su amigo Brod: «Debido a mi dignidad y mi orgullo [...], solo puedo amar aquello que imagino tan superior a mí que me es inalcanzable» (R.-R., pág. 215).

Tucholsky, obligado a escribir para ganarse la vida, se lamenta de «no tener suficiente dinero para poder callar, y callar para siempre» (R.-R., pág. 241). Otra afirmación suya: «Mi rechazo hacia los maltratadores es mucho mayor que mi amor por los maltratados» (R.-R., pág. 248).

Los escritores de la República de Weimar, Döblin, Musil, Brecht, Roth, Kerr o Tucholsky, todos despreciaban a Mann como estilista. Creo que ya lo he escrito en algún otro sitio.

Un par de frases de la estupenda versión que hizo David Lean de *Grandes esperanzas* de Dickens (en España se tituló *Cadenas rotas)*. Una: «Como no tengo corazón, tampoco tengo memoria.» Otra: «Insectos de todo tipo mariposean en torno a una vela encendida, ¿puede la vela evitarlo?» Lo de las falenas ardiendo en la luz del candil es el estribillo de la despiadada canción que canta Marlene Dietrich en *El Ángel Azul*.

*21 de julio*
Recibo una edición de dos poemarios de Roger Wolfe preparada por Juan Miguel López, un amigo de Juanma. Leo, entre sorprendido e incrédulo, la presentación, porque en ella lo más nimio, lo trivial, se convierte en epopeya: las copas estudiantiles o el picor erótico de un adolescente adquieren una desmesura como de toque del destino al inicio de la quinta de Beethoven. Lo que cualquiera ha vivido se convierte, por la magia trilera de la palabra, en caso único; la experiencia común más trivial, en fogonazo de un alma privilegiada. Pero más que dar vueltas a los conceptos, antologuemos: el prologuista pone en la biografía del poeta hitos como este: «De vuelta una vez más en España, dedicado única y exclusivamente a vagabundear de bar en bar por las ca-

lles de Alicante» (pág. 20). Sorprendente destino. El propio poeta se toma su biografía en serio poco más adelante: se describe, heroicamente «(a)trincherado en una pensión de mala muerte de Oviedo». A pesar de toda esa dura vida, su categoría de bilingüe, de mestizo cultural, su ser apático, le permiten escribir ya de entrada «una obra de una madurez y hondura propias solo de octogenarios» (págs. 32-33): «Wolfe escribe desde las conclusiones de los grandes pensadores [...] ya que sus verdades no proceden de lecturas, sino de vivencias» (pág. 33). ¿El vagabundeo de bar en bar, la habitación de la pensión de Oviedo? Todo el texto de presentación es un despropósito, una magnificación que roza el chiste. Cuesta creer que haya sido escrita en serio; y qué decir de los escolios que aparecen al final del libro, en los que todo se amplifica, adquiere trascendencia: zancadas decisivas en el avance poético de este escritor que nació octogenario para el arte son su visión en un cine de *20.000 leguas de viaje submarino*, imagino que la versión de Fleischer con Kirk Douglas que vimos todos los niños unos años antes, o el descubrimiento de Carmen Maura en una película de Almodóvar. Pues vaya grandes iconos para la modernidad.

Juanma me asegura que Wolfe tiene mucho prestigio entre ciertos grupos *intensamente poetizados*. La verdad es que no entiendo nada. Leer este prólogo en el que se destacan como jornadas del viaje iniciático del poeta o como cimientos del héroe que acudiera a cierto bar a emborracharse, o que, en un momento de su vida, decidiera irse a vivir a casa de los suegros como si hubiera decidido subirse a la montaña mágica, produce bochorno, y qué decir de ese pico dramático en el que se nos descubre el momento en que se enamoró de su actual señora, y se nos cuenta el acontecimiento con la gravedad con que los manuales de literatura nos dicen que Petrarca vio a Laura en Avignon.

No es exagerado decir que todo el texto parece astracanada, broma: el catálogo de vida interior (al parecer la que les interesa y preocupa a los miembros del grupo poético) que nos despliega es de una simpleza de parvulario. Claro que el prólogo resulta aún más chocante cuando uno se pone a leer *la obra,* una sucesión de banalidades: un poeta al que no le ha pasado nada, lo cual no sería ni leve ni grave, a cada uno le pasa lo que le pasa y poetiza con ello; pero –y eso sí que es más serio– que da la impresión de que tampoco ha leído gran cosa: poética de quinceañero no muy dotado. Después de la lectura, me entero de que el prologuista y otros cuantos forman un grupito que desprecia a Proust, Balzac o Galdós. En ese pecado llevan sus obras la penitencia.

Por cierto que yo he leído algunos poemas del prologuista, Juan Miguel López, y me parece que son bastante mejores que los de Wolfe, con lo cual el enloquecido juego se retuerce aún más, da una nueva vuelta de tuerca, porque se diría que los ídolos cotizan a la baja, y que es maestro quien más tiene que aprender.

Leo *La hermandad de la uva,* de John Fante. Me río hasta que se me saltan las lágrimas. Qué cerca está de uno este libro al que quizá –nadie es perfecto– le sobren unas cuantas páginas del final. Mientras lo leía, me parecía que me lavaba, que me daba un baño liberador del bobería de los baby-Wolfe que confunden ser Dostoievski con ponerse hasta el culo de copas, como nos hemos puesto los adolescentes de incontables generaciones en este país de viñedos prerromanos. Entre esos adolescentes borrachines, los hubo que acabaron escribiendo, otros se dedicaron a sus quehaceres y algunos ni siquiera se dedicaron a nada digno de mención. Pasaron unos años en el mundo, y luego desaparecieron sin dejar huella. El bar no es la puerta que lleva a alguna parte, a pesar de que papá te diga que no entres. En el bar, al fondo

a la derecha suele estar situado el retrete en el que meas y vo-
mitas las copas que te tomas si no tienes resistencia o bebes
sin moderación. Por detrás, un muro cierra el local. No hay
más misterio, aunque así lo crean los jovencitos de clase media, indagando en las piezas del relato apocalíptico de papá y
mamá, de sus fantasmas, de sus temores. Muchacho, eso es
el coco con el que quieren asustarte, y de cuya existencia debes dudar para ponerte a caminar por la vida.

Pienso en la charla que tendré que dar en Manchester.
Personajes de verdad, personajes de mentira, la teoría del
lenguaje nominal de Benjamin, que viene de los románticos
alemanes, coger como base de la charla el capítulo del libro
de Schiavoni sobre Benjamin *(Walter Benjamin, il figlio della
felicità)* que lleva por título «Adamo, il linguaggio e il paradiso
perduto: Crítica del linguaggio strumentale» (en la pág. 57 y
ss.). Está expuesto con brillantez el embrión de un tema al
que yo vengo confusamente dándole vueltas. Me gusta mucho, además, la exposición de las posibilidades en que ese
lenguaje instrumental puede leerse perfectamente como lenguaje de clase, de dominación, algo que aparece en todas mis
novelas, en la Ana de *La buena letra;* o en el obrero de *La
caída de Madrid,* que descubre que no sabe cómo llamar al
abogado que fue su camarada, su mentor ideológico, porque
no ha usado con él jamás el lenguaje nominal, que surge de
la verdad, sino que todo ha sido un intercambio de lenguajes
ideológicos, instrumentales, *Tabo* (el apócope familiar de los
compañeros), *camarada* (el del partido), o *usted* (el de la clase que los separa y vuelve a ocupar el primer plano cuando la
realidad se abre paso a codazos). No ha habido verdad. El
obrero descubre que no ha hablado la verdad cuando se da
cuenta de que no tiene palabra que nombre a quien fue su
mentor, el que le enseñó el lenguaje revolucionario. Todo
era una representación, las palabras distribuían los papeles en

la obra que se representaba en los márgenes. La vida discurría en otra parte. También en *Los disparos del cazador,* Carlos reflexiona acerca de la deriva que han tomado las palabras de su hijo, que no habla de dinero (es inmoral, el dinero hay que ganarlo, no hablar de él), sino de proyectos. El lenguaje de esa izquierda, de ese falso obrerismo de burguesitos en proceso de formación es tapadera del propio yo. El tema se convertirá otra vez en el centro de esa traca final que es *Los viejos amigos,* una novela que no trata más que de la oposición entre diferentes lenguajes instrumentales. Ahí, el narrador ni siquiera se permite aparecer. Los lenguajes de mentira se destruyen entre sí. No queda ningún dios en pie cuando concluye esa batalla. Y la clase obrera que representó su propio papel durante algún tiempo –un lenguaje que se esforzó en vano por ser lenguaje de verdad– ha muerto (el viejo Mauricio).

Me pregunta Juanma en qué libro de Benjamin aparecen las *Tesis sobre la filosofía de la historia* en lengua castellana. Me quedo en blanco, porque yo he usado últimamente los tomitos de *Essais* en francés. No sé qué responderle. Luego me acuerdo de que es en el que publicó Taurus bajo el título de *Angelus Novus.* Me pongo a buscarlo en la biblioteca y no lo encuentro. Otro libro perdido. De la biblioteca, han desaparecido autores completos. De otros, de los que lo tenía todo, me quedan uno o dos libros, generalmente los que menos me interesaron: préstamos, traslados, inundaciones, sustracciones. La biblioteca tendría que ser más del doble de lo que es. Qué se le va a hacer. Así y todo no cabe en esta casa de mierda. Decido regalarle a la biblioteca del pueblo unas cuantas guías de viajes, y la colección de *Cruz y Raya* que tenía en casa, y a la que le faltaban solo dos o tres números, que no sé si habrán encontrado para completarla. Aquí lo único que podía hacer era estropearse. Tampoco tengo ni idea de si ellos la conservarán bien. En cualquier caso, en casa esa colección pintaba poco y se deterioraba mucho. Tal vez debería habérsela regalado a alguna biblioteca más seria (la valenciana, algo así).

Para lo de Manchester, ver el estupendo discurso de ingreso en la academia que ha escrito Álvaro Pombo. Sartre (verdad) contra Foucault (verosimilitud). El esquema está muy bien, aunque me temo que no es del todo cierto. Pombo busca en Sartre lo que él ya tiene. Siempre ocurre así, se busca lo que se tiene.

Como en la teoría adamítica de Benjamin, que intenta recuperar el lenguaje verdadero del paraíso, en *La buena letra* hay también un momento paradisíaco, de verdad y felicidad, que la guerra y la mentira han corrompido. Ana, la protagonista, quiere volver a ese momento, cuando *nos reíamos,* restablecer la verdad originaria de las cosas frente a las palabras que todo lo corrompen.

Seres a los que les ocurren cosas, o que hacen cosas, frente a otros que elaboran teorías, trabajadores frente a ideólogos (los marineros frente a Acab); gente que está ocupada en vivir y otra que se preocupa de manejar las vidas ajenas, y esa es su vida, una vida vicaria, por más poderosa que sea la energía de su inteligencia. Una vez más, trabajo frente a esfuerzo.

Que algo vuelva a hacerte daño es el principio de otra novela, o puede serlo; pero el exceso de dolor paraliza. Te devuelve al estadio animal, un exceso de dolor no es humano, no deja sitio para el pensamiento, ni para el sentimiento. Impide el desarrollo de las potencias que caracterizan al humano, la actividad, o sea, el trabajo; y el pensamiento aplicado a la vida social. El dolor deja al hombre a solas consigo mismo, un animal oscuro en su madriguera. Contemplar la muerte de mi madre me transmitió esa sensación: en su agonía era solo un animalito que sufría en la oscuridad de su madriguera, sin contacto con el exterior; ver eso te ahogaba con una piedad inútil, ya no podías comunicar nada, aliviar nada, darles sentido a actos que eran puro reflejo fisiológico: la muerte es muda, no comunica, no guarda un secreto detrás, no revela. Le acariciaba las manos como se acaricia a un animalito, por si el contacto físico podía aliviar el dolor en ese estado de inmersión, previo a toda forma de lenguaje, o posterior a toda forma de lenguaje. Le hablaba, usando diminutivos con ella, como se le habla a un recién nacido. Condensación de afecto. El lenguaje se había disuelto. El dolor ya no dejaba pausas.

En el primer texto de *Calle de dirección única,* titulado «Gasolinera», Benjamin defiende una *verdadera actividad literaria* que no pretende desarrollarse solo en el *marco reservado a la literatura.* Reivindica los carteles, los panfletos, la literatura de acción, y habla del *pretencioso gesto universal del libro.* Le doy la razón sin abandonar la pretensión de seguir intentando escribir libros. En el texto, Benjamin organiza sus aforismos en capítulos que se refieren a una tienda, a un edificio, a una señal de tráfico, a un manifiesto, como *formando una ciudad alegórica,* según Schiavoni. No son así las ciudades de *El viajero sedentario,* que intentan no tener nada de alegórico. Más bien lo que se pretende es captar el sentido histórico de una ciudad, de cada ciudad, por qué y cómo existe. Otra cosa es que las cristalizaciones acaben funcionando como símbolos, y también que, a través de cada una de ellas, el autor busca su propio sentido. Las lee como un texto que lo devuelve a sí mismo. Alegorías del yo.

Tras la Gran Guerra, Benjamin escribe en *Calle de dirección única:* «La técnica ha traicionado a la humanidad y ha transformado el lecho nupcial en un lecho de sangre.» Jünger piensa que la maquinaria bélica ha dejado fuera de lugar al héroe, ha despojado a la guerra de su aura. Benjamin no tuvo tiempo de escribir sobre la bomba atómica que convirtió en un juguete fuera de uso (de esos que a él le gustaba coleccionar, porque, obsoletos, habían salido del ciclo del mercado) los artefactos que inventó la Primera Guerra Mundial. Jünger sí que conoció esa energía diabólica desplegándose en Hiroshima y Nagasaki.

Para Benjamin, la escritura debe nutrirse de citas de otros. Hannah Arendt lo llamó *pescador de perlas.* Espléndido ese texto que titula «La técnica de un crítico en 13 tesis». En la segunda, ordena: «Quien no sepa tomar partido, calle.» Y en la décima deja caer: «La verdadera polémica aborda un libro con el mismo amor con el que un caníbal se cocina un lactante.»

La crítica es, según Benjamin, por una parte *mortificación* y *desciframiento* de la *inminente catástrofe* que se oculta tras los medios de seguridad y posesión de los que está empastada la vida del burgués alemán, pero, por otra, hace presagiar *la alteridad,* por lo que es una continua invitación a la búsqueda de la felicidad.

«¿(A) *qué circunstancias se debe el éxito o fracaso de la obra?, ¿qué es lo que ha determinado el aprecio de la crítica?, ¿a qué convenciones se acoge?, ¿en qué ambiente busca sus lectores?»*

El poeta como actor en una platea.
El inquietante empobrecimiento de la época moderna.
El universo como catástrofe permanente.

Un mundo sin símbolos, los símbolos caen uno tras otro en la trituradora, ¿qué pacto social puede soportar eso?

El folletín como corrupción de la conciencia.

La historia de la información como historia de la corrupción de la prensa. Victor Hugo cuenta la épica de las masas, Baudelaire, el moderno, se confunde con ellas.

Lo histórico de Marx mira siempre atrás, poniendo en cuestión toda presa que le toca al vencedor.

Los combatientes parisinos de la revolución de julio de 1830, la tarde del primer día disparan simultáneamente sobre los relojes de los campanarios de la ciudad. Acabar con el tiempo, porque el tiempo es posesión ajena.

El cuaderno de hojas azules
(24 de julio de 2004-24 de octubre de 2004)

*24 de julio de 2004*

Este cuaderno lo compré en Dresde, muy cerca de la Semperoper, en la zona que fue más castigada por los bombardeos de la guerra, en una tienda situada en uno de los feos edificios levantados en los años sesenta o setenta y que ocupan el lugar en el que un día se levantaron viejas casas barrocas, la Altenstadt. Las hojas del cuaderno están teñidas de un azul que ahora me molesta, porque apenas distingo lo que escribo. La tinta de la estilográfica se mimetiza con el papel.

Cada vez que empiezo un cuaderno, me imagino frases que acabarán formando parte de alguna novela. No digo que no haya sido así alguna vez –las menos–, pero en general los cuadernos me sirven, sobre todo, para anotar citas que extraigo de los libros que leo. El pudor, y sobre todo las prisas con las que me acerco a ellos, han dejado poco espacio para la expresión de sentimientos, para la narración de experiencias personales. En cualquier caso, siempre me produce un placer casi infantil ir llenando con mi letra hojas de cuaderno, aunque sea con palabras robadas a otros.

Veo en televisión un documental que se titula *La formación de Europa,* o algo por el estilo. En él, los jóvenes del 68 son calificados de *rebeldes* y se evita en todas las ocasiones la palabra *comunista*. Me hace pensar en el libro de Jordi Gracia sobre la resistencia interior, en el *Koba* de Amis. Bombardeo interminable de lecturas sesgadas en la misma dirección. La ola avanza. Se relee la historia *pro domo* y sin tener que enfrentarse a versiones paralelas, hoy en vías de desaparición, o desprestigiadas. No por peligrosas, sino porque se han convertido en *kitsch*. Ya sé que siempre ha sido así, que siempre hay un efecto dominante desde el que se mueven las ideas, pero tengo derecho a mi parcela de indignación, porque la ola anega territorios que conocí, de los que me siento partícipe y, a su manera, propietario. La caída del llamado socialismo real en el 89 fue la toma de la Bastilla, bien, de acuerdo. O más bien, la instauración del Imperio, después de haber enterrado la Convención, o el Termidor. En el 89 se leyó el parte que daba fin a una larga guerra que había durado más de un siglo (pongamos como fecha inicial 1848, como momentos álgidos 1864, 1917, 1949, 1956): cautivo y desarmado el Ejército Rojo, el capitalismo se proclama vencedor indiscutible. Nada puede nacer ni crecer al margen suyo. Aceptado. Lo que soporto peor es el paso a esta nueva y odiosa fase de la victoria en la que se siembran los campos con sal para evitar que vuelva a crecer la hierba en los próximos mil años. El invento del concepto de Europa, la epopeya europea, en apariencia levemente antiamericana, aunque admiradora suya, una Europa que nunca existió más que como campo de batalla, forma parte de la nueva retórica. De lo que mi generación vivió en su etapa formativa ya casi no quedan ni huellas, ha sido todo enterrado en una biempensante beatería, que se reclama *la izquierda,* según ella heredera de un espíritu que, si se les apareciera –una sábana flotante que hablara con la cavernosa voz de Marx–, la haría salir huyendo espantada, porque aquel del que se habla –el espíritu europeo de la juventud rebelde del 68– era un espíritu extremadamente exigente, violento e incluso bastante inconsciente, dispuesto a todo: dispuesto a lo mejor y a lo peor. Lo sé porque yo mismo formé parte de él. Fui un microectoplasma bajo esa sábana fantasmal que le hacía uhhh a Franco, uhhh al capitalismo, hacíamos uhhh bajo nuestra sábana roja, y nos convencíamos de que temblaban el dictador y el capitalismo. Predicábamos una violencia sin fronteras, una lucha a muerte precisamente contra los tipos en los que hoy nos hemos convertido o se han convertido quienes hablan del espíritu del 68 como si el mundo hubieran sido las flores en el pelo, la minifalda de Mary Quant y «She Loves You» de los Beatles. Cobran una vez más valor las palabras de Benjamin en sus *Tesis sobre la filosofía de la historia*. La verdad es que, por aquellos días, casi la mitad de la humanidad parecía estar a salvo del capitalismo. Se luchaba en África, en América Latina, en Vietnam, Laos y Camboya... Los esclavistas y señores del armamento estaban asustados, contra las cuerdas.

En el documental al que me refería, los héroes de esa nueva Europa son De Gaulle y Willy Brandt, de quien se cuenta el gesto que tuvo al arrodillarse ante el monumento al gueto de Varsovia. «Has ido demasiado lejos», le dijo uno de sus ministros. «Una corona me parece poco», replicó este hombre cargado con la culpa de todo un pueblo, cuando él era de los pocos inocentes en un país malherido por la culpa: había emigrado, había tenido que exiliarse y había luchado contra Hitler. El héroe está servido. Los exsesentayochistas lagrimean de emoción escuchando esos cuentos que los embellecen. ¿Dónde han escondido las piedras, los cócteles molotov con que amenazaban al sistema?, ¿en qué rincón del desván los han guardado? Los veo, están ahí, vestidos de severo azul marino, abriéndose paso a codazos para salir en las fotos de familia de los capitostes de la OTAN, levantando la mano sentados en alguno de los escaños del Parlamento europeo

341

para dar su aprobación a alguna ley siniestra, ocupando una silla en el consejo de administración de un gran banco.

### 31 de julio

En la hilarante *Schweyk en la Segunda Guerra Mundial,* de Bertolt Brecht, que he releído riéndome a carcajada limpia, Balonu, el glotón, dice: «A mí me sobra ya con lo que he visto, pero, en cambio, no he comido suficiente.» Repite las palabras que, al parecer, dijo su abuelo cuando fueron a *medirlo* (imagino que será graduarle la vista, la traducción es floja), porque, si no, iba a quedarse ciego. De la excepcional *Galileo Galilei,* incluida en el mismo volumen, tomo esta frase: «Sí, eso está en los libros, pero dejadnos ahora mirar a nosotros mismos» (pág. 99).

Desde hace un par de días, navego entre los acantilados de hielo de Jünger. Releo *Heliópolis.* No puedo quitarme de la cabeza (en esa llegada en barco a los barrios de moros, *mauritanos,* dice el traductor) el eco de las primeras páginas de *La muerte de Virgilio,* de Broch. Es probable que Jünger lo hubiera leído cuando escribió su libro. Se había publicado unos pocos años antes *(La muerte...* en el 45; *Heliópolis* en el 49). Miro a Jünger con la fascinación con la que miro un reptil en un terrario. Pienso en los ensayos de Benjamin: un mundo cada vez más pobre, la caída de los símbolos para ser sustituidos por un símbolo omnímodo, el Moloch del dinero, un Saturno en perpetuo acto de *devoración* (creo que esa palabra no existe, pero rima con adoración). Ese es el tema del que me gustaría que tratase mi propia novela, el acto como triste valor en sí mismo. Devorar. Solo el acto carente de finalidad. Cuidado con ese lobo (o mejor, hiena), porque pueden ser leídos desde lo más reaccionario ciertos actos: condena del sexo sin reproducción, sexo como acto mercantil, valor económico o de prestigio social; en el caso más triste, en el que no hay economía, ni siquiera compañía, *autovalor.* Prestigio

342

ante ti mismo. Podemos hablar también del acto gratuito de los existencialistas.

*2 de agosto*

*Heliópolis* es un libro deslumbrante, un paquete ideológico (de una confusa ideología, pero brillantemente expuesta, si es que esa aporía puede existir) lleno de intuiciones, muletas que se sostienen sobre el glacis de la cultura clásica. Hay en el libro una pérfida internacionalización del nazismo, una especie de todos somos unos hijos de puta: el estudio con perros se lleva a cabo en Petrogrado hacia los años treinta (perros a los que se obliga a vivir dolorosamente sin una parte del cerebro), el libro que trata sobre los usos de la piel humana ha sido publicado en el año de la Revolución Francesa, y lo presenta un grupo de sabios de la Convención Nacional; los trabajos de producción de armas químicas (el agente responsable de la parálisis infantil) se llevan a cabo en Indianápolis en 1952. Son los materiales para los terribles experimentos de uno de los personajes de la novela, el doctor Mertens, cuyo siniestro laboratorio de la muerte compone uno de los capítulos más terribles del libro. La tinta de calamar del nazismo impregna la tierra entera, la entera historia contemporánea.

En el texto de Jünger, la sociedad se basa en inútiles convenciones —fuerza frente a derecho— que, al fin y al cabo, acabarán volviendo al polvo. La historia convertida en un enorme comedor en el que banquetean los gusanos. Los enfrentamientos —eso sí— siempre se llevan a cabo entre personajes arquetípicos, una élite del bien y del mal, que se sitúan por encima de las laboriosas multitudes, enfrentadas a ellos, o que reclaman su protección, pero que son los uniformes rebaños de los de abajo. Algo que recuerda a la relación que tenían los pueblos de China con sus señores de la guerra y que incluso, de alguna manera, nos conduce al feudalismo europeo.

Si la juzgamos como novela, como narración, o como lo que sea que exija cierta estructura, *Heliópolis* apenas se sostiene, una trama leve que se resuelve como una frágil película de aventuras. El libro adquiere su poder en el mero estilo, en las largas descripciones, en las tiradas ideológicas. Sorprende e irrita la ausencia total de culpa, la altivez con que está escrito. El narrador termina diciendo: «Había transcurrido un cuarto de siglo [se publicó en 1965] desde el combate de las Sirtes. Y había que esperar otro tanto antes de que regresaran en la comitiva del Regente.» Es la penúltima frase de la novela, que emite un mensaje tremendamente ambiguo, y yo diría que sarcástico. En las actividades del jardín de Ortner (una especie de feliz y *cultivado* huerto de Cándido) se reclama la contención como forma de moral. No hay que empeñarse en desarrollar al límite las posibilidades del ser humano, se nos dice; entre tanto, se proclama la necesidad, no moral, sino histórica, de que el superhombre venza al hombre y de que un nuevo hombre venza al superhombre, un darwinismo que parece ajustarse mal a la contención hortelana. El viaje de Lucius a *una nueva Sudamérica* recuerda demasiado al de los nazis que se escaparon a Brasil o Argentina, a la espera del inicio de un nuevo ciclo. La estética de la novela está entre los tebeos de *Diego Valor* y los de *Hazañas Bélicas,* con toques de Salgari o Julio Verne, todo ornamentado con una de las prosas más suntuosas del siglo XX y trufado con una refinada verborrea político-filosófica. Jünger desgrana aforismos con la soltura con que lo hace un manual de autoayuda. Emborrona la frontera en la que concluye la reflexión sobre los pensamientos más elevados de la filosofía alemana y la fórmula para consumo del charlatán de feria, verborrea mística que me recuerda demasiado al lenguaje esotérico y cargado de falsas resonancias filosóficas que manejaban los pretendidos jóvenes nazis de la Facultad de Filosofía y Letras en la que estudié. Creo recordar que se definían a sí mismos como *poetas poliédricos*.

En alguna parte leo la referencia a una novela cubana escrita por un tal Carlos Montenegro, y que se titula *Hombres sin mujer*. Es de 1937 y al parecer trata de un modo muy interesante la homosexualidad en las cárceles de la isla. Me propongo buscarla.

Tras *Heliópolis*, busco en los estantes *Eumeswil*, pero no para empezarlo de inmediato. A ver si me animo dentro de unos días. Demasiado empacho de Jünger leer las dos novelas de un tirón.

*3 de agosto*
Releo con placer *El archipiélago*, de Hölderlin, que viene precedido por un extraño prólogo de Díez del Corral.

*6 de agosto*
El tirano de Jünger es sustituido por los tribunos, por los demagogos, que encarnan otra forma de violencia, esta vez se supone que procedente de abajo. Cada vez que en los textos de Jünger aparece la palabra judío, me parece ver la sonrisa maliciosa del viejo superviviente, una provocación (ya sé que las biografías suyas nos dicen que tuvo buenos amigos judíos, pero se me escapa la reacción, automatismo, qué puedo hacerle). El genio, altivo, se sabe intocable, está fuera de la sociedad, se siente como el jugador de ajedrez que contempla el tablero del mundo y mueve las piezas. Una mezcla de fascinación y desagrado marcan mi lectura de este pesimista *Eumeswil*, en el que el hombre es un ser oscuro, incapacitado para la redención, ajeno a la esperanza, condenado al gobierno feroz del dictador o al del tribuno demagogo, bajo la férula de la violencia de arriba que frustra la vio-

lencia de los de abajo, un campo yermo, sombrío: violencia de todos contra todos.

### 8 de agosto

Como hace quince o veinte años, cuando lo leí por primera vez, me llena de alegría el primer tomo de *Los pasos contados,* las memorias de Corpus Barga. Me emborracha. Espléndido el capítulo en el que describe la entrada de los pastores trashumantes en la calle de Alcalá de Madrid y la precipitada visita de zagales y rabadanes a los cercanos prostíbulos mientras el rebaño sigue su marcha. A pesar de la mala memoria que tengo, aún lo recordaba de la anterior lectura, sin duda una de las mejores páginas de la prosa española, ese rumor de los rebaños de ovejas avanzando por el centro de la capital, el largo río de los animales que les sirve de guía para no perderse en la gran ciudad a los pastores que se detienen y suben a las habitaciones de las putas perfumadas con espesos pachulíes. La anécdota pastoril le sirve para ilustrar la genealogía del autor, que se embarca en un viaje a través de personajes confusos, sus antecesores (la familia es eso, llega a decir en un momento: confusión), pero a los que nos da igual no acabar de conocer, porque el propósito del narrador es otro: sumergirnos en un mundo que ha desaparecido. Las anécdotas individuales fulguran solo un instante, son solo parte de ese poderoso todo.

Concluyo la lectura de *Eumeswil.* Aquí, el arte de la novela le interesa a Jünger aún menos que en *Heliópolis.* Durante toda la última parte (casi la mitad del libro) se olvida de la más o menos trazada trama que empezó a tejer, para darnos una colección de aforismos: eso sí, a cuál más brillante. Muchas veces se trata solo de ejercicios de ingenio, más cerca de las greguerías de Gómez de la Serna (que, por cierto, fue pariente de Corpus Barga) que de un pensamiento trabado, filosófico. Eumeswil es un panfleto que Jünger no se preocupa lo más mínimo de vestir, de arropar. En ese pensamiento suyo de lo que él llama *el anarca* (frente al anarquista) parece decir la novela no es asunto mío, la humanidad no es asunto mío, solo yo formo parte de mis asuntos.

*12 de agosto*

J. está en Roma. Nos llamamos por teléfono y hablamos de la ciudad. Es su primera visita. Me habla excitado. Le digo: aplastado por el peso de la historia, corrompido por la cultura. Nos reímos. Cuánto pintor, albañil, fontanero, carpintero, cuánto esfuerzo y cuánto trabajo para conseguir eso que llamamos cultura, para la búsqueda de que el tiempo de los dioses y el de los hombres se acerquen, concuerden falsamente en esa construcción humana en persecución de la idea. Cuánto esfuerzo para nada. Para que cientos de años después paseemos entre las ruinas de sus sueños. Roma es el esfuerzo más brillante que nos ha quedado en la historia de la humanidad. Insatisfecho, melancólico, triste animal, el hombre. Me dice Juanma: «En la Capilla Sixtina, Miguel Ángel le dice a Dios: "Señor, cómo no vamos a pecar si nos has dado todo este cargamento de carne, ¿qué podemos hacer con él?"» De acuerdo. Pero yo creo que ni siquiera se lo dice a Dios. Es búsqueda del ideal, de la superación del desorden por algún sitio, el que sea, Dios, o la Idea, qué más da, lo que agita la vida, lo que ayuda al hombre a seguir moviéndose.

A punto de concluir el magnífico primer volumen de *Los pasos contados,* relectura después de veinte años. Mientras reconstruye la vida de una casa madrileña acomodada, Corpus recuerda, entre los modestos juguetes infantiles de entonces, los rompecabezas que se componían con cubos de seis caras. Fueron también precioso juguete de mi infancia. Poco más tenía un niño de entonces. El caballo de cartón, los niños más privilegiados; la muñeca, las niñas. En casa estaban también las figuritas de barro del Belén, que se montaba en vísperas de Navidad. Las niñas –dice Corpus– estaban excluidas de la juguetería mecánica: una cultura estática, y, en general, pobre. Pero he perdido el hilo, lo que yo quería contar aquí es que, en Corpus, te sorprende descubrir, con un repentino fogonazo, que estás ante un contemporáneo tuyo, que el mundo en desaparición que describe aún te llegó a ti, que lo has sobrevivido más de treinta años. En mi infancia viví en un pueblo valenciano de mediados del siglo XX ambientes, costumbres, expresiones como las que él cuenta; y manipulé objetos, que él describe en el Madrid de cincuenta o sesenta años antes. Mientras leo sus memorias, vuelve a llamarme la atención lo poco que cambiaron los hábitos de conducta y los decorados durante decenios, y con qué precipitación ha estallado todo en el último tercio del siglo XX. Pero decirlo así tampoco es decir la verdad: ese mundo se estaba haciendo pedazos al menos desde mediados del XIX, solo que a la intimidad de las casas los cambios llegaron más lentamente. Además, no hay que olvidar la involución que sufrió el país tras la Guerra Civil. En las fotos de fines de los años veinte, mi madre aparece vestida como cualquiera de las muchachas de las clases modestas neoyorquinas que protagonizan las películas de aquellos años, el pelo a lo *garçon,* escote cuadrado, tacón ancho, falda charlestón... Apenas un decenio después, en las fotos de la posguerra, aparece una vieja enlutada y triste, se diría que han transcurrido cuarenta años entre una y otra fotografía, y que lo han hecho de forma inversa; que el tiempo ha corrido velozmente al revés, y la mujer de la foto de posguerra es la abuela de la jovencita vestida con aquella falda de talle bajo que pusieron de moda las muchachas que bailaban charlestón.

Hay un momento en el que Corpus nos cuenta que no le gustaba el popular *molinillo* de papel, juguete de pobre, estrella giratoria a impulso del viento y que los niños hacíamos que alcanzara velocidad corriendo mientras esgrimíamos con el brazo extendido el palo que lo sostenía. Asegura Corpus que ni le gustaron de pequeño esos molinillos, «ni [se supone que de mayor] he logrado aún contemplar con regocijo los móviles de Calder» (pág. 205): lo dicho: sorprende el salto. Es una de la media docena escasa de ocasiones en las que te das cuenta de que, en este tomo tan evocador de mundos ya desvanecidos, habla del siglo XX, del siglo de las vanguardias artísticas y las revoluciones políticas. Y que él las conoció, estuvo influido por ellas, y escribe después de todo eso. Por esa capacidad suya para escamotear las referencias contemporáneas en este primer tomo de sus memorias, resultan tan inquietantes cuando aparecen, y literariamente tan efectivas. El libro está lleno de observaciones que nos sorprenden por su agudeza: así, cuando dice que a principios del pasado siglo fumar se consideraba en las mujeres un vicio nefando, apostilla: «cuando el fumar es femenino hasta en los hombres más empedernidos» (pág. 838); o cuando habla de un tío suyo, que fue militar y murió en Manila resistiendo como un héroe mientras sus soldados retrocedían, Corpus asegura que «no se había retirado ante el ataque por no moverse» (pág. 25), sencillamente porque era un vago. Y no anda descaminado cuando observa «que todas las dictaduras en España va(ya)n acompañadas de una supuración, escribo bien, supuración, no superación, del flamenquismo» (pág. 54). Una observación que sigue en pie. Quién no se acuerda de aquellas sevillanas que bailaba todo el mundo durante el felipismo que aspiraba a eternizarse en el poder. El país ya no se ha vuelto a curar de ellas.

Reflexión sobre Larra y Espronceda: El seco prosista se suicida, el desesperado poeta romántico hace negocio con su pasión fatal, la capitaliza. Escribe un poema con el que adquiere la gloria.

*17 de agosto*

Reservo billetes para ir cuatro o cinco días a Vigo, con C. y P., que están dolidos conmigo porque ellos han venido unas cuantas veces a mi casa, y yo no los visito casi nunca. Cada vez me espanta más salir. Cuando salgo, lo hago por trabajo, porque no me queda otro remedio. Lo malo es que, aquí, en casa, no sé demasiado bien qué hacer: la pescadilla que se muerde la cola. Me pregunto si algún día voy a ser capaz de un acto de voluntad que rompa esta desidia, que me ponga de una puñetera vez en pie o en marcha o comoquiera que se diga EL ACTO. Sentarme a escribir una novela, ¿no lo he hecho ya otras veces? Sin embargo, la experiencia de una vez no sirve para la siguiente.

Leyendo el emocionante capítulo que Corpus dedica a la guerra de Cuba, vuelvo a acordarme de que el uso de la palabra *perra* para llamar a las monedas se debió a que el león del escudo nacional que aparecía grabado en ellas a la gente le parecía más bien un perro. Leo eso, y se pone en marcha el mecanismo de mi memoria: ante mí desfilan personajes de mi vida que vivieron aquellos años –los que Corpus cuenta– y su terrible resaca, que fueron la Guerra Civil y la miseria de la posguerra: mi abuela, sus hermanas; veo sus delantales limpios, sus escotes con un ramillete de jazmín prendido; las oigo bromear. Cada vez que se juntaban en Valencia, las cuatro hermanas riéndose a carcajadas con anécdotas de su infancia en Moixent, hablando de gente que yo no había conocido, contentas de volverse a ver; me queda la gracia que tenían cuando hablaban de esto y de lo otro, su capacidad para pasar de la risa a la melancolía, cuando recordaban a alguien que había muerto, que había sufrido una desgracia. Eran gente modesta, criadas casadas con obreros. Era la gente que inventaba nombres para las monedas, y llamaba, con sorna, perro al león bajando las cosas a ras de suelo (nada más que eso fue

lo que hizo Cervantes en el *Quijote);* les ponía motes a los políticos, cantaba cuplés de moda mientras barría o vigilaba el
puchero, coplas que hablaban de amores imposibles, de mujeres perdidas o de guerras lejanas en las que, sin embargo, mo-
rían familiares y vecinos; esa gente recibía cartas que llegaban
de Cuba, o, más tarde, de Marruecos; esperaba, demasiadas
veces infructuosamente, el regreso de los soldados de cuota,
aquellos muchachos pobres que habían sustituido a quienes,
gracias al dinero, se habían librado de la milicia. La desgracia
las asomaba al mundo. «La guerra no hacía más que producir
héroes», dirá Corpus, II, pág. 33. De todo ese sufrimiento, de
esa pobreza de héroes callados, de la felicidad de reírse y de comer un pedazo de pan con aceite y una punta de bacalao sala-
do, una brizna de *tonyina de sorra,* vengo yo. Esos fueron mis
abuelos. Siento una admiración casi ilimitada por esa gente,
por sus ideas sobre el trabajo, por la claridad con la que sepa-
raba el bien y el mal, por su capacidad para sentir compasión
por otros, sin darse cuenta de que ellos la merecían, porque
ellos pensaban que lo suyo era otra cosa que no aceptaba la
compasión: esfuerzo, trabajo, lo que por entonces se decía *salir adelante.* La compasión se reservaba para quienes no alcanzaban ese estadio. Creo que los residuos del código genético
que me transmitieron aún me llevan a sentir aprensión ante
cualquier brillo inútil (social, decorativo o literario) y a odiar
a los oportunistas; a desconfiar de los que hablan más que hacen; del triunfo que no surge del esfuerzo, casi podría decir
que ese poso genético me ha hecho desconfiar del propio concepto de triunfo. El mundo del trabajo manual ha conservado
–cada vez más débilmente, es verdad– algo del viejo código
popular (es el pueblo galdosiano, hoy borrado como concepto
para ser anulado como grupo, como soporte y transmisor de
pensamiento y de moral), y quizá sea esa la razón por la que
me atrae tanto la fuerza física controlada por la idea de lo útil,
energía aplicada a un fin, y odio los cuerpos que la derrochan

en narcisistas ejercicios gimnásticos, corpachones que se deleitan en el ruido de sí mismos. En esta época en la que todos nuestros valores parecen haber tomado una oscura deriva, creo que, en los borrosos recuerdos de la miseria originaria, en el esfuerzo para que la miseria no te degrade, en ese mantenerse en un estrecho filo siempre amenazado (procurar que la ropa, aunque remendada cien veces, permanezca impoluta, no descuidar nunca el aseo personal, el decoro que uno se debe a sí mismo si quiere entrar en contacto con los demás), quedan algunos elementos en los que apoyarse para reconstruir ciertos pilares imprescindibles del código que venga si alguna vez este mundo de mierda salta en pedazos.

En lugar de quejarme continuamente de que me olvido de los libros que leo en el momento en que los cierro (es así, es verdad), tomar notas, apuntar. ¡Pero si no dejo de tomarlas! Acabo de ver *Lejos (Loin),* de André Techiné: peripecia de un camionero en Marruecos. Esta tarde, *Liam,* de Stephen Frears: niño irlandés, con padre parado que se apunta a las escuadras fascistas, y atenta contra una casa judía, quemando involuntariamente a su propia hija que trabaja allí como criada. ¿Anotar cosas así?, ¿y para qué coño sirve eso? Anotar otras cosas, anotar esta vida de aislamiento, entre la desgana (sueño, no tengo más que sueño a todas horas), el alcohol, y un oscuro deseo con el que no sé qué hacer. No sé qué hacer con él porque no lo sitúo, ni lo dibujo, ni lo controlo: planea sobre mí, me envuelve y me impide dirigir las pulsiones hacia otra parte, pero tampoco sabría qué hacer con él si se cumpliera. Menudo lío. Si lo miro fríamente, creo que todo este barullo es una obsesión que me he buscado para evitar el vértigo del vacío. Seguramente. En otros momentos, me parece que escribo así practicando un análisis espurio, un ejercicio consolador. ¿Por qué es tan difícil conseguir unas briznas de felicidad? En el contacto, hay esa proporción precisa de distinto e igual que enciende las pasiones incontrolables. En otras circunstancias sería eso que llaman un gran amor; así, es una estupidez que roza la demencia. No hay ni siquiera un ápice de generosidad que lo desvíe hacia la ternura, hacia el platonismo.

*19 de agosto*

Escribir aunque no tengas nada en la cabeza. Eso es la rueda que gira en el vacío. Pero la idea no está ahí de antemano, sino que aparece poco a poco, mientras se escribe. La idea se descubre. Uno acaba de escribir un libro y, al leerlo, es cuando descubre cuál era el asunto que quería contar. La idea y el estilo van surgiendo al mismo tiempo, son parte de la misma búsqueda, van de la mano. Al menos en mi caso. Pero, en ocasiones anteriores, iban creciendo personajes a medida que sentía deseos de ponerme a escribir: voces que estaban dentro de mí, y que buscaban emerger, salir a la superficie. No me ocurre ahora así. Ni un solo personaje me ronda por la cabeza. Hay un proceso de ensimismamiento creciente. Solo yo conmigo mismo (mí, me, conmigo), braceando en un vacío del que no se extrae nada. Egotismo. No estaría mal ponerme algún ejercicio práctico: escribir sobre lo que leo, pero no así, a vuela pluma, como hago ahora, sino cuidando, redactando con esmero, concluyendo. Tomar apuntes que luego se pasan a limpio. Como salvación provisional, cerrar textos que tenga empezados (artículos, charlas a medio redactar), hilvanarlos bien, corregirlos, dejarlos acabados. Aprovechar esa seguridad que te produce leer un texto acabado, coherente, escrito por tu mano, y tomar impulso sobre él, como los niños saltan en los parques de atracciones tomando impulso en una colchoneta hinchable; como los gimnastas que apoyan sus manos sobre los aparatos, el plinto, el potro, para llegar más arriba y más lejos. Un escritor no son solo sus novelas, me digo, pero al mismo tiempo no puedo quitarme de la cabeza la idea de que yo soy solo, o al menos sobre todo, un novelista, y que todo lo demás surge en los márgenes de las novelas, en sus pausas. También me digo que soy novelista, o que me he pasado la vida peleando por serlo, pero no solo: me han hecho igualmente escritor algunos artículos que he escrito sobre literatura –reflexión sobre las obras de otros–, aunque, cuando los he escrito, casi siempre he tenido la sensación de cierta impostura, de una obligación impuesta. Cumplir con un compromiso, salir del paso. No puedo decir lo mismo de los reportajes de viajes, o sobre el vino y los ingredientes de la cocina, los reportajes que he hecho para *Sobremesa*. En esos reportajes, sin duda con menos pretensiones literarias, me he movido a gusto, he sentido al escribirlos que, mientras hablaba de las actividades de otra gente, dejaba escapar parte de mí mismo, seguramente, por el cumplimiento de cierta vocación de servicio que siempre me ha guiado. Se trataba de aprender algo para contárselo a otros: misionero cristiano, o apóstol de la revolución, viejos valores juveniles reconvertidos. En esos artículos he hablado de cosas que me gustan, del trabajo humano, de su historia; de los avatares del cultivo del café en el Quindío colombiano, de los que plantan tomates o recogen naranjas, de los ostreros de Arcachon, de las mariscadoras que recogen berberechos en la ría de Vigo, de los pescadores de bacalao en las islas Vesterålen, o de los campesinos que cuidan las pulardas de Bresse; he escrito de los recolectores de trufas del Périgord, o de los que instalan las almadrabas en el estrecho de Gibraltar para capturar los atunes de ida que entran en el Mediterráneo durante la primavera.

Ayer por la tarde visité a F. Le llamé para saludarlo y me dijo que había pasado diez días en el hospital. El año pasado, por las mismas fechas, estuvo también internado, *la revisión anual,* bromea. Lo han tenido dos días en la UVI (el corazón le palpitaba a ciento cuarenta golpes por minuto, «una barbaridad para la edad que tengo», dice). Se asfixiaba –«no era exactamente asfixia, más bien sensación de ahogo»–. Él siempre ha tenido una parte del corazón más grande que la otra, pero bombeando a ese ritmo ha sido un milagro que no le haya estallado ninguna vena. Está más delgado. La piel más cetrina, olivácea (siempre ha sido muy oscuro de cutis), y habla en voz más baja, más dificultosa que de costumbre. También son más vacilantes los movimientos, parece una sombra que se moviera sin densidad, sin un volumen preciso. Se limitó a tomarse una botellita de agua y no fumó (normalmente se hubiera tomado tres o cuatro whiskies y se hubiera fumado medio paquete de tabaco). Algunos clientes del bar se acercaron a saludarlo, pero la sombra se movía como si estuviera a solas sin verlos a ellos. Me anima a que me busque una casa en Valencia, a que vuelva a vivir en una ciudad. Yo aquí el único amigo que tengo es aquel, un pintor inglés, me señala a un hombre de pelo blanco y piel rojiza. *(P.S. Poco tiempo después, me entero de que el pintor ha muerto. Creo que se cayó por la escalera de la casa en que vivía, al parecer iba bebido. Lo encontró a la mañana siguiente la mujer de la limpieza.)*

Por la noche, volví a ver *La caída de los dioses,* de Visconti. Me parece que era una versión «reducida». Duraba dos horas y media, quizá eso explique la impresión que me ha producido, tan diferente de otras veces. En anteriores ocasiones, la encontré excesiva, retórica, mientras que hoy me ha parecido seca, aristada (unos cuantos excesos aparte), casi económica; he tenido la impresión de que iba al grano en el desarrollo de una historia compleja (ya digo que no sé si se trataba de un montaje reducido). Los actores, incluido el afectado Berger, me ha parecido que están francamente bien. La Thulin, deslumbrante: inolvidable esa mascarada final de la boda. Shakespeare flota en el aire de la carnicería. Y también me ha parecido que Coppola pescó unas cuantas ideas en esta película que le sirvieron para *El Padrino*. El arte, la ósmosis perpetua. Cuando a veces me pregunto para qué pierdo tanto tiempo leyendo, la respuesta, además de porque soy un vago y leer resulta bastante más cómodo que escribir, es porque todo arte es releer el arte.

*22 de agosto*

Y sí. Cierro los ojos y aprieto fuerte los párpados. Pienso: ojalá pueda dormirme. Pienso: qué bien tener sueño, como lo tengo ahora. Apagar la luz y dormirme (son casi las cuatro de la mañana). Pero sé que no va a ser así. No es así. Apago la luz, vuelvo a cerrar los ojos, y el sueño se esfuma, me abandona. Pienso: me falta un cigarro, otro cigarro. Y me levanto para encender otro Ducados, que me fumo a oscuras. Ayer fue un día espantoso. No conseguí concentrarme en la lectura. Puse la tele. Nada. Me sentía incapaz de fijar la atención en el argumento de ninguna película, en ningún programa de televisión. Pensaba solo en la cantidad de horas que aún le quedaban al día para acabarse. Así, pensando en esa lúgubre lentitud del tiempo, y cambiando cada cinco minutos de canal de televisión, se me han hecho las dos de la madrugada, hora en la que me he tumbado en la cama, y he intentado concentrarme en las memorias de Corpus Barga. Pero qué lejanas las palabras que me parecían vivas días atrás, las frases qué frías, oscuras. Apenas si conseguía penetrar en ellas, romper el velo de la sintaxis.

En el tercer volumen de *Los pasos contados,* resultan especialmente brillantes las descripciones de las reuniones de los anarquistas, con su culto a la violencia, y a la desesperación; las invocaciones a una revolución sin moral, a Necháiev, sus soluciones descabelladas, radicales, me devuelven el ambiente turbio, sombrío, de *Los siete locos,* de Arlt, o el de ciertos capítulos de *Siete domingos rojos* de Sender, claro que, por

356

detrás de Arlt y Sender –y de Corpus–, está Dostoievski, están *Los demonios*. El libro de Corpus Barga –incluido un homenaje que le hace a Santa Teresa en un largo texto– es metamórfico, cambiante. Se disfraza con estilos diferentes a medida que cambia de época, de tema, circula a través de los textos ajenos, hace guiños, pastiches, en un ejercicio de inventario de todas las formas de la literatura española a lo largo de un siglo. Bolaño se propuso lo mismo con las literaturas de su tiempo en *Los detectives salvajes*. Anoto algunos de los proyectos anarquistas que aparecen en el libro de Corpus: infiltrarse en el Palacio Real para poner una bomba. Educar para la violencia revolucionaria a los niños desde su nacimiento. Buscar a los desesperados para usarlos como terroristas. Recoger a los recién nacidos a los que sus madres abandonan a la puerta de la inclusa para formarlos (otro personaje piensa: utilizar a las madres que acaban de abandonarlos), a los suicidas del viaducto, a todos esos «que son desesperados ya cocidos, a punto» (III, pág. 332).

*28 de agosto*

Leo *El Mut de la Campana*, de Josep Lozano, una *ilustración novelada* de la Valencia del siglo XVII: la geografía urbana, la arquitectura, las costumbres, componen un capítulo de un libro de historia. Me paro a pensar, sobre todo, en la felicidad que debe producir escribir en la lengua marginada en la que uno pronunció sus primeras palabras: refranes, paronomasias, trabalenguas, palíndromos, todo eso que tan arduo se nos vuelve, tan cuesta arriba, a quienes escribimos en una lengua distinta de la materna: el placer psicoanalítico de nadar en el líquido amniótico de la lengua materna, seguramente acrecentado porque se trata de una lengua más o menos acorralada, un endemismo, rasgo diferencial frente a otra gente: al mismo tiempo, la extrañeza de ver convertida en lengua culta (y de ser tú uno de los que convierten en culta) la que parecía un habla condenada a reflejar solo el mundo cotidiano, de abajo, habla del pueblo, con toda esa viveza pidiendo ser fijada, elevada a la altura de la literatura, cuando, durante unos años sombríos, parecía condenada a continuar en el submundo de los de abajo, si no a extinguirse. Hay que tomarse estas afirmaciones mías con cierto cuidado. Por una parte, porque contamino la lectura con mi propia melancolía, acostumbrado al castellano, una lengua extraña en cuyo ámbito ingresé a los ocho años, cuando me trasladé a Ávila, y que me fue transferida de un modo que podría llamar paramilitar en el riguroso internado de huérfanos de ferroviarios al que me enviaron: un habla en la que predominaban las órdenes, las represiones, los castigos (no solo verbales), la imposición de disciplina, y que, paradójicamente, fue seduciéndome, su conocimiento convirtiéndose en aspiración, y con la que –a pesar de todo– convivo aunque sea de modo contradictorio, ya que es la lengua que ha acabado por ser la mía, en la que hablo y en la que escribo. Durante los años de internado que pasé en Ávila y León, era la lengua –entre autoritaria y meliflua– de los curas. Antes, en mi primera infancia en Tavernes, ya la había sentido como lengua de los de arriba, de los que no eran como nosotros: funcionarios, policías, guardias civiles, burgueses con pretensiones, esos eran los únicos que hablaban castellano en el pueblo, mientras que los demás, los campesinos, los albañiles, los artesanos, los trabajadores (y sus hijos, como yo), lo que hablábamos era valenciano. La emigración que fue llegando paulatinamente a la comarca complicó el panorama, rompió la –en cierto sentido, cómoda e iluminadora– dualidad, arriba y abajo, aunque siempre se sospechase un grado de complicidad entre los de más arriba y los de más abajo que habían llegado de fuera, conocedores de los recovecos de una lengua oficial compartida con los poderosos, en la que se entendían con ellos, y bromeaban, y se reían con palabras que nosotros no entendíamos, cuyos sentidos y matices, para nosotros opacos, indescifrables, dominaban a pesar de su pobreza: entre ellos –el recién llegado peón andaluz y el guardia civil– se reían de cosas que nosotros no comprendíamos, o que a nosotros no nos hacían gracia, cómplices el emigrante o el gitano con el guardia civil, unidos por la lengua y en perpetua prevención contra los que hablan otra extraña que no accede a los periódicos, a las radios, a las películas. Incluso los más pobres, se sienten superiores, gracias a esa lengua: saben que son llave de paso incluso del burgués que habla a duras penas el castellano, el tendero local, el labrador acomodado pero incapaz de hilvanar dos frases castellanas. Se permiten mirarlos por encima del hombro, por la lengua que los iguala con guardias civiles, pero también con maestros, militares, funcionarios, curas, abogados..., todos ellos le hablan con esa lengua que da seguridad al pobre recién llegado, muchos de ellos, además, proceden incluso de su tierra, hablan de la bondad de aquello... En público, emigrante y guardia civil se hinchan de orgullo: olvidan que su tierra los echó a patadas.

Pero también los escritores de mi edad –Lozano lo es, nació en 1948– que han acabado escribiendo en valenciano han tenido que aprender una lengua impostada, han tenido que luchar para domesticarla, para acercar lo culto, extraño, foráneo, libresco o arcaico, fuera de uso, a lo popular y cotidiano contemporáneo, crear la lengua literaria de hoy. Se han visto obligados a importar vocablos, expresiones, incluso construcciones sintácticas, que el paso del tiempo y la incuria habían expulsado del uso, o que, desde la literatura clásica, nunca se habían incorporado a él, a una lengua viva, sin correspondencia literaria desde hacía decenios; un habla con variantes entre las distintas comarcas, entre las diferentes poblaciones, y que vivía al margen de la codificada en los textos escritos en la edad dorada a los que solo unos pocos tenían acceso: distancia entre lo literario y lo hablado, en lo histórico, en lo formal. Para esos escritores, se ha tratado seguramente de un proceso tanto o más voluntarioso que el mío, lo cual no evita que, al final, haya sido un proceso de reencuentro, una experiencia redentora (la infancia recuperada en la literatura), mientras que, en mi caso, la aceptación del idioma aprendido *ex novo* tiene algo de resignada mutilación de todo un espacio que, a pesar de que es sobre todo sentimental, compone buena parte de la pasta misma de la materia literaria.

Aunque, a veces, pienso que, gracias a eso, en mi lengua aprendida *manu militari* hay una higiénica actitud que evita, entre otras cosas, la contaminación por una sobredosis de sentimentalismo. La infancia reinventada o reconstruida en una lengua ajena ayuda a librarte de la vibración suplementaria (toda esa complacencia de la casa, la tierra, el clan, el primer paisaje, lo específico, el color local) y también de cierta afectación, fruto seguramente de ese placer del reencuentro en otro plano, el regodeo en la felicidad de sentir el latido de la lengua salvada. (Acerca de eso, volver al artículo de Joan Fuster en el que habla de los escritores valencianos que escriben en un castellano aprendido, para decir más o menos lo contrario de lo que aquí digo. Quizá yo empecé demasiado temprano a despegarme de la lengua de los míos. Tenía apenas ocho años. Ahora, con cincuenta y seis, de regreso en Valencia, sí que tengo la impresión de que escribo en una lengua distinta de la que hablo a diario con la gente, en la tienda, en el bar, con la familia, y eso me desconcierta. Me esfuerzo en interiorizar la realidad de que tengo una lengua de uso cotidiano, el valenciano, y una lengua literaria, el castellano).

El pasado miércoles me iba a Galicia y, camino del aeropuerto, se estropeó el embrague del coche. Al final, perdí el avión. No sabía si tenía muchas ganas de ir, así que no me costó resignarme. Pero la rotura del coche nuevo (ya he anotado que se vino abajo el embrague) me vuelve a poner en contacto con los impulsos oscuros, esa especie de negrura que se te instala dentro y, desde ahí, parece que contamina también lo que te rodea: te conviertes en lo que se llamaba antes gente con mal fario, de mal agüero. En cuanto entro en una de esas fases sombrías, se me saltan los plomos de casa, se me estropea el ordenador, o me lo roban, se rompen la nevera, la lavadora, se atasca el desagüe, aparecen señales de alarma en la pantallita del coche. Y eso le ocurre a un materialista radical, o le ocurre a alguien precisamente por ser materialista radical.

Pararse un instante a pensar. Dejar, incluso, de leer. Al fin y al cabo, los libros son también un gran ruido. Uno salta de un libro a otro, en una cabalgada que te impide contemplar el paisaje que te rodea; que te impide, sobre todo, mirarte a ti mismo, aunque, al fin y al cabo, ¿qué es uno mismo? Una vida es un razonamiento, digámoslo así, una narración; y yo tengo la impresión de que, en todos estos años de aprendizaje, no he sido capaz de hilar un silogismo correcto. Trampas, autoocultaciones; prisas. Pensar que la vida es solo el instante. La pereza no como consecuencia de creer que se tiene todo el tiempo del mundo, sino como desánimo, como convencimiento de que ya no se tiene tiempo para casi nada. Así, he acabado por quedarme vacío, y solo. Modelo de ineficacia. Veo películas en la tele, leo libros, y lo olvido todo de inmediato, a lo mejor porque no soy capaz de descubrir qué lugar ocupan en la narración de mi vida, qué vacío colman, o por qué me sobran. Si uno no sabe adónde quiere ir, cómo va a saber por dónde. Lo de que todos los caminos llevan a Roma es una gran mentira. Cada camino te lleva a un sitio diferente. Tengo la sensación de que he sido un furtivo, de que no he querido recorrer los caminos trazados y señalizados, los que hay que coger si quieres ir aquí o allá, sino que me he pasado la vida esperando descubrir otros por mi cuenta; o sea, engañando y engañándome, tramposo, y aquí estoy ahora, desconcertado, en un lugar sombrío que no es refugio de nada, ni para nadie. Cuánto esfuerzo para conseguir tan poco. Autodidacta, ja. Huyendo de normas, leyes, academias y poderes legislativos, me he encontrado perdido en la complicada selva de mí mismo y de mis limitaciones.

Lo físico ganándoles la partida a otras potencias, beber, fumar, las molestias que suceden a las borracheras, dormir, cagar, sudar y oler mal, los dolores de estómago, las diarreas, una venganza de todo aquello que uno ha querido tapar con aportes de voluntarismo. Lo has querido dejar de lado, no hacer caso de las propias limitaciones, correr hacia el ideal; a la espera de los pálidos camaradas que iban a llegar, cuya figura ya empezaba a esbozarse en el horizonte. La fisiología era algo intrascendente. Lo importante era luchar, y arder en la pelea como una antorcha. Qué tenía eso que ver con la fisiología. Ahora, desde la soledad, pendiente del cuerpo, sudor, baba, malas digestiones y cistitis: fea imagen de uno mismo, es duro cargar con ella, reconciliarse con ella. Pero dónde coño está el bien, eso que uno ha buscado toda la vida, y de lo que algunos cuerpos parecen enviar señales. Se disuelve, ha resultado que era un ectoplasma, una pesadilla, no existía, lo veías en tus visiones lisérgicas, y todo lo que has hecho ha sido correr huyendo de ti mismo. Al final, tú mismo, ese al que no soportabas, te ha dado alcance. Se ha acabado el tiempo de la escapada. Ahora eres tú contigo mismo. Como el Borja de Gandía, te dices: no volveré a servir a señor que se me muera. Y enseguida: ¡A buenas horas! Contemplas el cadáver putrefacto de ti mismo.

Son fiestas en el pueblo. Hasta aquí me ha llegado el ruido de los fuegos artificiales (ni siquiera me he asomado a la ventana para verlos), y, ahora, la música que anima el baile llega hasta casa desde el fondo del valle. No soy de este pueblo, ni quiero serlo. En Valverde tuve la sensación de que –a la contra de las fuerzas vivas, en continua pelea– lo era, me interesaba el bienestar de aquel pueblo, la felicidad de la gente. Aquí me da exactamente igual. Viven satisfechos en su deriva hacia lo peor. Allá ellos. Al principio, me sedujeron las palabras de la lengua materna, el tono de voz, los cuerpos que eran cuerpos que parecían sacados del pozo de mi infancia, cierta manera de estar en el mundo, pero no he tenido tiempo para hacerme la ilusión de que recuperaba algo de ese brillo, de que volvía a él. Lo que el amago de convivencia aquí me ha echado a la cara es el conjunto de razones por las que nunca quise vivir en esta puta tierra.

*29 de agosto*
Leo en un suplemento dominical una frase de Hans Stimman, el urbanista del nuevo Berlín (él, al parecer, nació en Lübeck), que me gusta mucho porque refleja lo que yo he sentido cada vez que he visitado Berlín: «En Berlín no hay continuidad. Cuando uno viaja a Barcelona, primero llega a la periferia y después se va acercando al centro. En Berlín uno llega desde la periferia y el centro está vacío, y dentro vuelve a ser la periferia.» El artículo está firmado por Marc Bassets.

Intentaré explicarlo: desde que he vuelto aquí, a esta que debería ser mi tierra, el papel que he representado durante tantos años, y que tanto me ha costado aprender, para huir del que la genética, la historia y la clase social me habían adjudicado, ha perdido credibilidad. Me he quedado sin papel, parado sobre el escenario y mudo, sin nadie en la concha del apuntador. Vuelvo a ser aquel que no quise ser; pero, además, sin centro y en decadencia. Pierdo mis valores y me niego a aceptar los que se me ofrecen, que no son más que una forma de destrucción masiva. Que revienten ellos, que se revienten con su casa su huerto su señora o marido y sus niños. Qué respeto puede merecer un pueblo que ha convertido el paraíso que le regalaron (lo era en su pobreza, lo conocí) en un albañal infecto. Se han follado a los ángeles que ha mandado el Señor. Les queda tragarse la lluvia de fuego, que donde estuvieron (donde están) quede solo una negra y maloliente mancha, entre bituminosa y azufrada.

Escribo unas palabras atribuidas a Rubens: «Comienza pintando tus sombras ágilmente. Cuídate de poner blanco en ellas; el blanco es veneno para el cuadro, excepto en las luces. Si apagas la transparencia y calidez dorada de tus sombras, tus colores ya no serán luminosos, sino mates y grises» (del libro de Philip Ball *La invención del color,* pág. 171). Es un libro que me está interesando muchísimo: el uso del color como fruto de avances y limitaciones técnicos, económicos y comerciales, sin perder ni un ápice de su significado estético, ideológico e histórico: el arte, las ideas, levantándose sobre los materiales pero atados a ellos, frutos del instrumento.

«Qué costoso tu esfuerzo por destrozarte para vernos sangrar a los demás» (de la película *Octavia,* de Basilio Martín Patino). «Si algo tiene de bueno seguir viviendo es que uno puede rectificar cada paso que da.» En la película de Patino veo las piedras de Salamanca, las cúpulas, los espacios, el café Novelty, veo a mi amigo Paco Novelty, que aparece un momento en pantalla, y siento que todo eso está dentro de mí. Eso que, desde aquí, desde Valencia, apenas puede entenderse: no es solo cuestión de piedras, o de la dehesa –que también aparece–; es una forma de ser, de mirar, tan alejada de esta provisionalidad. Aquí, en esta sociedad que corre a toda marcha hacia no se sabe dónde, molestan las permanencias, pero yo sé que hay permanencias que confortan, la elegancia de los patios platerescos, el dibujo de la piedra convertida en arco conopial, las figuritas de los capiteles en el patio de Las Dueñas. Qué lejos esto de aquello. El Tormes refleja las mismas piedras desde hace siglos. El Turia no refleja nada, ni existe, y si existiera reflejaría unos cuantos despropósitos. Qué sensación de seguridad en Salamanca. Yo viví ahí. Yo me metí eso dentro, lo llevo dentro.

La película está contada con un lenguaje excesivo, incluso pedante, pero que no desentona en el microcosmos salmantino, a mí mismo me resulta familiar, porque viví allí, porque tengo el código de la retórica interna salmantina, poblada de la oquedad sonora de los versos clásicos, de las divagaciones filosóficas, salmodia de rollíferos de café, sin duda pesados, pedantes, *démodés,* pero que cumplen las reglas de un juego, ritual congénito de una ciudad ensimismada en su falso cosmopolitismo de centro de cultura, hermosísima como pocas, y que la película nos muestra luminosa, recién rehabilitada con motivo de sus celebraciones como capitalidad europea.

*31 de agosto*
Veo *La marcha nupcial,* de Von Stroheim. Termina con la carcajada del hombre de hierro: el triunfo del realismo frente al idealismo.

De *La vida privada de Sherlock Holmes:* «Mi hermano es muy listo. A los cinco años, observando a los vecinos dedujo que a los niños no los traía la cigüeña, sino la comadrona en el maletín.» Me río en unas cuantas ocasiones con chistes de este corte en esta crepuscular película de Wilder.

*1 de septiembre*
No me parece un libro extraordinario *Una juventud en Viena,* las memorias que Arthur Schnitzler escribió, ya en su

365

madurez, y en las que muestra los primeros años de su vida. El libro abarca desde su nacimiento en 1862 hasta 1889. (Él murió en 1931.)

*6 de septiembre*
Veo *La diligencia,* de John Ford, por enésima vez: el gozo de que te inviten a presenciar un nacimiento. En un momento de la película nace un niño, pero toda la película es dichoso nacimiento de algo nuevo, un nuevo lenguaje, una nueva sintaxis. En los primeros tres minutos de proyección hay más psicología y más lecciones acerca de lo que son alma y cuerpo humanos, o de lo que es la lucha de clases, que en una biblioteca que incluyera las completas de Marx y de Freud. Un fondo de escepticismo recorre la película, toda esa ironía.

Corrijo las pruebas de *El viajero sedentario,* y me pregunto qué haré después. Atreverme a decir: «No escribo más, ¿qué pasa porque no escriba? ¿Y?» Bueno, y entonces qué haces, cada vez más aislado, amargado y con menos fe en nada ni confianza en nadie. Soporta a palo seco lo que queda, si es que puedes.

*9 de septiembre*
Paso la vista por encima de lo último que escribí, el párrafo precedente, todo eso de amargado, aislado, etc., y pienso que sí, pero también me digo: ¿y qué? Excusas de mal pagador, dicen por aquí. Siempre he estado más o menos en el mismo embrollo, lo que cambia ahora es que no escribo, que no tengo ganas de escribir, pero no creo que eso se deba a que estoy amargado, porque, en ese caso, no hubiera escrito ni una línea en mi vida. Más bien, será que no tengo nada que contar o que no sé cómo contarlo, que viene a ser lo mismo. El tema, la materia está ahí, en el aire, cada día me rodea la materia, me envuelve, forma parte de mí. Está a mi

alrededor y dentro de mí. Pero no encuentro el lugar desde el que se mira y compone un orden, esa materia la siento como caos, informe. Hojeo las páginas de este cuaderno, las dejo correr entre los dedos, leo: «El hombre nuevo es solo una promesa, no una meta», y también, «el dolor es la dote del historiador»: esa es la materia de la novela. Ha sido la materia de las novelas que he escrito.

*El café nocturno*, de Van Gogh. «He intentado expresar las terribles pasiones humanas mediante el rojo y el verde», le escribe Van Gogh a su hermano Theo. Me gusta la imagen para expresar lo que estaba escribiendo hace un rato: es seguramente conmovedora, por ingenua. Da un poco de pena (expresar las *terribles pasiones humanas* con dos colores), pero, sobre todo, admira. Merece un inmenso respeto: el destino del artista, con dos trazos construir eso tan tremendo, tan inaprensible. Admira la ambición, conmueve saber que le espera el fracaso, pero un fracaso que se vuelve contra sí mismo en un movimiento de boomerang, porque cuando el hombre hace ese esfuerzo el fracaso retrocede en el acto y se levanta sobre sí mismo convertido en otra cosa. La humanidad es esa cadena de esfuerzos, de intentos fallidos, de huesos en fosas comunes, huesos que fueron armazones de voluntad. Como don Quijote, para seguir adelante hay que decirse: yo sé quién soy, aunque sepas que no sabes nada, ni quién cojones eres, ni adónde coño vas.

Escribir sobre la autobiografía de Fernando Vallejo, *El río del tiempo,* y sobre el tomo *Invierno* de Anthony Powell. Tenía los apuntes en el viejo ordenador que me han robado. Ahora ya no los tengo en ninguna parte. Empezar de nuevo. U olvidar el proyecto. ¿Qué otras cosas tenía allí? Una vez escritas, parece que me da igual que las páginas desaparezcan.

Veo (he empezado a verla, no creo que la acabe) *Isadora*, de Karel Reisz, una película que de joven me gustó mucho. Ahora me parece pretenciosa, hueca. Mientras la veo, me sonrojo, siento vergüenza de mí mismo, del que fui. Contemplo a Vanessa Redgrave dando torpes saltos de pato, incapaz de mover las manos, e intentando convencernos de que interpreta a una gran bailarina, los obreros soviéticos fascinados con ese palmípedo. Patética. Qué asesor tendría, ¿cómo se atrevió alguien a rodar eso? Me imagino que, si hubiésemos leído alguna crítica en contra en su día, habríamos diagnosticado que el autor de la crítica era un contrarrevolucionario.

*11 de septiembre*

Recojo los bártulos, meto el ordenador en su cartera, sensación de desorden. Vuelta a viajar. Primero Madrid, luego doce o trece días en Alemania, durante los cuales visitaré once ciudades (Berlín es el único sitio en el que está previsto que me quede un par de días). Me invade de nuevo la sensación de fragilidad. Hay desorden dentro de mí, una casa llena de materiales, libros y papeles que se amontonan por todas partes, que ocupan los espacios que serían necesarios para realizar otras actividades. Busco libros en la biblioteca y no los encuentro. Nada —o muy poco— está en su sitio. El desorden de dentro se refleja en ese desorden de lo que me rodea. De nuevo, la sensación dañina de que todo es pasajero. ¿Para qué ordenar las cosas, si apenas queda tiempo para usarlas? Si apenas importa encontrar nada porque las necesidades personales se esfuman, ¡si no necesito nada! De vez en cuando me digo que podría escribir un artículo sobre esto o aquello, pero luego no encuentro las fuerzas necesarias para ordenar las impresiones y convertirlas en ideas, convertir en razonamientos las intuiciones que me llevaron a tomar notas.

## CUADERNO RIVADAVIA
(lo compré en Argentina, lo uso para tomar
notas durante el viaje a Alemania,
interrumpiendo el cuaderno azul)

*Viaje a Alemania*

*18 de septiembre de 2004*

Preparo el equipaje: el *Ars amandi* de Ovidio, *Kaspar Hauser, Yo, Claudio,* y una antología de jóvenes escritores alemanes que se titula *Berlín.* Alguien, en una entrevista radiofónica, me pregunta por autores alemanes que haya leído recientemente. Hago repaso: Bernhard Schlink, *El lector;* Marcel Beyer, *El técnico de sonido;* Ingo Schultze: no recuerdo el título; Uwe Timm: *La invención de la salchicha al curry, La noche de San Juan;* Tilman Spengler: *El cerebro de Lenin.* Franz Innerhofer: *Días hermosos,* que se publicó recientemente en España y acepté presentar. Innerhofer tuvo un gran éxito en su país con esta su primera novela, que fue recibida como el nacimiento de una literatura obrera en la Alemania contemporánea, pero su segundo libro recibió duras críticas que acabaron volviéndose contra el anterior. Su obra fue despreciada, ridiculizada. Se pusieron en duda sus aptitudes. Él no pudo soportarlo. Se suicidó en Italia. Moverse en los márgenes exige una fortaleza de la que no es fácil dotarse.

369

*19 de septiembre*

Viena. Desde la habitación del hotel, al otro lado de la calle, un edificio que parece de Otto Wagner, cubierto de mármol con vistosas metopas doradas. Comida en el restaurante de Meinl, en el Graben, un paraíso para los gourmets: montañas de quesos, mostradores repletos de grandes vinos, de lujosos comestibles. Cena de compromiso: entre los asistentes, Alfred Gusenbauer, el jefe de la oposición socialista austríaca. Critica la manía de Felipe González de juntarse con tipos turbios metidos en negocios siniestros (no solo el mexicano Carlos Slim). La mujer habla a gritos, al parecer es guía turística, una mujer hermosa y vulgar. Cuenta cómo robó el artilugio contenedor del papel higiénico en un hotel barato de Madrid, porque le pareció original; o cómo consiguió, tras mucho regateo, unas botellas del coñac español Tres Cepas en la taberna de un poblachón manchego. Todo lo que cuenta se arrastra a ras de suelo. El marido parece de otra pasta, intenta llevar la conversación a otros temas, elevarla. En vano. Es como si ella se empeñara en sacar lo que él tiene de vulgar y oculto. Se le nota incómodo, suaviza las anécdotas poco acertadas que cuenta la mujer. Las compensa poniendo un punto de humor, pero la mujer remacha, vuelve a rebajar el tema, le quita la razón: no digas que no fue así, porque fue así. Todo siempre a peor. Parece que quiere humillarlo a propósito. Me pregunto qué es lo que los une. Ella, una hembra poderosa, dotada de sólidos muslos: tiempo atrás pudo unirlos el sexo, ahora no lo sé. Él se siente a gusto en cuanto consigue llevar la conversación hacia los grandes restaurantes, hacia los buenos vinos, hacia los libros, ahí encuentra su faceta de hombre de mundo que la mujer le discute, un niño que te lleva a su cuarto a enseñarte los juguetes, ridiculizado por su hermano mayor. Brindamos entre bromas, yo por la pronta desaparición de la socialdemocracia (desde que cayó el muro ya no les hacéis falta). Él dice que su brindis es sobre la tumba del comunismo. Se ríe. Está de buen humor. Yo también. El vino nos ha hecho efecto a todos, incluida mi amiga Barbara, una austríaca que tuve como vecina en Madrid, y que ahora vive en Viena con un hijo sin padre que consiguió fabricarse durante su estancia en España, imagino que fue su único ligue y que probablemente la relación sexual fue solo durante una noche, mujer reconcentrada y misteriosa, de esas fragilidades extremas que acaban siendo irrompibles.

*Múnich, 21 de septiembre*
Presenta el libro Tilman Spengler. La sala está llena. Hablo sobre la entrega de los medios públicos de comunicación a un grupo privado. Como siempre, algunos de los españoles que asisten al acto se rebotan: los socialdemócratas con su afán de censura (si hablas mal de mí, hablas mal de España). Les incomodan mis libros cada vez más, y les resulta antipático lo que digo. El hotel en que me hospedo se llama Concorde, y la habitación es pequeñísima, pero está muy bien situado, en el centro, aunque apenas me permito pasear por la ciudad, que celebra la *Oktoberfest*. Me entero de la celebración porque por las calles de la vieja ciudad llaman la atención los grupos de hombres, pandas de solteros o de casados que han dejado a sus mujeres en casa y viajan con los amigotes formando alegres pandillas. Ambiente distendido y ruidoso por todas partes. Al parecer, el festival se celebra en unas instalaciones de las afueras. No me apetece ir. Solo salgo del hotel para comer unas *Weisswürste*, salchichas de un color gris claro, muy tiernas: se toman cocidas y se acompañan con un poco de mostaza dulce. En las casas de comidas las sirven solo hasta mediodía. Imposible conseguirlas a partir del momento en que el reloj marca las doce. Para nuestra desgracia, hemos llegado al local a las doce y cinco. *Malheur*. La camarera no sabe si podrá servírnoslas. Se dirige al mostrador que comunica con la cocina y vuelve con rostro pesaroso. Me

imagino que va a decirnos que no quedan salchichas, pero me equivoco. La intransigencia alemana se agrieta. A pesar de la compunción con que nos mira, resulta que regresa con relativas buenas noticias. Quedan dos parejas de salchichas. Desgraciadamente, se lamenta, no podrá servirnos más, pero al menos las probaremos. Se toman con una cerveza muy clara, la *Weissbier,* y lo cierto es que las dos salchichas, riquísimas, me saben a poco.

*22 de septiembre. Entre Múnich y Zúrich*
Bosques, iglesias barrocas pintadas con colores pastel, azul, pistacho. La hermosa Baviera de finales de verano. En el aeropuerto de Madrid compré *El hijo del acordeonista,* la novela de Atxaga que Echevarría destrozó en *El País.* La leo en el tren. El libro es muy flojo, una novela de formación: adolescentes empeñados en acciones de escaso interés y poca gracia. Me da la impresión de que la versión castellana no mejora el texto vasco, que –*bien sûr*– desconozco. Suena un poco a vizcaíno de Cervantes. Pero voy al grano de lo que quiero comentar: la lectura de la reseña en *El País,* y a continuación, la del libro, vuelven a plantearme el problema de la autoridad del crítico, que tan caro le resulta a Echevarría. Digamos que Echevarría tiene razón en que el libro es malo, pero, al mismo tiempo, el crítico se comporta como un cuatrero, porque roba el libro para levantar un texto que no se fundamenta sobre la novela. Le birla la novela a Atxaga para cabalgar por su cuenta. El libro es malo por sus propios defectos, por sus cosas, y no por las que le achaca el crítico. Echevarría ha elegido un mal libro, que sabe condenado al éxito y al prestigio en ciertos sectores, para levantar sobre él un texto brillante (eso es lo que parece que le importa) y que dará lugar a escándalo (eso también lo ha previsto: es lo que guía la virulencia del tono); es decir, que le servirá para cimentar un prestigio superior para sí mismo. Importa poco que tenga algo que ver lo

que su texto dice con lo que dice el libro. ¿Quién se atreverá a escribir defendiendo un mal texto? El que lo haga se pone la soga al cuello. Solo los apasionados defensores con argumentos *ad hominem,* los defensores de las buenas intenciones de Atxaga, aparecen en la polémica, y el crítico puede permitirse contemplarlos satisfecho desde su trono. Os he pillado. ¿Cómo salís en defensa de un mal libro? Él ha condenado un mal libro y ha escrito un brillante texto. Misión cumplida, pero, en el trayecto, la verdad se ha esfumado, aunque ¿qué es la verdad en literatura? ¿Qué es la verdad en tiempos mediáticos en los que importa lo que se dice de un libro públicamente, y no lo que hay dentro de un libro que se lee en privado, en el silencio de cada cual? El texto del crítico tiene una lógica interna, pero no nace del libro; consigue convertirse en caja de resonancia, ya que se supone que alguien se ha atrevido a desenmascarar el falso prestigio de un autor en un medio *(El País)* que distribuye precisamente la autoridad y el prestigio y pertenece a la empresa que ha apostado por la novela como libro puntero para este otoño. A costa de Atxaga, Echevarría se gana el apelativo de paladín. Ni me gusta la novela de Atxaga ni la actitud deshonesta del crítico.

A la entrada de Memmingem, como cerca de las estaciones de muchas poblaciones alemanas, se ven algunos jardines y huertas diminutos en los terrenos que deja libres el ferrocarril. Los he visto casi idénticos en Francia, esos huertos al pie de las vías. En España también se veían antes, ahora ya no; en España la tierra ha perdido valor: hay demasiada. Me conmueven siempre esas huertas de gente que no tiene tierra y a la que le gusta cultivar unas verduras, algunas flores. Las macetas están colocadas en cajas, estratificadas en estantes, y así pueden ocupar varios pisos. Todo aparece milimétricamente trabajado, podado, pulido. Economía del espacio. Recoge esa práctica una tradición de artesanos a los que no les importaba derrochar el propio trabajo, con tal de aprovechar los materiales, porque los materiales, cualquier material, les resultaban caros, estaban fuera de su alcance, mientras que el trabajo, la fuente de trabajo que ellos guardaban, limitaba con lo inagotable. Después de las jornadas en la fábrica, en el taller, relajarse sudando mientras se cava un rato la tierra y, de paso, se ayuda a la economía familiar con unas lechugas, con unos tomates. De esos huertos me gusta también la parte que tienen de representación de una variante de la psicología masculina: el orgullo de cultivar mejor que el vecino, pero al mismo tiempo la posibilidad de expresar unos sentimientos delicados que estos obreros metidos a agricultores se ven obligados a ocultar en los demás espacios de su vida cotidiana; los sacan al exterior en las macetas, en las cuidadas cercas adornadas con flores: se muestra la parte de melosa cursilería que anida en los cuerpos rudos, en los cuerpos que, en el bar o en la fábrica, exageran la rudeza, e, incluso, exageran la rudeza en el propio huerto mientras hablan azada en mano con el vecino, rodeados por todas esas florecitas tan meticulosamente distribuidas por formas, volúmenes y colores; las vallas con los arbustos bien recortados, las arquerías vegetales formando encantadoras decoraciones. Es su disimulada casa de muñecas.

Hemos salido en tren desde Múnich a las doce y media. Hacia las dos de la tarde, el paisaje se vuelve más accidentado. Colinas boscosas. En algunos lugares, bosque residual entre los prados. En otros, el bosque se abre y ocupa grandes superficies. Lo contemplo todo encandilado.

*23 de septiembre. De Zúrich a Friburgo*
En Zúrich, acabé peleándome con un actor que se suponía que iba a leer capítulos de mi libro y resulta que había hecho un montaje cogiendo frases de aquí y allá, subrayando lo que a él le parecía más dramático y efectista, en una espe-

cie de aspaviento gritón. Cuando le dije que él no debía hacer otra cosa que no fuese leer lo que yo había escrito y que no quería que mejorase la tensión dramática del texto, por más que agradecía su buena voluntad, se puso hecho una furia: «Soy un artista. Exijo libertad para tratar su texto», se defendió levantando la voz. Intenté explicarle que aquello era una lectura, y que íbamos a leer tranquilamente, él en alemán y yo en castellano, fragmentos de la novela; que no se trataba de ningún montaje sobre el texto, no había ninguna performance. «Yo leo lo que quiero», concluyó altivo y dando manotazos cerca de mi cara. «Usted está aquí para leer mi libro traducido», insistía yo. «He trabajado mucho haciendo esta versión», se empeñaba él. «Hombre, yo también he trabajado un poco escribiendo el libro», me defendí como pude. Al final aceptó leer el capítulo menos significativo de los que le habíamos marcado como posibles, como si solo pudiera aceptar a costa de fastidiar, de hacer daño. De nada me sirvió explicarle que quienes traducen a Bush no suelen hacer una interpretación propia de la cosa, pobre humanidad en ese caso, aunque hoy ya sea suficientemente desgraciada con lo que tiene. No me oía. *«Je suis un artiste»*, repitió, y, a continuación, y sin dejar de gritar: *«et je m'en vais à la toilette.»* Me voy al retrete. Como diciendo idos a la mierda, me voy a cagar en todos vosotros. Cuando llegó el momento de la lectura, descubrí con sorpresa que empezaba a leer el *collage* que tenía previsto de antemano. Cuando paraba para tomar un respiro, me miraba con ojos burlones.

Estuve a punto de levantarme, y lo hubiera hecho de no ser por aquel público que escuchaba tan atentamente y abarrotaba la sala. Algunos espectadores, que conocían mis anteriores libros, o ya habían leído *Los viejos amigos,* buscaban mi mirada para expresarme su sorpresa. No podían evitar la extrañeza ante aquella sucesión de exaltadas frases lanzadas por la boca del actor como desde el cañón de una ametralladora.

El hombre había hecho una selección de las frases más desgarradas del libro y las había encadenado. El conjunto resultaba desolador, o más bien, para mí que era el supuesto autor de aquello, irritante. Yo, como no sé alemán, no sabía con exactitud lo que estaba leyendo, aparte del párrafo que él me había leído al inicio de nuestra conversación, y que me había parecido espantoso (lo más opuesto a lo que yo había querido hacer cuando escribí el libro), solo que escuchaba sus voces, veía abrirse y cerrarse los brazos, me dolían sus gemidos. El joven intérprete, el que yo creí que iba a ser un joven lector de *Los viejos amigos,* parecía más bien una diva de exaltada sensibilidad que leía mi novela como si cantara los momentos más dolorosos de Madame Butterfly, o los de mayor furor de la trilogía de Wagner. Gritos y gemidos. Me producía una mezcla de vértigo y vergüenza pensar que yo había escrito algo que podía ser así gemido, gritado, gesticulado, aquello me devolvía una lastimosa imagen de mí mismo.

Cuando terminó su intervención, leí el trozo que habíamos acordado que debía leer yo. Lo hice despacio, marcando manifiestamente el ritmo, entreteniéndome en la música del fraseo, para que resultara evidente que lo que el actor había declamado nada tenía que ver con el libro cuya lectura aquellas personas habían ido a escuchar. Acabé de leer, y él, tras volverme a mirar con su sonrisa burlona, volvió a la carga, a su particular montaje. Lo interrumpí. Sobre su voz, me puse a leer otro texto, y él se calló y se volvió de nuevo a mirarme, esta vez sorprendido. El público no entendía lo que estaba ocurriendo. Contemplaba la veloz escena –apenas unos segundos– manteniendo un silencio aún más profundo que el que había guardado hasta el momento. Luego –ya digo que todo fue cuestión de segundos–, empezaron a oírse algunos murmullos. Interrumpí la lectura después de haber leído solo unas pocas frases. Mi intervención no había tenido otro objetivo que el de obligar al declamador a callarse. Entonces expliqué, procurando hablar de un modo muy pausado, que aquel hombre no estaba leyendo mi libro, que lo que habían oído, cualquiera que conociese mi obra se habría dado cuenta de que no tenía nada que ver con el estilo ni con el ritmo de ninguno de mis libros, con la respiración de lo que yo había escrito, y menos aún en una novela como *Los viejos amigos* en la que ni siquiera he querido marcar las pausas con puntos y apartes. El actor se volvió. Me miró otra vez con sus ojos burlones y me sacó la lengua. A quien no le guste el libro, puede marcharse, pero me niego a que se lo ponga en una túrmix para convertirlo en un puré teóricamente más fácil de digerir. Ya sé que hoy en día es más importante el altavoz a través del que se dicen las cosas que las cosas que se dicen. Pero ese no es el estilo de la casa. Se inició una fructífera discusión con el público acerca de lo que es leer un libro y de si alguien puede cambiarlo por su cuenta.

*24 de septiembre*

Creía —no sé por qué— que Friburgo era una ciudad moderna, reconstruida completamente tras la guerra. Me encuentro con la sorpresa de una preciosa población en la que abundan las viejas construcciones medievales, pero también de principios del siglo XX. De hecho, el barrio en el que me hospedan es un brillante coágulo *jugendstil* que se ha conservado intacto. Desde el coche que me lleva veo a lo lejos la alta puerta de la muralla, cubierta con esos tejadillos inclinados que inspiraron a Disney y que, por deformación infantil de nuestra mirada, siempre nos parecen irreales, juguetería de cuento de hadas. Ya digo que eso apenas lo veo desde la ventanilla del coche que me traslada a la casa en la que pasaré la noche, una vivienda burguesa en un precioso barrio de chalets de principios de siglo, con miradores modernistas, pretenciosos toques historicistas y frisos y cenefas art déco bajo los balcones o sobre las puertas.

Como experimentado viajero, desconfío de las casas hermosas y viejas como lugar de hospedaje, entre otras razones porque no suelen tener ascensor. En eso pensé cuando los propietarios (o quizá los empleados) de la librería en la que realicé la lectura me dijeron que iba a hospedarme en la bonita casa de unos amigos y no en un hotel. Miré con pesar hacia la pesada maleta y hacia la cartera que había arrastrado desde la cercana estación hasta la librería. Pensé que debería hablar con la editorial para exigirles que jamás, jamás, jamás, deberían hospedarme en un domicilio privado, por coqueto o lujoso que fuera.

Se cumplieron los peores presagios. La casa era, en efecto, una belleza; una vivienda enorme, con habitaciones de elevados techos, y amueblada con esa utilería de la que suelen rodearse los intelectuales y las capas universitarias procedentes de la burguesía acomodada, o que se esfuerzan por parecer que proceden de ella. En las plantas inferiores, se sucedían las habitaciones forradas con estantes ocupados por libros. En la más noble de esas estancias, había hermosas encuadernaciones en piel de viejas ediciones de obras clásicas. La planta de encima había sido convertida en un moderno estudio, decorado con espléndido gusto. Las irregularidades del tejado servían para marcar la diferente personalidad de los diversos ambientes. Todo era perfecto, precioso, si no hubiera sido porque precisamente ese último piso fue el que me asignaron a mí, así que tuve que cargar por las incómodas e interminables escaleras, a cada tramo más inclinadas, con la pesada maleta, con una cartera también llena de libros y otros objetos poco ligeros y con una bolsa en la que llevaba más libros, chucherías y comestibles y alguna prenda de ropa: un jersey, la chaqueta. Mi ánimo se desmoronó solo con mirar desde la planta baja el hueco de la escalera, ¡y pensar que tenía que atravesar los anchos tramos nobles, los más estrechos que pertenecieron en su día al servicio, y la escalerilla de madera que alcanzaba el desván, y llegar hasta aquel lugar lejano que permitía casi tocar con la cabeza el techo! Sentí que iba a volver a ser víctima de esos vértigos que se apoderan periódicamente de mí, y convierten en difícil cada movimiento, e incluso el mero hecho de mantenerme en pie. Cuando llegué al descansillo de la tercera planta cargado con los equipajes (aún quedaban dos por trepar), todo me daba vueltas. Las paredes habían empezado a girar, primero lentamente, luego más deprisa. Giraban al tiempo que parecían alejarse, hasta convertirse en irreales, ya que se descomponían en multitud de pequeños puntos negros. Me fallaba la respiración y boqueaba buscando un poco de aire, oía los golpes del corazón en el pecho y en las sienes. Me venían a la mente las palabras que oigo tantas veces: «Qué suerte tienes de viajar tanto y a lugares tan interesantes», y la mente se me nublaba con un oscuro rencor. Cenamos en un restaurante especializado en platos elaborados con patatas. Tomé un puré de patatas con *wurst* y unos medallones de carne con morillas y patata. Nada que no pudiera olvidar ahora mismo. Por la mañana contemplé la hermosa vista desde las ventanas de la buhardilla: los puntiagudos tejados del conjunto de villas del barrio, algunas de formas muy originales y notable volumen, casas de gente que tuvo que ser tremendamente rica cuando las mandó construir: frutos de una sólida burguesía de preguerras; flotando sobre ellas, la torre de una iglesia con su bulbo coloreado.

Las colinas cubiertas de árboles cercaban con sus amables formas las edificaciones, acunándolas: una cuna de bebé Biedermeier, guillermina, todo relamido y hermoso. Cerca de la cumbre de una de las colinas, a la izquierda del paisaje que contemplaba desde el ventanuco, el dibujo de un pequeño viñedo: ordenadas bandas de un verde más claro cercadas por el verde oscuro del bosque. Me acordé de que, en algún lugar cerca de allí, corre el Rin, y con ese pensamiento me llegó el recuerdo de los dulces paisajes de viñedo que he contemplado desde el tren en otras ocasiones, lugares en donde parece fundirse el frío caparazón alemán, gracias al aliento de una brisa templada que llega del Mediterráneo.

Escribir acerca de la continuidad del espíritu alemán, de su esfuerzo por sobrevivir, la sorpresa –y fascinación– cuando recorres un país que ha soportado tantas destrucciones y se esfuerza por seguir siendo el mismo. Si viene al caso, compararlo con Valencia, con la capacidad de autodestrucción de mis paisanos, con lo que podríamos definir como su falta de espíritu.

El otoño ha empezado a ponerles las primeras pinceladas de óxido a los bosques. Entre la masa oscura, leves toques amarillos, rojizos. En Viena, el verano aún agotaba sus últimos días. En Múnich, un viento desapacible arrastraba por las aceras hojas de otoño. En Friburgo, el viento frío esparcía las gotas de lluvia, las llevaba de acá para allá. En Frankfurt, nubes negras y de un gris plomizo se iluminaban con un último rayo de sol de la tarde, relucían tras los enormes edificios y le otorgaban dramatismo al conjunto urbano; recortados sobre ellas relucían los rascacielos, geométricos y de llamativo diseño: como si la vida hubiera corrido una vez más detrás del arte, parecía aquella visión un fotograma de la *Metrópolis* de Fritz Lang, corregido al alza, hacia una perfección aún más deshumanizada. Ahora, el tren corre hacia Berlín envuelto en delicados tonos de verde: se suceden las suaves y boscosas colinas, las melancólicas poblaciones de apretado caserío cubierto con rojos tejados a dos aguas. Pienso en Friburgo, que hace un par de días entreví. Me entero de que su catedral guarda bellos retablos góticos. No tuve tiempo de verlos. Me sorprende tanto la capacidad de resistencia del espíritu en este país después de las destrucciones provocadas por las dos grandes guerras. Pasan por mi cabeza las ciudades que he visitado en otras ocasiones, y en todas, de uno u otro modo, advierto ese esfuerzo alemán: Augsburgo, Múnich, Colonia, Lübeck, Potsdam, Dresde, Aquisgrán, Berlín, Colonia, Karlsruhe, Bonn: en algunas solo quedan retales del pasado, pero se trabaja sobre ellos. En todas esas ciudades, uno puede pasear entre supuestas viejas edificaciones, que, en realidad, no se sabe si perduran intactas, porque se salvaron de las sucesivas destrucciones, o si han sido reconstruidas o incluso, como ocurre en Aquisgrán, trasladadas piedra a piedra de un barrio a otro. Uno ve las pequeñas poblaciones que se suceden en las orillas del Rin y sus afluentes, las viejas casas, los palacetes, las laderas de las colinas cubiertas de viñedo, las torres de las iglesias, y descifra en ese paisaje una forma de voluntad. En una ocasión recorrí Alemania en tren, desde Hamburgo a Múnich. Fue en primavera. Los campos aparecían completamente cubiertos de flores. Cuando llegué a Múnich hacía mucho calor. Curiosamente, por aquellos días en España llovía y hacía frío. En su recorrido a lo largo del país, el tren adelantaba de vez en cuando a ciclistas, a caminantes que, vestidos con pantalón corto, y empuñando bastones, recorrían los senderos que ascendían por la ladera de alguna colina, o desaparecían entre los árboles del bosque. Esas imágenes –el paisaje, que se mostraba intocado– me traían recuerdos de la Alemania del primer tercio de siglo que he conocido a través de libros y películas: la Alemania del culto al cuerpo (el tren dejaba atrás grupos de bañistas en lagos y charcas), que practicaba el naturismo y el nudismo, y que veía en lagos, bosques y ríos interlocutores con los que, no solo el cuerpo, sino también el espíritu, tenía que aprender a dialogar.

Este recorrido otoñal resulta más melancólico, menos deslumbrante. El tren recorre un paisaje de colores uniformes, que solo de vez en cuando se ilumina gracias a un rayo de sol filtrado a través de las nubes, o que se escapa sesgado entre ellas, pero que la mayor parte del trayecto aparece borroso, mate, privado de gracia. Yo vuelvo a pensar en la capacidad de resistencia de lo alemán, que ha reconstruido monumentos y ciudades; en su conciencia de que el espíritu de un pueblo se encarna en determinadas formas, que nacen de él al mismo tiempo que lo configuran. Una forma de resistencia de lo alemán hay que buscarla en estas torres y cúpulas, en los viñedos y bosques, en los caminos que ascienden por la ladera de una colina y se pierden en el bosque, otras hay que buscarlas en la solidez y rigor arquitectónico de sus construcciones, constantes de su arquitectura y de su urbanismo que sorprenden a un español. Pero están, sobre todo, las construcciones del pensamiento, su filosofía, su música, la narrativa de Mann, la música de Beethoven y Bach. Pienso en ello cada vez que un joven periodista se acerca a mí para hacerme una entrevista. Todos esos jóvenes periodistas llevan consigo fotocopias de artículos, folios en los que han anotado citas de mis libros o declaraciones que he hecho. Se me dirá que eso es lo normal, pero no es verdad. En España resulta raro que los periodistas que acuden a la presentación de un libro se lo hayan leído, que ni siquiera se hayan leído alguno de los libros anteriores, y casi peor aún ocurre en Francia, en París, capital de la levedad, en la que nadie parece escuchar a nadie –parece de mal gusto escuchar lo que alguien dice, porque cuando algo llega uno está ya en otro lado, no oyendo, sino presintiendo, e intenta capturar lo que va a llegar: el presente es ya una forma de pasado–, en París, se representa la modernidad como conciencia de que las modas se superponen, de que nada se fija, de que tú, por el mero hecho de existir, has empezado a quedarte retrasado en el circuito, a estar *démodé*. Ese correr parece definir lo francés, o, mejor dicho, lo parisino: por detrás está la inalterable provincia balzaquiana. «¿Podría decirme de qué trata su libro? Es que no he tenido tiempo de leérmelo aún.» Todo se resuelve en un burbujeo, en un hablar por hablar, en que importa poco decir esto o aquello. París, capital de eso que, en la distancia, nos seduce, pero que visto de cerca nos fastidia: la dictadura de la forma como valor primordial; no el libro que has escrito, sino si tú soportas bien el objetivo del fotógrafo. Todo el mundo se agita, se mueve, suspira, hace visajes, aspavientos, a la espera de que la cámara se fije en él y se detenga un segundo. Cobra sentido el carácter de gesticulante farsa que tiene el arte y que nos abochorna. Y ya, ya sé que decir París o Berlín es una banalidad del mismo corte, todos los lugares se parecen, son por el estilo –la misma Lima, que diría Melville–, pero también se diferencian. Son dos verdades que se complementan. Es la una menos cuarto. Levanto la vista y miro a través de la ventanilla: la aburrida llanura, los campos de remolacha, la tierra negruzca, un país inexpresivo sin esas colinas boscosas, ni caminos en la ladera, la tristeza del tópico de la vieja *Mitteleuropa,* sus largos inviernos, la que ama tanto las explosiones de la naturaleza porque se hacen esperar y duran solo un instante.

España ha sido un país sin escuelas de filosofía, al menos donde el pensamiento no ha tenido una presencia pública. Además, nunca ha acabado de librarse de las diversas formas de escolástica, variantes de la retórica, giros sobre un mismo tema, más que investigación: juego floral, decir con muchas palabras, supuestamente bellas y esdrújulas, lo que puede decirse en pocas y seguramente secas, desabridas; por eso, la literatura ha ocupado el lugar de la filosofía en demasiadas ocasiones, crear imágenes para capturar el sentido de la vida, casi siempre con Dios al fondo, por un camino o por otro se llega a él. ¿Dónde el pensamiento? Quevedo y Gracián desde luego, pero eso es otra cosa. Más bien, los ilustrados del XVIII, pensadores de lo civil, cuya presencia se desvaneció en una serie sucesiva de derrotas. Algo parecido ocurre con la música, que se diría eclipsada entre el siglo XVI, tras la Contrarreforma, y el XX, con un breve destello laico en el XVIII, reflejo de la Ilustración francesa y de la revolución. Pienso en Bocherini y, sobre todo, en Arriaga. O en mi paisano Martín y Soler, que triunfó en Viena y creo recordar que también en San Petersburgo.

El taxi recorre Berlín, desde el edificio del Instituto Cervantes, cerca de la Alexanderplatz, en la que fue zona oriental, hasta el Hecker Hotel, en la Ku'damm. De noche, brillan los edificios de la nueva ciudad: las llamativas torres de vidrio, los grandes contenedores horizontales de reciente construcción, a veces levantados sobre baldíos, otras compartiendo espacio con viejas construcciones que han quedado en pie. La nueva ciudad parece una desordenada exposición de arquitecturas en las que cada edificio compite en lujo y originalidad con el de al lado, un exceso. Pero incluso los edificios más aparatosos guardan siempre cierta concepción geométrica, un afán de sobriedad, como si retuvieran la memoria del prusianismo. Este Berlín aparatoso que está creciendo me recuerda al interior de alguna iglesia florentina en la que se suceden las tumbas diseñadas y talladas por los mejores escultores de diversas épocas, cada cual más llamativa, y menos en consonancia con la de al lado: un afán por destacar en el gran concierto en el que la extrema belleza de cada nota colabora en construir una pieza disonante y el exceso de ruido corre peligro de convertirse en concierto de sordos.

### 27 de septiembre. Bremen
La hermosa plaza del mercado, en el peculiar estilo arquitectónico que comparten las viejas ciudades hanseáticas, las iglesias, el laberinto de callejones reconstruidos cerca del antiguo puerto, las casas con las fachadas rematadas por un frontón en escalera, lo que quedó después de los bombardeos y lo que volvió a ponerse en pie. Veo las fotos en blanco y negro de la ciudad de antes de la guerra en un libro: una Venecia

con los tejados puntiagudos. Hermosísima y seguramente insalubre. Me viene a la cabeza una frase que escuché la otra noche en la radio: «*Les gens, elles habitent un peu partout*», decía alguien a quien entrevistaban en una emisora francesa. Era una voz de mujer, acento del *seizième* parisino. La extrañeza de casi cualquier lugar del mundo visto desde París, visto desde donde uno vive. Uno llega a un rincón del mundo, y también allí vive gente. Parece extraño. Me la repito en voz alta en la habitación del hotel, y me da risa. Cuánta soberbia. Expresa un desprecio infinito por cuanto se sale del círculo en el que vives; fuera de la pequeña *clique* de Madame Verdurin todo es selva, cocoteros, pero también allí «*il y a des gens que y habitent*», con sus taparrabos, mujeres de Gauguin.

Descacharrante cena con la delegada del centro cultural español. Habla sin ton ni son. Yo tengo que esforzarme para no estallar en una de esas risas histéricas que luego no hay manera de contener. Me da palmadas en la espalda, me coge del brazo, me empuja. Sale, entra. Me da recuerdos de su marido, que está en Madrid, y con el que acaba de hablar por teléfono, me habla de sus hijos, de las mermeladas que hace su marido, un manitas de la cocina, dice. Vuelve a empujarme con la complicidad con que empujas a un compatriota al que te has encontrado lejos del hogar. Buena mujer, aunque parece más bien jefa de logística de una empresa de camiones. Se empeña en contarme lo contenta que se siente esta noche porque por fin le han enviado del Cervantes a un hombre serio, maduro, casado (se supone que ese soy yo). «Podrías haberte traído a tu mujer a la cena, ¿te la has dejado en el hotel?», da por supuesto. Y sigue: «Menos mal que viene alguien con quien puedes hablar de cosas normales, del matrimonio, de los hijos, basta leer un par de páginas de tus novelas para darte cuenta de que sabes tratar a una mujer, a unos hijos. Se nota en cuanto abres un libro tuyo, un tío

385

normal.» Yo no le digo ni que sí ni que no, pero ella está embalada: «Gente como tú, como Gamoneda, gente normal, eso vale, pero es que me mandan unos tipos tan raros. Marías, Prado, y no te digo ya ese Prada, lo raro que es, y las cosas que escribe, porquerías, cosas muy sucias, muy morbosas. Así que le he dicho a mi marido "menos mal que el escritor de hoy es normal, simpático". Me ha insistido en que le des recuerdos a tu mujer. Yo estaba convencida de que te la ibas a traer a cenar.» Le digo que mi mujer es poco sociable y ha preferido quedarse en el hotel. Se queda tranquila.

En las antípodas (trato delicadísimo), sentada frente a ella, se encuentra la mujer que ha leído el texto en alemán. Inge, se llama. Es una frágil porcelana que acaba de quitarse la chaqueta para mostrarnos una camisita que le permite, gracias a dos agujeros astutamente diseñados, que los hombros se conviertan en protagonistas: condensan en delicados pero infinitos movimientos la energía sensual con que adorna las palabras que pronuncia, y en las que en ningún momento intenta expresar razones y ni siquiera vivencias reales, sino eso mucho más abstracto que entendemos por sentimientos. Su marido, bastante mayor que ella, es una especie de bondadoso personaje bergmaniano, de cuerpo enjuto, rostro seco, y ojos que miran hacia la mujer –que, de repente, gracias a los boquetes que dejan al aire sus hombros, se diría desnuda– con lo que parece una enorme ternura, pero que podría ser solo paciencia, la que tiene un padre con el hijo que se está comportando ante los invitados de un modo que no es reprobable pero que puede llegar a serlo, y aún confía en que no cruce el límite del territorio que bordea. Pero ¿qué es lo que, entre tanto, dice esta mujer ante un marido vigilante?, ¿qué la agita de esa manera y la hace gemir?: «*Paris. La plus belle ville du monde. Oh! Et moi j'ai le malheur d'habiter ici, à Bremen. Et vous habitez près de Jávea? Non. Je ne peux pas le croire. Ce n'est pas possible. Jávea. Comme elle était belle quand on l'a connu. Mais nous avons vendu la maison parce qu'il y avait trop de touristes. Même, maintenant, si je ferme les yeux* (lo hace, cierra los ojos), *je peux sentir le parfum des fleurs d'oranger. Comme je suis jalouse de vous, de cette mer que vous voyez, du ciel méditerranéen. Et le climat, si doux. Et les fleurs, et les palmiers, les citronniers... Je ferme les yeux et je peux sentir les pins sous le soleil. Ce parfum intense. Vous savez? Il fait une semaine, à cette même heure, j'étais en Egypte, en plein désert, sous un ciel étoilé. J'étais tombé sur le sable et voyait les milliers d'étoiles du désert. Et maintenant c'est la pluie, la tristesse de Bremen qui me ronge les os.»* Al salir del restaurante, había dejado de llover, aunque las nubes seguían pegadas a las agujas de la catedral, la mujer se abalanzó sobre mí. Me abrazó: *«Vous avez de la chance. Vous nous emmenez le beau temps et le parfum du sud.»* En la mirada de Mercedes se había concentrado todo el rigor del mundo. La encargada de la empresa de transportes no podía soportar a aquella muñequita que embelesaba a los chóferes. La verdad es que yo tampoco había desperdiciado la oportunidad de ser un tanto cruel. Durante la cena, Inge me había pedido entre gemidos, oh, oh, oh, tres o cuatro cigarros, al parecer porque se trataba de Ducados. *«Oh, Ducados»*, había exclamado al ver el paquete, como si fuera el joyero de Isabel de Inglaterra. *«Je ne fume plus, mais c'est Ducados. Ça je ne le résiste pas. Maintenant, je vais fumer un Ducados.»* Miró al marido, que seguía con su sonrisa bonachona o paciente. *«C'est le tabac que j'adorais quand j'habitais à Jávea.»* Le di fuego. Dejaba escapar el humo haciendo girar la cabeza suavemente, como si estuviera pintando el aire con un espray. Todo era delicadeza en aquel chupar y expirar humo. *«Ducados»*, repitió, *«c'était mon tabac préféré.»* No pude contenerme: *«Vous avez le même goût que mon plombier»*, le dije. Ella siguió pintando el aire con el humo. Su marido sonreía, beatífico.

Al día siguiente, recorro en automóvil el trayecto entre Stuttgart y Tubinga. Los huertos de manzanos se abren paso entre los bosques de castaños, robles y tilos. La carretera pasa junto a un pueblecito (¿Bebenhausen?) amurallado, casas apretadas en torno a una iglesia con grandes ventanales góticos. Tomar notas sobre Tubinga. Schelling, Hegel, Hölderlin. En el interior de la iglesia se han conservado algunas estatuas (en las ventanas exteriores, San Martín, San Jorge, la Virgen) y sepulcros labrados. A pesar de que se convirtió pronto en ciudad protestante, no hubo iconoclastia, lo que ha permitido que se pueda contemplar un precioso tríptico en el coro, al pie de la capilla mayor. Al parecer lo labró un discípulo de Durero, que si no me equivoco era de aquí cerca, creo que de Núremberg. Sorprende lo bien conservada que está la ciudad. Las boscosas colinas, el apacible Neckar con sus cisnes, tan parsimoniosos, tan altivos, tan elegantes; la torre en la que Hölderlin pasó no sé cuántos años (¿fueron treinta?) de su vida cuidado por una familia de carpinteros. Aún escribió algunos textos en los que muestra su genio, aunque la mayoría de sus apuntes de ese tiempo revela un alma en sombras, a la deriva.

El tren recorre el trayecto entre Stuttgart y Karlsruhe. Siempre, a ambos lados de la vía, las verdes colinas bañadas por una suave luz de otoño que resalta las hojas de los caducifolios que empiezan a dorarse, el intenso verdor de los prados, las pequeñas poblaciones al fondo de los valles, las torres de las iglesias que se levantan sobre los inclinados tejados de teja roja; de vez en cuando, los complejos industriales, sus chimeneas, que no consiguen arrebatarle al paisaje la dulzura.

*1 de octubre de 2004*
Día tristón, con un cielo panzaburra. Viajo en tren desde Karlsruhe a Colonia. Estos trenes alemanes van siempre abarro-

tados, la gente usa más el ferrocarril que en España, seguramente porque la red es muy tupida y hay buen servicio. La lectura de anoche en Karlsruhe resultó bastante desoladora. Poca gente, y la poca que había, heladora, silenciosa, oyendo los textos no sé si con desconfianza o como quien oye llover tras las ventanas (en efecto, llovía allí fuera). Incluso el texto que leo contra los novelistas que leen sus textos en público, les resbala, están desganados. Empiezo a desear que se acabe esta gira. Demasiados días. Se me quitan las ganas de participar en ninguna otra *tournée* en lo que me queda de vida, eso me digo. Sé que es el agotamiento el que me impone esos pensamientos (en la novela, en el texto que leo dice que el novelista siempre cree que no recibe lo que merece, lo suficiente, incluidos los aplausos). Algo debe de tener que ver también con mi estado de ánimo esta ciudad tristona (algunos edificios nobles quedaron en pie tras los bombardeos), solitaria y lluviosa. Tampoco me anima mucho el comportamiento (espídico, como pasado de algo) del joven Moritz, el hijo de mi editora Antje, que me acompaña, y, a ratos, parece querer castigarme, o ponerme a prueba, como un hijo pone a un padre. Sí, un hijo que le pone dificultades al padre. A mediodía hemos recorrido media ciudad porque se ha encaprichado en comer en un restaurante japonés que aseguraba conocer. No ha habido manera de encontrarlo. Yo estaba famélico, cansado, y acabé sombrío. Al final hemos comido a las cuatro de la tarde una tristísima sopa de tomate de bote en un sórdido café italiano en el que éramos los únicos clientes. «Estoy muy cansado», me dice el muchacho estirando las piernas en el restaurantucho, «menuda caminata nos hemos dado caminando.» No lo he mandado a la mierda de milagro. Me lo decía a mí, que no quería haber salido de mi habitación, que hubiera comido un sándwich allí; que he sido obligado a abandonar la paz del hotel en busca de un imposible restaurante japonés, y llevo doce días dando tumbos por los ande-

389

nes de las estaciones, lo dice él, que hace día y medio que se ha apuntado a la excursión. Se comporta como un niño malcriado. Echo mucho de menos a Andreas, mi anterior acompañante, tan cortés. Siempre buscando el uno la comodidad del otro. «Me he acostumbrado a viajar contigo», me ha dicho al despedirse. El joven Moritz ha pasado de las palmadas en la espalda, los manotazos y confidencias en la barra del bar, y la búsqueda de temas muy radicales, sobre literatura o política, ayudado por una notable ingesta de alcohol bebido con esa ansiedad con que se lo tragan los jóvenes, digo que ha pasado de esa actitud que parecía reclamar angustiosamente el cariño o la admiración de un maestro, o de un padre, a una pesada desgana, a un hacer como que te ve poco, mientras te pone a prueba. Después de la experiencia del mediodía, y de la noche anterior, en la que también resultó dificilísimo dar un bocado, hoy, cuando terminó la lectura, he dicho que quería comer algo que estuviera bien, a ser posible en un restaurante de cocina local. «Hay uno cerca, pero es caro», dice uno de los libreros. «Da igual. Vamos allí», digo yo, y en ese mismo momento empieza a cortarse el aire con cuchillo. Tensión. «Yo invito», preciso. Íbamos a ser cuatro, pero la intérprete, Sabine, y su novio ya han comido algo antes de la lectura y no quieren cenar. Solo tomar un vino. Vale. De camino hasta el local, bajo la lluvia, la tensión crece. La cena se convierte en un *grosse probleme*. Qué difícil comer, Dios mío. La situación acaba siendo patética: Moritz, Sabine y su novio eligen en un restaurante de servilleta y tenedor un plato de queso y una botella de vino, un Cru Bourgeois del Médoc, Margaux. Nos sirven unos abundantes *amuse-gueule* muy ricos, y yo me tomo un solomillo sobre un fondo de rabo de buey, puré y morillas, que está riquísimo. También los quesos son excelentes. Tras el café, Moritz se empeña en pagar en nombre de la editorial, ciento veinte euros por los cuatro (intenté pagar yo, la tensión no se había relajado). «Con ese dinero tengo para comer todo el mes», dice Moritz. Pero ¿por qué resulta tan difícil comer en este país? Estoy a punto de tirarle los ciento veinte euros a la cara, pagar yo, pero ya está bien. Todo me ha irritado durante la cena, las risitas de Sabine al ver los platos, nada especial, los adornos que ponen hoy día en cualquier restaurante para obreros endomingados; la frescura intrascendente con la que intentó explicarle al camarero que yo trabajaba en una revista gastronómica para que nos tratara mejor y nos hiciera descuento, como si la ética se suspendiera fuera del mundo intelectual, y todo lo demás fuese broma, filfa. Me pusieron de tan mala leche que, al final, harto de sus risas y comentarios estúpidos, le dije a Sabine: «La cocina es una actividad muy antigua, muy seria y necesaria, que merece un gran respeto.» Las mesas vecinas estaban ocupadas por el tipo de clientes que suele ser habitual en los restaurantes de solera de una ciudad pequeña, empresarios, profesionales, familias burguesas. La ardilla tonta se reía, se retorcía, se agitaba y sacaba sus dientecitos, mientras nos llamaba la atención acerca de ellos: «¡Qué gente tan rara! A este sitio viene gente rarísima», decía, como si no fuera una gente parecidísima a sus padres. Todos los elementos se habían conjurado para oscurecer aún más la noche, solo porque, después de doce días dando tumbos y malcomiendo, había expresado deseos de comer en un sitio con buena cocina de la tierra. Me sentía como un burgués caprichoso y miserable entre los tres burguesitos que fingían pertenecer no sé a qué mundo, porque aquello era un restaurante de lo más normal, y ciento veinte euros para cuatro comensales, vinos y café incluidos es menos de lo que pagan los peones de albañil de mi pueblo si salen a cenar fuera de casa un viernes. Estaba deseando dar por concluida la peripecia gastronómica. Qué manera de darle vueltas y complicar algo tan sencillo. Volver al hotel, quedarme solo, recuperar la independencia, librarme de la presencia de aquellos tres muchachitos, aún más hipócritas que ignorantes. La pareja se marchó unos minutos antes que Moritz y yo, porque el taxi que habíamos pedido para volver al hotel tardó en llegar. Según me explicó Moritz, aquella gente que tan rara le había parecido a Sabine era un grupo de abogados (la mesa situada justo frente a mí) y dos propietarias de una galería de arte, que, tras la cena, tomaba café con un adolescente, seguramente hijo de una de las dos (la mesa situada a mi izquierda). Y eso le parecía gente rara a la ardilla, que, desde que nos encontramos con ella, no paró de hablarnos de su perro, de lo preocupada que estaba porque ha tenido que dejarlo en casa; rara esta gente y no ella, que en nuestra presencia mantuvo una conversación telefónica de casi media hora con la *baby-sitter* del perro (*dog-sitter,* será), porque su cocker no soporta la soledad, y tiene que buscarle una acompañante para que no se angustie cada vez que, como ha hecho esta noche, lo deja solo un par de horas o tres. ¡Y le sabía mal que yo me comiera un pedazo de carne, con una copa de vino! De hecho, el único comentario gastronómico de ella ha tenido que ver con el cocker. Cuando dije que el queso era bueno, me miró con ojos brillantes y dijo: «¿Sabes que a mi perro le encanta el queso? En cuanto empiezo a tomar queso, se pone así», y fue ella la que irguió la cabeza sobre el cuello, encogió los brazos, cerró las manitas y sacó sus afilados dientecitos. Así se ponía su perro cuando esperaba el queso, con las patitas encogidas ante el pecho. «Pues es una pena que no haya venido, porque estos le gustarían mucho, están francamente buenos», le he dicho.

Desoladora la vuelta en taxi al hotel. Son casi las once y media y la ciudad aparece del todo vacía. Llueve pesadamente. No nos cruzamos con nadie en el trayecto. Apenas relucen en algunos trechos los adoquines y aceras bajo la ínfima luz de las farolas. No debe de resultar muy animado vivir en Karlsruhe.

La una menos veinte del mediodía. El tren corre bajo la lluvia junto a un melancólico bosque de coníferas, separado de las vías por ralos prados y una autopista saturada de tráfico. El cielo oscuro, las gotas salpicando los vidrios de las ventanillas marcan el estado de ánimo del viajero. En media hora llegaremos a Colonia. Grandes torres eléctricas y cables en el espacio que queda libre entre la autopista y el bosque, que se abre a trechos para albergar una instalación industrial. Todo invita a la tristeza. Gil-Albert diría que todo carece de gracia, utilizando el término gracia en todos los sentidos: carece de ese alegre encanto que el castellano define como gracia, pero también parece carecer de ese don de un dios que mira por algo, que se ocupa gratuita y generosamente de algo. El sombrío bosque compone un paisaje que se diría abandonado por el espíritu. No que haya sido abandonado por los dioses, sino que nunca ha sido visitado por ellos. Como esta noche he estado leyendo el *Yo, Claudio* en la habitación del hotel hasta muy tarde, imagino estos bosques ocupados por las legiones romanas que fundaron y defendieron Colonia, la tristeza de los campamentos bajo la lluvia, el humo que apenas levanta el vuelo aplastado por este cielo espeso, el olor a humus vegetal, a pieles mojadas, a vaho de cocina y a cuerpos mal lavados, mal ventilados, que seguramente hace meses que no se han desnudado para entrar en contacto íntimo con el agua, que, sin embargo, todo lo empapa, lo embarra. El olor pesado de la lana húmeda, de las cenizas húmedas. Dos mil años más tarde, los uniformes grises de los soldados de las dos grandes guerras mundiales refugiándose en estos bosques. Hay paisajes que parecen creados para despertar el gozo, otros que son el hogar de la desolación. Druso, el padre de Claudio, y su tío Tiberio estuvieron en las campañas de Germania.

*2 de octubre. En el aeropuerto de Palma de Mallorca*

Qué manera de perder el tiempo de acá para allá, colas, esperas, etc. Ni siquiera sentado en una de las salas de espera consigue uno concentrarse. Me leo tres o cuatro periódicos, sin enterarme de nada. Bebo. Me como otro bocadillo: hago cola en el autoservicio, porque los bocadillos tienen buen aspecto, parece que el pan está crujiente, pero resulta que no lo está, puro chicle, solo tienen bocadillos de jamón, *jamón del país,* llaman a estas lonchas húmedas e insípidas. A pesar de que la cola de futuros comensales es larguísima, apenas hay un par de mesas que no estén ocupadas por bandejas sucias, platos y vasos usados, restos de comida, servilletas arrugadas, que nadie se molesta en limpiar. Salgo del comedor y busco una silla en la que sentarme junto al pasillo. Inhóspitos aeropuertos, metáforas de la modernidad: brilla, ofrece colores y luces llamativos, pero vista de cerca espanta, se levanta contra el individuo a cuyo servicio se supone que está, lo agrede. Además, en el aeropuerto de Palma, si no tienes suerte de que el avión te deje en un *finger,* te conducen por unos feos, estrechos y sombríos pasadizos que parecen diseñados por algún arquitecto especializado en la construcción de cárceles de alta seguridad. A mis espaldas, unos pasajeros andaluces comentan la fealdad de las instalaciones, que sin embargo parecen bastante nuevas. «Menuda diferencia con el aeropuerto de Sevilla. Esto parece un cuartel», comentan burlones. Estoy de acuerdo con ellos, aunque me irrita un poco esa especie de altivez de los andaluces, acostumbrados a ser mimados por las administraciones, a tener de todo dos y recién hechos, calentitos, la prepotencia del pobre *jartoe pan.* Imagino que mi irritación aumentará en cuanto el avión sobrevuele las patéticas instalaciones del aeropuerto de Valencia, seguramente las peores instalaciones aeroportuarias entre todas las ciudades europeas de su tamaño.

# REGRESO AL CUADERNO DE HOJAS AZULES

*6 de octubre*

*West Side Story*. Cuando la estrenaron en Denia, entré en el cine a las cuatro de la tarde y salí de madrugada, tras haberla vista dos veces de un tirón. Al día siguiente repetí la sesión continua. Volví a verla dos veces. Ahora, tantos años después, la película me devuelve algunos de los sentimientos de entonces: el adolescente que la contemplaba embobado una tarde de verano en Denia. Veo en la pantalla del televisor los rostros juveniles, la frescura que transmite la película sobre un fondo amargo, y pienso que casi ninguno de los que la hicieron vive ya, incluida la angelical Natalie Wood, que resultó no serlo tanto, aunque sí infeliz. Son polvo, ceniza, nada. Queda intacta la fuerza de lo que rodaron, su capacidad para hacernos revivir los signos de una época, y también para reinterpretarla; le ha quedado a la película un agrio aire de denuncia, que entonces parecía encubierto bajo el velo sentimental (el melifluo Richard Beymer). El tiempo ha revitalizado la estética de los decorados, de los ballets; no han perdido un ápice de su belleza ni de su fuerza, incluso se han convertido en más cercanos; por decirlo así, son más inteligibles. Da la impresión de que *West Side Story* no ha hecho más que crecer, una semilla que sigue germinando.

No entiendo lo que Belén Gopegui ha pretendido hacer en su última novela, *El lado frío de la almohada*. Me da la impresión de que el libro arrastra una gran cantidad de trabajo destinado a ponerle coturnos a un texto de una simplicidad que ha debido de parecerle sospechosa incluso a su autora. No funciona la novela de espías, que parece una excusa traída por los pelos; tampoco funciona la historia de amor, que uno no llega a saber sobre qué se levanta. En paralelo, discurre el texto supuestamente social: una serie de consignas que surgen de la nada, se colocan aquí y allá, al tresbolillo, para que el libro pueda reclamar un significado político ante el que los lectores claudican por no reconocer que lo que ocurre es que no entienden nada. Ocurría con algunas películas de supuesto calado intelectual allá por los sesenta del pasado siglo. El problema no era de la película, sino tuyo, que no habías sabido descifrar las claves que encerraba.

Quizá Paul Auster, en *La noche del oráculo,* no sea el novelista que cumple con mi ideal, pero reconozco que es un auténtico mago del tejido narrativo, capaz de hacer que marchen al unísono tres, cuatro o cinco novelas dentro de una sola; además, en esta novela (al contrario que en otras), también consigue inquietarme: me habla de la duda, de cómo uno intuye sus impulsos de autodestrucción y los potencia desde el primer instante en que los olfatea; de las grietas que pueden descubrirse repentinamente en los edificios sentimentales aparentemente más estables; del miedo que llevamos siempre agazapado a nuestras espaldas. De los que le conozco, creo que es su mejor libro (no he leído *El Palacio de la Luna,* que algunos piensan que es el más redondo que ha escrito). Pero, dicho todo esto, también es cierto que Auster es un manierista que se entretiene en exceso en el dibujo. Uno no sabe si el libro pide toda la carpintería que él está poniéndole dentro. Como si tuviera una necesidad patológica de no dejar de ser brillante en ningún momento, y de serlo sobre todas las cosas. No es ese mi ideal literario, lo reconozco, aunque me produzca admiración.

Apenas un par de días en casa y ya tengo que volver a irme de viaje, ahora a Madrid. Vivir en ninguna parte. Imagino que, de regreso, y corregido ya el libro de las ciudades, no me quedará más remedio que volver a sentarme a escribir. Y cuando digo escribir, sentarme a escribir, ponerme a escribir, me refiero siempre a escribir novela.

*7 de octubre*
Todo alrededor me distrae, y, si me vuelvo hacia mí, me angustio. Cualquier empeño, por sencillo que sea, me parece difícil de sacar adelante. Hoy, tener que llevar a Paco a Alicante para que le cambien el carnet de conducir, que Tráfico le entregó equivocado, con su foto, pero con los datos, nombre y dirección de una mujer. La semana pasada, ir a Denia a hacerle la revisión al coche; o a comer a casa de mi hermana. Si estoy aquí en casa, que es lo que aparentemente deseo, me angustia algo espeso, una especie de jungla de las terminales nerviosas que crece desbocadamente y me atrapa, me lleva a no hacer nada, o a hacerlo todo con precipitación, como si no me quedara tiempo.

*9 de octubre*
Por volver a la Gopegui: hay escritores que, en cada libro, se nos entregan ellos mismos, y otros que nos entregan un proyecto, un plan. La Gopegui es de las que nos entrega un plan, nunca se entrega ella misma. Lo malo es que, en las dos últimas novelas, el plan resulta tosco, como si la novelista estuviera tan convencida de su verdad que no creyera necesario ganarse al lector; como si le bastara con decirle al lec-

tor que ella sabe mucho, lo malo es que no parece que sepa tanto como cree, así que al final resulta que enseña poco y no seduce nada.

Bertolt Brecht, *Poemas del lugar y la circunstancia.*
Volver a leer *Sobre la contradicción,* el libro de Mao que era texto de cabecera en la Federación de Comunistas en la que milité fugazmente. Brecht lo eligió como el mejor libro del año 1954. Yo lo tenía por alguna parte, y –como suele ocurrirme con los libros– ya no lo tengo. No me queda ni uno solo de los libros del Gran Timonel, al que admiré de joven.

«A nadie le gusta ser uno. La vida es pura nostalgia de la vida ajena.». De la película *La virgen de la lujuria,* del mexicano Arturo Ripstein.

*16 de octubre*
Sensación de impotencia. Cómo estar al día de lo que se escribe y publica, de lo que se construye, de lo que se pinta. Uno se vuelve caracol y se mete en su casita con las películas, los libros y las reproducciones de los cuadros que le gustaron en su momento, y solo muy despacio incluye nuevos socios en su club privado. Para no sentirte mal, tienes que decirte que has elegido una tradición y que, al fin y al cabo, eso es la cultura, la única forma para no perder el sentido común en medio del ruido de cada día, del ajetreo de un mundo inabarcable. Cómo descubrir los hilos que forman la trama de este caos que se multiplica hasta el infinito en torno nuestro, cómo acceder y filtrar y elegir el desmesurado aporte de información.

El decrépito ave fénix chirbesco emerge de la pesadilla de un terrible resfriado. Recupera poco a poco movilidad y conciencia. Parece ser que aún no le ha llegado su hora.

Veo *Duelo al sol.* El destino salva a Joseph Cotten de llevarse a casa a la peligrosa Jennifer Jones. Pero ¿a quién se le ocurre? Un incendio. ¡Y ese final!, matándose a tiro limpio ella y Gregory Peck, mientras dicen que se aman y se arrastran ensangrentados por el suelo para abrazarse. Imagino que esa película, de 1946, debió de enloquecer a los surrealistas que quedaran por entonces.

*21 de noviembre*
Leo desordenadamente: reparto la jornada entre tres o cuatro libros, de los que me entero a duras penas: un texto experimental de Julián Rodríguez, que me desconcierta, aunque —a trechos— me interesa; una novela de Manuel Veiga, bien escrita, pero leve en extremo, y que no sé qué trae de nuevo: un poco más de memoria en la ya bien colmada taza. A ratos, me pongo con un texto sobre lo limpio y lo sucio a lo largo de la historia, escrito por un tal Vigarello; y en otros momentos con el *Ars amandi,* de Ovidio, que me deslumbra, pero cuyo cinismo me irrita, seguramente porque habla de una amarga medicina que yo mismo tomo (¡Ay! Qué frágiles son esos pobres corazones tocados por la flecha del niño ciego. Los hiere un dardo lanzado dos mil años antes). Esta noche he empezado *La Recherche de l'Absolu,* de Balzac. Llevo medio centenar de páginas. No recordaba prácticamente nada de la anterior lectura (falla el corazón, pero aún más la memoria). Tras pasar algún tiempo en París, frecuentando la sociedad, el protagonista, Balthazar Claës, añora Flandes y decide volverse. Entonces, va Balzac, y dice: *«Il faut n'avoir ni foyer ni patrie pour rester à Paris»* (pág. 74). La verdad es que me gusta mucho la frase. París seduce a Balzac porque es su capital del mal. En realidad, el gran novelista de la ciudad es un palurdo que la odia.

Leyendo a Julián Rodríguez, que me remite al Bolaño de *La literatura nazi en América,* con su bestiario de escritores (en el caso de Rodríguez, no son escritores, sino fotógrafos). No me gusta ese narrar en el aire, ese hilar e hilar que puede alargarse hasta el infinito. Pero es todo tan confuso. ¿En qué lugar ponemos el gusto? Vagamos entre tinieblas. ¿Dónde está el código? Por ponerlo a ras de suelo, diré que esa literatura me aburre. Sí, pero desde dónde escribo yo. ¿En qué sostengo mi derecho al aburrimiento? ¿En el contacto continuado con una literatura mejor?, ¿no es eso altivez?, ¿no puede llegar a ser ceguera? Me digo que cada novela que he escrito ha sido una búsqueda del código. ¿Qué demonios pinta un arte sin función? ¿Qué forma de conocimiento proporciona ese vagar por cordilleras literarias o fotográficas, de autor en autor, la novela como narración de un intento, pidiendo ponerse ya a la cola del fracaso sin haber iniciado el combate? Bolaño, en sus últimos libros (pienso ahora en *Putas asesinas,* en los capítulos ensangrentados de *2666),* se esforzó, dejó el almacén de quincalla literaria y se aficionó al veneno de la verdad.

*22 de octubre*
Como un cazador. Tener paciencia. Esperarla durante todo el tiempo que haga falta. Ponerle trampas, cepos, enviscarla. Preparar, montar todas las trampas, y esperar, y, a continuación, no tener prisa. Pasarse años con ella entre las manos. Equivocarse todo lo que haga falta; es preciso equivocarse antes de encontrar un camino que lleve a alguna parte. Entonces, dar media vuelta y reiniciar la búsqueda. Atreverse cuando ya no se espera nada, ni a nadie; escribir para uno mismo. Ni siquiera para el poeta futuro de Cernuda, solo para aclararse uno mismo. Pero ¿de qué hablo? Como si no acabara de darme un paseo entre lectores alemanes y en Madrid (Fuenlabrada). Como si no hubiera constatado que

400

hay un perfil, cada uno a su manera, un perfil de lector de Chirbes. Ahora, dentro de pocos días, iré a Italia, a Roma, a Nápoles. Y voy porque me llaman, luego no tengo ningún derecho a quejarme. De alguna manera, me encuentro con lo que busco. Tengo el lector que busco. Es mi responsabilidad.

La vecina limpia el jardín. Después de la muerte de su amante, pensó en dejar la casa, pero Paco me cuenta que ha decidido quedarse, y que, por eso, está ordenando, limpiando. Se ha acercado a saludarla y ha visto a los obreros podando el jardín. «Al paso que van, en un mes no han terminado», me dice. Al parecer, son unos ineptos. «Y no veas lo que cobran», añade. También me habla de las ratas: «Se pasean por todas partes. Si una noche se olvidara de cerrar la puerta de casa, se la comerían.»

Saber que no me queda tiempo para conseguir ese deseable orden de la cabeza, para estudiar filosofía, filología, música, idiomas, tiempo para sistematizar. Nada de eso. Estoy condenado a tener esta cabeza siempre a punto de estallar, un *pot-pourri* en el que hierve todo mezclado, mal troceado, mal aliñado.

Tres canciones de las noches de trueno con Jesús Toledo, allá por el 83 u 84: Eurythmics: «Sweet Dreams»; Radio Futura: «Veneno en la piel»; Alaska&Nacho Canut: Fangoria: «A quién le importa». Cada vez que las oigo, me acuerdo de él; de su idea del vicio, pastillitas de colores, polvitos blancos, mucho alcohol de quemar cuerpos y almas, y un joven virgen al que tumbar en el barro. El histérico Madrid de la movida. Su embestida se llevó por delante a una generación y parte de otra.

*24 de octubre*

Veo *La vida manda*, una película de resistencia bélica del año 44, hecha por los estudios Eagle-Lyon. La dirige David Lean y está como cámara –e imagino que como algo más– Ronald Neame. Es propaganda de guerra, claro, pero qué sentido del pudor, de la medida y de la economía. Nos conmueve, no despierta en nosotros ni un solo instinto agresivo, ¡y qué actores! Toca aprender de esa honestidad, de esa modestia de gente que fue capaz de mantenerse a salvo incluso en los peores momentos.

Ayer vine a Madrid, a un encuentro con los compañeros de curso del colegio de huérfanos de ferroviarios. Excepto a tres o cuatro, al resto de los casi treinta que acudieron no había vuelto a verlos desde hacía cuarenta años. ¿Eran los mismos a quienes había conocido? No sé. Necesito pensar. Contemplar a esos niños que ahora veía convertidos en viejos, como en una de aquellas representaciones teatrales que se hacían en el colegio, y en el que se maquillaba a los niños y se les pintaban arrugas con tizne de carbón y se les ponían calvas de plástico y pelucas y bigotes blancos. Me encuentro con Jorge, a quien quería mucho de pequeño, tan fuerte, tan ordenado, tan limpio. Era muy bajito, más bien ancho, callado, con rasgos ambiguos, una mezcla de niño regordete y de hombre maduro. Me sorprendía que jugara a todos los deportes y siempre pareciera estar limpio. Yo me lavaba diez veces las manos antes de trazar la primera línea en la lámina de dibujo, y según acercaba la mano al papel ya lo había manchado con las yemas de los dedos, intentaba hacer desaparecer la mancha con la goma de borrar, pero lo que hacía era extenderla. Él, sin embargo, volvía sudoroso de jugar un partido de balonmano, de baloncesto, se ponía ante el pupitre, levantaba la tapa, sacaba la lámina, y empezaba a dibujar primorosamente: todo lo que hacía con las manos parecía fácil, las líneas salían perfectas de entre sus dedos, y se tendían

402

sobre un papel impoluto. Cuando llegaban los exámenes, como conocía mi torpeza, una vez que terminaba con su lámina, trazaba sobre la mía unas cuantas rayas, las suficientes para que yo pudiera obtener un aprobado que me permitiera pasar al curso siguiente. Ahora me lo encuentro envejecido (es casi al único que no reconozco a primera vista), anguloso, con unos ojos metidos en cuévanos, donde se mueven desencajados, y con gestos nerviosos, mecánicos: parece uno de esos apóstoles cuyos modelos conseguía el Greco en los asilos y hospitales de Toledo. Cuando me dijeron: ¿no lo conoces? Es Jorge, apenas lo saludé. No lo reconocía. Lo estuve contemplando durante toda la comida –nos habíamos puesto en extremos opuestos de la mesa–, hasta que poco a poco volví a descubrir en él algunos gestos que reconocía. Apenas comió, se pasó el rato fumando y bebiendo. Yo intentaba extraer de dentro de aquel hombre envejecido al niño saludable, robusto, que conocí, al que tanto quise, al que muchas veces he echado de menos durante todos estos años, sin saber qué habría sido de él. Ni siquiera en la voz encontraba un sustrato reconocible. Al final, ya en la sobremesa, decidí ponerme frente a él. Lo miraba queriendo extraer el niño que llevaba dentro y que ese disfraz de viejo ocultaba. También él estaba deseando hablar conmigo («He venido más que nada por si te encontraba»). Empezó a relatarme anécdotas en las que yo intervenía, detalles que yo ni siquiera recordaba, palabras que, al parecer, dije. Se acordaba de todo con una precisión de cronista. Y yo que siempre me sentí acomplejado frente a él, que pensaba que era yo quien se interesaba por él. Sabía que no ibas a acabar siendo un mediocre como yo, concluyó dándome palmadas en la mano. Me fijé en aquellas manos que palmeaban las mías, en los brazos, y empecé a reconocerle la piel, los brazos, que seguían siendo los de él, aunque ahora eran delgados y nervudos, la textura, la coloratura de la piel, marmórea, era la misma, y, sobre

403

todo, eran las suyas aquellas manos. Sus manos eran las del niño que dibujaba, que botaba con habilidad el balón. Tomando como punto de partida esas manos volvía a reconstruirlo, a restaurarlo, a quererlo. Seguía hablando: «Yo me hice funcionario y ya no he hecho nada en la vida.» Me dijo que quería volver a Ávila, a ver la ciudad, y descubrir si aún seguía en pie la casa en la que nació, que hacía cuarenta años que no había vuelto a ver, una antigua fonda a la que fui a buscarlo cuando abandonamos el colegio, y donde me dijeron que esa familia ya no vivía allí, se había marchado nadie sabía dónde. Lo acompañé a la estación. De camino, me dijo que la noche anterior había cerrado la cafetería del tren. Este mediodía no había parado de beber durante toda la reunión. Pensé que iba a llegar a medianoche a Ávila, que no había reservado habitación y, en una noche de sábado, no iba a resultarle fácil encontrar acomodo, no tendría adónde ir. Le esperaba una noche dura, con toda aquella carga de recuerdos, su estado de ánimo y el frío que por estas fechas debe hacer allá arriba (lo hacía en Madrid). «Quédate aquí, en Madrid, yo tengo sitio en el hotel», le propuse. «Mañana por la mañana te acercas a Ávila.» En cuanto nos quedamos solos, me había preguntado: «Rafa, tú tampoco eres feliz, ¿verdad?» Y de sopetón: «Yo no me mato porque soy un cobarde, pero no hay nada en la vida que me interese.» Resulta que cuanto me había parecido descubrir dentro de él en el momento en que lo vi, es verdad; todo aquel nervioso fumar y beber, el dejarse los platos intactos, que yo había observado de lejos, su cuerpo consumido, su mirada extraviada. Ahora me lo ponía delante y yo no sabía qué hacer con aquello. Interrumpieron la conversación cuatro o cinco compañeros que también iban a coger el tren. Volvimos a hablar de banalidades. Me despedí de ellos y salí de la estación en dirección al hotel. Pensaba en aquel niño al que quise y admiré, me asaltaban los recuerdos de los internados que compartimos (Ávila, León, Salamanca), en los que estábamos tan solos, y donde seguramente pensé que era yo el único que tenía los nervios a flor de piel, una sensibilidad exagerada. Me avergonzaba por ello, e intentaba disimular esos sentimientos (cuando años más tarde leí *La sombra del ciprés es alargada,* con aquellas imágenes de Ávila cubierta por la nieve y sus piedras reluciendo a la luz de la luna, me volvió el mundo que yo había vivido, mi propia sensibilidad estaba en las páginas del libro). Pensaba ahora que todo eso habría podido vivirse de otra manera, pero cómo. Aquel niño pequeño, serio, regordete, tan limpio, tan fuerte, que tomaba cuidadosamente notas en su cuaderno, ya no existía. Su sombra había pasado un momento ante mí y se había vuelto a desvanecer en el vestíbulo de la estación de Atocha. Cuándo volveríamos a vernos. Quedaba su recuerdo en las fotografías que algunos de los asistentes a la reunión habían traído consigo, y nos mostraron, eso era todo lo que quedaba de nosotros, los de entonces. Bueno, y las manos de dedos hermosos, preparadas para hacer cosas, manos fuertes, de dedos anchos, limpias y perfectas, envueltas en una piel reluciente, de mármol, como de escultura de un héroe renacentista que hubiera cambiado la profesión de condotiero por la de artesano. Hace cuarenta años sostenían con habilidad el lápiz, hacían botar contra el suelo de cemento la pelota.

*(Mientras paso a limpio estas líneas, 5 de septiembre de 2006, recuerdo que guardo su número de teléfono en la agenda. Siento deseos de hablar con él. Llamo al móvil, una voz me responde que está fuera de servicio. Marco el teléfono de su domicilio, me responde su mujer, que me dice que no puede ponerse. Acaba de acostarse, me dice. Pero ¿está bien?, le pregunto. Está mejor, precisa, sin que de mi pregunta haya podido adivinarse ninguna sospecha de que pueda estar mal. Da por supuesto que estoy al tanto de una historia con la que acabo de darme de bru*

*ces. Dice la mujer: Ahora parece que come algo, porque no comía nada. Ha recuperado algo de fuerza. Ayer fuimos al psiquiatra y hoy parece que está más animado. Le cuento que soy un viejo amigo suyo. Dígale que llame a Rafael Chirbes. Me dice que así lo hará. Le pregunto: Pero ¿hace cosas? ¿Se entretiene? No me atrevo a preguntarle si trabaja en algo. Me responde: Dice que quiere volver a pintar. Y también tiene un piano, y quiere aprender a tocarlo. Dígale que me llame, insisto, que tengo muchas ganas de hablar con él. Ojalá lo salven sus manos. Pintar, tocar el piano. Me he encontrado con algo que no esperaba, aunque intuía. Como si él hubiera caído dentro de una historia que yo me inventé hace un par de años, cuando lo vi y me costó reconocerlo en Madrid. Se me saltan las lágrimas al colgar el teléfono, y ahora mismo, mientras escribo estas líneas, siento una tremenda tristeza, impotencia. Me suenan en la cabeza las palabras de Vallejo: pero el cadáver, ay, siguió muriendo.)*

Otros viejos compañeros en el encuentro. Ignacio Alcalde. Es el que menos ha cambiado. Le veo la misma chispa en los ojos rasgados (lo llamábamos el chino, y viendo las fotos de entonces es verdad que parece un fu-manchú de cómic), sus gestos, el movimiento de sus labios, una sonrisa, todo me lleva a cuarenta años antes, al muchacho que respondía en clase a una pregunta del profesor; el que se acercaba a mí para contarme un chiste. Siempre ha tenido muy buen humor. Verlo es volver a vivir precipitadamente todo aquello. Me conmueve, no resisto el gesto, lo abrazo, juntamos las mejillas. «Éramos los pobres de los pobres», me dice. Seiscientos niños sin padre a cientos de kilómetros de su familia, sometidos a una disciplina con frecuencia más cruel que rigurosa. Ahora nos miramos, nos tocamos como no pudimos hacerlo entonces, nos abrazamos.

A la comida ha venido la hermana de Miguel Rodríguez, que fue un buen amigo mío. Eran gemelos. ¡Se parece tanto a él! Observo sus rasgos y me digo que es como sería él ahora. Se hizo médico. Hematólogo. Nadie pudo curarle la depresión, nadie (ninguna de sus tres hermanas, que lo querían con locura) fue capaz de acompañarlo en su viaje. Ya en el colegio, Miguel tenía un misterioso mundo propio: además, era demasiado guapo, de rasgos femeninos, demasiado sensible. Tuvo que soportar las peores bromas por su aspecto, y estaba toda esa confusión sexual que uno intuía que llevaba dentro. Muchos años después, allá por los ochenta, me lo encontré en La Bobia, rodeado de amigos gays, como yo mismo lo estaba aquella mañana de domingo. Lo recuerdo: un vaso de vermut en una mano, un cigarrillo en la otra, balanceando el cuerpo con un movimiento levemente ondulante, praxiteliano, como lo hacía en su infancia. Al parecer, había estado de baja por depresión. Cuando parecía que se encontraba mejor, se lo encontraron tirado al pie de un terraplén, en las obras de una carretera a las afueras de Málaga.

También Carlos Villalba ha muerto y nadie ha sido capaz de explicar las circunstancias, da la impresión de que la suya fue igualmente una muerte confusa, o inconveniente. No es fácil atravesar la frontera de la madurez cuando la orfandad te ha dejado sin modelo. Villalba y yo teníamos buena relación porque volvíamos a Valencia juntos en el tren desde Ávila, desde León, un largo viaje que, trasbordos mediante, duraba más de veinticuatro horas. Él pasó algunos días de vacaciones en Denia, yo lo visité en su casa. Si mis recuerdos no me fallan, su madre o su abuela llevaban una portería en una casa detrás de la catedral de Valencia, donde ahora está lo que llaman la cripta de San Vicente. En el colegio se hacía pasar por hijo de buena familia, era fantasioso, nos contaba con todo detalle sus supuestos ligues (era rubio, muy guapo, muy presumido). Nos hablaba de sus vacaciones en alguna de las poblaciones residenciales de la cercana montaña en las que la burguesía valenciana tenía sus casas de veraneo. No sé quién podía creerse que alguien era de buena familia en aquel triste asilo de huérfanos de ferroviarios, quizá pensáramos que era hijo del jefe de estación de alguna plaza importante. Me enteré de que no. Su padre creo que había sido peón, como el mío. Bueno, pues mi amigo de infancia Villalba ya no está. Ya digo que nadie me supo informar sobre las circunstancias de su muerte. Qué importa, me digo. Pues claro que importa: si el modo de su muerte no importa es que tampoco importa nada de cuanto escribo en estas páginas. ¿O es que la muerte de alguien importa menos que la de otro? Todo hombre tiene derecho a cerrar su historia; si no, se queda para siempre mutilado.

Yo sabía ya que Pablo Teruel había muerto bastantes años antes. Su madre era taquillera de metro en Madrid, en la vieja estación de Chamberí, la que tapiaron y así sigue —estación fantasma ante cuyos andenes cruza el tren— hasta la fecha. Él terminó arquitectura o ingeniería industrial (era muy estudioso), y se mató en un accidente de coche el mismo día que celebraba el fin de carrera. Imagino a esa viuda, acudiendo cada mañana a la taquilla de la estación de metro después de la muerte de su brillante hijo. No creo que, por entonces, hubiese acabado la carrera de arquitectura o la de ingeniero industrial, tanto da, media docena de hijos de pobre en toda España. *Hélas!*

También era muy estudioso, y muy callado, otro que la muerte se ha llevado en plena juventud: José María González, una cara de rasgos marcados, los ojos como los de Janet Leigh en la escena de *Psicosis* en la que, mientras se escapa de la ciudad conduciendo su coche, se detiene en un semáforo y ve que su jefe cruza en ese momento la calle y vuelve la mirada hacia ella: la ha reconocido, acaba de descubrir su traición y a ella se le ponen esos ojos de cierva espantada ante algún peligro. Hablo de unos ojos que tanto me atraían de pequeño. José María González tenía ese tipo de ojos redondos y asustadizos y un cuerpo delgado y frágil, pero de movimientos armoniosos, ciervo joven, delicada libélula. Al último de los ausentes en la comida (no sé si me olvido de algún otro), Agustín Mogollón, lo traté bastante. Era malvado, intrigante, envidioso, y cruel con los más torpes, con los débiles. Su inteligencia siempre fue más fuerte que su voluntad, y sobre todo que sus buenos sentimientos. Pero él se sobrepuso a una y a otros. Se quedó en Salamanca, convertido en un malo de folletín. Según me contaron, acabó fracasando en los estudios, perdiéndose en noches de alcohol y trueno, en esos baruchos de peligro y mala muerte que siempre ha tenido Salamanca, en putas, en timbas de curas descarriados, ganaderos golfos y gitanos. Tenía esa inteligencia diabólica de ciertas estrellas del rock que lleva a una autodestrucción y procura arrastrar consigo a cuantos les rodean: en el colegio necesitaba arrastrar a los más débiles en sus acciones *pénibles,* buscaba escuderos, cómplices (siempre sospeché en él una homosexualidad mal digerida). Murió de una embolia cuando aún no había cumplido los treinta años. En fin, no sé si me olvido de alguna otra baja.

Durante la comida, he tenido a mi lado a Mario Detraux, nuestro huérfano dandy, que nunca se supo muy bien qué pintaba entre todo aquel pobrerío, ya que era hijo de un médico prestigioso, y si estaba entre los huérfanos de ferroviarios era porque su padre había ejercido su profesión en alguna de las mutuas de la compañía de ferrocarriles. A Detraux le gustaba todo lo que pareciera moderno, atrevido, raro y arbitrario. Tenía vocación de albatros en la cubierta de aquel barco que transportaba pobre mercancía. Compartimos nuestra pasión por *Qué noche la de aquel día,* la película de los Beatles; y cierta vocación romántica por lo superior, por lo que nos parecía al alcance de unos pocos. Lo dicho:

409

albatros. Hoy, se pone a mi lado durante la comida. Ha desaparecido por completo la melena rubia y lisa que él protegía con toda clase de trucos del riguroso peluquero del colegio, que tenía órdenes de rasurarnos a fondo (está calvo como una bola de billar), y también se han esfumado sus rasgos de príncipe de cuento de hadas: se le han endurecido; su delgado rostro aparece descarnado, marcado por líneas verticales y su biografía parece ilustrar las tesis de Lombroso, o incluso las de Balzac: ha cumplido el destino que anunciaban los rasgos físicos, psicológicos o morales de su adolescencia. Digamos que el cuerpo se encontró con la biografía que buscaba: desertor del servicio militar, se escapó a Brasil y Colombia, se enredó en asuntos de drogas, cumplió cárcel por tráfico de estupefacientes y, finalmente, el dandy, el príncipe de las tinieblas, encontró a su princesa: lo recogió una chica, que creo que es la enfermera que le ha ayudado a desintoxicarse, hoy madre de sus hijos y con la que, según me cuenta, sigue comiendo perdices. Fin del cuento. No deja de conmoverme esa lección práctica de las relaciones entre carácter y destino; descubrir que la biografía, los treinta años que *vinieron* luego, eran solo desenvolver la agitada madeja que el adolescente llevaba dentro: serás lo que eres.

Unos cuantos (Cienfuegos, Alfonso Rodríguez, el propio Jorge, José Antonio Macho) aprovechan la ocasión para decirme que las películas que más les han gustado en su vida han sido las que les conté en el colegio. Yo no sabía que, en el colegio, tenía esa fama de contador de cuentos. Seguramente, su opinión se ha corregido al alza, al enterarse de que soy novelista. Eso ocurre sin que uno sea consciente; no es que se tenga intención de mentir, sino que la mente reordena: la mente se pasa el tiempo reordenando, cambiando el propósito del libro que escribe. Jorge: «Estaba deseando que se acabara el verano para encontrarme contigo y que me

410

contaras las películas que habías visto en tu pueblo. Nosotros las veíamos y no nos enterábamos de nada. Incluso en el colegio, cuando se acababa la proyección, me gustaba buscarte para que me la contaras. Así, la película me gustaba más.» Y yo nunca me enteré. Ahora tenía ganas de brindar con ellos, de abrazarlos, de darles las gracias por hacer que volviera a existir durante un instante algo que, de no nombrarlo, hubiera desaparecido para siempre. Esos niños a los que tanto esfuerzo les ha costado llegar a ser lo que son, lo que sea, algo, porque en principio la vida los había condenado. José Antonio Macho se saca de la cartera una fotografía en la que aparece con una rodilla en el suelo, vestido con un equipo de futbolista y sosteniendo un balón con las dos manos. A su lado, estoy yo con un traje espantoso, el que usábamos los domingos. Los bolsillos de la chaqueta están exageradamente hinchados. Pregunto: ¿Qué llevaría en esos bolsillos? Nos reímos. Qué teníamos. Nada, o casi nada. Este cuaderno empezó con unas notas que tomé sobre los libros de Jünger. Veo las citas cada vez que lo abro, que lo hojeo y ahora, mientras escribo estos apuntes, pienso que quien ha vivido esto y así, no puede escribir nunca como Jünger, no me refiero a escribir bien o mal, él es un maestro de la buena escritura, me refiero a que hemos visto el mundo desde distintos lugares, mi lugar ya está aquí dicho; él lo miró desde las alturas de la tradición y del poder. Esos niños viejos que nos hemos reunido hemos visto el mundo desde el mismo lugar desde el que lo veían (lo sigue viendo, maravilla del cine) el niño de *Ladrón de bicicletas,* los ladrones de *I soliti ignoti* (en el colegio la vimos con el título de *Rufufú,* nos hizo reír mucho); hemos sido familia de Gelsomina y Cabiria; de la madre loca de amor por su hija y por el cine de *Bellisima,* un lugar situado aún más abajo que el del viejo que, acosado por la miseria, quiere suicidarse pero salvar a su perro en *Umberto D.* El cine italiano de aquellos años no nos

411

hablaba de un mundo duro y ajeno, sino del nuestro, que no era ni duro ni blando, era el que teníamos, el cine hablaba de nosotros. De Sica, Monicelli, Rossellini, Visconti, Fellini o quien fuera el que hacía aquellas películas intentaban ponerse en el lugar en el que estábamos nosotros para entendernos como el apicultor intenta entender el orden de las abejas en la colmena.

No hay medicina que cure el origen de clase, ni siquiera el dinero que pueda llegar luego, o el prestigio social que se adquiera. No debería extrañarme. Como materialista tendría que saber que el alma es un moldeado de las circunstancias, un complejo tejido de formas, de tabúes, de esperanzas, desconfianzas y rencores, que se amasa en la primera infancia. Es una composición, una combinación de materiales, pero también una herida de cuyo dolor te defiendes, e incluso ante tus propios hijos ya desclasados sacas las uñas de animal de abajo (ver *Los disparos del cazador).*

Variaciones sobre un diálogo de la película que acabo de ver: «Está muy enamorada de ti, y a las mujeres el amor las vuelve sensibles, y uno puede hacerles daño con demasiada facilidad.»

Pedir fuerza para volver a trabajar. Ahora, dentro de ocho o diez días, en cuanto aparezca *El viajero sedentario,* ya no tendré ninguna excusa para seguir mirando las musarañas, porque estos últimos meses ni siquiera he escrito artículos para *Sobremesa.* Tenía la excusa de las sucesivas correcciones de *El viajero;* he tenido, sobre todo, tristeza y desánimo. Pero eso no es nada. La tristeza y el desánimo se encauzan en lo que uno escribe, entonces descubre que los tenía y ya no los tiene, o los sigue teniendo, pero además tiene un libro. Si no escribes, nunca has tenido nada, viento que agita y se marcha.

Voy a meterme en la cama con *La Recherche de l'Absolu* de Balzac, que empecé anteayer. A la cama con Balzac, y que sea lo que Dios quiera.

Al releer *La Recherche de l'Absolu,* me parece encontrármela en el germen de *El Paraíso en la otra esquina,* de Vargas Llosa. Es el mismo tema, la misma mirada: el genio destruye cuanto tiene alrededor, es dañino para lo privado, aunque sea una gloria pública. También me parece ver en ese hombre dañino el sarcástico autorretrato que se permite Balzac. ¿Acaso el Balthazar Claës encerrado en su laboratorio, ajeno a las vicisitudes de su propia familia, a su progresiva degradación, no se parece demasiado al Balzac febril, encerrado en su despacho, y que no para de escribir? El libro que, como novela de tesis, tiene algo de artificioso, deslumbra, sorprende en muchos momentos y guarda una amarga lección. Balzac sabe describir como nadie la complejidad de los sentimientos de sus personajes, nadie es enteramente bueno o malo (o casi nadie, de vez en cuando decide odiar a alguien y lo castiga: hace bien, ¿por qué no tolerarle sus venganzas? Las paga en el libro, que se resiente). Son extraordinarias las últimas conversaciones de la madre (Pepita), solo un maestro puede permitirse ser tan cruel y enseñar los dientes cuando le parece bien sin que su arbitrariedad nos chirríe. Digo que es un maestro porque maneja la crueldad como nadie, pero también porque la usa como demoledora lección. Un ejemplo: «*Mme Claës expira, les amis de cette femme jetèrent quelques fleurs sur sa tombe entre deux parties de whist, rendirent hommage à ses belles qualités en cherchant du cœur ou du pique. Puis, après quelques phrases lacrymales qui sont l'A, be, bi, bo, bu de la douleur collective, et qui se prononcent avec les mêmes intonations, sans plus ou moins sentiments, dans toutes les villes de France et à toute heure, chacun chiffra le produit de cette succession*» (pág. 197).

Cuando quiere ser malo con un personaje como el notario Pierquin se despacha a su gusto, sin pudor ni contemplaciones; aunque luego decida darle la vuelta a cuanto ha dicho de él, con un juego de manos de malabarista, y nos lo convierta en un excelente *tipo;* es como si el novelista nos dijera: ya veis lo malo que podría llegar a ser con este personaje si quisiera, pero vamos a darle una oportunidad. El avispado Balzac, en las escenas de amor entre Marguerite y Emmanuel, consigue escapar de la cursilería, casi siempre con un pequeño quiebro, apenas una imperceptible pincelada; o con una reflexión que, si aún nos convence hoy, cuánto más efectiva debería resultarles a sus lectores (sobre todo, a sus lectoras) de hace ciento cincuenta años. El que peor parado sale del libro es, seguramente, el genio, con su egoísmo, y ni siquiera, porque el autor acaba haciendo una apología sobre la entrega de los científicos y acerca de cómo han tenido que sacrificar vida y fortuna por culpa de la ignorancia ajena.

En cualquier caso, en esa sensación de culpa que sobre sí mismo (el genio) expresa Balzac, no se priva de escribir: *«L'idée de l'Absolu avait passé partout comme un incendie.»* Es la tesis de Vargas Llosa en *El Paraíso en la otra esquina.* Sus dos protagonistas, Gauguin y Flora Tristán, destrozan cuanto tienen alrededor. Por cierto, que hojeo *La verdad de las mentiras,* del balzaquiano Vargas Llosa, y veo que lo cita nada más que tres veces y absolutamente de pasada (págs. 13, 33, 356). Y solo en la página 13 elige una cita suya, esa en la que dice que la novela es la vida privada de las naciones. Vargas Llosa ha escrito acerca de Flaubert, y de Victor Hugo, y se ha dejado en el tintero a su mejor maestro. A veces uno no escribe de lo que más le gusta, o interesa, por culpa de una especie de parálisis reverencial. Lo he notado mucho, en estos pasados meses, mientras corregía *El viajero sedentario,* cosas que no digo porque pienso que valdría la pena escribir más despacio acerca de ellas, y otras porque pienso que *no caben* en el desarrollo del libro. *El viajero* está lleno de ausencias: ciudades de las que no he escrito ni una línea, o que no he sido capaz de reescribir para incorporarlas al texto, ciudades que me gustan mucho y sobre las que, seguramente, no escribiré nunca.

Una de esas frases demoledoras de Balzac: «*Par un phénoméne inexplicable beaucoup des gens ont l'espérance sans avoir la foi*» (pág. 251).

En el libro de Isaías, un ángel pone sobre los labios del profeta un carbón encendido para purificarlos. La palabra verdadera no surge sin el dolor purificador.

Faltan tres o cuatro minutos para la una de la mañana. La casa permanece en silencio. Está nublado. Sopla el viento fuera y gimen los cristales de las ventanas (ay, esas desajustadas planchas corredizas que dejan pasar el frío y golpean contra el metal de los marcos al menor soplo de viento) y se está bien aquí, con el cuaderno abierto, la pluma corriendo sobre el papel. El mundo parece haberse detenido y alejado. Me rodea de lejos, con respeto. La vida impone una engañosa pausa. ¡Si tuviera un proyecto entre manos, que fuera a durarme dos o tres años! Pero no lo tengo. ¿O sí? Debería atreverme a revisar esos doscientos folios que he ido guardando en una carpeta durante estos últimos años, releerlos, releer estos cuadernos. Ahí está encerrado lo mucho o poco que llevo de novela. Sé que, de salir, lo hará de ahí, de ese material. Es la pereza la que me impide meterme a trabajar en eso, aunque no me quepa duda de que la pereza es síntoma de otra cosa, de otros temores. La radio ha anunciado lluvia para esta madrugada. Ojalá fuera así, ojalá lloviese. En esta zona de secano, la lluvia marca gratificantes pausas, puntos y aparte que acompasan en sus ciclos a los del cuerpo. Acabo de escribir que en

415

los doscientos folios de la carpeta está la nueva novela, aunque sospecho que no es así, que esos folios son residuos de lo viejo, de lo que murió cuando puse fin a la anterior. Pero ¿es que en otras ocasiones lo nuevo no ha acabado surgiendo de la manipulación de lo viejo?

Acabo de ver sin entusiasmo *Fahrenheit 9/11,* de Michael Moore, un documental que demasiadas veces chirría. El afán de escándalo hizo famoso un documental reaccionario de los sesenta, *Mondo cane,* de un tipo que creo recordar que se llamaba Gualtiero Jacopetti. Descubro puntos en común entre Jacopetti y Moore: Buscar lo que se supone que llama la atención del espectador sin importar demasiado lo que sea, mezclando churras con merinas. Allí era el exotismo, salvajes que comían hormigas, saltamontes y cosas así; aquí es la política, un presidente estúpido y su corte de payasos. Supongo que las hormigas que comían los *salvajes* de Jacopetti eran las deliciosas hormigas culonas, y los saltamontes debían de ser los ricos chapulines, platos cumbre de la cocina azteca: estoy deseando volver a México para probarlos de nuevo. «Exótico» es un adjetivo para uso de ignorantes cargados de vanidad. Solo puede usarse desde la ironía.

Cubrir con mecánica el vacío, arrastrar la pluma para llenar las páginas de este cuaderno. Balzac es más bondadoso precisamente cuando ejerce toda su maldad, porque es entonces cuando le dice a la sociedad: y vosotros destruís estos seres maravillosos, llenos de ternura que acabo de inventarme. En realidad, está diciendo: y vosotros habéis destruido lo mejor que había en mí. Entonces, clava el cuchillo de su pluma hasta el fondo.

Busco un cuaderno nuevo en el cajón de la mesa, y, al hojear los que ya están escritos, descubro que este verano pasado, que tengo la impresión de que se me escapó como si nada –tiempo perdido–, lo aproveché para tomar notas de unos cuantos libros. Pienso: meterse en esas páginas, expurgar, sacar lo que tenga interés, reflexionar sobre ello. Digamos que la máquina ha estado cargando carbón durante estos meses y, además de esos doscientos folios del pasado, hay otros cuantos que corresponden al presente. Es así, aunque no se trate más que de citas, de párrafos de libros que uno ha anotado. En cada momento uno anota lo que le parece que da respuesta a los interrogantes que lo acucian, a lo que cree que ayuda a construir un amago de respuesta. Las citas que uno elige son las palabras que lo electrizan porque intuye que miran desde donde él querría empezar a mirar. Uno está ajustando el tono del libro que algún día, con un poco de suerte, empezará a escribir. El maestro de orquesta lo hace así, toca un silbato, pone en marcha un metrónomo, un diapasón, para marcarles a los músicos el tono, el ritmo, el compás.

Después de unos cuantos meses de espera ha llegado la citación del juez a Paco. Llamo al abogado. Me dice que es bastante optimista porque el fiscal piensa que «puede negociarse para que no cumpla la pena». Yo me pregunto qué ocurrirá en el caso de que tenga que cumplirla. Me asusta por él, pero también por mí. Imagino esta casa sin él, el huerto, el perro Manolo, los animales, la cocina, el viaje diario al pueblo para hacer la compra y recoger el correo. Las largas temporadas que paso fuera, ¿quién se ocupará de esto? Elegí esta casa porque él decidió venirse a donde yo fuera, y por eso busqué un sitio que tuviera terreno alrededor. Para mí solo no hubiera elegido venirme al campo. Seguramente me hubiera quedado en la ciudad de Valencia. Ahora, se me hace un castillo permanecer aquí. Ya se me hizo el mes y pico que pasó en la cárcel, en Fontcalent. Cuando me descubro pensando así, me acuso de egoísmo. Lo importante es que él no vuelva a pisar la cárcel, me digo. Y a continuación: también yo merezco un poco de piedad, y mi vida, con tantos viajes, y compromisos, con esa dispersión, tampoco es demasiado fácil. Yo soy mi obrero, mi administrador económico, mi secretario, mi agente literario, y además ejerzo tareas de Padre padrone con Paco, que es incapaz de leer ni la etiqueta de la mantequilla que compra en el supermercado. Organizar la vida desde aquí, desde el campo, resulta difícil y exige unos cuantos esfuerzos suplementarios: el agua corriente viene de la acequia y hay que llenar el depósito, y las aguas residuales desaguan en una fosa séptica que hay que vaciar cada pocos meses. He tardado medio año en tener una insegura línea de luz eléctrica, otro tanto más en conseguir un teléfono que hay días enteros que se niega a funcionar, y carezco de internet. Una infraestructura poco apropiada para ganarse la vida trabajando como periodista.

En la edición de Le Livre de Poche de *La Recherche de l'Absolu* (pág. 374) se incluye una carta que Balzac le escribió a Madame Hanska el 18 de abril de 1847, tres años antes de morir, el 18 de agosto de 1850. La anoto aquí porque parece que acabo de escribirla yo: «*Je vais essayer d'écrire, fût-ce des bêtises, pour me forcer à travailler, je vais tâcher de prendre un sujet quelconque; mais rien ne me sourit [...]. Mon atonie est telle que vous devez vous en apercevoir à ce que je vous écris, je n'ai plus d'idées, ni d'images, ni force pour exprimer ce que je sens de plus, je suis comme une masse de chair d'où l'esprit s'en va.*» Lo firmo. Él, además de estas amargas líneas, firmó medio centenar de novelones.

Me decido a volver a leerme la tercera parte de *Los sonámbulos –Huguenau o el realismo–*, de Broch, en la misma edición francesa (Gallimard) en que me la leí hace quince o dieciséis años. Pongo sobre mi mesa *Huguenau,* y en ese momento me digo que por qué no volver a leerme la trilogía completa. Ver lo que uno descubre tantos años después de haber leído estos libros *(Pasenow* y *Esch* los leí por primera vez en los años setenta, en la edición que sacó Lumen, y en la que creo que nunca llegó a aparecer *Huguenau).* Así que, con quince días por delante, decido sumergirme una vez más en Broch, de quien tanto aprendo siempre. No importa si hago pausas para leerme algunas cosas nuevas. No tengo prisa. Si no bastan los quince días, le dedicaremos algunos más. Me llevaré a Broch a Italia y a Madrid, aunque esa letra tan pequeña, y el hecho de que esté en francés, no lo convierten en buena lectura para el avión, ni para las mezquinas luces que le han puesto a la habitación del hotel madrileño en la reciente reforma: seguramente, algún concepto de diseño ha derrotado una vez más a la comodidad.

Paco me dice que no acepta el pacto que le ha propuesto el abogado, según el cual el fiscal, a cambio de que se reconociera culpable, le impondría una pena de un año que no se vería obligado a cumplir. Yo no he hecho nada, me dice. Me cuenta también que al muchacho lo tuvieron cuatro horas en el Ayuntamiento amenazándolo el alcalde, el municipal y la loca que lo denunció, diciéndole que iba a ir a la cárcel y allí le iban a pegar. No sé si me lo creo. La verdad es que son capaces. Tú eres el que tienes que decidir lo que hacemos, le digo. Me responde que prefiere ir a la cárcel antes de que esos tipos se salgan con la suya. A mí me da miedo que se vea en los periódicos o en alguna tele local, que empiecen a meterse con él los vecinos del pueblo y que se venga abajo. No sé. La decisión está en sus manos. No lo empujo ni en una dirección ni en otra, porque también yo pienso que por qué tiene que tragarse esa encerrona en la que lo han metido. Me indigna la tontiloca, pero me indigna sobre todo la inquina del alcalde. A ese tipo lo ha movido algo que no sé lo que puede ser. No hay otra explicación. Hay gente que me insinúa que ha querido vengarse en Paco de mí. Claro que pienso que me gustaría que el juicio se celebrara, convertir el juicio en un espectáculo en la medida de lo posible. Es falso que se pueda ver nada desde donde ella dice que vio, todo es fruto de una cabeza en la que seguramente arde menos la llama de la inteligencia que el fuego de la vagina (ya, ya, me puedes llamar misógino, pero es que ella tiene vagina, no polla; si la tuviera, lo hubiera escrito: fuego en la polla). Sobre todo, fue ilegal el interrogatorio al que sometieron al muchacho. Si yo tuviera diecinueve años y algo más de inocencia, animaría a Paco a tomar esa decisión, a que defendiera su honor y exigiera justicia. Le apoyaría hasta el último momento. Lo defendería. Pero como no me queda ni un ápice de inocencia, desconfío. Le toca a él decidir. Pienso en lo mejor para Paco y no en lo mejor para la justicia, de la que descreí hace tiempo. Sé que ese pesimismo no siempre es bueno, pero es el que tengo. Le he dicho a Paco que le cuente al abogado lo mismo que me ha contado a mí, y que decida libremente; que, a mí, la decisión que tome me parecerá la mejor, porque será la suya, y, sobre todo, porque encuentro razones para defender una posición y la otra, y en caso de error no seré yo quien lo pague con la cárcel. Si fuera así, que pagara yo con la cárcel, desde luego que elegiría desenmascarar a esos fariseos.

*(Al final decido continuar estas notas en una agenda
de la fundación Max Aub y no en el cuadernito negro.)*

# Agenda Max Aub

(26 de octubre de 2004-1 de marzo de 2005)

2004

*26 de octubre de 2004*

Un cuaderno grueso para llenar, y el libro de Broch sobre la cama: estoy a las puertas del paraíso, o, al menos, a las del baptisterio de Florencia. Con cuánto gusto vuelvo a leer *Pasenow*. La primera vez (año setenta y pocos) me pareció lejano, frío, reflexivo en exceso. La segunda (mediados de los ochenta) se me había acercado bastante, aunque creía verle, no sé, la mampostería, la voluntad de construcción. Esta tercera vez me parece ligero, vivo, deslumbrante.

Hoy, no sé si por culpa del viento que, en esta casa en la que las ventanas cierran mal, lo removía todo, o por culpa de Broch, me he pasado la noche en blanco, sin parar de leer. Y era el mismo libro que otras veces. Seguramente, yo no pueda decir que soy el mismo lector. La mentalidad de Pasenow, el militar, se desgarra entre la certeza de la vida feudal representada por un padre al que odia, y que se basa en valores como el honor (por el honor ha muerto en duelo su hermano Helmuth), y –frente a eso– todo lo que su amigo Bertrand representa. Bertrand rompió ese caparazón protector –también protector del cuerpo– que es el uniforme, y por esa grieta ha dado rienda suelta a sus instintos, lo que hay debajo del uniforme, un mundo resbaladizo, representado por las prostitutas (aunque será Pasenow quien acabe viviendo con la prostituta polaca Ruzena), los obreros de la fábrica Borsig y él mismo, el propio Bertrand, ambiguo a sus ojos, incluso sexualmente, rizos como de mujer, frecuentador de prostitutas (según Pasenow), dedicado a ese mundo sin códigos que es el de los negocios. Privado del uniforme, todo amenaza a Pasenow, también su virilidad: flota una continua ambigüedad sexual (sigue a un hombre gordo y barbudo cuya boca está hecha como un abismo que besa en medio de la barba. El hombre acaba metiéndose en el edificio de la bolsa). Lo malo es que, bajo las formas del mundo feudal, nada es más seguro: la madre de Elisabeth, la novia que su padre quiere para él, tiene en su casa una impúdica cama de matrimonio, en la que, a dos pasos del cuarto de los niños, se celebran las mismas ceremonias que en el prostíbulo, el concepto mismo de familia es un modo de esconder el escándalo del sexo. Hay una visión barroca en Pasenow: el uniforme protege del sexo que está debajo, del cuerpo, del mal, del demonio, cuyo agente es Bertrand. El mal anida en la vida civil, pero ha sido su padre, que es militar, el que lo ha llevado a él al prostíbulo, el que primero habló y tocó, y hasta le pagó a Ruzena, la prostituta polaca que, de algún modo, es heredera de los seres infrahumanos y juguete para uso de señores como los que han poblado siempre su casa familiar de Stolpin (mundo de siervos). Broch, como el Ulrich de Musil, es un hombre sin atributos, que busca levantar conceptos como barreras que lo defiendan de su propio yo.

Después de tantos meses de sequía, el ruido de la lluvia que cae mansamente sobre el tejado me transmite una relajante sensación de bienestar. Esta mañana he hojeado los folios en los que he ido anotando no sé si desahogos o *voces* de novela. Hay párrafos que están muy bien, pero por lo general es un caos casi imposible de ordenar. No sé si sería mejor olvidarlos y empezar de cero. He terminado de leer *Pasenow*. Mañana tomaré notas. Me ha parecido muy duro el final, en el que él acepta salvarse refugiándose en los viejos conceptos, no como valores en los que cree, sino como representación que protege. También la novia con la que decide casarse lo sabe: son dos actores, no se aman, pero buscan refugio en la escenificación del matrimonio, el teatro de la vieja clase. Retrato de una juventud que acepta representar los valores cuando ya no se los cree. Aunque este indiferente premoraviano, este extranjero camusiano *avant la lettre* (la palabra extranjero sale un montón de veces), piense que Elisabeth es un agente de Bertrand, portadora de lo diabólico. Representar la salvación, de forma cobarde. No aceptar que la vida está contaminada en su conjunto, es civil, late por debajo de la armadura protectora del uniforme. Demoledor Broch.

*28 de octubre*
Tener otra energía, y no esta flojera, esta desgana, este cansancio. Tener un orden en la cabeza, no esta dispersión, la somnolencia.

Dos formas inútiles de redención. Leo de un tirón *Esch o la anarquía*. Me sobrecogen las páginas finales.

*1 de noviembre*
Veo en dos días consecutivos *El fantasma y la señora Muir* y *Mujeres en Venecia,* que brindan un Mankiewicz cargado con una desolada poética de lo fantástico, increíble si uno aplica sobre ellas códigos realistas. Pero pienso que, también en *La huella,* la representación, el teatro, sirve de soporte para unas cuantas ideas que quieren expresarse. La verdad es que es un autor que proporciona claves para reflexionar acerca de los laxos límites del concepto de realismo, que admite incluso simpáticos aparecidos, seductores fantasmas llegados desde el pasado.

*2 de noviembre*

Pudor. Resulta impúdico expresar que si no tengo nada que decir es porque en el último libro me he vaciado por completo, me he entregado sin guardar nada en la recámara, me he usado y tirado como un pañuelo sucio. Decirlo así es llorón, miserable. Pero, se diga o no, está claro que la literatura no puede practicarse impunemente. Cuando uno deja que los libros que escribe le cuenten lo que no quiere oír acaba pagando las consecuencias de la indagación. Eso es. No es que ahora mismo no pueda ponerme a escribir una novela, es que tengo que sacar fuerzas de flaqueza, y hacer un esfuerzo desmedido para escribir un modesto artículo para la revista *Sobremesa*. Le he exprimido todo el jugo a la naranja.

*3 de noviembre*

Me he despertado a las cuatro de la mañana y se me ha ocurrido telefonear a Blanco. Ayer se celebraron las elecciones norteamericanas, y las televisiones no paran de emitir programas sobre el recuento de votos, y especulan acerca de si el nuevo amo del mundo será Bush o Kerry. He decidido que era buena excusa para llamarle; además, una hora excelente para hablar con California (donde deben de ser, si mis cálculos no fallan, las ocho de la tarde). Me he pasado un buen rato charlando con él. Al parecer tiene problemas en un ojo. Lo operaron hace algún tiempo de una catarata, pero no quedó bien. Al final, resulta que lo que tiene es algo así como una degeneración de la mácula a causa de la cual se ven obligados a operarlo con láser cada tres meses. «Eso distrae mucho», me dice. Pero deduzco que no para de trabajar. «Ahora por tu culpa he empezado a recopilar cosas que tenía escritas»; con lo de «por tu culpa» se refiere a que le pedí que recogiera sus viejos artículos para publicarlos en un libro, porque los que conozco me parecen muy buenos. Se queja: «Pero son de los años ochenta, y hablan de cosas que ya no le interesan a nadie.» Está preparando un libro sobre los escritores del exilio, otro sobre la narrativa española entre las dos restauraciones monárquicas, y ha terminado una nueva novela. «No te cansas», le digo. Y él: «A veces empiezo ya a cansarme.» Le cuento que yo no hago nada, leer con más pereza que provecho, dormitar. Por eso me admira tanto su vitalidad a los setenta y bastantes años. «Lo mío es el optimismo. Lo tuyo el desánimo», se burla. Es verdad. Dos caracteres. ¿Cómo no va a notarse eso en el tono de lo que cada uno de los dos deje escrito? «Tu última novela», me dice, «es una putada escribir a tu edad una novela como esa, porque, después, ¿qué se puede hacer?» Tiene razón. Qué se puede hacer después de *Los viejos amigos*. Me digo que seguramente no es la novela la que me ha llevado donde estoy, sino que el sitio en el que estoy, o en el que me he quedado atrapado, me ha llevado a escribir así, o sea, a tirar la pluma, a decir, hasta aquí hemos llegado.

Prácticas de inglés: me leo el *Timbuktu* de Paul Auster. El mundo visto desde los ojos de un perro. No es nuevo. Lo del mundo visto desde la perspectiva de un animal lo hemos heredado de los griegos, de Cervantes y su *Coloquio de los perros,* de La Fontaine, y ahora mismo me viene a la cabeza Bulgákov y su *Corazón de perro.* La novela de Auster tiene páginas hermosas: con un lenguaje ingenuo, de cuento infantil, exuda desolación existencial. Después de bastante tiempo sin leerme una novela en inglés, y sin haber estudiado nunca la lengua, a fuerza de picotear aquí y allá, puedo seguir el libro sin demasiados problemas, utilizando solo de vez en cuando el diccionario. Hago propósito de la enmienda: leerme todos los meses un par de libros en inglés; aunque sé que lo que de verdad tendría que hacer es irme un mes a Londres, y digo Londres, por no decir un pueblo en el que me muriera de aburrimiento y no me quedase más remedio que hablar con las vacas británicas. Es una vergüenza que, después de tantos viajes por todas partes, sea incapaz de hablar inglés con un mínimo de soltura, no digo ya de entender una película sin necesidad de subtítulos. Cuántos años perdidos con esta manía del autodidactismo. Con el árabe me pasó igual. Conseguí las nociones elementales estudiando por mi cuenta, sin ayuda. Solo me faltaba haber buscado un profesor para seguir adelante, y eso no lo hice. Y todo se perdió. Han pasado veintitantos años de aquello, y hace cuarenta y tantos que empecé a hacer pinitos leyendo por mi cuenta en inglés.

La descripción que hace Auerbach en *Mimesis* del Dios judío transmite una gran fuerza poética. A diferencia de los dioses griegos, homéricos, que viven en algún sitio, se mueven de acá para allá, o se reúnen en asamblea para discutir lo que van a hacer, el Dios de la Biblia «carecía de forma y residencia fijas, y yerra solitario; su falta de forma, de sede, y su soledad...» (pág. 14). Están puestas las bases para un dramón.

Una nueva novela solo sale de una nueva forma de mirar. Eso nos lo ha enseñado, entre otros, Proust. Por eso, incluso la mayoría de los mejores libros de hoy nos parecen ejercicios más o menos brillantes, pero estériles. No cambia para nada nuestra mirada después de haberlos leído. No hay en ellos una nueva cota desde la que mirar, pero la literatura, al fin y al cabo, se traslada con la infantería social. Quizá el ejército de la contemporaneidad aún no ha ocupado esa cota. El arte mira desde el promontorio que otros están conquistando. Estamos condenados a eso, y si eso no está ocurriendo, si la sociedad aún no levanta nada, es que seguramente aún tenemos que seguir demoliendo las antiguas fortalezas. Cumplir el papel de empleados de derribos; o de enterradores. Demoler y sanear. Quitar los estorbos, facilitar el paso de los bárbaros que inevitablemente acabarán llegando y a quienes casi con toda seguridad no conoceremos. Antes hubiéramos hablado del proletariado. Pero cuando se demuele algo también cambia la perspectiva del que mira, amplía su horizonte, ve cosas que el viejo edificio le impedía mirar.

*5 de noviembre*
*El portero,* las memorias de Terry Eagleton. Me río a carcajadas. El libro, además de ser divertido, propone algo poco frecuente, sobre todo procediendo de un intelectual: una mirada desde abajo: la clase obrera; y desde una esquina: los irlandeses emigrados. En la distorsión del canon que proporciona esa particular perspectiva ladeada encuentra su humor (acaba con un homenaje a Oscar Wilde, irlandés y homosexual, lateralidad casi absoluta). Religión, intelectualidad y aristocracia pasan por la trituradora de Eagleton, que nos sorprende con su punto de vista, tan infrecuente en los usos literarios. El narrador se vuelve cómplice del crítico: construye su artefacto para otra gente que está en otro lugar. La cultura, como ente compacto, como conglomerado, se disuelve como un azucarillo en el vitriólico caldo de Eagleton. Pasa la sociedad británica por el filtro del Rabelais desde el que Bajtín lo leyó, en una especie de festivo carnaval que suspende los códigos. Ni siquiera la progresía pequeñoburguesa soporta la mirada carnavalesca, deudora también de Brecht (y así lo reconoce Eagleton, en numerosas alusiones). Oxford y Cambridge se derrumban sometidos a ese ejercicio de perspectiva. Lo soportan igual de mal que la abuela materna del autor, perteneciente a esa clase baja que vive convencida de pertenecer a un escalón superior a cuanto la rodea. Nosotros no somos como nuestros vecinos. El lector siente que esta farsa lo desnuda a él mismo, lo humilla o lo purifica. Un magnífico libro. Elijo esta frase: «Sabía que sentir era una cuestión de costumbres, de imitación, de teatro» (pág. 78). Es lo que hay.

## 20 de noviembre

Dejé el coche durante los cuatro o cinco días que he permanecido en Italia en un aparcamiento vigilado en el centro de Valencia y, a la vuelta, resulta que me han robado el ordenador. Intento no pensar en si he perdido o no muchos textos (me digo que la mayoría deben estar pasados a papel y acabaré encontrándolos en los cajones de casa, sé que es mentira, pero me consuela). Lo que más me molesta es la pérdida de intimidad, esa sensación de que cosas que uno ha escrito para sí mismo puede leerlas cualquiera. Entrar en el ordenador de alguien es como entrar en su cerebro, más aún si ese alguien es escritor. No se han llevado ninguna otra cosa. Dejaron las maletas en su sitio, tal como yo las había dejado, de modo que, cuando miré en el portamaletas, creí que se habían limitado a abrir (no se sabe cómo, no habían roto la cerradura) el coche, y no faltaba nada. Solo cuando, al llegar al hotel de Madrid, aparté las maletas, descubrí que detrás de ellas quedaba el hueco en el que yo había colocado, cubierto con papeles y periódicos, el portátil. Seguramente utilizan algún tipo de detector de aparatos electrónicos, algo así, porque han ido directamente al ordenador, ¿cómo sabían que estaba ahí abajo escondido? Ahora siento aprensión cuando me meto en el coche. Alguien que no sé quién es, ha estado ahí, ha toqueteado, a lo mejor hasta ha dejado alguna señal.

Paso por Roma, de camino para Nápoles. Me emociona volver a pisar sus calles, aunque solo sea durante unas pocas horas. Me asomo a Santa Maria del Popolo, a ver ese San Pablo a los pies del caballo. La iglesia está en obras. Desde el subsuelo, desde donde están las tumbas, llegan voces y el sonido de golpes producidos por las herramientas de los obreros. Este gran catafalco, esta suntuosa sepultura, que es Roma, se mantiene gracias al permanente trabajo de los vivos. Recorro la vía del Babuino (como Jaime Gil, también yo viví una aventura de una noche en vía del Babuino, un simpático y maduro carnicero); la Fontana di Trevi, en la estrecha plaza abarrotada de turistas; entro en San Luis de los Franceses, siempre en busca de Caravaggio, recorro los mismos lugares cada vez; en Sant'Andrea delle Fratte, desde el claustro contemplo la cúpula de ladrillo iluminada por un sol de atardecer de frío día de otoño, luz limpia, un cielo de azul y oro. Me acerco a la placita de Santa Maria della Pace, ese pequeño y bello escenario de teatro, y descubro que, como tantos otros lugares romanos, ha sido restaurada y brilla con un blanco deslumbrante. Qué diferencia entre esta Roma rehabilitada en buena parte y la que conocí por primera vez, costrosa y repleta de basuras, San Carlino, La Sapienza...

El día que vuelvo de Nápoles, cojo un taxi en Stazione Termini para ir al aeropuerto. Ya ha anochecido, pero descubro otros flamantes monumentos desde la ventanilla del taxi. Pasan como en travelling, como en una película, en visión de ahogado que emborracha la vista: el monumento a Vittorio Emanuele, los edificios capitolinos, el Teatro di Marcello, que conocí como una sucia ruina semienterrada en míseros tabucos y ahora refulge bajo los focos; el templo de Venus, con sus columnas de mármol reluciendo en la noche húmeda (ha llovido hace un rato). Se quedan a la izquierda, informes manchas irregulares, sombrías, los muros de las termas de Caracalla como gigantescos ganglios sobre la piel de la ciudad.

Nápoles me recibió gris y lluviosa, con el agua cayendo sobre las bolsas de basura abandonadas en las aceras, reblandeciendo los cartones, oscureciendo las cajas de madera. Cada vez que regreso, me parecen más sórdidos los alrededores de la estación, las calles que conducen al viejo mercado. Nápoles es una ciudad de hombres solos, en esas calles sobrepobladas el género masculino predomina de forma apabullante. Se trata a veces de hombres solitarios que miran atentamente hacia un punto en el que está ocurriendo algo que el visitante no es capaz de descifrar; otros, vestidos con ropa de colores por lo general sombríos, tejidos de mala calidad y largo uso, forman corros en los que comentan en voz baja, vuelven la cabeza al mismo tiempo en la misma dirección, o se pasan de mano en mano objetos que al forastero le parecen misteriosos, siempre con gestos rápidos, furtivos, y sin perder la actitud vigilante; intercambian billetes, discuten en torno a cajas y envoltorios que algunas veces parecen contener algún electrodoméstico, o prendas de vestir, aunque en la mayoría de los casos uno no sabe lo que pueden contener.

Hoy está nublado. Si a Nápoles se le arrebata el sol, la ciudad pierde un aliciente importante, no solo porque la lámina del mar, las majestuosas formas del Vesubio y de las colinas que las prolongan, o el sorprendente perfil de las islas marcándose por encima del azul, necesitan de la perspectiva, sino también porque, sin sol, los complejos tonos intermedios de sus decrépitas fachadas, que tanto nos atraen, se desvanecen, se quedan como lo que son: manchas informes, lepra del tiempo, suciedad. Podría decirse que eso es así en todas las ciudades, lo cual no es del todo cierto. Nombrar Santiago de Compostela, o París, como ciudades a las que les sientan bien la lluvia y la niebla es un tópico. París es muy hermosa con sol, pero la niebla le matiza a su manera la belleza. A las piedras de sus bulevares, Saint-Germain, Raspail, les vienen bien los colores gris perla, *pastis* con agua, que tan propensa es a ofrecernos la ciudad; nos parecen hermosas las ramas yertas de los árboles como una acuarela sobre el gris del Sena bajo la lluvia, contra las piedras de los muelles húmedos; aunque también nos deslumbra París cuando la luz del sol la inunda y dora, y brillan y se recortan contra el cielo las orgullosas cúpulas, la de la Academia, la de los Inválidos, los árboles del Luxemburgo. París, visto desde arriba, desde el Sacré-Cœur, desde la Tour Montparnasse o la Torre Eiffel, uno de esos limpios días del invierno, pone ante nuestros ojos el más hermoso espectáculo que pueda ofrecernos una ciudad. Santiago, en cambio, soporta mal la visita a la luz del sol. Envuelta por la niebla, los límites urbanos se difuminan, y creemos pasear por un decorado continuo. El visitante imagina otras plazas tras la plaza que ve, y cree que, ocultas por los telones de niebla, hay más escenografías esperándole, otras perspectivas arquitectónicas que contemplará. El sol y el aire puro sacan a la luz las limitaciones urbanas. Se trata solo de una pequeña ciudad de provincias. Si la niebla se alza, queda al descubierto una trasera de estampa rural: prados verdes, pinedas, caseríos que puntean las cercanas colinas, bosquecillos de castaños o robles. Quiérase o no, ese entorno rústico le arrebata buena parte del misterio ciudadano, le confiere un toque aldeano que defrauda al degustador de espacios urbanizados.

Pero todo esto lo he traído a cuento porque decía que Nápoles pide la luz del sol para ser gozada, para que el sol convierta en bellas, en luminosas, sus heridas (una frase muy cursi, como de Pemán: *La herida luminosa,* se titulaba su adaptación para el teatro de la obra homónima de Josep Maria de Segarra). Crece la ciudad en sus detalles: colores amarillentos, ocres, terrosos, oxidada sangre de toro, brillando bajo el sol. Pero crece, sobre todo, en su conjunto, porque es una ciudad de grandes perspectivas, que requieren profundidad de campo para ofrecerse: desde Posilipo, desde Capodimonte, desde el Vomero, el caserío escalonado, que se aprieta hasta lo imposible, los palacios, las torres y cúpulas de las iglesias que lo sobremontan, las manchas oscuras de Pompei y Ercolano, el dibujo de la bahía recortada en la punta de Castel dell'Ovo, el perfil del Vesubio, como una advertencia de la relatividad de la vida, recordatorio de que es un milagro que podamos seguir contemplando todo eso; la silueta de los barcos sobre el azul del mar, los lomos de las islas. Aproveché mi estancia napolitana para seguir la peregrinación caravaggiesca iniciada en Roma, ya que en el Palacio de Capodimonte se ofrecía una exposición con algunos cuadros pintados en sus últimos años. Faltaban los que hay en Malta, que ya conozco, y de los que se ofrecían reproducciones: el San Jerónimo; y, sobre todo, la escalofriante *Decapitación de San Juan Bautista,* que, al parecer, es el único de sus cuadros que tiene la firma de autor: Michelangelo Merisi. Lo firmó mojando el pincel en la sangre que mana del cuello del decapitado. Su pesimismo, o su carácter morboso, se revela también en el hecho de que su autorretrato aparezca en la cabeza que sostiene en su mano David, después de separarla del cuerpo del gigante Goliat. Sombrío y poderoso Caravaggio. Los verdugos que representa en acción en sus cuadros toman posturas, hacen gestos que nos llevan a pensar en los que ejecutan obreros y artesanos que cumplen un trabajo. La propia densidad de sus cuerpos tiene ese *penchant* laborable. No exhiben los cuerpos de atletas que les conceden otros pintores, o de forzudos de circo que cuidan su musculatura en un gimnasio. Los verdugos de Caravaggio poseen cuerpos de gente acostumbrada al trabajo, pesados, carentes de levedad gimnástica, incluso con esas deformidades que crea la práctica de un oficio, el ejercicio continuado de una profesión manual. Se les ha encargado torturar y arrancarles la vida a esos otros cuerpos más delicados, provistos de rostros sutiles e iluminados por el brillo de una nerviosa espiritualidad. Las estampas caravaggiescas me producen siempre cierta sensación de lucha entre el cuerpo y el espíritu, casi diría que entre el realista mundo del trabajo y el etéreo universo de las ideologías, una lucha en la que, por estética –o por falta de ella–, y por ética, siempre me inclino más bien hacia lo laborable. Esos cuerpos espesos de obreros en tensión, que levantan con esfuerzo sólidos tablones, tiran de cables, manejan tenazas o cuchillos, me atraen más y me resultan más simpáticos que las figuras delicadas de sus víctimas: cuerpos estilizados, etéreos, iluminados por alguna pasión metafísica, histéricos, exhibicionistas. Entre Acab persiguiendo su ballena blanca, y los balleneros trepando por los palos, reparando las redes, saltando a los botes y extrayendo sudorosos el saín de sus capturas, no suelo tener dudas acerca de con quién me quedo. Me fascina la mezcla de fuerza, rudeza y meticulosidad de los artesanos caravaggiescos. El verdugo que acaba de decapitar a San Juan en el cuadro de Caravaggio que hay en Malta, sostiene el cuchillo a su espalda con el gesto de un carnicero que acaba de sacrificar una res, la mujer sostiene la bandeja sobre la que pondrá la cabeza como lo haría una cocinera que va a recoger la sangre con la que cocinará las albóndigas del cocido: de hecho, más que el movimiento en una celda o en una sala de ejecuciones, la escena parece desarrollarse en una cocina; no se distinguen de quienes cavan una zanja en mitad de la calle en que vivimos los que manejan las palas en el *Entierro de Santa Lucía;* y también es un artesano el hombre que, a mano derecha de la *Flagelación,* se esfuerza en atar a un Cristo que se entrega mansamente, narcotizado por la seguridad que le proporciona saber que todo eso no es más que la escenografía imprescindible para que se cumpla la misión para la que ha sido destinado: puta infección ideológica. Quién eres tú para creerte el elegido. En cualquier caso, el mal anida en los que han dado las órdenes y contemplan complacidos el martirio, el trabajo concienzudo de los peones: está en la mente; en el propio dios-padre que ha previsto entre sus proyectos el sacrificio filial y que, desde lo alto, es el supremo mirón; el resto es trabajo que los verdugos cumplen con el mismo rigor con el que levantan un muro o, llegado el caso, las piezas de un retablo. Claro que no siempre está tan claro. San Pedro es tan obrero como los que están crucificándolo (¿un *Tío Tom* colonizado por los valores del enemigo?). Ya he dicho que Salomé sostiene la bandeja como una cocinera que aguarda a que caiga sobre la palangana la sangre del pollo o del cordero que acaban de sacrificar. Podría ser también una pescadera, una lavandera. Del mismo modo que San Francisco nos recuerda a uno de esos obreros a los que la vida (la mala suerte, el alcohol) ha convertido en mendigos, en pordioseros, un *lumpenproletariat*. En algo recuerda al *Demócrito* de Ribera (cuya reproducción hoy he vuelto a ver en una página de *El País* en la que se comentaba una exposición sobre *El retrato español,* que han instalado en el Prado, y que acompañaba a un texto de John Berger). El *Demócrito* de Ribera nos parece un viejo campesino al que le han puesto en una mano un compás y le han pedido que coloque la otra mano sobre un libro. El hombre acepta entre escéptico y divertido lo que le están proponiendo hacer, representar, pensemos que ha aceptado posar seguramente para ganarse algún dinero. No creo que Ribera le contase siquiera a quién estaba representando, quién era ese tal Demócrito que encarnaba en aquel momento. El artesano mira con sorna al artista, nos da la impresión –con su risa socarrona– de que no entiende el artificio, el trabajo inútil del artista, le parece juego de niños, pérdida de tiempo, improductivo, al margen del proceso de trabajo del que surgen los objetos útiles, hechos para cubrir necesidades humanas, la exigencia del artista como algo fuera de la obligación que te lleva cada día al puesto de trabajo. Pero cuando el posado concluye, y se ve a sí mismo recreado en un lienzo, duplicado, renacido, la ironía se le convierte en temeroso respeto, el artista posee un don que procede de Dios: lo ha capturado; no digamos ya cuando descubra, si llega a descubrirlo, que eso que parecía un juego, además de admiración, produce prestigio, y, sobre todo, produce dinero. Es un trabajo mucho más rentable que pedir limosna a la puerta del hospital, o que el que hizo él mismo en su taller antes de caer en la ruina. De todos modos, apenas por esa época empezaba a convertirse en artista el pintor; hasta entonces había formado parte del equipo de cons-

436

tructores de una iglesia, uno más en el ejército de picapedreros, oficiales de albañil, *yesaires* o herreros. Pero volvamos al principio. En estos cuadros de Caravaggio, verdugos y enterradores nos parecen apacibles artesanos, y es el santo, el místico, el que se nos aparece dotado de un sospechoso espíritu improductivo: o sea, que él es el peligroso, el loco.

Anoche leí *Memoria de mis putas tristes (remake* a su manera de *El palacio de las bellas durmientes,* de Kawabata), un libro que me ha parecido patético, por muchas cosas. Da la impresión de que está hecho de retazos, trozos que no acaban de encajar. El libro parece haber nacido de sucesivos intentos, de *pentimenti,* de veinte o treinta impulsos, que no cuajan, que se frustran (son muchos intentos para tan pocos folios). Al fondo, parece adivinarse un acto de voluntad que también es ambiguo, pendular. Se diría que esconde una sospecha del autor sobre sí mismo (soy un fracaso), que se resuelve llevando el libro al otro extremo del movimiento: mirad lo grande que soy, soy el gran escritor, el Nobel, contempladme, me necesitáis. Ese vaivén marca el breve y cansino texto, que al mismo tiempo que desinteresa, conmueve, porque nos enseña las tristes raíces sobre las que se levanta la creación literaria, la fragilidad del autor: esa es la ración de patetismo que nos brinda.

El suplemento dominical del *ABC* incluye esta semana un artículo de Andrés Ibáñez titulado «La generación del gin», que me parece que marca un punto de inflexión en una tarea de derribo discretamente iniciada por jóvenes como Gracia *(La resistencia silenciosa)* o Cercas *(Soldados de Salamina).* Ibáñez exhibe cierta voluntad fundacional, se apresura a ser el primero que propone sin tapujos, e incluso con furia, la liquidación de los valores que formaron a buena parte de mi generación, y anuncia, con no menos entusiasmo, los cánones estéticos de una restauración que avanza a toda máquina.

437

Ibáñez entra a sangre y fuego en el campo de la literatura de la generación de los cincuenta, el campo de esos a quienes llama los borrachos (beben ginebra y fuman como tubos de escape). «Son duros. Son muy duros.» Corrieron ante los guardias, son marxistas, «les gustan las narraciones desoladas» y «despiadadas». Se quejan de que, con Franco, «no podían leer a Miguel Hernández. ¡No podían leer nada los pobres! [...] Les encanta Gil de Biedma, y en general, todo lo que es soso, menor, sobrio, discreto y, si es posible, descreído y desdeñoso [...]. Aman a Howard Hawks, a Hemingway y a Carver, pero odian a los americanos. No les gusta Borges. No les gusta Nabokov. No les gusta la ópera ni, en general, la música. No les gusta Thomas Pynchon. No les gusta Rubén Darío (es recargado)». Ibáñez dice que se dio cuenta de que él no era de ese grupo, ni compartía su estética cuando leyó un artículo «de uno de ellos» en contra de que se instalara Disneylandia en la costa mediterránea, porque a él le gustaba mucho la colección de Dumbo donde «el genial Carl Barks pintaba las historias del Pato Donald». A partir de ahí, el militante de la modernidad que se impone pasa a proclamar en tono vibrante sus fobias y sus filias: «Brel es insoportable. Raymond Carver es un coñazo y ni él ni Paul Auster...» En cambio, «Borges y Nabokov son los mayores genios de la mitad del siglo...», y para terminar: «La palabra "compromiso" no significa nada y además huele a cadáver. El arte se dirige a la parte espiritual del hombre, mentecatos. La belleza no es un concepto burgués, ignorantes. Ya basta. Dejadnos un poco en paz. Callaos un poco, borrachos»: son las palabras con las que concluye un artículo que no tiene desperdicio, donde dispara a bulto, sin hacer muchos distingos, ni pararse en sutilezas.

Tiene el tono del niño que patalea porque no le han comprado un juguete, y arremete contra su padre, contra su tío, que, en este caso, además huele mal porque fuma y bebe. El texto –superlativo y arbitrario– vale no porque plantee algún tipo de nuevas bases estéticas desde las que juzgar, sino porque pone sobre la mesa el catálogo de nutrientes de una nueva moda que exige la relectura del franquismo como un episodio neutro o, al menos, poco trascendente: «No les dejaban leer nada, pobrecitos.» Para Ibáñez, las referencias a la dictadura han sido solo excusas para amparar a los mediocres. En cualquier caso, la andanada (no sé si lo sabrá Ibáñez, desconozco si es joven o viejo: me entero de que es muy joven) tiene algo de *déjà vu*. Los ejemplos elegidos son quizá dispares, pero no son nuevos los conceptos que maneja con fusil de postas; los mismos ataques y hasta con referencias a los mismos autores se remontan a la dictadura. Subyace la vieja cuestión de si el espíritu flota o se arrastra; si la belleza tiene o no fecha de caducidad y propietario; si la literatura tiene o no tiene responsabilidad civil. Ibáñez plantea un estatuto de libertad para su propio gusto: a eso, él lo considera la modernidad, aunque casualmente esa forma de libertad, que parece reclamar como pionero, sea idéntica a la que llevan decenios predicando los grandes comerciantes del *entertainment:* en su nueva versión, el Pato Donald, Gus Van Sant o Lynch pasan a pelear —se supone que en el equipo de «juveniles»— con Ford o Hawks. El que dibuja el Pato Donald es un genio, y son genios Nabokov y Borges: llevo cuarenta y tantos años leyendo y oyendo a gente que sale con ese tema, y hasta utilizando los mismos nombres para atacar a un enemigo que, curiosamente, siempre coincide con quien pone en cuestión lo que hay, lo que manda cultural o políticamente.

Que fumar y beber están mal vistos y, además, perjudican la salud me lo recuerdan cada día enjambres de políticos y ciudadanos políticamente correctos. El artículo de Ibáñez, piña de lugares comunes, aspira a convertirse en revelación, gracias al convulso tono enojado: ofrece como novedad lo que hace decenios está en los quioscos. ¿Quién corona como genio? En apariencia Ibáñez. Es el privilegio de quienes dicen que el espíritu flota: su libertad para afirmar una cosa o la contraria. No me lloréis con lo que no tuvisteis, yo lo he tenido todo. Creo que el texto de Ibáñez es un aperitivo, un tráiler de la película que vamos a ver durante los próximos años. Las exigencias autoritarias de esta nueva remesa de literatos partidarios del liberalismo. Friedman en literatura.

*21 de noviembre*
*Cabo Trafalgar,* de Pérez-Reverte. Otra forma de espíritu: revolución en el casticismo. Al parecer resulta excelente, no sé si correcta, no entiendo de eso, ni me he documentado, la reconstrucción de las batallas, el novelado de la terminología bélica y marinera. Eso dicen los críticos. Pero, y el pero es muy grave (y tiene que ver con lo que ayer escribía acerca del espíritu moderno y las diversas formas de entenderlo), el artefacto me produce repelús, un sentimiento de rechazo que, a medida que avanza el libro, roza la indignación. Me resultan insoportables los diálogos, que apenas ayudan a construir a los personajes; o, más bien, los destrozan. Pérez-Reverte está convencido de que como novelista puede hacer lo que le salga de los cojones (por usar el lenguaje que le gusta) y le brinda al lector un descabellado recital de lenguaje macarra, lenguaje de corte «vallekano», pura movida madrileña en boca de estos pobres hombres que tomaron sopas en el siglo XVIII, y, sin salirse de ese arbitrario espacio –por otra parte es lo suficientemente ancho–, ofrece un esperpento de rancio españolismo levantado en armas frente a lo *gabacho,* una forma de variante de *Torrente, el brazo armado de la ley,* en la que no faltan toques de lo que conocemos como prensa del corazón.

Algunas frases que dicen los personajes: «una cosa discreta, sufrida, *fashion*» (pág. 36); «como los enanitos del bosque, aibó, aibó» (pág. 39), «el pifostio» (pág. 51), «les meto a los ingleses... un gol que se van a ir de vareta» (pág. 68), «¿Cómo se dice poca picha en gabacho?» «Poca piché» (pág. 71), «¿cómo lo llevas, curriyo, pisha?» «Fatá, compare...vaaaag» (pág. 81), «Toma candela yesverigüe fandango, pa ti y pa tu primo. Tipical spanish sangría. Joputa. Yu understán?» (pág. 89), «la cosa está más claire que la lune, mon ami Pierrot» (pág. 99), o «Que se me tombe par terre la chorra...» (pág. 100).

Horacio Nelson, en el texto, se nos presenta como «un marino de pata negra», un «Jabugo de los mares». En la construcción del esperpento patriótico, da todo igual, pata negra o «Nati Mistrati» (pág. 168), el «zipizape» (pág. 215), o el camarero que dice «¿Oído barra?» (pág. 95). Churruca se casa con un yogurcito de buena familia, y los hay que «cantan la traviata» en la página 140. Y a eso los críticos sesudos lo tratan como novela histórica. «Yes, verywell.» El autor es académico.

El artefacto va dirigido a un público de ideología (llamémoslo así) tan confusa como la que mueve las hinchadas de los campos de fútbol, vagamente irritado por el injusto trato que le da la vida, y tocado en sus valores patrios por algo que ha roto con lo que se supone que hubiera sido su buena vida de siempre: hay xenofobia (antigabacherío) y vindicación de la España de siempre: populismo de la España de los de abajo, siempre traicionada. Y el texto se abre a una profusión de proclamas contra la modernidad, y –de nuevo– a favor del pueblo irredento al que castigan, roban y desprecian unos señoritos finos amariconados y afrancesados. Lo dicho: Reverte derrocha dosis de populismo y demagogia. Aunque (y aquí entra la tradición interclasista del franquismo: escribimos después de ese huracán) los conceptos de «Valor» y «España» pueden unir a los de arriba con los de abajo. Así, Marrajo, el delincuente enrolado a la fuerza, quiere matar al teniente Macua, que fue quien lo capturó en la taberna y lo embarcó, pero acaba admirándolo, y peleando consigo mismo y contra los ingleses para ser un héroe como él. Al fin y

441

al cabo, Marrajo y Macua son buenos españoles los dos. En el fragor de la batalla, Marrajo sube al palo mayor envuelto en la bandera española y abrasado por la rabia que le produce la muerte de un jovencísimo guardiamarina. El espíritu de sacrificio y el afán de redimir los viejos delitos lo llevan a una plusvalía de heroísmo, al éxtasis patriótico: se envuelve en la bandera española y se exhibe frente al poderoso tres puentes inglés («perros, hijos de la grandísima puta, aúlla») y trepa por los obenques, y, mientras «todos los ingleses del mundo y la perra que los trajo» disparan, él alcanza la cofa, desde cuya altura, grita: «¿Y sabéis lo que os digo, casacones jodiospolculo?... ¿Queréis saberlo? ¡¡¡Pues que me vais a chupar el cipote!!!» (pág. 252). En ese instante, «desde el navío inglés llega el clamor de los enemigos que lo vitorean» admirados ante tanto valor: página 253, y fin de la novela. ¿A que uno no se puede creer que alguien se atreva a escribir eso? Pues él lo ha escrito, y los críticos lo han alabado.

Ni siquiera en los años cuarenta del pasado siglo los novelistas del régimen se atrevieron a redactar un capítulo en ese tono (a lo mejor sí, las historias de la literatura no lo guardan y yo no lo recuerdo). Algunos se acercaron a eso. Tampoco sé si el guiño que Pérez-Reverte quiere hacer, con esta España madrastra que castiga a sus hijos, lo es a Galdós, y a los *Episodios nacionales:* en cualquier caso este *Trafalgar* resulta un exponente de cómo el franquismo –que heredó lo peor del primorriverismo, el populismo borbónico, el cuplé patriótico y el flamenquismo del que se queja Corpus Barga en sus memorias– se ha colado en la mirada de lo popular, apropiándose de ella. En la literatura española de después de Franco, cualquier novelista decente tiene que triturar previamente el tópico para *reconstruir lo popular.* No se puede incorporar lo popular desde una supuesta inocencia. Es necesario abrir un paréntesis. *Cabo Trafalgar* de Pérez-Reverte no es *Trafalgar,* de Galdós, ni el heroísmo de sus personajes es el de los soldaditos del *Imán*, de Sender, ese libro excelso escrito contra Dios, la Patria, el Rey, el Ejército que los defiende y la puta que los parió a todos ellos. Está más cerca de Pemán y, si estuviera mejor escrito y con más inteligencia, de García Serrano, de la novela militar de la posguerra civil (o de las humoradas de aquel Álvaro de Laiglesia, director de *La Codorniz*). Es un fruto *tardif* del franquismo, en la medida en que lo es el *Torrente* de Santiago Segura, o buena parte de lo *grunge* que ofrece *El País de las Tentaciones*, o los chistes de *fósforos* del locutor Carlos Herrera con su sevillanismo de cuartel posprimorriverista. Leyendo *Cabo Trafalgar*, cobra urgente actualidad *La gallina ciega*, de Max Aub. Ha ocurrido algo irreparable en la historia de España que no admite la espontaneidad, la inocencia; que exige cirugía al enfrentarse a ciertos temas, a ciertas formas. Digamos que parece que, después de Franco, ya no es posible un Arniches. La bonhomía popular que los franceses de mediados del siglo pasado encontraron en gente como Pagnol, o los italianos con el Don Camilo de Guareschi, aquí no cuajó. No podía cuajar. No hay arnichismo popular contemporáneo que no venga corrompido por el franquismo. Lo que me escandaliza de los personajes de Pérez-Reverte no es el lenguaje, ni los anacronismos que usa como chiste, sino lo que ese lenguaje traduce: los modales, el tipo moral a quien corresponde. No, no soy Virginia Woolf rasgándose las vestiduras por cómo hablan los personajes del *Ulises* de Joyce. Soy solo yo, que oigo el Viva España de los campos de fútbol, el Puto Valencia de los alicantinos, el moro hijoputa, o Catalán Polaco, o el rájalo, y tiemblo porque sé que ahí se incuba el huevo de la serpiente del fascismo que venga. Y esas son las maneras que homenajea Pérez-Reverte en su cuento, ese, y no el de Galdós, es el pueblo que le gusta: las agallas de Marrajo, a quien le da una pájara que no puede explicarse, una borrachera bélica, de la misma índole que la que le da al hincha que se encuentra arropado por la peña en el campo de fútbol. El gesto de Marrajo es justo el contrario del que lleva al Santiuste de Galdós a despreciar la guerra (qué delicadeza, qué sensibilidad en el tratamiento de todos los personajes galdosianos, cómo indigna que este *Trafalgar* de Reverte pueda asociarse con el del maestro), nada que ver con los soldados de *Imán,* con la rabia de su protagonista cuando le pone en la teta la banda a la cupletista con el latón de la medalla, basura patriótica. Sus posiciones morales son contrarias. Reverte escribe para los herederos de los oficiales africanistas que retrata Sender. Su modelo, más que Galdós, sería el Pedro Antonio de Alarcón del *Diario de un testigo de la guerra de África,* y ni siquiera, porque Alarcón tenía una elegancia que conseguía que el propio Galdós hablara de él con respeto, y, además, el escritor africanista expresa en su libro una ambigua relación con lo moro; el mejor antecedente literario suyo son los discursos patrióticos de Primo de Rivera padre, o los de Queipo en Sevilla con su perfume a coñac de garrafa. Desde luego, que a nadie se le ocurra buscarle antecedentes en las novelas de guerra de principios del siglo XX: Barbusse, Kraus, Remarque, Céline, o el propio Sender. Reverte se nos muestra como un atleta olímpico, campeón en el gran salto atrás. Hacer tragar como moderno lo que la historia había convertido en detestable residuo arqueológico. ¡Ah! Y repito: la crítica sesuda ha comentado favorable, e incluso admirativamente, el libro. ¿Alguien puede venir a explicármelo?

*24 de noviembre*
    Leo las memorias de Pancho Villa, que me dejan sensaciones contradictorias acerca del personaje que, a pesar de todo, siempre ha contado con mis simpatías. Su generosa pelea por los derechos de los campesinos pobres. Viva Villa. Está en mi Panteón. Miro las fotografías que aparecen en el libro: imagino ese cuerpo de campesino vagando por las heladas sierras del norte de México, trabajando como sacrificador

444

de reses en la más absoluta soledad. Carnicero solitario, matarife. Descuartizaba las reses, y salaba la carne para venderla en las cercanas haciendas. Desde sus inicios, hay en la biografía de Villa una mezcla de desolada ternura y de cruel eficiencia. Villa mata porque tiene que matar, y la vida lo ha condenado a ello: las reses, los hombres. Resulta inquietante su vocación de carnicero. Cada vez que busca un trabajo con el que normalizar su vida, siempre acaba siendo matarife o vendedor de carne. Me atrae lo que hay de campesino en él, cuerpo y mente. Todo parece armónico en el personaje cuando contemplamos esas fotos en las que se le ve cultivando la tierra, o relajado, como un propietario que al fin ha encontrado reposo, ha ajustado el carácter con la profesión. Pero no era así. Le esperaba una muerte violenta. Víctima de otro carnicero.

También me leo el libro que Joan Mira ha escrito sobre Blasco Ibáñez: me gustó mucho su novela sobre los Borgia, sin embargo este ensayo divulgativo me parece frío y retórico. No me dice nada nuevo, ni sobre el escritor ni sobre el personaje. De lo que cuenta, me quedo con la capacidad de trabajo de Blasco, con su irrefrenable vocación de escritor. Rico, famoso, cargado de todos esos compromisos sociales que se busca él mismo, o a través de esa mujer rica que lo seduce; y, sin embargo, encerrado en el escritorio durante doce, catorce horas; en la lujosa Villa Fontana de Menton, en cuyas obras y decoración tantos millones ha gastado. Parece sobrarle todo menos ese escritorio. A primera vista, se diría que lo que quiso en la vida fue triunfar, eso es lo que nos han contado sus biógrafos, los chismógrafos, pero no, con los datos sobre la mesa, da la impresión de que lo que quería era escribir, casi podría decirse que lo que quería era fracasar como escritor, porque sus obras son cada vez más huecas, tienen cada vez menos fuerza. Debía vivirlas cada vez más como fracaso, aunque ganara mucho dinero y lo aplaudieran.

Entre tanto, sigo con la *Historia de Roma* que compré en mi reciente viaje a Italia, y que me está gustando mucho. He llegado a la Roma de Odoacro. Recuerdo que recitábamos en voz alta en la escuela: Odoacro, rey de los hérulos, destronó a Rómulo Augusto en 476, dando fin al Imperio romano.

*25 de noviembre*

En las discusiones literarias de fines de los sesenta y principios de los setenta, cuando se pone a Céline y a Drieu sobre la mesa, y se los exalta insistentemente, contemplándolos solo como extraordinarios fenómenos literarios, subyace un deseo de expulsar toda una visión del mundo, la de los comunistas y sus simpatizantes que ocupaban el *espacio* cultural de la posguerra europea. Se habla de la excelencia de las obras de Céline, de Drieu, de Pound, de Jünger, de Cioran, pero lo que se cuela subrepticiamente es que no solo fueron escritores, sino que fueron fascistas: anticomunistas. La conclusión a la que se pretendía llegar: podía haber una gran literatura del fascismo. Al reivindicarlos, se reivindicaba de refilón a García Serrano. A Foxá. Se preparaba cuidadosamente una armada de escritores que coquetearon con el fascismo como defensa encubierta del franquismo, o al menos de una literatura por encima de las ideas, que podía crecer como si el franquismo no existiera. Por entonces, en España, aún resultaba incómodo ser intelectual y de derechas (casi un oxímoron, por lo que deparaba la existencia cotidiana). Con esos grandes nombres preparaban el camino de la *normalización*. La Guerra Civil y la mundial estaban demasiado cerca como para no saber lo que era el fascismo. Resultaba difícil saltarse la responsabilidad política de escritores como Céline o Pound. En los sesenta, empieza a componerse un paquete estético que incluye a Hölderlin y Nietzsche (porque fueron exaltados por los nazis como poeta y filósofo nacional respectivamente, aunque hu-

446

bieran muerto bastantes años antes del ascenso de Hitler); a Jünger, que había pertenecido a las SS; a Ezra Pound, que había colaborado con sus emisiones radiofónicas desde Trieste con el aparato de propaganda mussoliniano; a Cioran, de confuso pasado; a Nabokov, ruso blanco y anticomunista feroz; a Solzhenitsyn, víctima de los campos de concentración soviéticos; y a Cabrera Infante, mártir del castrismo. Había más nombres en el paquete: Heidegger, el gran filósofo nazi, Popper... No es que se dijera que había que leer a esos autores, sino que era precisamente a *esos* y no a los otros a los que había que leer. Ellos representaban la gran cultura. Se había iniciado una lucha marcadamente política, solo que a esos autores se los leía en nombre de la calidad, del *genio,* del que nos habla cuarenta años después Andrés Ibáñez, porque la belleza no es de nadie y ellos habían hecho belleza por encima de todo, sin que importaran sus ideas; en cambio, para analizar a los otros (los marxistas y sus compañeros de viaje), se echaba mano de la ideología y se dejaba en suspenso el concepto de belleza, porque ellos sí que eran basura ideológica de escaso fuste literario: no alcanzaban el alto nivel literario del batallón de colaboracionistas, ahora convertidos en literatura pura, aunque Céline hubiera escrito sus *Bagatelles* llamando a masacrar a los judíos. Y Drieu. Y Pound –como hemos dicho– hubiera derrochado soflamas mussolinianas desde la emisora de radio de Trieste. El sofisma estaba servido. En realidad toda esa nueva paquetería ideológica salía del almacén de materiales de la Guerra Fría: Estados Unidos y buena parte de Europa empezaban a descubrir que Hitler había sido solo un incidente y que el verdadero enemigo, la amenaza permanente, surgía del comunismo. El excelente libro de O'Connor sobre las relaciones entre la CIA y la cultura habla de esas campañas. Digamos que luchaban dos bandos, pero que uno de ellos negaba su propia existencia como bando. Perseguía la invisibilidad: un ejército de la noche, ideólogos de la oscuridad, que decían que estaban preocupados solo por la estética. No todo es política, estúpidos, dirá Andrés Ibáñez, treinta o cuarenta años después; a él me permitiría recomendarle la relectura de la *Eneida* y, a continuación, *La muerte de Virgilio* de Broch: dos grandes libros separados por dos mil años, en los que el espíritu se nutre –y se enfrenta– con los alimentos, casi siempre envenenados, de la política.

*28 de noviembre*

Cuando Napoleón vio el cuadro que había pintado David sobre su coronación, exclamó: «Esto no es pintura. Se puede caminar por dentro.» Alguien en mi novela tendría que decir lo mismo sobre las novelas que escribió el viejo escritor jubilado. Hacer más patético su silencio actual, destacar su egoísmo.

Veo en la tele *The Sundowners,* de Fred Zinnemann, una historia de transportistas de ganado y esquiladores de ovejas en Australia, y me entristezco con un pesar infantil. Recuerdos de mi viaje al Hunter Valley, el olor de los eucaliptos bajo el sol abrasador, las granjas con los tejados de latón, los porches: tristeza de las vidas que no he vivido, que ya no viviré. Es tarde para alcanzar casi nada de lo que proyecté en la adolescencia. Estoy solo en esta casa apartada, rodeado de libros.

He leído *2666,* el hercúleo libro de Bolaño. Se levanta continuamente de sus caídas.

*12 de diciembre*

Viaje a Barcelona para presentar a los periodistas *El viajero sedentario.* De nuevo, las preguntas insondables y cada vez más difíciles de responder. Por qué escribe uno, para qué y para quién. Qué quiere uno hacer cuando escribe un libro. El mar de dudas. La mecánica de dentro (tan íntimo, el hecho de escribir un libro) rascando contra la de fuera (es tan público publicar, sacar al escaparate). Cuando hablo de mis libros, así, previa cita, me veo como un farsante. De mis libros solo puedo hablar de verdad a determinadas horas (generalmente, tras la ingesta de unas cuantas copas, sí, amigo Ibáñez) y con ciertas personas. Ahí sí que, de repente, me sale una voz que ni siquiera parece mía, que dice más verdad de la que yo soy capaz de decir. En esa niebla, generalmente nocturna y alcohólica, surge una claridad que ni yo mismo me espero, y ni yo mismo soporto.

Hablando de nocturnidad y alcohol: me molesta el ambiente que Marcos Ordóñez describe en *Beberse la vida,* la crónica de Ava Gardner en Madrid. Me rechina ese mundo de artistas que se tiran copas, gritan y se *beben* escandalosamente sus vidas. Me llega como el eco de una canción conocida y pasada de moda, una cacharrería de viejas películas, de españoladas de los sesenta; me devuelve un estilo caduco mezclado con un pedorreo supuestamente moderno y lujoso que lo rebaja todo, rebaja incluso los buenos guiones, las buenas películas; tumba a los buenos actores. Todo es cuestión de sexo y, más aún, de dinero conseguido con artes más o menos dudosas. El arte, el cine, la literatura, como mezquino fruto, caprichos de los ricos que se los pueden permitir, y pagan las fiestas en los tablaos, excusas para echar unos polvos más o menos bien pegados, asuntos de cuernos peor o mejor llevados. Hay en esa visión algo fungible, que lleva al cinismo y declara inútil cualquier esfuerzo; es decir, lo que no sea aprovechar el dinero y la suerte mientras los tengas a tu alcance. Me desanima el conjunto. Hiere algo que queda en mí que no sé si son restos del niño, del cristiano, o del voluntarioso artista juvenil que pensaba hace tantos años que hay algo más en el vano esfuerzo por hacer objetos, libros, películas y músicas que el hecho de cobrarlos; algo que no sé lo que es (antes decíamos vocación, voluntad de servicio), pero

449

que no se compadece con toda esa histeria mal llevada, ese peseteo, el correr de putas y flamencas de acá para allá, bajo el paraguas protector de los duros de algún millonario. Tiene que ver lo que presiento con el eco de aquello que decía Maiakovski y anoté para citar en una charla: «Conque no debe maravillaros que hoy veáis en nuestras manos no ya el cascabel del bufón, sino el proyecto del arquitecto.»

*14 de diciembre*
Cuando aprieta la desgana. Tengo cincuenta y seis años. ¿Me conformo con meterme en mi cama, calentito, cuando llega la noche?, ¿con no tener miedo a verme en la calle, tumbado en un banco del parque en una ciudad en la que nieva durante semanas enteras? ¿Me conformo con eso? ¿Me parece poco tener eso?

*18 de diciembre*
Reflexiones del erotófobo (que no anda tan descaminado):
El hombre, un ser hecho para la humillación: nada más hay que ver cómo venimos, cómo nos hacen, nos echan, el pegajoso meter y sacar: aquí caben las meditaciones medievales, el barroco también, el acto de hacernos nos ata con lo peor ya *ab ovo,* deseos, pasiones: las peores, las más incontrolables, sucias. Cuando la sangre sale fuera pone en evidencia eso: el crimen es el final lógico de lo que nació de la violación. Dice Mateo Alemán, ese gran pesimista: «Así lo hallamos, así lo dejaremos. No se espere mejor tiempo ni se piense que lo fue el pasado. Todo ha sido, es y será una misma cosa. El primero padre fue alevoso; la primera madre, mentirosa; el primero hijo, ladrón y fratricida» (pág. 419). Quinientos años más tarde, el tanguista Discépolo lo volverá a contar a su amarguísima manera en «Cambalache»: «Que el mundo fue y será una porquería ya lo sé, en el 510, y en el 2000 también.» Mateo Alemán retrocede a Adán y Eva, Dis-

cépolo profetiza, salta hasta el año 2000, en el que, aunque él ya no pisará la tierra, está convencido de que no va a equivocarse.

En Finlandia, en Laponia, descubrí unos colores como nunca antes habían visto mis ojos, y que ya no he podido apartar de mi memoria, verdes fosforescentes en el cielo, azules frágiles, rosas eléctricos, como de anuncio de neón, sobre otros más profundos, cobaltos, intensos negros.

*20 de diciembre*
Me llega por correo una edición de *De algún tiempo a esta parte,* de Max Aub, como regalo de la Fundación para la Navidad. Empiezo a hojearlo. Me atrapa el prólogo (ya leído en otras ocasiones) y sigo adelante: la historia de esa mujer encerrada limpiando un teatro en la Viena de 1938, sola con sus muertos, en la Austria de la *Anschluss.* Miro la fecha de la primera publicación: 1949. Es el año en que yo nací. Mientras Aub escribía ese texto, nací en Tavernes, en una casa en la que solo había media docena de libros, algún folletín, viejas enciclopedias de las que se usaban en las escuelas, o que ni siquiera se usaban ya (había habido una guerra por medio: se compraron esos libros de texto, alguien pudo usarlos en la escuela, quizá mi hermana, y luego hubo una guerra y los vencedores impusieron otros libros de texto). El hecho es que, cincuenta y cinco años después de que Aub escribiera su monólogo teatral, lo lee el niño que nació o estaba a punto de nacer en Tavernes, mientras él lo escribía en México. Aub nació en 1903, lo que quiere decir que por entonces aún no había cumplido los cincuenta años. Hoy el niño que lo lee, nacido entonces, es mayor que Aub cuando lo escribía, y se siente cómplice, hermano mayor, aunque no sea tan sabio como uno se espera que debe serlo un hermano mayor. Me fascina el juego de fechas, ese detener el tiempo, rebotar-

451

lo en cada lectura. Un libro crea un eje desde el que se mide la vida, un punto a la vez fijo y cambiante, capaz de ser lo mismo y, cada vez, otra cosa. Él era un hombre maduro y ya no está, yo acababa de nacer o iba a hacerlo, y ahora soy un hombre maduro a punto de dejar de serlo. Nos une este libro, nos unen las palabras de una mujer que no existió, pero que vivió en la Viena del 38, y nos la trae el texto a pesar de no existir; ella, que se supone que, mientras Aub escribía, ya no existía (no existió nunca, solo en la cabeza del autor). La mujer vuelve a vivir aquel momento luminoso: patinó sobre el hielo en Grünewald, llevaba un abrigo y un forro de piel adornado con violetas de pana, y un manguito. Ve lo que está ocurriendo: primero murió su hijo Samuel, luego su marido, Adolfo; y ahora, con los nazis, ella limpia el teatro, mañana limpiará su casa, pasado...

Leo en voz alta el *Empédocles* de Hölderlin. Soy un imbécil. Como si así pudiera entender la música del alemán en esta traducción española.

No ha existido la novela de aventuras españolas con escenario en las colonias, en ese sentido con que se refieren quienes buscan el mero juguete literario (Stevenson como modelo de cierta escuela de la levedad, a pesar de toda su carga ideológica que muy bien analiza Bértolo). A menos que nos remontemos a las crónicas de conquistadores y colonizadores del XVI, a su manera grandiosas novelas de aventuras, no vuelve a aparecer ese aire épico en las novelas decimonónicas, las que deberían haber nacido en Marruecos, Cuba o Filipinas, como surgieron en la literatura francesa y, muy especialmente, en la inglesa (Defoe, Kipling, Conrad, etc.). También las guerras locales han sido demasiado pastosas, y han estado teñidas de un furor social, sórdido rencor de clase, que las ha hecho difíciles de tragar como mero libro de aventuras (aunque Baroja lo hizo con las guerras carlistas, *Zalacaín):* las guerras de Cuba, las de Marruecos, poco aptas para extraer como personajes a gallardos oficiales al trote en su caballo, fueron espesas, piojosas, con militares cerriles y soldados famélicos; peor aún, la Guerra Civil, tan manchada de política, de revolución social, de cainismo: y luego, los cuarenta años de espesura franquista, con su pequeña burguesía de culo apretado, devota de Frascuelo y de María, y los toscos obreros que comen pan con tocino y ni siquiera guardan el perfume de lo canalla. He citado a Baroja, él y Valle aprovecharon el filón de las guerras carlistas, con sus personajes de otro tiempo, más literarios, guerras de honor y crueldad primitivas, pintorescas a su modo. Valle reinventó también un filón de la novela latinoamericana: Tirano es el abuelo de los dictadores literarios: de Roa Bastos, de Carpentier, de Miguel Ángel Asturias, de Vargas Llosa. Pero, por lo general, la novela de aventuras a la española ha sido infumable para los literatos: hablamos de *La forja de un rebelde,* de *Imán,* de *El Blocao,* o hasta de *El laberinto mágico* de Max Aub. El gran novelista de aventuras ha sido el Galdós de los *Episodios,* pero justo ese era el enemigo a batir porque tenía poco de exótico. Sus rivales eran los descendientes de Pedro Antonio de Alarcón, el testigo de la guerra de África, bien visto en los acuartelamientos, y a quien, por cierto, Galdós trata con delicado respeto.

Los cristeros mexicanos, su furor carnicero; los fundamentalistas musulmanes, que degüellan a sus víctimas con la misma técnica que a los corderos que se comen en la fiesta del profeta, en el Mouloud. Carnicería y religión.

Ayer leí *Del natural,* un hermoso tríptico en verso de Sebald, cuya primera parte está dedicada a Grünewald.

Veo *Comandante*, la película de Oliver Stone sobre Fidel. No me interesa. La cámara se mueve como loca en un montaje acelerado. Un mareo. A Fidel no se le entiende la mitad de lo que dice y lo que se le entiende a ratos roza la demencia senil y, en otros momentos, la farsa, el esperpento. Viéndolo me acuerdo de los reportajes dedicados a Dalí, entre loco e histrión, un sinvergüenza. En los planos en que parece más sincero, es a mi madre a quien me recuerda, los últimos años de mi madre, cuando ya había perdido la cabeza, los movimientos de las manos, el brillo en los ojos. No se sabe muy bien lo que pinta Stone apareciendo en esas imágenes como un pasmarote, como si estuviera allí de paso, por casualidad, mirando hacia otro lado, distraído, o directamente con cara de aburrimiento. Con todo, lo peor es que no se sabe muy bien lo que ha querido contarnos. Uno no sale sabiendo más de lo que sabía antes acerca de la Cuba de hoy, si exceptuamos la sorpresa que se lleva cuando el comandante cuenta que el problema de los homosexuales en Cuba se debió a que la isla era muy machista, y solo poco a poco ha ido adaptándose a esa mentalidad más comprensiva. Lo dice como si la isla se hubiera adaptado a la tolerancia gracias a él, a su esfuerzo. Tremendo. Uno quiere la revolución, claro está, pero ya no la cubana, ni la china, ni la rusa, del mismo modo que uno quiere a la humanidad (y por ella hace casi todo lo que hace), pero no aguanta a casi nadie, y casi me sobra el casi.

### 21 de diciembre

*El testigo,* de Juan Villoro. Posbolañismo. Hereda de él, además de rasgos de estilo, el tema de *Los detectives salvajes,* los poetas muertos, o perdidos, o vendidos, en el escenario de un México al que por hacer casi una tautología podríamos llamar convulso. Hereda también la hiperliteraturización de la vida, que huele a cocina de los talleres literarios.

Están –también y cómo no, si del México literario hablamos– Paz y Fuentes. Todo aparece sobrecargado, sobreescrito, magníficamente sobrebienescrito y, sin embargo, acaba fallando. El exceso se come algo, se le come el alma a la cosa. Le falla, sobre todo, el final: al libro le sobran las últimas setenta u ochenta páginas, que, además, bajan varios escalones la tensión literaria. El protagonista es abducido por la tierra, por el México profundo, la tierra y el pasado que no se marcha lo sorben; entre tanto, el hijo de una mujer, Joaquina, cuya vagina es esa madre tierra que abduce al protagonista, está empezando a aprender a leer, hace sus primeros palotes: en la lucha entre el mal y el bien se impone la lengua como transmisión, la escritura como continuación de cuanto se ha narrado, aspiración al bien, nuevo capítulo del libro de la vida, o de México, o de *Los detectives salvajes* o de *El testigo*. Bien, muy bien. Supongamos que es así, que lo aceptamos. Pero ¿y lo demás?, ¿y toda esa complicada trama que, al final, se ve obligado a ajustar en un esforzado trabajo de mampostería narrativa? Acaba muy a ras de tierra lo que tan arriba, casi diría tan altivamente, empezó.

Leo la deprimente biografía de Gil de Biedma de Dalmau. Odio el estilo como está escrita, esos periodistas que se inventan lo que no han visto (era de noche y llovía cuando Mitterrand tuvo aquel presentimiento; o, aquella mañana, a Adolfo Suárez se le atragantó el desayuno: si eres periodista, y no has estado allí, ¿qué me cuentas?), pero el libro me turba por otros motivos, incluida cierta identificación con Gil de Biedma en la búsqueda narcisa braceando entre lo cutre, en lo miserable, espejo empañado de mis propios desengaños, de mis frustraciones, de ese agriarse el humor y resentirse la salud, sin encontrar apoyo, ni correctivo, que preside estos últimos años. Lo del agua turbia que busca el fregadero. A él, su economía y su moral le permitían comprarse el sexo, a mí ni lo uno ni lo otro me lo permiten. Más bien no me lo permite lo otro (lo de la moral), porque cincuenta euros sí que puedo gastarme, y hasta doscientos, alguna vez al año. Pero me alivio como puedo y donde puedo. Jamás he pagado por sexo. No lo soporto.

Después de la última experiencia sentimental, se me han caído los años encima, de golpe. Cincuenta y cinco, cincuenta y seis años, me dicen, un hombre joven. Lo sé, lo sé. En el siglo XXI se es joven hasta los ochenta. Pero este camino se hace muy largo y cada vez alegra menos el ánimo, se me oscurece la vista, cada día pesa más el sol que te aplasta. Me canso de ser juguete de nadie, ni siquiera del destino, antes me parecía que era un rasgo de la personalidad, un vicio de carácter lo que me llevaba a serlo. Había nacido en el lado equivocado. Ahora ya no lo creo. Hay gente que tiene capacidad para estar en el lado bueno, amable, y otra que consigue enrevesarlo todo, cae del lado equivocado. Coquetería. Pero esto ya no es un juego, no son cosas de adolescente. Es la vida, lo que va quedando de ella.

En el libro sobre Gil de Biedma, Dalmau nos cuenta las estrategias de mercado de los señoritos catalanes: escalar la montaña de la posteridad abriéndose paso a hachazos en el mundillo literario gracias a su privilegiada red de relaciones; pactar unos con otros la escala del prestigio; crear lo que, si no estuviéramos hablando de gente culta y procedente de buenas familias, llamaríamos un grupo mafioso. Tal como lo cuenta Dalmau, la cosa acaba cobrando un toque cínico, mezquino: la carrera literaria, qué mal suena eso. Asegurarse la crítica en el periódico, la benevolencia del crítico que la escribe, la página de la enciclopedia, el capítulo en el libro de historia de la literatura. Ponerse bien los unos a los otros, citarse, concederse espacio en los artículos, en las colecciones de narrativa o de poesía, concederse los premios literarios. La red. ¿Dónde está todo aquello de un mundo mejor, que –a quienes en su momento los leíamos confiados– nos empujó a ser lo que somos?, ¿qué queda de lo que nos contaban ellos mismos a quienes éramos por entonces adolescentes?, ¿solo fueron estrategias de un grupo de señoritos aburridos y vanidosos? Había que luchar por la verdad, por la justicia, por los pobres, por lo que fuera, menos por uno mismo. Ese era el mensaje, esos eran los principios. Lo mío en último lugar. Es más, siempre había que pelear sobre todo contra uno mismo, privándose. Negarse las propias virtudes, no desarrollar las mejores posibilidades, luchar contra lo que la naturaleza o el esfuerzo o la experiencia te dieron, y encontrar en ese camino en diagonal no se sabe qué bien, qué cura de humildad, qué expiación. Pero ¿qué coño he tenido yo que expiar? Si, por origen, por avatares de la vida, apenas se me dio nada. ¿Qué pecado, qué injusticia pago? Todo para llegar a este desconsuelo, y a este no saber qué hacer. Incapacidad para ser feliz, para poseer tranquilamente. Un complicado camino de solidaridad para acabar siendo una especie de triste solterón de provincias, involuntario protagonista de *Nunca pasa nada*, la película de Bardem. ¿Y los libros? ¿No has escrito? ¿No has hecho unas cuantas novelas? Sí, pero eso solo sirve mientras dura. Se escribe mientras se escribe. Luego es peor que antes, más sombrío. Te quedas más vacío.

En *El País* de hoy dedican un pequeño recuadro a *El viajero sedentario* en la sección de libros de viajes: uno de los ocho o diez libros de viajes recomendados para esta Navidad. Y yo que pensaba que había hecho una pieza literaria que iba a recibir tratamiento literario, pues no, he escrito una guía.

### 3 de enero de 2005

Ponen en televisión *El vals del emperador,* una película de Billy Wilder que no recordaba haber visto. Se trata de una caricatura –a ratos demoledora– de toda la repostería tópica vienesa –Viena, el Tirol y sus alegres leñadores, el tiroliro, el vals, la corte con su Emperador, etc.–. Me fijo en la fecha, 1948, y me admira la fortaleza, el vigor de esa generación de exiliados riéndose de sí mismos mientras contemplaban los escombros a los que había quedado reducido su mundo. Entre tanto, se me van los días navideños sin hacer casi nada: hoy tengo síntomas que parecen anunciar una gripe: somnolencia, el estómago revuelto, debilidad, pensamientos lúgubres...

### 7 de enero

En estos días de dictadura del pensamiento uniforme, solo la espinoziana libertad de juicio te mantiene la moral, aunque sea una moral más de piqueta destructiva que de arquitecto que levanta un edificio.

### 15 de enero

Y dentro, esta olla cociendo dolor, en parte la anomia, palabras que nombran a los demás pero que no te sirven para ti mismo ni sirven para hacer tus libros: el resultado es una soledad punzante, tendencias esquizofrénicas. Yo creo que la pérdida de código influye en la pérdida de memoria de la que me quejo a todas horas, falta el armazón en el que colocar las piezas sueltas que capturas al azar: lo que vivo, lo que leo, lo que veo, cada cosa por su cuenta. Yo, que languidezco (Proust) como una medusa arrojada a la playa: me admira la tremenda voluntad que muestra el ser humano, me provoca una emoción dolorosa: su capacidad para levantarse por las mañanas, acudir al trabajo, sentarse a comer, proyectar las vacaciones de agosto, hacer deporte, ir de tiendas, mirarse en el espejo del probador pensando en si el color de la camisa nueva entonará con el del pantalón o la falda que ya tiene. Me admira esa capacidad para practicar un ajetreo que tiene el fin fijado de antemano. La cigarra –más pesimista aún que perezosa– contempla conmovida el ir y venir de tanta nerviosa hormiga: ella, la pobre, es incapaz de cambiar de canción. Chrii, chrii, chrii, así un día tras otro. Paseante de una calle corta y de dirección única. Chrii, chrii. El horizonte que divisa es turbio, tarde de *ferragosto,* calima pegajosa. Y luego es aún más turbio. Cae la tarde deprisa, como en los últimos días de otoño, todo visto y no visto. Escribo sensaciones que rozan el repliegue de dentro, y parecen más bien inútiles, y me da igual si lo que escribo se queda o no se queda adherido a la carne. Me digo: la escritura siempre roza lo público, aunque hable de tus pasadizos secretos, y sea secreta su gestación.

Para romper el ensimismamiento de estas reflexiones, me llega una carta de un lector alemán. Se despide: un lector de Alemania que ama tanto sus libros, y la frase me pone al borde de las lágrimas. Me siento feliz y desgraciado al mismo tiempo. Babeo autocompasión. Desde hace días no escribo, y los libros que he escrito me parecen lejanos, de otro. Si alguien me habla de ellos me quedo frío, pero no me quedo frío ante las palabras del lector alemán. ¿En qué quedamos?

Me repito que lo importante, en cuanto uno se acerca a los sesenta, es ocuparse de los novísimos: preparar bien el último acto, no tirar una biografía (el yo sé quién soy quijotesco) por una estupidez, o por falta de reflejos ante lo que pueda avecinarse; pero esto lleva camino de que no va a ser así. He querido ser consecuente en lo vivido y en lo escrito, pero justo ahora, cuando debía cuidar para que las piezas se ajustaran de un modo armónico, me veo sometido a tremenda confusión: temo acabar lloriqueando, pidiendo favores, mendigando unas horas más de vida a costa de lo que sea, abaratar lo que tanto ha costado adquirir. Rezarle a un dios para que te dé fuerzas para morir a solas contigo mismo. Abandonado y soberbio, convencido de que sabes quién eres. Decirlo: Yo sé quién soy.

*19 de enero*
Leo con interés el libro de Simon Schama: *Auge y caída del Imperio británico*. Extraigo una frase que me ayuda a sonreír: un personaje que está harto de oír hablar de las raíces de Inglaterra, dice: los árboles tienen raíces, los judíos tenemos piernas.

Cada día estoy más preocupado con Paco. Esto no va bien. Yo creo que le ha dado otra subida de tensión, otro ataque, habla con torpeza y camina arrastrando los pies. Está distraído, no se entera muy bien de lo que le dices, y olvida lo que tiene que hacer.

El 4 de mayo de 1949 se estrelló el avión que transportaba el equipo del Torino. Murieron todos los jugadores. Indro Montanelli escribió en el *Corriere della Sera:* «Y ya mañana la yerba empezará a crecer sobre la tumba de estos dieciocho jóvenes atletas que parecían simbolizar una homérica, eterna, milagrosa juventud.» Extraigo el apasionado obituario del libro de Silvio Bertoldi titulado *Dopoguerra,* una viva estampa de la Italia que sobrevivió a la Segunda Guerra Mundial, testimonio magnífico de la vida cotidiana, que soporta bien las limitaciones o prejuicios de su autor, que no disimula la tremenda antipatía que le causan los comunistas, a los que convierte en los peores enemigos del país, causantes de todos los males, mientras que –aunque es verdad que habla mal de la dictadura– pasa de puntillas sobre las responsabilidades de esa sociedad civil que fue caldo de cultivo del fascismo: exculpa a casi todo el mundo, al fin y al cabo, honestos padres de familia que se limitaron a cumplir con sus obligaciones en algún puesto de la administración mussoliniana.

*23 de enero*
     Habitación de hotel en Segorbe. Fuera hace un frío que pela.

*24 de enero*
     Leyendo el libro de Bertoldi, me da por pensar cómo, con demasiada frecuencia, libros que nos parecen de segunda fila, escritos en apariencia sin ningún afán de permanecer, acaban viviendo durante muchos años, mientras que obras cargadas de pretensiones, más o menos rimbombantes, recibidas en su momento como decisivas, se marchitan en poco tiempo. Cuidado con las modas, ojo a los halagos. Cuando volvemos a leer esos libros prestigiosos ya desprovistos del ruido que se creó en torno a ellos, resulta que apenas son nada. En la escritura de libros como el de Bertoldi, que pretenden divulgar la historia, son valores el trabajo honesto, cuidadoso, la labor del artesano que limita sus pretensiones a

461

contar del mejor modo que sabe y se vale para ello de los materiales más consistentes. Nadie podrá decir que, con su libro (al parecer escribió otros de este estilo), Bertoldi haya renovado algo, pero tampoco que, tras leerlo, no se sienta más sabio, e incluso, ¿por qué no va a ser eso un valor?, no se haya sentido estimulado confrontando las ideas del autor con las propias en un intercambio fructuoso. Una anécdota del ambiente de aquellos años: cuenta Bertoldi que, en la boda de Tyrone Power y Linda Christian, ella llevaba un ramo de *vanda cœrulea,* al parecer, las orquídeas *«piú rare del mondo».* Son los años de mi primera adolescencia en los que leíamos ávidos las crónicas del Festival de Venecia y nos aprendíamos de memoria las canciones del de San Remo, leo a Bertoldi, cierro los ojos, y me invaden los recuerdos cargados del embriagador perfume de dompedros, rosas, galán de noche y jazmín de las terrazas de los cines de verano.

*3 de febrero*

Concluyo la relectura de *Caspar Hauser,* de Jakob Wassermann, un libro pesimista, hosco, aguafuerte de una humanidad empeñada en sus propios afanes, cerrada en el bulbo del egoísmo, y a la que la verdad le importa un comino, porque su verdad es su conveniencia, su interés, y eso es lo que proyecta –más su terrible desconfianza– sobre el inocente Caspar, que es solo el tablero que los demás utilizan para jugar su partida. Libro de tesis, pero que nos conmueve e indigna.

Tengo miedo. No veo nada delante. Toco el candil de barro que tengo sobre la mesa. Tiene mil años, lo encontraron en el huerto de mi abuelo. Es almohade. Cuando lo contemplo, y más aún al tocarlo, pienso en que alguien coció el barro y le dio forma, y me embarga la emoción por el mero hecho de que continúe la vida, constato emocionado, sí, emocionado (eso es de Vallejo), la permanencia de las formas (tiene la misma forma que la de los candiles que yo conocí en mi infancia, los que usábamos en la casa que se levanta donde el candil almohade se encontró, estratos de continuidad). Me consuela cerrar los ojos y acariciarlo cada vez que me encuentro en lo que me parece un callejón sin salida. Tocar el trabajo que alguien hizo tan simple y perfecto hace casi mil años me quita de encima pesimismo. No sé por qué, pero es así. A los niños los consuela un oso de peluche. Fetiches sobre los que dejamos caer la energía negativa y en los que buscamos corrientes positivas. Sobre la superficie del candil está adherida la tierra rojiza con la que jugué siendo niño, la que cultivaron mi abuelo, mi padre, mi cuñado. Con esa tierra, casi con toda certeza jugaban también los hijos de los fabricantes o de los usuarios del candil. Pensar –al modo de un tango superlativo– que mil años no es nada.

En *El póquer de la muerte,* de Hathaway, me impresiona, sobre todo, la economía de la narración: el objetivo es contar una historia: no hay ni un plano retórico. Imagen y diálogos están al servicio de esa narración impecable, implacable.

*1 de marzo*
*Servidumbre humana,* de Somerset Maugham, es un prodigio de eso que, después de Barthes, llamamos *escritura blanca.* Maugham escribe con minuciosidad de artesano (una técnica de sujeto, verbo y predicado), y nos propone un meticuloso análisis de costumbres y actitudes aparentemente sin ningún alarde estilístico, con el razonable espíritu del que sabe que una mesa no surge a golpe de varita mágica, sino a costa de clavar muchos clavos, de martillear y encolar. El libro, paso a paso, inocula un pesimismo de corte lucreciano, oscuro, a ras de suelo. Hay que tragarse la media voz de Maugham durante trescientas o cuatrocientas páginas para caer luego en tres o cuatro que están cargadas de estremece-

dora intensidad poética, que recogen cuanto había ido acumulando en el trayecto y provocan una sacudida eléctrica de alto voltaje: resultan especialmente deslumbrantes las páginas que, en una sala del Museo Británico, dedica el protagonista a reflexionar sobre su vida frustrada y sórdida; sobre la inutilidad y ceguera de la belleza, la pérdida de las ilusiones, la fragilidad de los proyectos y la derrota de la razón por las pasiones. A continuación, Maugham busca cerrar el libro con un desenlace supuestamente feliz, que es un nuevo bucle de la desesperación: aceptar lo agradable frente a lo deseable; la pequeña continuación reproductiva de la especie frente a las aspiraciones; el triunfo de la biología sobre el arte y sobre el afán de protagonismo en la historia. Un libro descomunal en su modestia, bello sin subrayados, terrible sin aspavientos, una de esas novelas que yo querría escribir y sé que no voy a poder, cuestión de sabiduría o de carácter.

Recibo la segunda novela de un hombre joven, bastante más ajustada que la primera que me envió tiempo atrás, y que me pareció un despropósito. La he leído de inmediato, estaba ansioso por darle buenas noticias. Esta vez ha hecho una novela de modestas pretensiones, sin las trampas que tenía la otra, pero de una desoladora planura; como artefacto ideológico, no se aparta ni un ápice del espacio juvenil biempensante contemporáneo, el buen rollito, y todo eso. Se lo digo con la más exquisita suavidad, y dándole muchos ánimos para que siga escribiendo. Al hombre no lo conozco prácticamente de nada; de un día que vino a saludarme en la feria del libro, y de otro en el que me entrevistó para una revista. Cuando cuelgo el teléfono después de hablar con él, me siento mal, disgustado. ¿Qué le digo a nadie, si estoy frente a la pantalla en blanco y yo mismo no sé cómo puedo empeñarme en una nueva novela? Se me tuerce la primera noche en que, desde hace días, pensaba que iba a disfrutar ante la mesa de trabajo porque el aire acondicionado consigue mantener una temperatura agradable aquí dentro. Me vienen a la cabeza las historias que aparecen en *Servidumbre humana,* artistas poco dotados que tiran (tiramos) sus vidas en empeños inútiles, pintores mediocres, escritores que se han dejado la piel en un oficio para el que no estaban dotados.

Muchas veces pienso que, con mi frágil salud y la apocalíptica corte de excesos que la rodea y ha rodeado, si no escribo ahora *la novela,* más adelante ya no podré hacerlo. Cada día me falla más la memoria, la capacidad para ordenar los materiales, la voluntad. Me digo que no puedo entretenerme más, aplazar de nuevo *la novela,* cubrir el hueco con otro libro a la espera de que llegue la madurez, es una historia que ya me conozco. Luego me digo: pero qué coño es *la novela,* qué mierda de concepto es ese, y también le doy vueltas a que, si lo que quisiera de verdad en esta vida fuese escribir una gran novela, le dedicaría otro afán, y, sobre todo, más preocupación efectiva; es decir, tiempo ante el ordenador. Pero si la mitad de las noches vuelvo a casa harto de gin-tonics, y mi única preocupación es poder levantarme a la mañana siguiente sin que me agobien demasiado los vértigos que arrastro y tanto me condicionan. La idea de una futurible escritura me parece cada día más una excusa para fingir que todo este desorden en que se ha convertido mi vida tiene un sentido, una brújula que lo guía y le da sentido, y que me empeño en algo que lleva a algún sitio. La literatura, como criada que te ordena la casa.

# ÍNDICE